21 世纪全国本科院校土木建筑类创新型应用人才培养规划教材

交通工程学

主　编　李　杰　王　富　何雅琴
主　审　沈建武

内 容 简 介

本书为 21 世纪全国本科院校土木建筑类创新型应用人才培养规划教材之一。全书共 13 章，主要内容包括绪论、交通特性、交通调查与分析、交通流理论、道路通行能力、交通规划、城市道路交通管理、交通安全、城市公共交通规划、停车场规划与设计、城市交通系统、交通系统仿真、智能交通系统。本书以先理论后应用为原则，在介绍交通工程学的传统理论精华及最新研究成果和进展的基础上，阐述了理论方法在工程中的应用。

本书可作为交通工程专业以及土木工程专业公路与城市道路方向的本科或专科相关专业教材，也可作为交通运输规划与管理、交通信息与控制等专业研究生的参考教材，还可作为从事交通规划、交通管理、公路和城市道路设计、交通经济分析等技术人员和决策者的参考用书。

图书在版编目(CIP)数据

交通工程学/李杰，王富，何雅琴主编. —北京：北京大学出版社，2010.9
(21 世纪全国本科院校土木建筑类创新型应用人才培养规划教材)
ISBN 978-7-301-17637-5

Ⅰ.①交… Ⅱ.①李…②王…③何… Ⅲ.①交通工程学—高等学校—教材 Ⅳ.①U491

中国版本图书馆 CIP 数据核字(2010)第 155317 号

书　　　名：	交通工程学
著作责任者：	李 杰　王 富　何雅琴　主编
策划编辑：	吴 迪
责任编辑：	卢 东
标准书号：	ISBN 978-7-301-17637-5/U·0035
出 版 者：	北京大学出版社
地　　　址：	北京市海淀区成府路 205 号　100871
网　　　址：	http://www.pup.cn　http://www.pup6.com
电　　　话：	邮购部 62752015　发行部 62750672　编辑部 62750667　出版部 62754962
电子邮箱：	pup_6@163.com
印 刷 者：	河北滦县鑫华书刊印刷厂
发 行 者：	北京大学出版社
经 销 者：	新华书店
	787 毫米×1092 毫米　16 开本　21.25 印张　495 千字
	2010 年 9 月第 1 版　2010 年 9 月第 1 次印刷
定　　价：	39.00 元

未经许可，不得以任何方式复制或抄袭本书之部分或全部内容。
版权所有，侵权必究　　举报电话：010-62752024
　　　　　　　　　　　　电子邮箱：fd@pup.pku.edu.cn

前 言

随着我国城市经济的快速发展和城市规模的不断扩大,交通拥堵、交通秩序混乱、交通事故频发、交通污染严重等城市交通问题日益突出。经过研究和实践,人们发现通过新建和拓宽道路等增加道路供给的措施不能从根本上解决城市交通问题,而只有挖掘现有道路设施潜力,提高交通系统效率等交通规划管理手段才是解决城市交通问题的有效方法。

交通工程学就是为适应目前对交通规划与管理人才的迫切需要应运而生的,它是一门新兴的应用性交叉学科,集基础理论与应用技术、自然科学与社会科学于一身,研究内容涉及工程、管理、法规、教育、环境、能源等多个领域。随着科技的发展,电子、通信、控制等理论也不断渗透到交通工程学中。

本书在内容组织上,以先理论后应用为原则,在介绍交通工程学的传统理论精华及最新研究成果和进展的基础上,阐述了理论方法在工程中的应用。全书共13章,前5章介绍交通工程学的基础理论,中间6章介绍交通工程学的应用理论和技术,后两章简要介绍交通仿真技术和智能运输系统。

本书第1、2、4章由李杰编写;第3、5、6、9章由王富编写;第7、8、10、11章由何雅琴编写;第12章由黎丹编写;第13章由袁照航和仲冰颖编写。全书由李杰教授统稿,武汉大学沈建武教授主审。

本书在整理、排版和校对过程中,得到了李昌洲、翟佳和罗辉的大力帮助,在此表示衷心感谢!

由于编写人员水平有限,书中错误和不足之处在所难免,敬请广大读者指正。

编 者
2010年5月

目 录

第1章 绪论 1
  1.1 交通工程学的定义 1
  1.2 交通工程学的内容与特点 2
    1.2.1 交通工程学的内容 2
    1.2.2 交通工程学的相关学科 3
    1.2.3 交通工程学的特点 3
  1.3 交通工程学的产生与发展 4
    1.3.1 交通工程学的产生 4
    1.3.2 交通工程学的发展 5
  1.4 我国交通工程学的发展 6
  小结 8
  课后习题 8

第2章 交通特性 9
  2.1 交通基本要素特性 9
    2.1.1 人的交通特性 9
    2.1.2 车的交通特性 14
    2.1.3 道路的交通特性 16
  2.2 交通量特性 18
    2.2.1 交通量和交通流率 18
    2.2.2 交通量的表达方式 19
    2.2.3 交通量的时间分布特性 19
    2.2.4 交通量的空间分布特性 23
    2.2.5 设计小时交通量及其应用 .. 25
  2.3 行车速度特性 26
    2.3.1 行车速度的定义 26
    2.3.2 行车速度的统计特性 27
    2.3.3 时间平均车速与区间平均车速 28
  2.4 交通密度特性 29
  小结 30
  课后习题 30

第3章 交通调查与分析 32
  3.1 概述 33
    3.1.1 交通调查的定义和对象 33
    3.1.2 交通调查的类别 33
  3.2 交通量调查 35
    3.2.1 交通量调查的目的和意义 .. 35
    3.2.2 交通量调查的种类 36
    3.2.3 交通量调查的方法 36
    3.2.4 调查资料整理与分析 39
  3.3 行车速度与密度调查 42
    3.3.1 车速调查的目的和意义 42
    3.3.2 地点车速调查 43
    3.3.3 区间车速调查分析 50
    3.3.4 密度调查 53
  小结 57
  课后习题 58

第4章 交通流理论 59
  4.1 概述 59
  4.2 交通流量、速度和密度之间的关系 ... 60
    4.2.1 三参数之间的关系 60
    4.2.2 速度-密度的关系 61
    4.2.3 交通流量-密度的关系 63
    4.2.4 速度-交通流量的关系 64
  4.3 交通流的概率统计分布 65
    4.3.1 离散型分布 66
    4.3.2 连续型分布 70
    4.3.3 分布的拟合优度检验 73
  4.4 跟驰理论 74
    4.4.1 车辆跟驰特性分析 75
    4.4.2 线性跟驰模型 76
  4.5 排队论 79
    4.5.1 基本概念 80
    4.5.2 $M/M/1$ 系统 81

4.5.3 M/M/N 系统 ………… 82
4.6 流体力学模拟理论 …………… 85
　　4.6.1 车流连续性方程的建立 … 85
　　4.6.2 车流波动理论 ………… 86
小结 …………………………………… 89
课后习题 ……………………………… 89

第5章　道路通行能力 ……………… 91

5.1 概述 …………………………… 91
　　5.1.1 通行能力 ……………… 91
　　5.1.2 服务水平 ……………… 93
5.2 公路通行能力 ………………… 94
　　5.2.1 双车道公路路段通行
　　　　　能力 …………………… 94
　　5.2.2 多车道公路路段通行
　　　　　能力 …………………… 98
　　5.2.3 高速公路通行能力 …… 101
5.3 平面交叉口通行能力 ………… 123
　　5.3.1 交叉口通行能力的
　　　　　概念 ………………… 123
　　5.3.2 无信号主路优先交叉口
　　　　　通行能力 …………… 123
　　5.3.3 环形交叉口通行能力 … 125
　　5.3.4 信号交叉口通行能力 … 126
5.4 城市干道通行能力 …………… 129
　　5.4.1 基本通行能力的确定 … 129
　　5.4.2 可能通行能力的确定 … 130
小结 …………………………………… 133
课后习题 ……………………………… 133

第6章　交通规划 …………………… 135

6.1 概述 …………………………… 135
　　6.1.1 交通规划的定义 ……… 135
　　6.1.2 交通规划的分类 ……… 135
　　6.1.3 交通规划的研究内容 … 136
　　6.1.4 交通规划的总体设计 … 136
6.2 交通规划调查 ………………… 138
　　6.2.1 交通区划分 …………… 138
　　6.2.2 交通规划基础资料
　　　　　调查分析 …………… 138
　　6.2.3 起讫点调查 …………… 139
6.3 交通需求预测 ………………… 145
　　6.3.1 交通生成预测 ………… 145
　　6.3.2 交通分布预测 ………… 150
　　6.3.3 交通方式划分 ………… 157
　　6.3.4 交通分配 ……………… 158
6.4 城市道路网布局规划 ………… 163
　　6.4.1 城市道路网布局
　　　　　影响因素 …………… 163
　　6.4.2 城市道路网络布局结构 … 163
　　6.4.3 城市道路网布局
　　　　　规划方法 …………… 166
6.5 交通规划软件 TransCAD 简介 … 168
　　6.5.1 概述 ………………… 168
　　6.5.2 软件的主要组成部分 …… 169
　　6.5.3 软件功能 …………… 170
　　6.5.4 软件特点 …………… 172
小结 …………………………………… 173
课后习题 ……………………………… 173

第7章　城市道路交通管理 ………… 175

7.1 概述 …………………………… 175
　　7.1.1 交通管理的概念 ……… 175
　　7.1.2 交通管理的内容 ……… 176
7.2 道路交通法规 ………………… 176
　　7.2.1 道路交通法规的内涵 …… 176
　　7.2.2 交通法规的内容 ……… 177
　　7.2.3 交通法规的执行 ……… 177
7.3 道路交通标志和标线 ………… 177
　　7.3.1 道路交通标志 ………… 177
　　7.3.2 道路交通标线 ………… 181
7.4 平面交叉口交通管理 ………… 183
　　7.4.1 交叉口交通管理的
　　　　　原则 ………………… 183
　　7.4.2 无控制交叉口 ………… 184
　　7.4.3 主路优先控制交叉口 … 185
　　7.4.4 现代环形交叉口 ……… 186
7.5 道路交通信号控制 …………… 186
　　7.5.1 交通信号控制基本
　　　　　概念 ………………… 186

7.5.2 单个交叉口交通信号
　　　　　控制 …………………… 188
　　7.5.3 线、面控制系统 ………… 191
7.6 城市道路交通组织管理 …………… 192
　　7.6.1 车道管理 ………………… 192
　　7.6.2 禁行交通管理 …………… 195
7.7 快速道路的交通控制 ……………… 195
　　7.7.1 主线控制系统 …………… 195
　　7.7.2 入口匝道控制 …………… 196
　　7.7.3 出口匝道控制 …………… 197
　　7.7.4 快速道路控制管理系统 … 198
小结 ………………………………………… 198
课后习题 …………………………………… 199

第8章 交通安全 ……………………… 200

8.1 概述 ………………………………… 200
　　8.1.1 交通事故的定义 ………… 200
　　8.1.2 交通事故的分类 ………… 202
　　8.1.3 交通事故特点 …………… 202
8.2 交通事故的调查与处理 …………… 203
　　8.2.1 交通事故调查的
　　　　　内容和方法 ……………… 204
　　8.2.2 事故的处理 ……………… 204
8.3 交通事故分析 ……………………… 206
　　8.3.1 交通事故统计分析 ……… 206
　　8.3.2 交通事故成因分析 ……… 209
8.4 交通事故预测与交通
　　安全评价 …………………………… 211
　　8.4.1 事故预测的目的和意义 … 211
　　8.4.2 事故预测程序 …………… 212
　　8.4.3 交通事故预测技术 ……… 214
　　8.4.4 交通安全的评价 ………… 214
8.5 交通事故的预防 …………………… 219
　　8.5.1 健全交通法制 …………… 219
　　8.5.2 加强交通安全教育 ……… 219
　　8.5.3 提高车辆安全性能，
　　　　　保持良好车况 …………… 220
　　8.5.4 加强道路及其交通安全
　　　　　设施建设 ………………… 220
小结 ………………………………………… 221
课后习题 …………………………………… 221

第9章 城市公共交通规划 …………… 222

9.1 常规公共交通规划 ………………… 222
　　9.1.1 公交线网规划 …………… 222
　　9.1.2 公交场站规划 …………… 229
　　9.1.3 公交车辆发展规划 ……… 233
9.2 城市轨道交通规划 ………………… 237
　　9.2.1 城市轨道交通规划的
　　　　　意义和目标 ……………… 238
　　9.2.2 城市轨道交通系统规划的
　　　　　主要内容 ………………… 240
　　9.2.3 城市轨道交通线网规划 … 241
　　9.2.4 城市轨道交通枢纽规划 … 245
9.3 城市快速公交规划 ………………… 252
　　9.3.1 BRT 线网结构 …………… 252
　　9.3.2 BRT 线网规模 …………… 253
　　9.3.3 BRT 线网布局方法 ……… 255
　　9.3.4 BRT 系统设施规划 ……… 258
小结 ………………………………………… 264
课后习题 …………………………………… 264

第10章 停车场规划与设计 ………… 265

10.1 停车场分类 ………………………… 265
　　10.1.1 按停放车辆类型分 …… 265
　　10.1.2 按停车场服务对象分 … 265
　　10.1.3 按停车场地的使用
　　　　　 性质分 …………………… 265
　　10.1.4 按停车用地性质分 …… 266
10.2 停车调查与车辆停放特征 ……… 266
　　10.2.1 停车调查 ………………… 266
　　10.2.2 车辆停放特征 …………… 268
10.3 停车场的规划 …………………… 271
　　10.3.1 停车需求预测 …………… 271
　　10.3.2 停车场的布局原则 …… 272
　　10.3.3 近期停车设施规划的
　　　　　 重点 ……………………… 273
10.4 停车场设计 ……………………… 273
　　10.4.1 机动车停车场设计 …… 273
　　10.4.2 自行车停车场设计 …… 277

小结 ·················· 278
课后习题 ·············· 278

第11章 城市交通系统 ········ 279

11.1 概述 ················ 279
11.1.1 城市客运交通 ······ 279
11.1.2 城市客运交通结构类型 ············ 281
11.1.3 不同类型城市交通方式优先发展次序 ······ 282
11.1.4 客运交通结构的影响因素 ·········· 283
11.1.5 中国城市交通结构发展方向 ········ 284

11.2 行人交通 ············ 285
11.2.1 概述 ············ 285
11.2.2 行人设施 ········ 286

11.3 自行车交通 ·········· 287
11.3.1 概述 ············ 287
11.3.2 自行车交通发展策略 ·· 288

11.4 小汽车交通 ·········· 289
11.4.1 概述 ············ 289
11.4.2 小汽车发展的利与弊 ·· 289
11.4.3 小汽车发展策略 ···· 290

11.5 城市公共交通 ········ 291
11.5.1 公共交通概述 ······ 291
11.5.2 常规公交 ········ 295
11.5.3 轨道交通 ········ 297
11.5.4 快速公交 ········ 302

小结 ·················· 306
课后习题 ·············· 306

第12章 交通系统仿真 ········ 307

12.1 概述 ················ 307
12.1.1 交通系统仿真定义和作用 ············ 307
12.1.2 交通系统仿真的分类 ·· 308

12.2 交通仿真的方法和一般步骤 ·· 310
12.3 交通仿真软件简介 ···· 313
12.3.1 常用软件简介 ······ 313
12.3.2 VISSIM仿真软件 ···· 314

小结 ·················· 316
课后习题 ·············· 316

第13章 智能交通系统 ········ 317

13.1 智能交通系统简介 ···· 317
13.1.1 智能交通系统的含义 ·· 317
13.1.2 智能交通系统的发展 ·· 318

13.2 智能交通系统体系结构 ·· 319
13.2.1 服务领域 ········ 320
13.2.2 逻辑框架 ········ 320
13.2.3 物理框架 ········ 321
13.2.4 ITS标准 ·········· 321
13.2.5 ITS评价 ·········· 322

13.3 智能交通系统中应用的关键技术 ·············· 322
13.4 ITS实用系统 ·········· 323
13.4.1 交通信息系统 ······ 323
13.4.2 交通管理系统 ······ 325
13.4.3 其他几个系统 ······ 327

小结 ·················· 327
课后习题 ·············· 328

参考文献 ·················· 329

第1章 绪 论

教学提示：本章首先介绍交通工程学的定义，交通工程学的内容与特点，接着介绍交通工程学的相关学科，最后介绍交通工程学的产生和发展，尤其是在我国的发展情况。

学习要求：通过本章的学习，了解交通工程学定义的多样性，以及研究内容；了解交通工程学科的产生和发展。

引例

> 交通工程学是伴随着汽车工业和公路运输的发展而建立的。1885年，德国人卡尔•本茨第一次制造了用内燃机作为动力的汽车，但是由于技术的问题，本茨的汽车总是抛锚，被别人冷嘲热讽为"散发着臭气的怪物"，怕出洋相的本茨甚至不敢在公共场合驾驶它。1888年8月，从始至终一直在本茨身后默默支持他的夫人——贝尔塔做出了一个勇敢的决定，她带上孩子驾驶着本茨的汽车，一路颠簸到了100多千米外的普福尔茨海姆探望孩子的祖母。随后，贝尔塔马上给本茨发电报："汽车经受住了考验，请速申请慕尼黑博览会"。同年9月，本茨的发明在慕尼黑博览会上引起轰动。从此汽车很快成为主要的运输工具。汽车运输的发展除了繁荣经济、方便生活外，同时也带来了交通事故、交通拥挤、车速降低、停车困难和环境污染等问题。为解决这些问题，人们开始重视对交通工程方面的研究工作，从而推进交通工程学的产生。

1.1 交通工程学的定义

交通工程学是交通工程学科研究与发展的基本理论，是从道路工程学科中派生出来的一门新兴学科，要对其进行确切的界定是非常困难的。由于世界各国学者认识问题的角度、观点和研究方法不同，对交通工程学(Traffic Engineering)的定义也有多种提法，目前尚无世界公认的统一定义。

20世纪40年代，美国交通工程师协会(American Institute of Traffic Engineering)指出：交通工程学(又称道路交通工程)是道路工程的一个分支，它涉及道路的规划、几何设计、交通管理和道路网、终点站、毗邻地带及道路交通与其他运输方式的关系，以使交通运输安全、有效、方便。

澳大利亚著名交通工程学家W. R. Blunden的定义为：交通工程学是关于交通和旅行的计测科学，是研究交通流和交通发生的基本规律的科学。为了使人和物安全有效地移动，将此学科的知识用于交通系统的规划、设计和运营。

1983年，世界交通工程师协会《会员指南》指出：交通工程学是运输工程学的一个分支，主要研究规划、几何设计、交通管理和道路网、终点站毗连用地和各种交通运输方式的关系。

前苏联学者将交通工程学定义为：研究交通运行的规律和对交通、道路结构、人工构造物影响的科学。

英国学者认为：交通工程学是道路工程中研究交通用途与控制、交通规划、线形设计的那一部分内容。

我国的一些交通工程学者认为：交通工程学是研究交通规律及其应用的一门技术科学。

尽管各国学者对交通工程学的理解和认识不完全一致，但是他们对问题的界定有三个共同点：交通工程学是从道路工程学分化出来的；它的主要研究对象是道路交通；主要解决的问题是道路交通系统规划与管理中的科学问题。

总之，交通工程学是以人（驾驶员、行人和乘客）为主体、以交通流为中心、以道路为基础，将这三方面的内容统一在交通系统中进行研究，综合处理道路交通中人、车、路、环境四者之间的时间和空间关系的学科。它寻求的是提高道路的通行能力和运输效率、减少交通事故、降低能源损耗、公害程度与运输费用，从而达到安全、迅速、经济、舒适和低公害的目的。

1.2 交通工程学的内容与特点

1.2.1 交通工程学的内容

随着科学技术的进步和人们对交通需求的增加，交通工程学作为运输学科的一个重要分支得到了迅速的发展，学科的领域不断扩大，学科的内容也日趋丰富，主要包括以下几个方面。

1. 交通特性分析技术

交通特性分析技术主要包括交通参与者特性（驾驶员、行人）、交通工具特性（机动车、非机动车）、道路（公路、城市道路、交叉口及交通枢纽）特性及交通流特性分析四个方面。

2. 交通调查

交通调查的目的是通过调查掌握交通流的基本特征，包括交通参数调查（流量、速度、密度、占有率、延误）、出行信息调查（居民出行、车辆出行）、交通事情调查（交通事故）、交通环境（交通大气污染、噪声污染等）调查。

3. 交通流理论

交通流理论包括交通流三参数相互关系，动力学特征，车辆跟驰理论，概率论、流体力学在交通流分析中的应用。

4. 道路的通行能力与服务水平分析

道路的通行能力与服务水平分析主要是分析道路通行能力的大小、服务水平的划分与确定等问题。

5. 交通规划

交通规划主要是道路交通系统的规划，包括交通需求的预测、交通流分配、路网规划方法和技术、网络规划的评价技术等。

6. 交通事故与安全

交通事故与安全包括交通事故发生的机理、事故预防、交通安全设施技术开发和研究等。

7. 交通管理与控制

交通管理与控制包括交通法规的制定、交通管理、交通控制、交通管制的仿真与评价。

8. 停车场及服务设施

停车场及服务设施包括社会车辆、公共车辆、非机动车辆的停车需求调查与预测，停车场的规划与设计，停车管理等。

9. 城市交通系统

城市交通系统包括小汽车交通、公共交通、行人交通、自行车交通及各种交通方式之间的换乘系统等综合交通系统的研究。

10. 交通工程的新理论、新方法、新技术

交通工程的新理论、新方法、新技术主要集中在智能交通系统（ITS）方面，包括ITS产生与发展过程、系统研究的主要内容，系统的结构体系，子系统的功能及在国内的发展状况。

1.2.2　交通工程学的相关学科

交通工程学研究的内容非常广泛，几乎涉及道路交通的各个方面。而就交通工程学这门学科来说，其基础理论是：交通流理论、交通统计学、交通心理学、汽车动力学、交通经济学。与交通工程密切相关的主要学科有：汽车工程、运输工程、人类工程、道路工程、交通规划学、环境工程、自动控制、应用数学、电子计算机等。因此，交通工程学是一门由多种学科相互渗透的新兴边缘学科。

1.2.3　交通工程学的特点

作为一门从道路工程学科中分支出来的新兴学科，在其发展过程中引入了车辆技术、环境工程技术、人体工程技术等领域的知识，逐渐形成一门综合性很强的交叉学科，并同时具备社会科学和自然科学双重特点。

1. 系统性

交通与整个社会经济系统密切相关，自身又是一个由诸多相互联系、相互作用、相互制约的要素(人、车、路、环境)所组成的有机整体，是一个多目标、多约束、开放性的大系统。因此，交通工程学最重要的方法论基础是系统工程原理，以系统工程的原理来解决交通工程发展中的问题。

2. 综合性

交通工程学是一门综合性很强的学科，只有将工程(Engineering)、教育(Education)、法规(Enforcement)、环境(Environment)和能源(Energy)五个方面综合起来考虑，才能保证人、车、路之间合理的时间和空间关系。由于工程、教育、法规、环境和能源这五个英文字头都是字母E，所以，人们通常将交通工程学称为"5E"学科。

3. 交叉性

交通工程学的任何一个研究对象，都涉及其他相关学科知识，也因此与其他学科联系密切，从而体现了它的学科交叉性。

4. 社会性

交通系统是社会经济系统的子系统，涉及社会的各个方面，交通规划、交通管理、交通法规都直接影响全社会的公民和社会的企业、事业单位，影响到城市发展、区域经济发展等。

5. 超前性

交通系统是为社会经济发展和人民生活服务的，由于道路系统本身建设使用周期长，要满足人们日益增长的交通需求，必须在规划、建设时充分考虑未来的交通需求，充分体现其超前性。

6. 动态性

交通工程的动态性体现在两个方面：一是交通流自身是一个随机变化的自然现象，只能通过统计规律来描述这种随时间或空间动态变化的规律；二是系统规划的超前性决定了系统具备动态变化的特征。

1.3 交通工程学的产生与发展

1.3.1 交通工程学的产生

汽车的出现，使道路交通产生了第二次飞跃，即由人力和畜力的低速交通时代进入了汽车的高速交通时代。从 1885 年德国人卡尔·本茨制造了第一辆三轮汽车，到 1892 年奥托发明了四冲程内燃汽油汽车，便完成了汽车由实验型向实用型的转变，形成了现代汽车的雏形。1908 年美国人亨利·福特采用标准化、专业化生产方式，大大降低了汽车的生产成本,使汽车成为大众普及型的交通工具。

汽车运输以其机动灵活、速度高、投资少、适应性强、可达性好等优点,得到了迅速的发展。美国是汽车运输发展最快的国家,1920年美国已有300多万辆汽车,300万公里道路,而到1930年美国的汽车拥有量已达3000多万辆,道路400多万公里,平均每1000居民拥有180辆汽车。小汽车已成为美国人生活中不可缺少的交通工具,大城市汽车交通已相当繁忙。汽车运输的发展除了繁荣经济、方便生活外,同时也带来了交通事故、交通拥挤、车速降低、停车困难和环境污染等交通问题。为解决这些问题,人们开始重视对交通工程方面的研究工作。

1921年美国任命了第一个交通工程师;1926年在哈佛大学创立了交通工程专修科。这一时期交通工程主要研究交通法规的制定、交通管理,设置交通信号灯及交通标志、标线等方面的问题。随着交通的需要和研究的发展,1930年美国成立了世界上第一个交通工程师协会,并正式提出了交通工程学的名称,这标志着交通工程学作为一门独立的工程技术科学的诞生。

1.3.2 交通工程学的发展

交通工程学科自20世纪30年代诞生起,经过70年的不断研究、应用和发展,日益得到了充实、发展和完善。其主要发展阶段如下。

(1) 20世纪30年代,主要工作是如何通过交通管理如设置交通标志、安装手动信号机、路面画线等措施,来减少交通堵塞和交通事故。

(2) 20世纪40年代,交通工程师们开始意识到,只靠简单的交通管理,无法根治交通问题,如果不按交通量大小为依据修建道路,则带有很大的盲目性,于是交通工程学增加了交通调查、交通规划,并根据交通调查及远景交通量的预测进行合理交通设计,研究提高路面质量与交叉口通行能力计算。

(3) 20世纪50年代,各工业发达国家及高速公路的兴起,促使汽车拥有量迅速增加,形成了"汽车化"的局面。因此又开始研究高速道路线形设计、通行能力计算,立体交叉设计,停车存放问题。

(4) 20世纪60年代,由于"汽车化"的结果,促使汽车数量激增。为了疏导交通,提高行车速度,于是研究车流特性、城市综合调查与交通渠化、交通规划及使用计算机控制交通。

(5) 20世纪70年代,由于汽车交通的发展,使人们日常活动范围扩大,造成交通拥挤严重。大量汽车尾气、噪声、振动危及人们的健康,再加上能源危机,迫使人们不得不对交通进行综合治理。这样,就开始重点研究并拟订合理的交通规划,减少不必要的客流,缩短行程,倡导步行,恢复并优先发展公共交通,给汽车选择最佳运行路线,从根本上改变交通组成,从而减少交通拥挤程度和交通事故,同时加强防治交通对环境的污染。

(6) 20世纪80~90年代初,交通工程学又有了较大的发展,表现在:在人的交通特性方面,开展了对驾驶员和行人的心理、生理特性及生物节律的研究;道路通行能力的研究;汽车行驶性能(制动、转弯、撞击)及汽车碰撞时如何保证乘车人及驾驶员安全的研究;人-机系统的研究和应用范围进一步扩大。在公路几何设计方面,过去主要是以汽车运动力学平衡原则为线形设计基础,现在发展到要考虑驾驶员的驾驶生理和心理要求,线形组合要考虑对驾驶员的视觉诱导等方面的研究。在交通规划方面，研究经济发展对交通的定量需求和交通对经济发展的影响，并体现在交通规划和道路网设计上。从宏观上研究了路网密度的理论和计算公式。在交通控制方面，进行了在主要干线和主要街道上设置自动控制系统的研究及反光标志、标线、可变标志的研究；在交通管理方面，按照交通工程学原理制定交通法规的研究；对车辆实行强制保险的研究。在设备与手段方面，交通控制与车辆检测、测试、调变分析方面的自动化程度大大提高。在公害防治和环境保护方面，进行了汽车交通噪声控制和限制废气排放标准、采取措施等工作。

目前世界各工业发达国家均集中大量人力、物力、财力，采用各种高新技术，研究智能运输系统(ITS)，又称"智能车路系统"(IVHS)。目前世界各发达国家已形成北美(美国、加拿大)、欧洲(有10多个国家)和日本三大研究集团，开发项目很多，概括起来有以下几个方面：先进的汽车控制系统(AVCS)，又称智能汽车控制系统；先进的交通管理系统(ATMS)，又称自动高速公路系统；先进的驾驶员信息系统(ADIS)。

1.4 我国交通工程学的发展

我国交通工程学的研究始于20世纪70年代初，1973年，交通部公路科学研究所设置了交通工程研究室；70年代末，交通、城建和公安交通管理部门开展了交通工程学的理论学习和交通调查工作；1978年以来，以美籍华人交通工程专家张秋先生为代表的美、日、英、加等国家的交通工程专家，先后在上海、北京、西安、南京、哈尔滨等城市讲学，系统介绍西方发达国家交通规划、交通管理、交通控制及交通安全方面的建设与管理经验；国内也派出多个代表出国参加由英、美、日、澳、德等国举办的国际交通工程学术会议，这些活动推动了国内交通学科的产生。1980年，上海率先在国内成立交通工程学会，1981年，中国交通工程学会宣告成立，标志着我国的交通工程学已进入正规、全面、系统的科学研究阶段。到目前为止，虽然只有20多年的时间，但是我国交通工程学从无到有，已经在交通规划、交通设计、交通管理、交通监控、交通安全等领域取得了较大的发展，形成了一个独立的科学体系。

交通工程在我国目前的发展状况，主要有以下几个方面。

1. 建立学术和研究机构培养专业人才

自中国交通工程学会成立以来，全国已有20多个省市、自治区成立了交通工程学会，交通、公安及城建部门成立了交通工程研究所、室，现在已有了一支相当规模的专门从事交通工程研究和设计的专业队伍，独自完成了高速公路安全、监控、通信、收费系统的设计；研制开发了我国第一个实时自适应区域交通控制系统。

现在全国有几十所高校设立了交通工程专业或开设了交通工程学课程，培养了大批的交通工程方向的硕士生、博士生；不断开展学术研究和学术交流，出版了交通工程方面的期刊、专著和译文；举办了多层次的培训班和专题讲座。通过这些研究活动，培养了一大批掌握交通工程系统理论的专业人才。

2. 开展了基础数据的调查

自1979年开始，按交通部的统一部署，各地公路部门在所有国道上和主要省道上设置了交通调查站，构成全国公路交通调查网，对分车型的交通量、车速、运量、起讫点等动态数据进行长期观测调查，取得了大量的统计资料，基本上掌握了国家干线路网的交通负荷与运行状况。

3. 城市交通规划与公路网规划

天津、上海、广州、北京、南京等城市均先后开展了城市交通规划、公交线网、站点与调度优化的研究。1981年在全国公路交通普查的基础上，规划了国家干线公路网，共70条10多万公里；"七五"期间，又规划了由12条国道，2.5万公里高速公路和汽车专用公路组成的快速、安全、高效的全国主骨架公路网。"十五"期间，公路建设以"五纵七横"国道主干线和西部地区公路建设为重点，近一步完善省际高等级公路网，强化路网建设与改造，提高技术水平，充分发挥公路运输的基础性和主通道作用。

4. 制定交通法规

运用交通工程学与法学原理，制定了一些交通法规，如2004年5月1日起实施的《中华人民共和国道路交通法》。

5. 交通管理与交通控制

在城市道路和干线公路实施路面划线或隔离措施，使车辆各行其道；实施人行横道线，设置行人交通信号灯，并在大城市行人集中的地方修建人行过街天桥或地下通道。

6. 交通安全设施与交通检测仪器的研制

研制了多种汽车、自行车流量自动检测记录装置、雷达测速仪、酒精检测仪、驾驶员职业适应性检测装置等，还试制了反光标志、标线、隔离、防眩、防撞、诱导等交通安全设施。这些仪器和设施对于提高交通管理水平和通行能力、保障交通安全、提供交通信息和舒适美观的交通环境等均有着重要的作用。

7. 交通工程学基本原理在道路交通实践中的应用

(1) 交通流特性常作为道路交通管理控制的具体措施和警力配置的主要依据。
(2) 大城市中心区交通系统管理技术的应用。
(3) 城市道路平面交叉口的系统分析与综合治理。
(4) 公路增设汽车专用车道、慢车道、硬化路肩和实行分道行驶的依据。
(5) 实施公路标准化、规范化和环境美化的GBM工程。

8. 计算机技术在交通工程中的应用

目前我国自行开发的交通工程计算机应用软件技术有：交通模拟软件、交通调查数据处理分析系统、交通图形信息处理软件、交通工程辅助设计软件、交通信号配时优化软件、交通事故分析软件、车辆及驾驶员档案管理系统、道路情况数据库及交通信息管理系统等。

9. 新理论、新技术的研究

在进行交通工程基础理论研究的同时，我国已开始将现代新理论、新技术与交通工程理论相结合，与我国交通实际相结合，以发展和完善交通工程学。例如，交通的熵特性研究、系统工程方法运用于交通运输；交通冲突技术运用于交叉口安全评价及事故分析；交通量及交通事故的灰色预测，交通工程的系统模糊分析和决策等。另外，已经着手开发以专家知识为基础的智能系统、知识工程、人机工程领域的新技术和方法。

小　结

本章首先介绍了各国学者对交通工程学定义的认识，交通工程学主要研究对象是道路交通，主要解决道路交通系统规划与管理中的科学问题。接着介绍了交通工程学内涵、外延及其六大特点；阐述了交通工程学科的产生与发展历程，以及我国交通工程学的发展状况。

课后习题

思考题：
1. 交通工程学主要研究哪几个方面？它与汽车工程学、道路工程学的研究方法有何不同？
2. 交通工程学定义的多样性与功能作用如何？你是怎么认识的？
3. 我国交通学科的发展，特别是现代交通工程发展的特点，其外因、内因如何？

第 2 章 交通特性

教学提示：交通特性分析是交通工程学的基础部分，是进行合理的交通规划、设计、营运、管理与控制的前提。交通特性分析的重点是研究道路交通系统的基本要素（人、车、路）的自身特性，又要研究交通流的特性，以及交通要素和环境因素之间的相关特性。本章首先介绍交通基本要素的特性，接着重点介绍交通流三参数的特性。

学习要求：通过本章的学习，学生应熟悉交通基本要素（人、车、路）的特性，掌握交通流三参数（流量、速度、密度）特性。

引例

驾驶员是道路交通系统中"会思考"的部分，在运输过程中责任重大，驾驶中起关键作用的是驾驶员的生理、心理素质和反应特性。饮酒对人的生理和心理都会产生一定的影响，饮酒后驾车会引发交通事故。

2009 年 6 月 30 日晚 8 时许，南京市江宁区岔路口地区发生惨烈车祸。家住南京市东山街道金盛路的张某事前与他人在金盛路一家饭店吃饭，喝下七八两白酒后驾车回家，在 1400m 的路段上撞倒 9 名路人，并撞坏路边停放的 6 辆轿车，造成 5 人死亡、4 人受伤的特大交通事故。受害人中的一名孕妇被撞后，胎儿从她腹部滑落到地上，斑斑血迹，惨不忍睹。后经对肇事司机张某进行血液检验，检出其血液中乙醇的质量浓度为 381.5mg/100mL，超醉酒标准约 5 倍，属严重醉酒驾驶。

2.1 交通基本要素特性

2.1.1 人的交通特性

道路交通系统中的人包括驾驶员、乘客和行人，他们都是道路的使用者，其中机动车驾驶员交通特性是研究的主要对象。道路交通系统中的各种要素都是围绕着这个"特殊的"要素进行设计和运作的，例如，车辆的设计和制造要符合人体工程学；车辆驾驶离不开驾驶员；交通标志的设置要符合驾驶员的视觉机能；道路线形要符合驾驶员的交通与心理特征等。

1. 驾驶员的交通特性

驾驶员是道路交通系统中"会思考"的部分，其主要责任是将旅客和货物安全、准时、完好或舒适地送到目的地。因此,需要驾驶员具有高度的社会责任感,良好的职业道德,健康的身体和心理素质、熟练的驾驶技术。在驾驶车辆过程中,驾驶员的反应操作过程是:感知外界交通环境信息——产生感觉(视觉和听觉);然后通过大脑反应形成知觉,在知觉的基础上,形成深度知觉,如目测距离、估计车速和时间等;最后形成判断,指挥操作。在整个过程中,起决定作用的是驾驶员的生理、心理素质和反应特性。

1) 驾驶员视觉特性

在行车过程中,驾驶员需要及时感知各种交通信息,根据统计分析,各种感觉器官给驾驶员提供交通信息的比例如下:视觉 80%、听觉 10%、触觉 2%、味觉 2%、嗅觉 2%。可见,视觉是驾驶员信息输入最重要的感觉器官,因此对视觉机能的考核和研究是驾驶员特性研究的重要内容。

人的眼睛注视目标时,由目标反射来的信息经过眼中晶状体的曲折,投射于眼睛的黄斑凹,结成物像,再由视神经经过视路传至大脑的枕叶视中枢,激起心理反应,形成视觉。也就是说,所谓视觉,就是外界光线经过刺激视觉器官在大脑中所引起的生理反应。视觉在辨别外界物体的明暗、颜色、形状等物理特性,以及区分物体的大小、远近等空间属性上都起着重要的作用。

(1) 视力。视力就是眼睛分辨两物点之间最小距离的能力。根据眼睛所处的状态和时间不同有静视力、动视力和夜间视力之分。

① 静视力。静视力是站在视力表前 5m 处,依次辨认视标测定的视力,视力共分 12 级,我国驾驶员的体检视力标准为两眼的视力各应在 0.7 以上;或裸眼视力在 0.4 以上,矫正视力在 0.7 以上。无红、绿色盲。

② 动视力。动视力是处在运动中观察物体的视力。受到车辆运动速度和自身年龄的影响,如图 2.1 所示,速度增加或年龄增大,动视力就会下降。

③ 夜间视力。夜间视力受光照度、背景亮度等诸多因素的影响。

(2) 视觉适应。视觉适应是视觉器官对于光亮程度突然变化而引起的感受性适应过程。

(3) 眩目。若视野内有强光照射,颜色不均匀,使人的眼睛产生不舒适感,形成视觉障碍,这就是眩目。

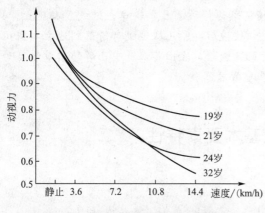

图 2.1 动视力随速度及年龄变化图

(4) 立体视觉。立体视觉是人对三维空间各种物体远近、前后、高低、深浅和凸凹的一种感知能力。立体视觉良好是安全行车的重要条件。美国等一些工业发达国家早已把立体视觉列入选择汽车驾驶员的必备项目。而我国选用汽车驾驶员时,不进行立体视觉的测试,以致造成了一些不应有的交通事故隐患。

(5) 视野。两眼注视某一目标,注视点两侧可以看到的范围称为视野。视野受到视力、速度、颜色、体质等多种因素影响。静止时驾驶员视野最大,车辆速度越快,视野就越窄。表 2-1 所示显示了视野与行车速度的对应关系。人眼的视野可用视野计进行测定,如果驾驶员的双眼视野过小,则不利于行车安全。

表 2-1 视野与行车速度的对应关系

行驶车速/(km/h)	注视点(前方)/m	视野/(°)
40	183	90~100
72	366	60~80
105	610	40

(6) 色视觉。色视觉在可见光波长范围内，不同波长的感觉不同。

不同的颜色对驾驶员产生不同的生理心理作用，如红色显近，青色显远；明亮度高的物体视之似大，显轻；明亮度低者，视之似小，显重等。

我国交通标志使用六种颜色：红、黄、蓝、绿、黑、白。红色波长最长，传播最远，使人产生"火"和"血"的联想，对人的视觉和心理有一种危险感和强烈刺激，多用于禁令标志。黄色具有明亮和警戒感觉，用于注意危险的警告类标志。蓝色和绿色使人产生宁静平和与舒适的感觉，多用于指示、指路标志。夜间人眼的识别能力降低，白色最好，黑色最差。

(7) 视差。视差(错觉)是对外界事物的不正确的知觉。视差可能是生理和心理原因引起的；当前的知觉与过去的经验相矛盾，或者思维推理上的错误，都是造成视差的原因。

2) 驾驶员反应特性

驾驶员的反应是由外界因素刺激而导致的知觉行为过程。它包括驾驶员从视觉产生认识到中枢判断决策直至动作的整个过程，知觉反应时间是驾驶员最重要的因素，如图 2.2 所示。

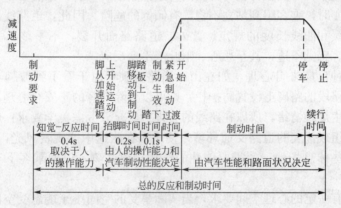

图 2.2 总的反应和制动时间

从图 2.2 可以看出，驾驶员开始制动前至少需要 0.4s 的知觉-反应时间，产生制动效果需要 0.3s 时间，共计 0.7s。事实上，不同驾驶员因为个体特征差异(如个性、年龄、性别、情绪、环境、疲劳程度、注意力等)会表现出不同的反应时间。根据美国各州公路工作者协会规定，判断时间为 1.5s，作用时间为 1s，故从感知、判断、开始制动，到制动发挥效力全部时间通常按 2.5~3.0s 计算。道路设计中以此作为制动距离的基本参数。

3) 驾驶员心理特点和个性特点

身心健康是驾驶员安全行驶的必要条件，思想集中、精神状态良好、心境平和、安定审慎的性格也是必备条件。研究表明，情绪不稳定、容易冲动、缺乏协调性、行为冒失往往容易造成交通事故。

4) 驾驶员疲劳驾驶

驾驶员的疲劳也是驾驶员特性中与安全驾驶密切关联的重要因素,它是指由于驾驶作业引起身体上的变化、心理上的疲劳及客观测定驾驶机能低落的总称。统计表明,有1‰~2‰的交通事故是由于驾驶员疲劳直接导致的。目前,对疲劳的检查方法一般有生化测定、生理机能测定、神经机能测定、自觉症状申述等。从心理学角度来看,常被采用的方法有触两点辨别检查、颜色名称测验、反应时间检查、心理反应测定、驾驶员动作分析等。

2. 乘客的交通特性

乘客是交通系统中人的重要组成部分,是车辆服务的对象,是交通系统的服务核心之一。不同的乘客有不同的心理反应、乘车反应并因交通而产生社会影响。

1) 乘客的交通需求心理

人们总是抱着某种目的(如上班、购物、娱乐等)去乘车,乘车过程本身就意味着时间、体力、金钱的消耗。因此,人们总是希望花最少的钱、用最短的时间、以最舒适的方式安全地完成自己的交通路线。因此,道路设计、车辆制造、汽车驾驶、交通管理及交通设施的布设等都应考虑乘客的这些交通心理需求。

2) 乘客的乘车反应

人们乘车,总会有不同的反应,因为道路等级不同、路面质量不同、道路线形不同、车辆舒适性不同、车内气氛、车外景观等因素,导致人们产生不同的乘车反应,比较常见的不良反应便是晕车。

研究表明,汽车在弯道上行驶,当横向力系数大于0.2时,乘客有不稳定之感;当横向力系数大于0.4时,乘客感到站立不稳,有倾倒的危险。因此,道路线形设计中有水平曲线最小半径和缓和曲线长度的规定。此外,道路路面开裂、不平整、引起车辆振动强烈,可能导致乘客感觉不适,甚至恶心、呕吐等不良反应。

乘客的另一种反应来自心理,如在山区道路行驶,由于看不到坡脚,易产生恐惧心理,如果在这种路段的路肩上设置防护栏,则可以消除乘客的不安全心理。另外,乘车时间过长,容易产生烦躁情绪,所以在路线的布设上应充分考虑美学要求:应尽量利用名胜古迹、自然景物组成优美的道路交通环境,使乘客在旅途中能观赏风光,感到心旷神怡。同时沿线布设一些休息场地,使需要停驻的车辆稍停片刻,以便乘客下车活动、伸展肌肉、减轻疲劳。

每个乘客都有一定的心理空间要求,当实际享受的空间小于能忍受空间范围时,会产生压抑、厌烦的情绪。当乘车拥挤时,甚至感到乘车具有很大的压力、成为一种负担。国内学者研究表明由于体力、心理、生活等方面的原因,城市居民对日常出行时间的容忍性有一定的限度,如表2-2所示。

表2-2 不同出行目的出行容忍时间   单位:min

出行目的	理想出行时间	不计较出行时间	能忍受出行时间
就业	10	25	45
购物	10	30	35
游憩	10	30	85

3) 社会影响

乘车的安全性、舒适性、满意性不仅对乘客个人的心理、生理有影响，同时也对社会产生预想不到的影响。上下班等车及路途时间过长、多次换乘、过分拥挤等将给乘客造成旅途疲劳、心理压力、烦躁情绪，难免会出现影响社会的情况。如由于乘车问题引起乘客纠纷，导致过激行为；由于乘车导致心情不悦、健康受损、劳动效率降低；由于乘车意外回家过晚导致家庭不和；由于乘车不满导致居民对公共服务事业的不满等。

3. 行人的交通特性

步行交通是与人类生活密不可分的一项活动，其功能是达到生活、交往和娱乐等目的。为满足人们步行的生理、心理和社会需要，并同时保证不过多的消耗体能、不干扰其他交通、不发生交通事故，就有必要提供相应的规划设计、建设良好的基础设施。因此，必须对行人的交通特性进行很好的认识和理解。

1) 行人交通流特性

人在行走过程中便形成了行人交通流。相对而言，国内对行人的研究很少，国外部分学者对该领域进行了较为深入的研究。如美国学者费洛因在其博士论文《行人规划与设计》中研究了行人流的速度、流量、密度及行人占有空间等特征要素及其相互关系，提出了人行道服务水平划分建议（见表2-3）。

表2-3 人行道服务水平划分建议

服务水平	行人流量 （人/m·min）	行人占有空间 （m^2/人）	行人交通情况
A	≤30	>2.3	自由流
B	30~55	2.3~0.9	步行速度和超越行动受到限制；在有行人反向与横穿时严重感到不便
C	55~70	0.9~0.5	步行速度受到限制，经常需要调整步伐，有时只好跟着走；很难绕过前面慢行的人，要反向行走或横穿特别困难
D	≥70	<0.5	不稳定流，偶尔向前移动，无法避免与行人相拥挤；反向和横穿变为不可能

2) 行人交通特征及相关因素

行人的交通特征表现在速度、空间和注意力等方面。这些与行人年龄、性别、出行目的、心境等因素有关，也与行人生活的区域、周围的环境，交通状况等有关，可总结如下。

(1) 成年人步行速度比老年和儿童快，通常在1.0~1.3m/s之间，成年人空间要求比儿童大、比老年人小，儿童喜欢任意穿梭，注意力不集中。

(2) 男性步行速度比女性快，男性空间要求比女性大。

(3) 一般而言，工作或事物性出行较生活性出行速度快，注意力也更加集中。

(4) 文化素质高的人对空间的要求大，更加注意文明走路和交通安全。

(5) 心境紧张和烦躁时与闲暇时的速度不同，空间要求也存在差异，注意力也有所变化。

(6) 路侧景致幽雅时步行速度慢，空间要求小、注意力更加分散。

(7) 交通拥挤时速度放慢，空间变小，注意力集中。

2.1.2 车的交通特性

车辆是道路交通的基本要素之一。各种车辆中，自行车是研究我国交通问题不容忽视的车类，而汽车是交通工程研究的主要对象，本节主要介绍这两类车辆的交通特性。

1. 汽车基本特性

汽车的基本特性包括了汽车的几何外形、设计参数、动力性、制动性、操纵稳定性、舒适性、通过性等。这里简要介绍汽车的几何尺寸、动力性和制动性。

1) 车辆的设计尺寸

我国行业标准 JTG B 01—2003《公路工程技术标准》和 CJJ 37—1990《城市道路设计规范》中规定了作为道路设计依据的机动车外廓尺寸界限，如表 2-4、表 2-5 所示。

表 2-4 《公路工程技术标准》(JTG B 01—2003)　　　　　单位：m

项目 车辆类型	总长	总宽	总高	前悬	轴距	后悬
小客车	6	1.8	2	0.8	3.8	1.4
载货汽车	12	2.5	4	1.5	6.5	4
鞍式列车	16	2.5	4	1.2	4+8.8	2

表 2-5 《城市道路设计规范》(CJJ 37—1990)　　　　　单位：m

项目 车辆类型	总长	总宽	总高	前悬	轴距	后悬
小客车	5	1.8	1.6	1.0	2.7	1.3
载货汽车	12	2.5	4	1.5	6.5	4
鞍式列车	16	2.5	4	1.7	5.8+6.7	3.8

2) 汽车动力性能

汽车动力性能主要体现在汽车的最高行驶速度、加速能力和爬坡能力三个方面。

(1) 汽车的最高行驶速度：是指在良好的水平路段上，汽车所能达到的最高行驶车速。

(2) 加速能力：通常用原地起步的加速时间与超车的加速时间来体现。原地加速时间是指汽车由 I 挡起步，以最大的加速度逐步换至高挡后达到某一预定的距离或车速所需要的时间。超车加速时间大多用高挡或次高挡由 30km/h 或 40km/h，全力加速至某一高速度所需的时间来表示。

(3) 爬坡能力：用汽车满载时 I 挡在良好的路面上的最大爬坡度 i_{max}(%)表示。

3) 汽车制动性能

汽车的制动性能直接关系行车安全，车辆良好的制动性能是交通安全的重要保障。汽车制动性能主要体现在制动减速度,表现为制动距离,因此,可用制动距离来衡量汽车的制动性能。制动距离的计算公式粗略的可用下式计算

$$L=\frac{v_0^2}{254(\varphi\pm i)} \tag{2.1}$$

式中：v_0——汽车制动开始时的速度,km/h;

i——道路纵坡,上坡为正、下坡为负,%;

φ——附着系数。

2. 自行车的交通特性

1) 基本特性

(1) 短程性。自行车是由人力驱动的,操纵者的体力、情绪和意志控制了车辆的运行,体力是决定性因素。同时,行车也受到道路线形、坡度、环境的影响。两者共同作用,决定了这种行驶方式的距离不会太长,适合于短距离、短时间的出行。

(2) 行进稳定性。自行车属于静态不稳定的运载工具,只有当车辆在行进过程中,才处于相对稳定的状态。自行车骑行过程中重心较高,因此,存在如何保持平衡的问题,在转向通过弯道时,必须借助人体的位置变化或重心的倾斜来维持运动中的平衡状态。

(3) 动力递减性。自行车依靠人的两脚蹬踏的力量,一般成年男子 10min 可能发挥的功率为 220.6W,成年女子则为 147.1W,儿童更小。持续时间越长,发挥出的功率就越小,表现出了自行车动力递减的效果。

(4) 爬坡性能。自行车的爬坡能力依据个人体力显示出不同的差异,但总体上而言,爬坡能力都不高,通常规定坡度不大于 5%,而且坡长有一定限制。

(5) 制动性能。自行车的制动性能对安全通行具有重要意义,自行车一般分别在前后轮装置两个独立的制动系统,分别由左右手控制。自行车的制动性能一般由一定速度下紧急制动的制动距离来评价。自行车的制动距离受轮胎与地面的摩擦因数、轮胎类型、制动器类型等多方面影响,根据我国颁布的 GB 3565—2005《自行车安全要求》的规定,在我国公路上行驶的自行车在依据标准规定的试验方法进行的制动性能试验中,其最大制动距离要求如表 2-6 所示。

表 2-6 制动试验的速度和最大制动距离要求

试验条件	试验速度/(km/h)	使用的车辆	制动距离/m
干态	25	使用两个车闸	7
		单用后闸	15
湿态	16	使用两个车闸	9
		单用后闸	19

注：表中的"干态"和"湿态"是指制动器的状态。

2) 自行车的交通特性

(1) 群体性。由于自行车众多,在多车道、高峰期间,车辆常常成群结队、首尾相连行驶,连续不断。

(2) 潮汐性。在信号灯控制路段,自行车车流受到红灯阻断,常常一队一队的像潮汐

一样向前流动。

（3）离散性。在车辆不多时，为了不受其他自行车的影响，骑车人总是选择车少、有空当的空间行驶，以提高行驶的自由度和灵活性。

（4）赶超现象。青年骑车人总喜欢在道路上相互追逐、相互嬉闹、相互赶超。

（5）并排性。下班、放学回家，由于车辆的速度缓慢，常常可以相互侃谈、并排行驶，造成其他自行车无法或不容易通行。

（6）不易控制性。由于自行车机动灵活，常常有不遵守交通法规的现象，如闯红灯、走机动车道、逆行等。

2.1.3 道路的交通特性

道路是交通系统的基础支撑，道路要有一定的数量，能够达到合适的密度以满足人们的出行需求；道路拥有质量特性，需要为人们出行提供更好的道路与交通环境条件；道路有一定的形状指标，需要提供符合车辆与乘客（驾驶员）交通特性的曲线；道路具有布局特征，要符合城市与经济发展的需求。

1. 道路网密度

道路网密度是一个区域的道路总长度与区域总面积之比。一般而言，道路网密度越高，道路网容量、服务能力越大。但道路网密度也不是越大越好，道路网密度的大小应与一定的经济发展水平相当，与所在区域内的交通需求相适应，应使道路建设的经济性和服务水平及道路系统的社会效益、经济效益、环境效益得到兼顾和平衡，既要适当超前，也要节约投资。在国家标准 GB 50220—1995《城市道路交通规划设计规范》中，给出了不同规模城市的道路网密度等规划指标，可供实际应用时参考。

2. 道路结构

道路的基本结构是路基、路面、桥梁和涵洞、边沟、挡墙、盲沟等。这些结构的设计标准和使用在其他相关课程中介绍，这里不再赘述。

3. 道路线形

道路线形是指一条道路在平、横、纵三维空间中的集合形状，传统上分为平面线形、纵断面线形、横断面线形。线形设计的要求是通畅、安全、美观。随着交通需求的增大，公路等级的提高，人们对道路线形的协调性、平顺性的要求越来越高，更加强调平、纵、横线形一体化。

4. 道路网布局

道路的规划、设计不能仅仅局限于一个点、一条线，而应从整个道路网系统着眼。道路网布局的好坏对整个运输系统的效率有很大影响，良好的道路网布局可以大大提高运输系统的效率，增加道路网的可达性，节约大量的投资，节省运输时间和运输费用，取得良好的经济效益、社会效益与环境效益。

对于不同的区域、不同的城市，不存在统一的道路网布局模式。道路网布局必须根据所在区域的自然、社会、经济情况等来选取。

1) 公路网布局

典型的公路网布局有放射形、三角形、并列形、树杈形等,特点描述如下。

(1) 放射形公路网。适用于中心城市对周边城镇、郊区的交通辐射,可促进中心城市对地区的影响,但周边城镇之间及郊区之间的运输不方便,如图 2.3 所示。

(2) 三角形公路网。三角形路网适用于规模相当的重要城镇之间的直接联系,通达性好、运输效率高,但建设量大,如图 2.4 所示。

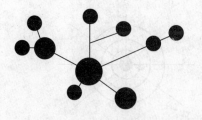 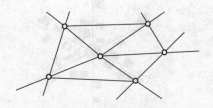

图 2.3　放射形公路网　　　　　　图 2.4　三角形公路网

(3) 并列形公路网。平行的几条干线分别联系一些城镇,而处于两条线上的城镇之间缺少便捷的连接道路,是一种不完善的道路布局,如图 2.5 所示。

(4) 树杈形公路网。树杈形公路网是公路网的最后一级,是从干线上分支出去的支线公路,将基层的乡、村、镇连接起来,如图 2.6 所示。

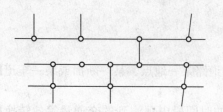 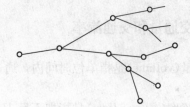

图 2.5　并列形公路网　　　　　　图 2.6　树杈形公路网

2) 城市道路网布局

典型的城市道路网布局通常有棋盘形、带形、放射形、放射环形。其特点描述如下。

(1) 棋盘形道路网。棋盘形道路网布局严整、简洁,交通方向性强,道路网分布较为均匀,交叉口交通组织容易,但道路网的通达性差,过境交通不易分流,不容易形成城市中心,如图 2.7 所示。

(2) 带形道路网。在带形道路网布局中,建筑沿交通轴线两侧铺开,公共交通布置在主要交通干道范围内,横向靠步行或非机动车,利于公共交通的布线和组织,但容易造成纵向主干道交通压力过大,不容易形成城市中心,如图 2.8 所示。

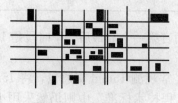 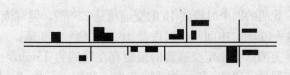

图 2.7　棋盘形道路网　　　　　　图 2.8　带形道路网

(3) 放射形道路网。放射形道路网从城市中心向周围辐射，城市沿对外交通干线周边发展，从放射方向看，保持了带形布局的优点，同时缩短了到城市中心地带的距离；但是，这种布局城市中心交通压力大、过境交通不容易分流，如图 2.9 所示。

(4) 放射环形道路网。放射环形道路网具备了带形、放射形的优点，虽然在放射方向增加了轻微的非直线系数，但却增加了过境分流的优点。为了克服放射形的缺点，通常避免将过多的放射路线引入城市中心，如图 2.10 所示。

图 2.9 放射形道路网

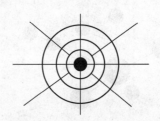
图 2.10 放射环形道路网

2.2 交通量特性

2.2.1 交通量和交通流率

交通量(volume)是指单位时间内，通过道路某一地点、某一断面或某一车道的交通实体数。

交通流率(rate of flow)是指把不足 1h 的时间段内观测到的交通量等效转换成单位小时的车辆数。

交通量和交通流率都是描述交通流特性最重要的参数之一，它们都反映交通需求的变量，但它们无论从概念上还是本质上都有重要的差别：交通量是通过实际观测或者通过预测得到的值，交通流率则是通过对不足 1h 的交通量的等效转换的等效值，如表 2-7 所示。

表 2-7 流率转换等效值

观测时段	交通量/辆	流率/(辆/h)	观测时段	交通量/辆	流率/(辆/h)
7:00～7:15	10	40	7:45～8:00	10	40
7:15～7:30	100	400	7:00～8:00	220	
7:30～7:45	100	400			

观测的四个时段共 1h 的交通量是 220 辆，但对流率而言第一个和最后一个时段是 10×4 辆＝40 辆，中间两个时段是 100×4 辆＝400 辆。

美国认为稳定交通流的最短存在时间为 15min，故经常观测 15min 交通量，将 15min 的交通量乘以 4，扩大为小时流率。我国现行的"公路工程技术标准"中则仍然采用小时交通量。

2.2.2 交通量的表达方式

交通量时刻在变化,在表达方式上通常取某一时间段内的平均值作为该时间段的代表交通量。平均交通量表达式为

$$Q = \sum_{i=1}^{n} Q_i \qquad (2.2)$$

式中:n——单位时间段的数量;
Q_i——单位时间段的交通量。

常用的平均交通量主要如下。

(1) 年平均日交通量(Annual Average Daily Traffic,AADT),是指在一年中,在指定地点观测的交通量总和除以一年的总天数,所得的平均值称为年平均日交通量,计算公式为

$$\text{AADT} = \frac{1}{365\text{ 或 }366} \sum_{i=1}^{365\text{ 或 }366} Q_i \qquad (2.3)$$

式中:Q_i——观测期内第 i 天通过指定地点的交通量,辆/d。

(2) 平均日交通量(Average Daily Traffic,ADT),是指在少于一年的某个时间段内,在指定地点的平均每日交通量,称为平均日交通量。其计算公式为

$$\text{ADT} = \frac{1}{n} \sum_{i=1}^{n} Q_i \qquad (2.4)$$

式中:n——计算时间段的天数;
Q_i——观测期内第 i 天通过指定地点的交通量,辆/d。

平均日交通量可用半年、一个季度、一个月、一周或几天作为一个时间周期来测定,并由此定义月平均日交通量(MADT)、周平均日交通量(WADT)等概念。

(3) 月平均日交通量(Monthly Average Daily Traffic,MADT),计算公式为

$$\text{MADT} = \frac{1}{k} \sum_{i=1}^{k} Q_i \qquad (2.5)$$

式中:k——一个月的天数;
其他符号意义同式(2.4)。

(4) 周平均日交通量(Weekly Average Daily Traffic,WADT),计算公式为

$$\text{WADT} = \frac{1}{7} \sum_{i=1}^{7} Q_i \qquad (2.6)$$

式中符号意义同式(2.5)。

2.2.3 交通量的时间分布特性

1. 交通量的月变化

一年内各月交通量的变化称为月变化。若以月份为横坐标,以月平均日交通量相当于年平均日交通量的百分数(MADT/AADT)为纵坐标,绘制成的曲线图称为交通量的月变

图。年平均日交通量与月平均日交通量的比值称为月变系数(或月不均衡系数、月换算系数),用 $K_\text{月}$ 表示,则

$$K_\text{月}=\frac{\text{AADT}}{\text{WADT}}=\frac{\dfrac{1}{365\text{ 或 }366}\sum_{i=1}^{365\text{或}366}Q_i}{\dfrac{1}{k}\sum_{i=1}^{k}Q_i} \quad (2.7)$$

式中符号意义参见式(2.5)。

【例题 2-1】 某道路的交通量统计表如表 2-8 所示,试计算各月的月平均日交通量与月变系数。

表 2-8 交通量统计表

月份	1	2	3	4	5	6	7	8	9	10	11	12
当月天数	31	28	31	30	31	31	30	31	30	31	30	31
月交通量/辆	630385	491764	796297	691440	760678	707678	693966	760492	806910	888367	677610	755966
MADT/(辆/d)	20335	17563	25687	23048	24538	23589	22386	34532	26897	28657	22587	24386
MADT/AADT /(%)	85.69	74.01	108.25	97.13	103.40	99.41	94.34	103.38	113.35	120.76	95.18	102.76
$K_\text{月}$	1.17	1.35	0.92	1.03	0.97	1.01	1.06	0.97	0.88	0.83	1.05	0.97

解:
步骤 1:计算年平均日交通量,即

$$\text{AADT}=\frac{8661545}{365}\text{辆/d}=23730\text{ 辆/d}$$

步骤 2:计算月平均日交通量,1 月份为

$$\text{MADT}=\frac{630385}{31}\text{辆/d}=20335\text{ 辆/d}$$

步骤 3:计算月变化系数,即

$$K_\text{月}=\frac{\text{AADT}}{\text{MADT}}=\frac{23730}{20335}=1.17$$

以此类推,可计算其余月份的相关参数,列于表 2-8 中。为此得到交通量的月变图,如图 2.11 所示。

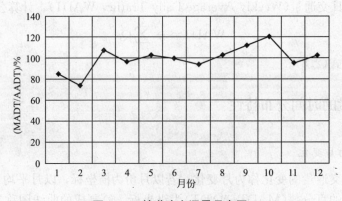

图 2.11 某道路交通量月变图

从表2-8及图2.11可知,2月份的月变化系数最大,说明气候寒冷和春节对出车影响较大,故2月份的交通量是一年中最低的。

2. 交通量的周变化

交通量的周变化是指一周内各天的交通量变化,也称日变化。对于某一固定考察的城市道路或其中的某一路段,交通量的日变化存在一定规律,一般来说,大型节假日交通量减小,工作日交通量稍高于周六、周日。

可以通过交通量的日变图来显示一周7天内的交通量的日变化情况。此外,周日变化系数也可以通过对交通量的日变化进行描述,其定义为:年平均日交通量(AADT)除以某周日(星期i)的平均交通量(ADT)等于日变系数。若缺乏全年的交通量观测数据,可用单一周的观测数据确定日变系数,参见式(2.8)。

$$K_日 = \frac{\text{AADT}}{\text{ADT}} = \frac{\text{周平均日交通量}}{\text{观测日交通量}} = \frac{\frac{1}{7}\sum_{i=1}^{7}Q_i}{Q_i} \tag{2.8}$$

【例题 2-2】 某道路的各个周日的全年累计交通量统计表如表2-9所示,试计算各周日的周平均日交通量与日变系数。

表2-9 全年累计交通量统计表

周 日	星期日	周一	周二	周三	周四	周五	周六
累计交通量/辆	1666903	1855256	1900548	1909492	1929928	1776112	1671592
全年累计周日数	53	52	52	52	52	52	52
ADT/(辆/d)	31451	35678	36549	36721	37114	34156	32146
ADT/AADT/(%)	90.32	102.46	104.96	105.45	106.58	98.09	92.32
$K_日$	1.11	0.98	0.95	0.95	0.94	1.02	1.08

解:

步骤1:先计算AADT,即

$$\text{AADT} = \frac{\sum_{i=1}^{7}Q_i^{\text{total}}}{53+52\times 6} = \frac{12709831}{365}\text{辆/d} = 34821\text{辆/d}$$

步骤2:求ADT,以星期日为例,即

$$\text{ADT} = \frac{1666903}{53}\text{辆/d} = 3145\text{辆/d}$$

步骤3:日变系数计算,即

$$K_{周日} = \frac{\text{AADT}}{\text{ADT}} = \frac{34821}{31451} \approx 1.11$$

以此类推,可计算其余周日的相关参数,列于表2-9中。为此得到交通量的日变图,如图2.12所示。

3. 交通量的时变化

交通量的时变化是指一天24h内,交通量的变化情况。表示小时交通量变化的曲线称

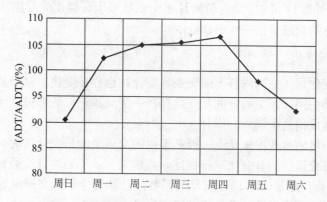

图 2.12　某道路交通量日变图

为交通量的时变图，也可以采用直方图表示这种变化。交通量的时变化也可以用某 1h 或某一时段交通量占全日交通量的比值来表现其变化规律，称为特征变化系数。常用的有 16h(6：00～22：00)、12h(6：00～18：00) 或 18h(4：00～22：00) 特征系数。

图 2.13 和图 2.14 分别用曲线和直方图的形式显示了某路段的小时交通量变化，从图中可以看出，交通量在上午 9：00 和下午 6：00 出现了两个高峰。它们与全日交通量的比值反映了该小时平均交通量在全日交通的组成情况。

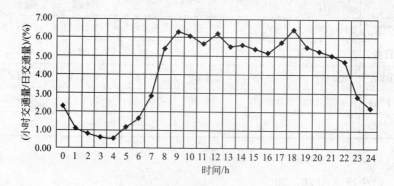

图 2.13　交通量小时变化曲线

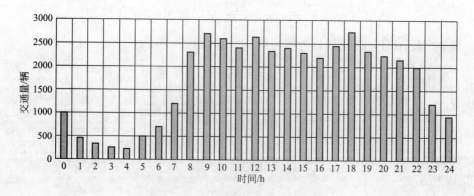

图 2.14　交通量小时变化直方图

在交通量小时变化中,有几个关键的参数需要引入,以更加科学地描述交通量的变化情况。一是高峰小时交通量,二是高峰小时系数。

1) 高峰小时交通量

一天 24h 中,交通量最大、时变图中曲线呈现高的那个小时称为高峰小时,高峰小时内的交通量称为高峰小时交通量(Peak-Hour Traffic,PHT)。

高峰小时交通量占全日交通量之比称为高峰小时流量比(以%表示),它反映高峰小时交通量的集中程度,并可供高峰小时交通量与日交通量之间作相互换算之用。由于不同路段上行驶车辆的目的不同、区域功能差异等因素,导致高峰小时出现的时段不同、高峰小时出现时的流量比也有变化。

2) 高峰小时系数

高峰小时交通量与高峰小时内某一时段的交通量扩大为高峰小时交通量的比值称为高峰小时系数(Peak-Hour Factor,PHF)。一般将高峰小时划分为 5min、6min、10min、15min 的连续时段内的统计交通量,此连续 5min、6min、10min、15min 所计交通量中最大的那个时段,就是高峰小时内的高峰时段,把高峰时段的交通量扩大为 1h 的高峰小时交通量,因此,高峰小时系数指高峰小时交通量与扩大的高峰小时交通量之比。高峰小时系数的一般表达式为

$$\text{PHF}_t = \frac{\text{高峰小时交通量}}{t \text{高峰时段的扩大小时交通量}} = \frac{\text{高峰小时交通量}}{t \text{高峰时段的交通量} \times \frac{60}{t}} \quad (2.9)$$

例如,当 $t=15\text{min}$ 时,

$$\text{PHF}_{15} = \frac{\text{PHT}}{15\text{min 高峰时段的交通量} \times 4}$$

【例题 2-3】 某检测站得到各连续 5min 时段的交通量统计表如表 2-10 所示,高峰小时交通量为 1414 辆/h,计算 5min、10min 及 15min 的高峰小时系数。

表 2-10 连续 5min 时段的交通量统计表

时间	8:00~8:05	8:05~8:10	8:10~8:15	8:15~8:20	8:20~8:25	8:25~8:30	8:30~8:35	8:35~8:40	8:40~8:45	8:45~8:50	8:50~8:55	8:55~9:00
交通量	121	118	121	119	109	115	113	116	120	123	117	122

解:

由表可知 8:45~8:50 是最高 5min,故

$$\text{PHF}_5 = \frac{1414}{123 \times 12} = 0.96$$

最高 10min 流量为 8:40~8:50,故

$$\text{PHF}_{10} = \frac{1414}{(123+120) \times 6} = 0.97$$

最高 15min 流量为 8:45~9:00,故

$$\text{PHF}_{15} = \frac{1414}{(123+117+122) \times 4} = 0.98$$

2.2.4 交通量的空间分布特性

不同地区社会经济发展速度、人民文化生活水平、人口分布、气候环境、产物资源有

所不同,因此对交通的需求也不同,导致了交通量的不同分布。此外,由于城乡差别、出行目的、出行时间等不同也可以导致交通量的不同分布,从而表现出了交通量的空间分布特性。

1. 城乡分布

由于经济发展、生产与文化活动对交通的需求不同,人口密集程度和出行需求不同,导致了城乡交通量的显著差别,如图 2.15 所示。一般而言,城市道路上的交通量要高于郊区道路,近郊大于远郊,乡村道路上交通量最小。在我国,乡村公路的交通量地区差异较大,在东部沿海道路交通条件好、交通量较大,在西部经济条件差的乡村,交通条件落后、交通量甚小。

(a) 城市交通

(b) 乡村交通

图 2.15 交通量的城乡分布对比图

2. 路段分布

由于道路网上各路段的等级、功能、所处的地理位置不同,在同一时间内,道路网的不同路段交通量存在差异。这种差异可以通过数值来表示,也可形象地用线条的粗细来表示,从而形成道路网交通量分布图,如图 2.16 所示。

3. 交通量的方向分布

一条道路往返两个方向的交通量在一段时间内可能是平衡的,但是在某些时段可能会有较大的不同,如图 2.17 所示。

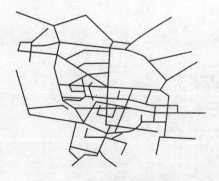

图 2.16 道路网交通量分布图

图 2.17 交通量方向不均衡示意图

为了表示这种方向不平衡性,常采用方向分布系数 K_D 来表示,即

$$K_D = \frac{\text{主要行车方向交通量}}{\text{双向交通量}} \times 100\% \tag{2.10}$$

通过式(2.10)可以看出，K_D 不一定是大于 50% 的值，根据国外的数据，上下班路线的 $K_D=70\%$，主要干道的 $K_D=70\%$，市中心干道的 $K_D=50\%$。

4. 交通量在车道上的分布

在多车道道路上，因非机动车数量及车辆横向出入口数量的不同，各车道上交通量的分布也是不等的。在交通量不大的情况下，一般靠近右侧车道的交通量比较大，随着交通量的增大，靠近中心线的车道交通量比重也增大。

2.2.5 设计小时交通量及其应用

交通量具有随时间变化和出现高峰小时的特点，在进行道路设施规划设计时，必须考虑这个特点。工程上为了保证道路在规划期内满足绝大多数小时车流能顺利通过，不造成严重阻塞，同时避免建成后车流量很低，投资效益不高，规定要选择适当的交通量作为设计小时交通量。根据美国的研究认为，1 年的 8760h 中，从大到小排列的小时交通量中的第 30 位交通量(30HV, 30th highest Hourly Volume)作为设计小时交通量是最合适的。为探讨不同道路的共同特征，特令

$$K = \frac{30\text{HV}}{\text{AADT}}$$

研究表明，K 值较为稳定。国外不同地区、不同道路级别的 K 值在 12%～18% 之间。我国 20 世纪 80 年代开始进行大量观测统计，干线公路的观测值 K 在 11%～15%，平均为 13.3%。设计小时交通量与年平均日交通量的比值称为设计小时交通量系数，图 2.18 是我国部分地区设计小时交通量系数示意图。

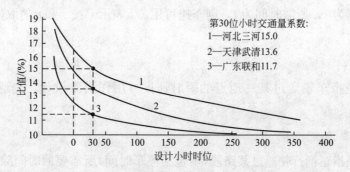

图 2.18 我国部分地区设计小时交通量系数

如果已经具备了预测交通量、设计通行能力和设计小时交通量，则可简单地计算道路车道数量和路幅宽度，即

$$\text{DHV} = \frac{\text{AADT} \times K}{100} \tag{2.11}$$

$$n = \frac{\text{DHV}}{C_1} \tag{2.12}$$

$$W = W_1 \cdot n \tag{2.13}$$

式中：DHV——设计小时交通量，辆/h；
  K——设计小时交通量系数，%；
  n——车道数；
  C_1——单车道的设计通行能力，辆/h；
  AADT——规划年度的年平均日交通量，辆/h；
  W——路幅宽度，m；
  W_1——一条车道宽度，m。

若考虑方向分布系数，则单向设计小时交通量为

$$\text{DDHV} = \text{AADT} \cdot \frac{K}{100} \cdot \frac{K_D}{100} \tag{2.14}$$

式中：DDHV——单向设计小时交通量，辆/h；
  K_D——方向分布系数，%。

$$n = \frac{\text{DDHV}}{C_1} \times 2 = \frac{\text{AADT}}{C_1} \cdot \frac{K}{100} \cdot \frac{K_D}{100} \times 2 \tag{2.15}$$

2.3 行车速度特性

行车速度既是道路规划设计中的一项重要控制指标，又是车辆运营效率的一项主要评价指标，对于运输经济、安全、迅捷、舒适具有重要意义。了解和掌握各道路上行车速度及其变化规律是正确进行道路网规划、设计、运营、管理的基础。

2.3.1 行车速度的定义

设行驶距离为 s，所需时间为 t，则车速可用 s/t 表示。按 s 和 t 的取值不同，可定义各种不同的车速。

1. 地点车速

地点车速是指车辆通过某一地点的瞬时速度。用作道路设计、交通管制和规划的资料。

2. 行驶车速

行驶车速是指车辆行驶通过某路段(不包括停车时间)所需要的时间除该路段的长度。用于评价路段线形顺适性和通行能力的分析。

3. 运行车速

运行车速是指中等技术水平的司机在良好的气候条件、实际道路状况和交通条件下所能保持的安全车速。用于评价道路通行能力和车辆运行的状况。

4. 行程车速

行程车速又称区间车速，是车辆行驶路程与通过该路程的总时间(包括停车时间)的比值。它是一项综合指标，用于评价道路通畅程度、估计行车延误。提高道路运输效率归根

结底要提高行程车速。

5. 临界车速

临界车速是指接近或达到道路通行能力时的车速。用于选择道路等级。

6. 设计车速

设计车速是指在道路交通与气候条件良好的情况下，仅受道路物理条件限制时所能保持的最大安全速度。用于道路线形几何设计的标准。

2.3.2 行车速度的统计特性

行车速度与交通量一样，也是一个随机变量，研究表明，在乡村公路和高速公路路段上，运行车速一般呈正态分布，在城市道路或高速公路入口或者出口匝道，车速一般比较集中，故呈偏态分布（皮尔逊 III 型分布）。

对行车速度进行统计分析，一般要借助车速分布直方图和车速频率、累计频率分布曲线，如图 2.19 所示。

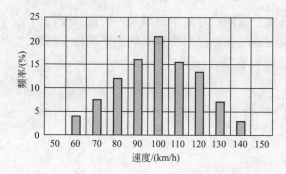
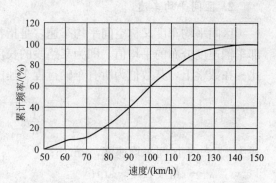

图 2.19 某路段速度分布的统计特性

一般来说，表征车速统计分布特性的特征车速通常用以下几种。

1. 中位速度

中位速度又称 50% 位车速，或称中指车速，是指该路段上在该速度以下行驶的车辆数与该速度以上行驶的车辆数相等。在正态分布情况下，50% 位速度等于平均速度，但一般情况下，两者不等。

2. 85% 位车速

在该路段上行驶的所有车辆中，有 85% 的车辆行驶速度在此速度以下，只有 15% 的车辆行驶速度高于此车速，交通管理部门通常以此作为最高限制速度的依据。

3. 15% 位车速

与 85% 位车速相对应，指该路段上行驶的车辆中，仅有 15% 的车辆行驶速度低于该速度，通常用于最低限制车速的依据。

85% 位车速与 15% 位车速的差反映了该路段上的车速波动幅度，同时，车速分布的标

准偏差 S 与 85%位车速和 15%位车速之间存在如下近似关系

$$S=\frac{v_{85\%}-v_{15\%}}{2.07} \tag{2.16}$$

2.3.3 时间平均车速与区间平均车速

1. 时间平均车速

时间平均车度指在单位时间内，通过道路某断面的各车辆的地点车速的算术平均值，即

$$\bar{v}_t=\frac{1}{n}\sum_{i=1}^{n}v_i \tag{2.17}$$

式中：$\bar{v}_t$——时间平均速度，km/h；
v_i——第 i 辆车的地点车速，km/h；
n——单位时间内观测到的车辆总数，辆。

2. 区间平均车速

区间平均车度又称空间平均车速，是指在某一瞬间，行驶于道路某一特定长度内的全部车辆速度分布的平均值。即为某路段的长度与通过该路段的所有车辆的平均行程时间之比。在数学上，其数值为所有车辆行程车速的调和平均值，即

$$\bar{v}_s=\frac{1}{\frac{1}{n}\sum_{i=1}^{n}\frac{1}{v_i}}=\frac{s}{\frac{1}{n}\sum_{i=1}^{n}t_i} \tag{2.18}$$

式中：$\bar{v}_s$——区间平均速度，km/h；
s——路段长度，km；
t_i——第 i 辆车行驶距离 s 所用的时间，h；
v_i——第 i 辆车行驶速度，km/h；
n——特定长度路段内观测到的车辆总数，辆。

3. 两者的关系

时间平均速度和区间平均速度之间有如下关系

$$\bar{v}_s=\bar{v}_t-\frac{\sigma_t^2}{\bar{v}_t} \quad \text{或} \quad \bar{v}_t=\bar{v}_s+\frac{\sigma_s^2}{\bar{v}_s}$$

式中：σ_t——时间平均车速观测值的均方差；
σ_s——区间平均车速观测值的均方差。

显然，当等速行驶时，$\sigma_s=0$，则 $\bar{v}_s=\bar{v}_t$。

【例题 2-4】 有 6 辆汽车，分别以 25km/h、43km/h、67km/h、55km/h、41km/h、63km/h 的速度通过长度为 8km 的路段，试求时间平均车速与区间平均车速，并比较两者的差异。

解：

计算时间平均车速

$$\bar{v}_t = \frac{1}{n}\sum_{i=1}^{n} v_i = \frac{1}{6} \times (25+43+67+55+41+63) \text{km/h} = 49 \text{km/h}$$

计算区间平均车速

$$\bar{v}_s = \frac{1}{\frac{1}{n}\sum_{i=1}^{n}\frac{1}{v_i}} = \frac{1}{\frac{1}{6} \times \left(\frac{1}{25}+\frac{1}{43}+\frac{1}{67}+\frac{1}{55}+\frac{1}{41}+\frac{1}{63}\right)} \text{km/h} = 43.92 \text{km/h}$$

2.4 交通密度特性

1. 交通密度

交通密度是指一条车道上车辆的密集程度,即在某一瞬间单位长度一条车道上的车辆数,又称车流密度,常以 K 表示,其单位为辆/km(如为多车道,则应除以车道数换算成单车道的车辆数,然后再计算),则有

$$K = \frac{N}{L} \tag{2.19}$$

式中:K——交通密度,辆/km;
N——单车道计算路段内的车辆数,辆;
L——计算路段长度,km。

交通密度还可以表示为

$$K = \frac{Q}{\bar{v}_s} \tag{2.20}$$

式中:Q——单车道交通量,辆/h;
$\bar{v}_s$——区间平均车速,km/h。

2. 车头间距与车头时距

1) 车头间距

车头间距是指一条车道上前后两辆车之间的距离,用车辆上具有代表性的点来测量,如前保险杠或前轮。路段中所有车头间距的平均值称为平均车头间距。车头间距反映了车辆在单一车道上的密集程度,根据定义,平均车头间距和交通密度之间的关系为

$$h_s = \frac{1000}{K} \tag{2.21}$$

式中:h_s——平均车头间距,m/辆。

2) 车头时距

用时间来表示车头之间的距离,则称为车头时距或时间车头间隔,是前后两辆车通过车道上某一点的时间差。根据定义有

$$h_t = \frac{v}{3.6}h_s \tag{2.22}$$

式中:h_t——平均车头时距,s/辆。

车头时距和交通量的关系为

$$h_t = \frac{3600}{Q} \tag{2.23}$$

3. 车道占有率

应用中,由于交通密度是瞬时值,随着观测时间和区间而变化,并且也不能反映与车辆和速度的关系,所以通常用车辆的道路占用率来表征交通密度。

1) 空间占有率

空间占有率是指在一定路段上,车辆总长度与路段总长度之比,通常用百分比来表示,表达式为

$$R_s = \frac{\sum_{i=1}^{n} l_i}{L} \tag{2.24}$$

式中:R_s——空间占有率,%;

L——观测路段总长度,m;

l_i——第 i 辆车的长度,m;

n——观测路段内的车辆数,辆。

2) 时间占有率

时间占有率是指在道路的观测断面上,车辆通过时间累计值与测定时间的比值,一般用百分率表示,表达式为

$$R_t = \frac{\sum_{i=1}^{n} t_i}{T} \tag{2.25}$$

式中:R_t——时间占有率,%;

T——观测时间,s;

t_i——第 i 辆车通过观测面所占的时间,s;

n——测定时间内通过观测面的车辆数,辆。

小 结

本章主要介绍了交通系统三要素的特性及其相互关系,交通系统三要素是指人(驾驶员、行人、乘客)、车(机动车、自行车)、路(城市道路、公路)。重点阐述了交通流三参数交通特性,包括交通量定义及表达方式,交通量的时空分布特性;不同类型行车速度定义、速度统计特性及时间平均车速和空间平均车速特性;交通密度定义及表征参数,车道占有率,车头时距和车头间距。

课 后 习 题

思考题:

1. 交通特性包括哪几个方面?为什么要进行分析?分析中要注意什么问题?

2. 地点车速、行驶车速、行程车速的定义是什么，各有什么作用？行驶车速和行程车速有什么区别，其相互关系如何？

3. 设计小时交通量意义是什么？如何确定的？

习题：

1. 下表为某高速公路观测的交通量，试计算：

(1) 小时交通量；

(2) 5min 高峰流率；

(3) 15min 高峰流率；

(4) 15min 高峰小时系数。

统计时间	8:00~ 8:05	8:05~ 8:10	8:10~ 8:15	8:15~ 8:20	8:20~ 8:25	8:25~ 8:30	8:30~ 8:35	8:35~ 8:40	8:40~ 8:45	8:45~ 8:50	8:50~ 8:55	8:55~ 9:00
5min 交通量	201	208	217	232	219	220	205	201	195	210	190	195

2. 对长度为100m的路段进行现场观测，获得如下表中所示的数据，试求平均行驶时间 t，区间平均车速 $\bar{v}_s$，时间平均车速 $\bar{v}_t$。

车辆	行驶时间 t/s	车速 v/(km/h)	车辆	行驶时间 t/s	车速 v/(km/h)
1	4.8	75.0	9	5.1	70.6
2	5.1	70.6	10	5.2	69.2
3	4.9	73.5	11	4.9	73.5
4	5.0	72.0	12	5.3	67.9
5	5.2	69.2	13	5.4	66.7
6	5.0	72.0	14	4.7	76.6
7	4.7	67.6	15	4.6	78.3
8	4.8	75.0	16	5.3	67.9

3. 某公路需进行拓宽改造，经调查预测在规划年内平均日交通量为 50000 辆(小汽车)/d，设计小时系数 $K=17.86x^{-1.3}-0.082$，x 为设计小时时位(x 取 30)，取一条车道的设计通行能力为 1500 辆(小汽车)/h，试问该道路需修几条车道？

第3章
交通调查与分析

教学提示：本章首先介绍交通调查的定义、分类及应用。接着重点介绍交通量、行车速度和密度交通流三参数的调查方法及调查数据的分析应用。

学习要求：通过本章学习，学生应掌握交通调查的定义，交通量、行车速度和交通密度的调查方法及各种调查方法的优缺点和适用条件，交通调查数据的整理分析及应用。

引例

　　交通数据检测是进行交通规划、设计的基础，先进的检测设备是获得精确检测结果的一种手段，目前最先进的交通检测技术有地磁映象、声波传感技术、视频图像技术等。GROUNDHOG地磁车辆检测器采用地磁映象检测技术及无线通信技术，设计紧凑，专业用于采集车流量、车速、车型、占有率等交通数据，无须外接任何传感器、地感线圈或气压管等。PCS道路交通数据观测站，利用GROUNDHOG固定式交通分析单元作为传感器部件，来为高效的交通分析、控制及管理提供精确而真实的交通数据；同时PCS系统还可以连接天气传感器，如温湿度、风速风向、能见度等传感器，在提供交通数据的同时，还可提供天气情况数据；系统利用GROUNDHOG检测路面状况的功能，还提供道路路面温度及干湿状态等路面状况数据。PCS系统利用无线通信通道及WDM无线数据管理软件，可以将历史数据以报告、图形和表格的形式提取出来，并传送到您的办公室，而无须铺设其他专用通信通道。

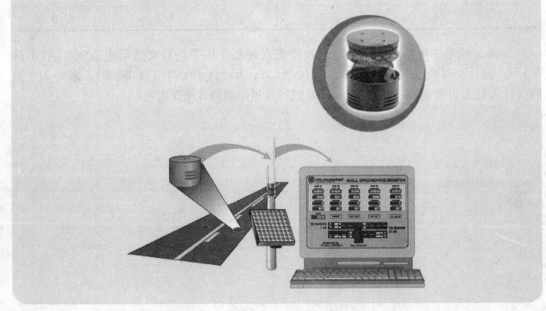

3.1 概　　述

　　交通调查是交通工程学科中的一个重要组成部分，交通工程学的发展在一定程度上依靠交通调查工作的开展和数据资料的积累与利用。交通调查是一项平凡、工作量大而又非常重要的基础工作。为了发展我国的道路交通事业，必须充分发挥交通工程学的作用，积极开展系统的、有计划的交通调查工作。

　　正确的决策来源于科学的预测，而科学的预测又必须来源于系统周密的调查和准确的数据信息。交通调查就是通过对多种交通现象进行调查，提供准确的数据信息，为交通规划、交通设施建设、交通控制与管理、交通安全、交通环境保护和交通流理论研究等各方面服务。因此，必须重视交通调查的作用，熟悉和了解交通调查的内容和方法，以便更好地发挥交通调查的作用。

3.1.1 交通调查的定义和对象

　　交通调查是一种利用客观的手段，测定道路交通流及与其有关现象的片断，并进行分析，从而了解与掌握交通流的规律。其目的是为了向交通、城市建设规划和环境保护及公安交通管理等部门提供用于改善、优化道路交通的实际参考资料和数据。

　　在上述定义中之所以用"有关现象的片断"这种提法，是由于交通现象是一种范围很广泛，且随时间变化的复杂现象，因此很难只考虑作一次性调查或任何综合性的描述。交通调查只能在有限的地点(区域)和有限的时间内，客观地探求与具体对策有关的那部分最必需的资料。因此，在作交通调查计划时，明确是想了解交通现象中的哪一部分情况就显得十分重要。对于在记述交通现象时，确定交通流各参数(如交通量、车速、交通密度等)的单位及精度，选择评价对策的适当方法等也成为重要的问题。许多实践经验表明，调查范围过宽，记录的分类、时间间隔等过细，不仅增加时间和经济负担，而且也未必能更准确地了解调查的实际情况。因此，在制定具体调查方案和细节时，应该注意这些问题，以免造成人力、物力和财力的浪费。

　　交通调查的对象，主要是交通流现象。而与交通流有关的诸如国民经济发展状况，经济结构，各种交通运输状况，城乡规划，道路等交通设施，交通环境，汽车的行驶特性，地形、气候、气象及其他安全设施和措施等，几乎每一项都可以作为专门的调查对象。在进行交通调查和分析时，应该考虑诸因素对交通流的影响。

3.1.2 交通调查的类别

　　1. 以查明全国性或全省(市、地区)等大范围的交通需求和交通状况为目的的交通调查

　　这类调查是根据中央有关部、委提出的规划或计划，由省(市、地、县)的交通、建设、公安和环保等机构承担，如为大城市，也可由城市主管部门组织实施。该项调查的主要内容如下。

　　(1) 国家干线公路(国道)交通量和车速调查。

(2) 物资运输流通调查。

(3) 城市客流调查与货运调查。

(4) 公路和城市道路车辆(汽车、自行车等)起讫点调查。

(5) 主要交叉口的交通量调查。

(6) 交通拥塞路段(交叉口、交通设施)的拥塞程度及拥塞频率的调查等。

这些调查的结果，应该逐级按统一形式汇总之后，由各部门定期出版。汇总的数据可提供给各有关部门利用和参考。

2. 以确立相当具体的道路新建项目、改建项目、城市建设项目为目的和以制定综合的交通管制等交通工程措施为目的，以较大范围的地区和道路路线为对象的交通调查

这类调查通常要求对交通的组成和随时间的变化作较详细的记录，一般由省(自治区、直辖市)、市、县的交通、城建、规划和公安交通管理等部门来实施。其主要内容如下。

(1) 在路旁直接询问或发放调查明信片，调查汽车的起讫点和行经路线等。

(2) 在主要交叉口进行分车型、分流向的交通量调查。

(3) 地区出入交通量调查。

(4) 地点车速调查。

(5) 行驶时间调查(区间、行驶车速调查)。

(6) 地区车辆拥有量调查(或统计、汇总)。

(7) 路上、路外停车调查。

(8) 通行能力调查。

(9) 拥塞程度及其发生的频率调查(延误调查)。

(10) 公交运输系统及其利用状况的调查(客运量调查，月票调查等)。

(11) 在拥塞或事故多发地点，为弄清主要原因的专门调查等。

3. 为改善局部不良路段和个别交叉口的交通状况而进行的交通实况调查

这类调查可由道路和公安交通管理部门实施。其目的是为了改善交通拥塞或事故多发的交叉口和路段的交通、安全设施(或措施)和信号配时，高速公路(快速干道、汽车专用路等)合流处等发生交通拥塞地点的道路几何线形和渠化、标志标线等设施和措施。其主要内容如下。

(1) 交通量调查。

(2) 车速调查。

(3) 交通密度调查。

(4) 影响交通流的主要因素(横穿道路的行人、混入汽车流中的其他车辆、停放车辆、路面标线和交通标志、信号机配时等)调查。

4. 其他的交通调查

在交通工程学研究的领域内，涉及的内容很多，有关的其他调查也很多，如行人交通调查，自行车交通调查，车辆行驶特性调查，交通事故调查，人的(特别是驾驶员和行人)交通生理、心理特性调查，道路和交通设施调查，各种交通运输方式实况调查，道路两侧土地使用特性调查，社会经济调查，道路照明调查，以及交通环境调查等。另外，还有在采取措施前后进行对比性交通调查。以上不少交通调查是属于交通工程科研调查的组成部

分。电子计算机在交通工程的领域越来越广泛的使用，在一定程度上使交通调查工作的工作量有所减轻，如交通模拟(交通仿真)，只要将有关数据输入电子计算机，利用所编程序，便能把所需分析的车辆或交通流的动态由计算机(用图像或文字)显示出来。但是电子计算机所需的数据大部分还要由实地调查而得，因此，可以说电子计算机的应用，对交通调查提出了更高的要求。

3.2 交通量调查

交通量是三大基本交通参数之一，是描述交通流特性的最重要的参数之一。由于交通量既重要而调查方法又比较简单，因此交通量及其调查就成为交通工程学中的重要内容，并且越来越受到人们的重视。近 20 多年来，我国首先在交通系统的全国公路国道网上进行了以交通量连续式观测为主的调查，取得了较系统、全面的宝贵资料。在大、中城市也对城市道路网进行了广泛的交通量调查。通过对调查资料的整理分析，已初步掌握了交通量的空间分布和时间分布特性、交通量的各种变化规律和影响因素，从而为道路网规划、道路设计和建设、交通管理和控制、工程的经济分析和效果对比、交通安全和道路环境等各个方面提供了可靠的依据。

3.2.1 交通量调查的目的和意义

交通量调查的目的在于通过长期连续性观测或短期间隙性和临时性观测，搜集交通量资料，了解交通量在时间、空间上的变化和分布规律，为交通规划、道路建设、交通控制与管理、工程经济分析等提供必要的数据。交通量数据是交通工程学中的一种最基本的资料，因此交通量调查是十分重要的。由于以往重视不够，无系统性观测数据，且资料保管不善，经常散失，对当时工作造成了很大的困难，因此目前更应该强调重视交通量调查，注意积累系统的、完整的交通量资料，以便更好地为我国交通建设服务。

交通量调查资料根据不同的目的，有着广泛的应用。通过调查观测掌握了一定的交通量数据则可作为必不可少的资料应用于下列各项研究。

(1) 由同一地点长期连续性观测，掌握交通量的时间分布规律，探求各种与交通量有关的参数，并为交通量预测提供以往长期的可靠资料。

(2) 众多的间隙性观测调查，可用以了解交通量在地域等空间上的分布规律，为了解全面交通情况提供数据。

(3) 为制定交通规划掌握必要的交通量数据。通过全面了解现状资料，分析交通流量的分布，预测未来的交通量，为确定交通规划、道路网规划、道路技术等级和修建次序及确定规划所需的投资和效益提供依据。

(4) 交通设施的修建和改建也离不开交通量的历史发展趋势和现状。有了确切的交通量(目前的和根据目前推算的)，就能正确地确定道路等级、几何线形、交叉口类型，平面交叉是否要改建成立体交叉，就能做出道路设施修建和改建的先后次序。

(5) 交通控制的实施离不开交通量的现状和需求。如果交通控制脱离了交通量流向和流量的实际，则交通控制的效果就会大大降低。设计信号机的配时、线控系统的相位差、区域交通控制系统的各种控制方案，都需要做大量的交通量、车速等的调查。判断设置交通信号灯控制方案的合适性也仍然是以交通量的时间和空间分布规律为依据的。

（6）交通管理工作要真正做到决策有科学依据，必须重视交通量调查。实施单向交通，禁止某种车辆驶入或转弯，设置交通标志和标线，实施交通的渠化，指定车辆的通行车道或专用道，中心线移位以扩大入口引道的车道数，道路施工、维修时禁止车辆通行并指定绕行路线，以及交警警力配备等问题，都需要交通量资料作为决策的指导或依据。

（7）为行人交通提供保护。设置步行街，确定人行道、人行横道的宽度，人行天桥和地下通道的位置及规模，是否设置行人信号灯及其如何配时等，均需要提供行人交通量及其各种特性，使所采取的措施有一定的参考数据。

（8）进行工程的后评估。对各种工程措施、管理措施进行前后对比调查，判断改善交通措施的效果，所需要的前后交通量的资料，应该在其他条件不变的前提下进行交通量调查。

（9）研究交通基本参数（如交通量、车速和交通密度）之间的关系，开展交通流理论的分析，交通量常是最重要的参数。

（10）推算通行能力，预估交通事故率，进行交通环境影响评价，预估收费道路的收入和效益，工程可行性研究等各个方面，在涉及社会经济环境效益时，交通量的大小、预测的正确与否，对方案论证往往有举足轻重的作用。

当然，任何事物都不是绝对的、孤立的，交通量同其他交通参数（如车速、延误、交通密度、车头时距等）相互影响，同时作用。在实际工作中应该同时考虑到它们的影响，给它们以足够的重视。

3.2.2 交通量调查的种类

由于调查的着眼点不同，选择的调查地点也不尽相同。一般可作如下分类。

（1）特定地点的交通量调查。该调查是以研究交通管理、信号控制为主要目的，调查特定地点（交叉口、路段或出入口）的交通量。

（2）区域交通量调查。是在某特定区域内同时在许多交叉口和路段设置交通量调查点，以掌握该区域交通流量的分布变化特点为目的的交通量调查。

（3）小区出入交通量调查。是为校核商务中心区等特定地区、城市或城市郊区等区域的出入交通量，以及起讫点调查数据中的内外出行距离而获取所需的数据。往往与起讫点调查及其他有关的调查一起进行。

（4）分隔查核线交通量调查。主要是为了校核起讫点调查的数据而进行的调查。

3.2.3 交通量调查的方法

1. 人工观测法

这是我国目前应用最广泛的一种交通量调查方法，只要有一个或几个调查人员就能在指定的路段或交叉口引道一侧进行调查，组织工作简单，调配人员和变动地点灵活，使用的工具除必备的计时器（手表或秒表）外，一般只需手动（机械或电子）计数器和其他记录用的记录板（夹）、纸和笔。

人工观测法适用于任何地点、任何情况的交通量调查，机动灵活，易于掌握，精度较高(调查人员经过培训，比较熟练，又具有良好的责任心时)，资料整理也很方便。但是这种方法需要大量的人力，劳动强度大，冬夏季室外工作辛苦。对工作人员要事先进行业务培训，加强职业道德和组织纪律性的教育，在现场要进行预演调查和巡回指导、检查。另外，如需作长期连续的交通量调查，由于人工费用的累计数很大，因此需要较多费用。一般最适于作短期的交通量调查。

2. 浮动车法

此法系由英国道路研究试验所的沃尔卓普(Wardrop)和查尔斯沃思(Charlesworth)于1954年提出，可同时获得某一路段的交通量、行驶时间和行驶车速，是一种较好的交通综合调查方法。

1) 调查方法

需要有一辆测试车，小型面包车或工具车最好，吉普车或小汽车也可以，座位足够容纳调查人员为宜，但尽量不要使用警车等有特殊标志的车，以便不引人注意、工作方便。

调查人员(除开车的驾驶员以外)需要一人记录与测试车对向开来的车辆数；一人记录与测试车同向行驶的车辆中，被测试车超越的车辆数和超越测试车的车辆数；另一人报告和记录时间及停驶时间。行程距离应已知或由里程碑、地图读取，或自有关单位获取，如不得已则应亲自实地丈量。调查过程中，测试车一般需沿调查路线往返行驶12~16次(6~8个来回)。总的行驶时间，根据美国国家城市运输委员会的规定，主要道路为每英里(1.609km)30min，次要道路为每英里20min。

2) 调查数据计算

根据所调查观测的数据，可分别按式(3.1)、式(3.2)、式(3.3)计算。

(1) 测定方向上的交通量 q 为

$$q_c = \frac{X_a + Y_c}{t_a + t_c} \quad (辆/min) \tag{3.1}$$

式中：q_c——路段待测定方向上的交通量(单向)，辆/min；

X_a——测试车逆测定方向行驶时，朝测试车对向行驶(顺测定方向)的来车数，辆；

Y_c——测试车在待测定方向上行驶时，超越测试车的车辆数减去被测试车超越的车辆数(相对测试车顺测定方向上的交通量)，辆；

t_a——测试车与待测定车流方向反向行驶时的行驶时间，min；

t_c——测试车顺待测定车流方向行驶时的行驶时间，min。

(2) 平均行程时间为

$$\bar{t}_c = t_c - \frac{Y_c}{q} \quad (min) \tag{3.2}$$

式中：$\bar{t}_c$——测定路段的平均行程时间，min。

(3) 平均车速为

$$\bar{v}_c = \frac{l}{\bar{t}_c} \times 60 \quad (km/h) \tag{3.3}$$

式中：$\bar{v}_c$——测定路段的平均车速(单向)，km/h；

l——观测路段长度，km。

在利用以上各式进行计算时,式中所用各数值(如 X_a、Y_c、t_a、t_c 等)一般都取用其算术平均值来进行计算。如果分次计算 q_c、$\bar{t}_c$ 和 $\bar{v}_c$ 后,再计算各次和的平均值也可,但计算比较麻烦。

3) 记录格式及实例

表 3-1 列出了浮动车调查记录表,其中已填写了某一次调查记录,今根据这些记录数据,分别计算其向东行和向西行的交通量、行程时间和车速。先将记录表内的数据整理好,再填写在计算表(见表 3-1)中。

表 3-1 浮动车法调查记录表

地点_____ 距离_____ 天气_____
日期___年___月___日 星期___ 上下午 调查人_____

序号	测试车出发时间(1)	行程时间 t/min (2)	迎面驶来车辆数 X/辆(3)	超越测试车的车辆数 Y_1/辆(4)	测试车超越的车辆数 Y_2/辆(5)	$Y(Y_1-Y_2)$/辆 (4)-(5)
测试车行驶方向:向东行							
1	09:20	2'31" 2.52	42	1	0	1
2	09:30	2'34" 2.57	45	2	0	2
3	09:40	2'22" 2.37	47	2	1	1
4	09:50	3'00" 3.00	51	2	1	1
5	10:00	3'25" 2.42	53	0	0	0
6	10:10	2'30" 2.50	53	0	1	-1
平均值		2'34" 2.56	48.5	1.17	0.5	0.67
测试车行驶方向:向西行							
1	09:25	2'29" 2.48	34	2	0	2
2	09:35	2'22" 2.37	38	2	1	1
3	09:45	2'44" 2.73	41	0	0	0
4	09:55	2'25" 2.42	31	1	0	1
5	10:05	2'48" 2.80	35	0	1	-1
6	10:15	2'29" 2.48	38	0	1	-1
平均值		2'33" 2.55	36.2	0.83	0.5	0.33

平均行驶时间 t/min	与测试车对向行驶的来往车辆数 X/辆	超越测试车的车辆数减去被测试车超越的车辆数 Y/辆
向东行驶 6 次,$t_东$=2.56	$X_东$=48.5	$Y_东$=0.67
向西行驶 6 次,$t_西$=2.55	$X_西$=36.2	$Y_西$=0.33

(1) 先计算向东行的情况。

$$q_东=\frac{X_西+Y_东}{t_西+t_东}=\frac{36.2+0.67}{2.55+2.56}辆/min=7.22\text{ 辆/min}=433\text{ 辆/h}$$

$$\bar{t}_东=t_东-\frac{Y_东}{q_东}=2.56\text{min}-\frac{0.67}{7.22}\text{min}=2.47\text{min}$$

$$\bar{v}_东 = \frac{l}{t_东} \times 60 = \frac{1.8}{2.47} \times 60 \text{km/h} = 43.7 \text{km/h}$$

(2) 再计算向西行的情况。

$$q_西 = \frac{X_东 + Y_西}{t_东 + t_西} = \frac{48.5 + 0.33}{2.56 + 2.55} \text{辆/min} = 9.56 \text{辆/min} = 573 \text{辆/h}$$

$$\bar{t}_西 = t_西 - \frac{Y_西}{q_西} = 2.55 \text{min} - \frac{0.33}{9.56} \text{min} = 2.52 \text{min}$$

$$\bar{v}_西 = \frac{l}{\bar{t}_西} \times 60 = \frac{1.8}{2.52} \times 60 \text{km/h} = 42.9 \text{km/h}$$

4) 注意事项

(1) 行程时间,在记录时以分、秒计,但在公式计算中,秒应以分的百分数记,以便于直接计算。

(2) 浮动车法调查延续的时间较长,为了真实反映交通情况,应注意路段和行程时间不要太长,尽可能分段以较短时间完成调查。

(3) 浮动车法观测到(经过计算获得)的交通量是一个平均值(当以平均值计算时),是表明在整个观测时段内的平均值,而由每一次观测所得数据计算的交通量才是该时段的交通量。

3. 仪器自动计测法

目前,国外不少工业发达国家已广泛采用各种自动车流量记录仪进行交通量调查:根据调查的要求,可以选择所需的装置,进行连续性调查,可以得到1天24h交通量、1个月累计交通量、1年累计交通量等各种数据。这种装置可以节省大量人力,使用方便,可以同时进行范围广泛的调查。精度也较高,特别适用于长期连续性交通量调查。但是这类装置也存在着一些不足,如一次性投资大,使用率往往不太高,特别是对调查项目的适应性较差,它们无法区分车辆类型、车辆分流流向,对于行人交通量和自行车(非机动车)交通量调查往往无能为力。因此,对于我国目前的交通情况适用性较差,购买和使用时要综合考虑其优缺点,发挥其长处。

自动车流量记录仪使用的检测器(传感器)有道路管(气压式或液压式)、电接触式、光电管、雷达、磁性、感应线圈、超声波、红外线和电容式等许多形式。

3.2.4 调查资料整理与分析

1. 车辆换算和数量统计

我国道路中,除了高速公路、一级公路和原修建的二级汽车专用路是汽车专用的道路外,其余大部分道路都是汽车与其他各种车辆混合行驶,因此就存在一个以什么车辆为标准和各种车辆如何换算成标准车的问题。根据各种不同车辆在行驶时占用道路净空间的程度,可以分别确定它们对标准车的换算系数。为此,在进行交通量观测时,必须根据调查的目的和用途,区分不同车种,分别记录,以便利用换算系数换算成统一的标准车。由于对车辆在行驶中状态和彼此干扰的研究尚很不够,目前换算系数还不太完善,需要进一步改进完善。

根据交通部的统一规定,目前我国在进行公路交通量调查时,通常将车辆划分为11

种类型，具体分类和标准及折算系数(换算系数)如表3-2所示(各省、市、自治区之间可能略有不同)。

表3-2 公路交通量调查各种车型分类

编号	车型分类	车型载重、马力与包括车型	折算系数
1	小型载货汽车	载重量小于2.5t，包括拖挂载货，摩托车等	1.0
2	中型载货汽车	载重量为2.5~7.0t	1.0
3	大型载货汽车	载重量大于7.0t	1.0
4	小型客车	包括座位少于20个的小汽车、吉普车、面包车、拖挂载客摩托车和轻骑	0.5
5	大型客车	座位多于20个	1.0
6	载货拖挂车	包括半挂及平板拖车等	1.5
7	小型拖拉机	12马力及小于12马力(1马力=735.499W)	1.0
8	大中型拖拉机	12马力以上	1.0
9	畜力车	专指汽车胶轮大马车	2.0
10	人力车	包括人力三轮车、畜拉架子车、手推车等	0.5
11	自行车	包括安装有动力的自行车	0.1

城市道路交通量调查时，根据标准车的不同，可为以小汽车为标准的换算系数和以载货汽车为标准的换算系数两种系列；其中均缺乏自行车的换算系数，各地自行车采用的数值大小不一：以小汽车为标准时自行车的换算系数取0.5~0.35，以载货汽车为标准时自行车的换算系数取0.3~0.1。其他车辆的换算系数如表3-3所示。

表3-3 城市道路交通量调查以小汽车为标准的换算系数

车辆类型	换算系数	车辆类型	换算系数
小汽车	1.0	中、小型公共汽车	2.5
小型载货汽车	1.5	大型公共汽车	3.0
3~5t载货汽车	2.0	摩托车、轻便摩托车	0.8
5t以上载货汽车	2.5	—	

交通量调查后，其数量的统计也比较麻烦。为了求得所需的总交通量，通常需将各类车辆交通量通过一定换算(也有不用折算的)后再相加。常见的有下列表示方法。

(1) 所有车辆(包括拖拉机和自行车)折算成载货汽车或小汽车后的总和。
(2) 所有车辆(包括拖拉机和自行车)全部未加折算的总和。
(3) 全部机动车(包括拖拉机和汽车)折算后的总和。
(4) 全部机动车(包括拖拉机和汽车)未加折算的总和。
(5) 全部汽车(包括客车和货车)未折算或折算后的总和。
(6) 全部自行车的总和，有时往往与全部机动车未折算的总和并列在一起。
(7) 某类车辆的总和。
(8) 汽车、拖拉机、人力车与畜力车、自行车四类车辆的折算和未折算分类总和。

2. 交通量特征参数计算

24h 特定时间范围内的交通量及交通组成的表示。一般包括如下内容。

(1) 昼夜率(白天 12h 或 16h 交通量占 24h 交通量的比率)。
(2) 高峰小时交通量占 24h 交通量的比率。
(3) 车型的组成比率(或称车型混入率,指不同车型交通量占总交通量的比率)。
(4) 繁重方向交通量占往返合计交通量的比率。
(5) 右转、直行和左转弯车流比率等。

3. 交通量的时间分布特性图

交通量的时间分布特性常用柱状图或曲线图表示,如图 3.1、图 3.2 所示。

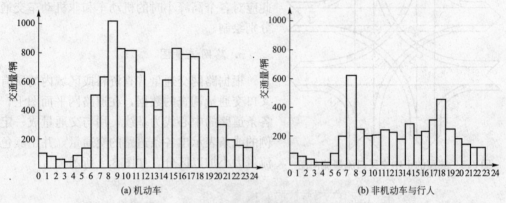

图 3.1 交通量时变柱状图

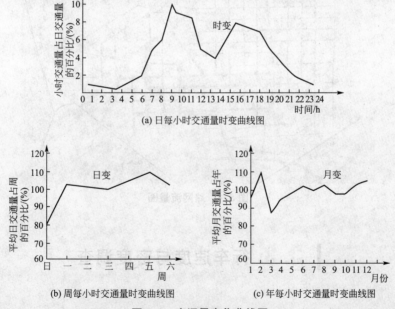

图 3.2 交通量变化曲线图

柱状图常用来表示 1 天中各小时交通量的变化,从中可看出交通量变化的趋势,高峰小时出现的时刻,是否为双峰形或其他形式,白天与夜间交通量的差异等。

曲线图常用来表示连续观测站交通量随时序的变化,一般有交通量1日内的小时变化(时变),1星期内的逐日变化(日变),1年内的逐月变化(月变),以及1年内8760h(闰年为8784h)交通量由大到小排列的年小时交通量变化等图。

4. 交叉口流量流向图

经常用来表示十字或T字形交叉口各入口引道各向车辆的运行状况。图3.3中绘出了典型的十字交叉口的流量流向图,由图可以一目了然地看清交叉口的流量流向分布。通常根据高峰小时的交通量(小汽车、全部汽车)绘制,也可用混合交通量代替。由于机动车交通高峰与非机动车高峰往往不在同一小时内出现,因此应对各个高峰小时的机动车和非机动车交通量分别绘制。

5. 路网流量图

根据路网交通量普查资料或区域内的所有交叉口交通量调查的数据,在道路网平面图上,以各条道路的中心线为基线,用与交通量成一定比例的线条表示出各条道路的交通量,并用颜色对流量大小加以区分,如图3.4所示。

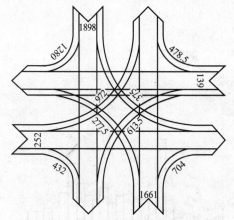

图3.3 典型的十字交叉口流量流向图

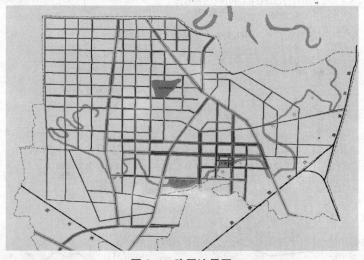

图3.4 路网流量图

3.3 行车速度与密度调查

3.3.1 车速调查的目的和意义

由于道路设计、交通规划、交通控制与管理、交通设计及道路质量评价,均以车速作为最基本的资料,因此车速调查成为道路交通工程中最重要的调查项目之一。常见的调查有地点车速调查和区间车速调查。

1) 地点车速调查的目的

一般包括以下内容。

(1) 掌握某地点车速分布规律及速度变化趋势。

(2) 作为交叉口交通设计的重要参数。

(3) 用于交通事故分析。

(4) 判断交通改善措施的成效。

(5) 确定道路限制车速。

(6) 设置交通标志的依据。

(7) 局部地点如道路弯道、坡度、瓶颈等处的交通改善设计的依据。

(8) 交通流理论研究中的重要参数。

2) 区间车速调查的目的

一般包括以下内容。

(1) 掌握道路交通现状,作为评价道路服务水平的重要指标。

(2) 路线改善设计的依据;

(3) 作为衡量道路上车辆运营经济性(时间和车辆油耗)的重要参数。

(4) 作为交通规划中路网交通流量分配的重要依据。

(5) 确定交通管理措施及联动交通信号配时的依据。

(6) 判断道路工程改善措施前后效果对比的重要指标。

(7) 交通流理论研究中的重要参数。

3.3.2 地点车速调查

1. 调查地点与时间的确定

地点车速的用途很广,调查地点随调查目的的不同而异。

(1) 了解车速分布特征及变化规律时,一般选择道路平坦顺直,离交叉口有一定距离,使车速不受道路条件及信号灯控制和行人过街的影响,在城市道路上,还应注意不受公共汽车停靠站的影响。

(2) 为了交通安全需实施限制车速时,观测点应设在需限制车速的道路或地点。

(3) 为检验交通改善设计或交通管理措施的效果时,可选择交通改善地点作车速的前后对比调查。

(4) 在判断交叉口信号灯设置是否妥善,决定黄灯时间或配置交通标志时,需调查进入交叉口的车速。

(5) 用于交通事故分析时,应调查交通事故发生地点的车速。

调查时间应与调查目的相对应,具有典型性和代表性,一般均不选择休息日及交通有异常的日子和时间。一般调查最常选用的时间是机动车上午高峰及下午高峰时间,因为这段时间交通量大,矛盾最为突出,如属检验交通改善或交通管理措施等目的时均应选择这两个时间段;有时为了研究非机动车对机动车车速的影响,常选择机动车和非机动车流量均较大的时段。

2. 调查方法

地点车速测定最常用的方法有以下几种。

1) 人工测速法

最常见的是秒表测速法，即在欲调查的地点，量测一小段距离 L，在两端做好标记，观测员用秒表测定各种类型车辆经过前后两标记的时间，记录员在标准记录表上记录距离、车型及通过两标记的时间，经整理计算，得到各类车辆的地点车速，记录表格格式如表 3-4 所示。

表 3-4 瞬时车速记录表

日期_____ 星期_____ 天气_____ 记录者_____
起讫路线_____ 至_____ 起讫时间_____ 至_____ 时间间隔_____

车种	t_1	t_2	$\Delta t = t_2 - t_1$	$v = L/\Delta t$	车种	t_1	t_2	$\Delta t = t_2 - t_1$	$v = L/\Delta t$

注：t_1 为车辆到达起始观测点时刻；t_2 为车辆到达终末观测点时刻。

距离 L 的取值与车速有关，为方便观测者对秒表读数，可按车辆经过 L 路段的时间等于 2s 左右计算，通常取 20~25m。

2) 雷达测速法

雷达测速法是目前现代交通管理中常使用的一种方法，用以监测道路上的超速违章车辆。最常用的仪器有雷达测速仪和雷达枪。

雷达测速方法十分简单，只要用测速雷达瞄准前方被测车辆，即能读出该车辆的瞬时车速。

雷达测速的基本原理是应用多普勒效应。当雷达测速仪瞄准测速车辆时，发射出无线电波，遇车辆后再从车辆反射回来，发射波与反射波的频率差与车辆行驶的速度成正比，从而得到车辆的瞬时车速。

3) 自动计数器测速

自动计数器有若干种，通常使用电感式、环状线圈式和超声波式检测器测量地点车速，它们均设置在固定测站上，同时测得流量和流速。

测量方法：在测速地点取一小段距离（如取 5m）两端均埋设检测器，车辆通过前后两检测器时即发出信号，并传送给记录仪，记录下车辆通过前后两个检测器的时间，从而算得车速。当测速精度要求不太高时，也可用一个检测器的办法，即测量车辆前后车轮通过检测器的时间，并用前后轴距除以该时间求得车速。这种方法适用于交通控制区中已埋设检测器的场合，并与交通流量数据同时存放于数据采集系统中。

4) 录像法

在拟测车速的地点，量取若干段距离，并做好标记。将录像机设置在视野良好的高处，防止行道树及其他设施的遮挡，将录像机镜头瞄准欲测车速地段，以一定的送片速度进行录像。根据汽车通过测定区间的录像胶卷画面数和画面的间隔时间，即可求得车辆的地点车速。录像时应详细记录开始时间、地点、方向、送片速度、气候、观测员姓名等，以免整理时发生错误。

3. 地点车速调查数据的整理与分析

地点车速的观测数据按观测目的进行汇总，然后把数据整理成图表，并用统计的方法对调查结果作统计计算，以保证取得对交通现状的完整认识。

1）数据整理

列出地点车速频率分布表。整理数据精练而简便的方法是列一张地点车速频率分布表，如表3-5所示。

表3-5 地点车速频率分布表

(1) 速度分组	(2) 组中值 u_i	(3) 观测频数 f_i	(4) 累计频率 f	(5) 观测频率/(%)	(6) 累计频率/(%)

2）地点车速频率分布直方图

为了更直观地显示出频率分布表所给出的规律，通常把它们画成频率分布直方图，如图3.5所示，横坐标是地点车速的速度分组，纵坐标是相应的频率，即表3-5中(1)、(5)列的数值。

从图中可以形象地看出地点车速分布的范围及在范围内的散布情况。

3）累计频率曲线

地点车速的速度分组为横坐标，累计频率为纵坐标，应用表3-5中(1)、(6)列数据，绘制成地点车速的累计频率曲线，如图3.6所示。该图的特征点对于分析地点车速具有十分重要的意义，如累计频率为15%、50%、85%所对应的地点车速，在交通工程中均有特定的用途。

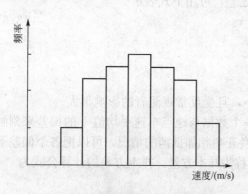

图3.5 地点车速频率分布直方图

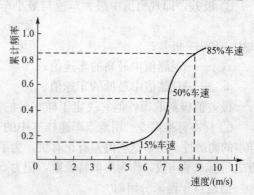

图3.6 地点车速累计频率曲线

4）频率分布特征值

借助于车速频率分布图，最基本的特征数可以分为两大类，即位置特征数和离散特征数。

位置特征数是表示地点车速分布集中趋势的量度，如地点车速的样本平均值、中位车速、频率最高时的车速等。

(1) 地点车速平均值是指车速统计中最常用的特征值和表示车速分布的最有效的统计量，它的计算公式如下。

当车速未分组时

$$\bar{v} = \frac{\sum_{i=1}^{n} v_i}{n} \tag{3.4}$$

当车速分组时

$$\bar{v} = \frac{\sum_{i=1}^{n} f_i v_{i中}}{\sum_{i=1}^{n} f_i} \tag{3.5}$$

式中：$\bar{v}$——地点车速平均值；

$\sum_{i=1}^{n} v_i$——全部观测车辆车速的总和；

n——观测车辆的总数；

$v_{i中}$——各车速分组的组中值；

f_i——各分组车速的频数。

(2) 中位车速是指车速测定值按大小次序排列时中间位置的车速。当观测次数是奇数时，中位数是所排数列中的中间车速，而观测次数是偶数时，中位数规定为两中间数的算术平均数。中位数受两端车速的影响较平均车速小，故在分析中是一个十分有用的特征值。

(3) 车速众数。出现频率最多的那个地点车速或组中值，称为样本的车速众数。

样本的离散特征数是表示样本中数值分散程度的一种数据，其中最常用的是极差、标准离差和车速分布中有代表性的几个速度值。

① 极差，即观测值中最大车速与最小车速之差，可用下式表示

$$R = v_{\max} - v_{\min} \tag{3.6}$$

式中：R——极差；

$v_{\max}$——观测值中最高的车速值；

$v_{\min}$——观测值中最低的车速值。

极差值极易取得，但它决定于样本量的大小，且受反常观测者的影响很大。

② 样本标准离差。用地点车速样本中的每一个数据与地点车速平均值 $\bar{v}$ 的偏差来刻画样本的离散性。由于这些偏差有正有负，为了避免正负相加抵消的情况，可以把各个偏差平方之后再求平均数，作为离散特征数，记为 S^2，称为样本方差。样本方差的计算公式为

当地点车速未分组时

$$S^2 = \frac{\sum_{i=1}^{n}(v_i - \bar{v})^2}{n} \tag{3.7}$$

当地点车速分组时

$$S^2 = \frac{\sum_{i=1}^{n}(v_{i中} - \bar{v})^2 \cdot f_i}{n} \tag{3.8}$$

以上公式中的符号意义同前。

样本的标准差计算公式为

不分组时

$$S=\sqrt{\frac{\sum_{i=1}^{n}(v_i-\bar{v})^2}{n}}=\sqrt{\frac{\sum_{i=1}^{n}v_i^2}{n}-\bar{v}^2} \quad (3.9)$$

分组时

$$S=\sqrt{\frac{\sum_{i=1}^{n}(v_{i中}-\bar{v})^2 \cdot f_i}{n}}=\sqrt{\frac{\sum_{i=1}^{n}v_{i中}^2 f_i}{n}-\bar{v}^2} \quad (3.10)$$

③ 车速分布中有代表性的几个速度值。累计频率分布曲线表明了每组地点车速与累计频率之间的关系，当地点车速为正态分布时，累计频率曲线上有两处突变点，这些点的相应车速常以百分位车速来表示。

第85%位车速：在样本中有85%的车辆未达到的车速，即在累计车速分布曲线中，累计频率85%时的相应车速。此值正是曲线的转折点，转折点以上曲线坡度甚缓，说明样本中高速车辆的频率很少，因此交通管理中常以此车速作为观测路段的最大限制车速。

第15%位车速：在样本中有15%的车辆未达到的车速，即在累计车速分布曲线中，累计频率为15%时的相应车速。此值是该曲线的另一个转折点，转折点以下曲线坡度甚缓，说明样本中低于此车速的频率很少，因此交通管理中对某些需限制最低车速的道路，如高速公路及快速路，常以此值作为最低限制车速。

第50%位车速：即中位车速，当车速的分布属正态分布时，该车速即是平均车速。

4. 地点车速数据统计分析实例

【例题 3-1】 上海市中山北路某断面实测地点车速样本如表3-6所示，试整理出该车速的频率分布表、频率分布直方图、累计频率曲线，计算速度分布特征值（平均车速、标准离差、85%位车速、15%位车速）并检验该样本是否拟合正态分布。

表 3-6 地点车速样本　　　　　　　　　　　　　　　　m/s

3.4	4.2	6.5	6.3	5.3	7.1	7.3	9.1	9.3	5.9	7.9
7.5	8.2	3.7	4.8	8.9	7.9	9.2	8.5	7.2	6.6	8.2
8.3	7.7	8.1	6.1	8.3	3.9	7.6	8.8	5.2	4.7	7.1
4.9	7.2	5.5	7.6	9.9	8.7	4.6	6.2	7.5	5.6	6.3
5.1	9.7	7.3	8.3	12.1	6.8	9.1	7.2	8.9	4.2	7.6
8.1	7.2	5.7	7.1	8.1	7.4	6.5	7.8	10.3	6.4	
8.5	7.9	6.3	8.2	9.2	6.6	7.8	8.8	9.2	6.2	5.4
7.1	7.2	9.4	6.1	7.4	7.9	10.5	6.9	6.7	10.1	10.2
10.5	9.9	12.2	10.2	11.5	11.1	10.8	11.7	10.1	9.4	9.1

解：

（1）实测车速分组频数如表3-7所示。

表 3-7 实测车速分组频数

速度分组/(m/s)	3~4	4~5	5~6	6~7	7~8	8~9	9~10	10~11	11~12	12~13
观测频数	3	6	8	16	27	20	14	8	4	2

(2) 地点车速频率分布如表 3-8 所示。

表 3-8 地点车速频率分布

速度分组/(m/s)	组中值 u_i	观测频数 f_i	累计频数 f	观测频率/(%)	累计频率/(%)
3~4	3.5	3	3	2.8	2.8
4~5	4.5	6	9	5.5	8.3
5~6	5.5	8	17	7.4	15.7
6~7	6.5	16	33	14.8	30.5
7~8	7.5	27	60	25.0	55.5
8~9	8.5	20	80	18.5	74.0
9~10	9.5	14	94	13.0	87.0
10~11	10.5	8	102	7.4	94.4
11~12	11.5	4	106	3.7	98.1
12~13	12.5	2	108	1.9	100
∑		108		100	

(3) 绘制地点车速频率分布直方图(见图 3.7)。
(4) 绘制地点车速累计频率曲线(见图 3.8)。

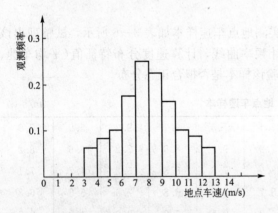

图 3.7 地点车速频率分布直方图

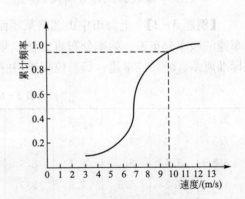

图 3.8 地点车速累计频率曲线

(5) 地点车速特征值计算。车速特征值 $\bar{v}$ 与 S 计算,可用样本变换的方法简化计算。先将组中值变换,若变换后的组中值为 y_i,即

$$y_i = \frac{\mu_i - a}{b} \tag{3.11}$$

式中:a——中间一组的组中值;
b——组间距;

μ_i——第 i 组的组中值。

计算变换后的平均值 $\bar{y}$ 为

$$\bar{y} = \frac{\sum_{i=1}^{k} y_i \cdot f_i}{n} \quad (3.12)$$

计算后的变化离差 S_y 为

$$S_y = \sqrt{\frac{\sum_{i=1}^{k} y_i^2 \cdot f_i}{n} - \bar{y}^2} \quad (3.13)$$

最后还原样本的特征值为

$$\bar{v} = b \cdot \bar{y} + a \quad (3.14)$$

$$S = b \cdot S_y \quad (3.15)$$

本例计算列于表 3-9 中。

表 3-9 地点车速特征值计算表

速度分组 v(m/s)	组中值	观测频数 f_i	变换后的组中值 y_i	$y_i \cdot f_i$	$y_i^2 \cdot f_i$	速度分组 v(m/s)	组中值	观测频数 f_i	变换后的组中值 y_i	$y_i \cdot f_i$	$y_i^2 \cdot f_i$
3~4	3.5	3	−4	−12	48	8~9	8.5	20	1	20	20
4~5	4.5	6	−3	−18	54	9~10	9.5	14	2	28	56
5~6	5.5	8	−2	−16	32	10~11	10.5	8	3	24	72
6~7	6.5	16	−1	−16	16	11~12	11.5	4	4	16	64
7~8	7.5	27	0	0	0	12~13	12.5	2	5	10	50
						总计 Σ		108		36	412

$$\bar{y} = \frac{\sum_{i=1}^{k} y_i \cdot f_i}{n} = \frac{36}{108}\text{m/s} = 0.33\text{m/s}$$

$$S_y = \sqrt{\frac{\sum_{i=1}^{k} y_i^2 \cdot f_i}{n} - \bar{y}^2} = \sqrt{\frac{412}{408} - 0.33^2}\text{m/s} = 1.93\text{m/s}$$

$$\bar{v} = b \cdot \bar{y} + a = 1 \times 0.33\text{m/s} + 7.5\text{m/s} = 7.83\text{m/s}$$

$$S = b \cdot S_y = 1 \times 1.93\text{m/s} = 1.93\text{m/s}$$

85%及15%位车速计算：

根据表 3-8，图 3.8 有

$$v_{85\%} = 8.5\text{m/s} + \frac{85-74}{87-74} \times (9.5-8.5)\text{m/s} = 9.35\text{m/s}$$

$$v_{15\%} = 4.5\text{m/s} + \frac{15-8.3}{15.7-8.3} \times (5.5-4.5)\text{m/s} = 5.41\text{m/s}$$

(6)地点车速正态的拟合优度检验。假设本例的车速分布服从正态分布，用 χ^2 进行拟合优度检验，用样本中的平均车速 $\bar{v}$ 和标准离差 S 作为正态分布的参数 μ、σ 的估计量，列表计算 χ^2 统计量（见表 3-10）。

表 3-10　χ^2 统计量计算表（$n=108$，$\bar{\mu}=7.83$m/s，$\sigma=1.93$m/s）

(1) 数组上限 $v/$(m/s)	(2) $v-\bar{\mu}$ /(m/s)	(3) 标准化 $\dfrac{v-\bar{\mu}}{\sigma}$	(4) 正态曲线面积 Ω	(5) 各组概率 P	(6) 理论频数 $F=n\cdot P$	(7) 观测频数 f	(8) χ^2 统计量 $\chi^2=\dfrac{(F-f)^2}{F}$
4	−3.83	−1.984	−0.4764	0.0236	2.55 ⎱ + 5.16 ⎰	3 ⎱ 9 6 ⎰	0.216
5	−2.83	−1.466	−0.4286	0.0478			
6	−1.83	−0.948	−0.3284	0.1002	10.82	8	0.439
7	−0.83	−0.430	−0.1664	0.1620	17.50	16	0.128
8	+0.17	+0.088	+0.0351	0.2015	21.76	27	1.262
9	+1.17	+0.606	+0.2277	0.1926	20.80	20	0.031
10	+2.17	+1.124	+0.3695	0.1418	15.30	14	0.110
11	+3.17	+1.642	+0.4497	0.0802	8.66	8	0.050
12	+4.17	+2.160	+0.4846	0.0349	3.77 ⎱ 1.26 ⎬ + 0.40 ⎰	4 ⎱ 2 6 ⎰	
13	+5.17	+2.679	+0.4963	0.0117			
>14							0.060
Σ					108	108	2.296

表中的第(2)、(3)列主要将正态分布由 $N(\mu,\sigma^2)$ 的形式转换成标准形式 $N(\mu,\sigma)$，使正态分布对称于 y 轴；第(4)列为标准正态分布时各组相对应于正态曲线与水平轴间所包括的面积，即 $\int_{-\infty}^{\frac{v-\mu}{\sigma}}\varphi(x)\mathrm{d}x$；第(5)列为各组间的概率，即相邻两组正态曲线所包含的面积之差；第(6)列为理论频数，它等于样本数乘该组概率。

自由度计算：

把理论频数小于 5 的组合并，合并后组数为 8。

自由度 = 8−2−1 = 5

当显著性水平为 0.05，自由度为 5 时，查分布表 3-5 得到 $\chi^2_{0.05}=11.07$，而表 3-10 计算结果 χ^2 的总和为 2.296，故 $\chi^2<\chi^2_{0.05}$，表明样本中的地点车速呈正态分布。

了解有关车速分布的数学模型，对于交通流理论和有关驾驶员行驶时的动态模拟研究相当重要。同时考察某一地点上的车速分布对于估计一条道路的交通事故潜在性也会有所帮助。通常车速分布是正态的地点，交通事故的潜在可能性较偏态分布时小。

3.3.3　区间车速调查分析

1. 调查方案

调查方案与调查目的有关，下面分别讨论最常遇到的几种情况。

(1)为了解道路交通现状或交通改善方案的效果而进行的车速调查。这种调查比较简单，只要在选定路段内测量车辆行驶于该路段的时间和延误即可，无须同时调查影响因素。

（2）用于研究路段交通改善方案而进行的区间车速调查。这种调查需要考虑诸因素对车速的影响，因此第一步必须对路段的交通情况作定性分析，分清影响路段车速的主要因素；然后确定调查内容及方法，组织观测人员并编制经费预算。最常规的是流量、车速同时调查，如果车速降低主要是非机动车或行人影响，则调查方案中应增加自行车流量和行人流量的调查。如果在公共汽车停靠站处受到影响，则应补充在公共汽车停靠站处的车辆延误时间调查。必须注意这些调查内容应同步进行，以便分析。调查内容确定后，即可编制调查人员及经费计划。

（3）为建立车速模型、进行理论研究而进行的车速调查。这类调查一般均希望选择典型地段，如欲建立流量与车速的关系模型，则选择车型较单一，其他干扰因素较少的路段，在同一时段调查流量与车速，以便找出规律。如果希望模型的适应面更大，可以在原有模型的基础上增加其他因素的调查，进行模型修正，或者将影响车速的诸因素加以分解，分别找出车速与各影响因素的关系式。

一旦调查方案确定后，就可进行现场调查。

2. 调查方法

1）牌照法

在调查路段的起终点设置观测点，观测人员记录通过观测点的车辆类型、牌照号码（后3位数字）、各辆车的到达时间。测完后，将两处的车型及牌照号码进行对照，选出相同的牌照号码，计算通过起终点断面的时间差即为行程时间，路段距离除以行程时间，得到行程车速。调查记录表格式如表3-11所示。

表3-11 牌照法速度调查表

道路名称_____ 起始时间_____ 日期_____
起终点_____ 观察者_____ 天气_____

车辆类型	牌照号码	起点时间 t_1	终点时间 t_2	行程时间 t_2-t_1	区间速度 v

关于调查人员及工具的配备：起终点断面各配两名观测员，1名观测员观测车型、牌照号码及经过本断面的时间，另1名观测员记录。观测时只需配备秒表即可。

此法适用场合：路段上无主要交叉口，单向一车道或流量不很大的单向两车道公路，路段长度不宜超过500m，路段上的交通情况不太复杂，可与其他调查同时进行。

牌照法的主要优点：取样速度快，室外工作时间短，能较准确地测得不同时段的平均行程车速及各种车辆类型的平均行程车速、通过断面的单向交通量及车头时距，有利于交通工程中的微观分析。

牌照法的主要缺点：所测得的只是起终点间的行程时间，无法知道车辆在行驶过程中的延误及交通拥堵情况，当路段中间有交叉口时，由于路段车辆在交叉口的转向，使起终点的车辆牌照号码不完全一致，增加了内业工作量；在单向两车道或大于两车道的路段，观测时由于靠边车道上车辆的阻挡，无法看清中间车道上车辆的牌照号码，容易漏记车号;此法现场观测的劳动强度大,对于交通繁忙的路段在一般体力情况下,通常只能连续观测 2h 左右。

2) 试验车跟车测速法

测速前的准备工作:用 1/2000 或比例更大的地形图,量测路段全长及各变化点之间的距离,如交叉口、道路断面宽度变化点、小半径弯道的起终点、陡坡的起终点、隧道口、桥梁起终点等,进行路段编号;然后至现场踏勘,按图上各点在实地做好标记,并补充地形图上遗漏的地物特征点;准备好测试车,测试车的性能应能跟踪上道路上行驶的车辆;配各两名观测人员,并携带秒表及记录表格等。记录表格式如表 3-12 所示。

表 3-12 跟车测速法观测表

道路名称_____ 起始时间_____ 日期_____
起终点_____ 观察者_____ 天气_____

路段编号	观测时间				减速次数及原因					
	中途停车			最终断面时间	行人	自行车	会车	转向车	公交停靠	其他
	原因	停止时间	启动时间							

测速时,测试车辆应紧跟车队行驶,一般不容许超车,除非道路上遇到有特别慢的车辆,如大型重载货车、即将进入停靠站的公共汽车、拖拉机等,此时可超越。车内测试人员必须熟记预先在道路上做的各个标记,并注意观测沿途的交通情况。当车辆从起点出发时,打开秒表每经过一次标记,立即读出经过标记的时刻。当试验车遇到阻塞或严重减速时,应记录减速次数或停车延误时间及原因。

跟车测速次数一般要求往返 6~8 次,每次往返时间应尽量小于 40min。在道路条件好交通顺畅的市郊道路,路线长度以不超过 15km 为宜;市区边缘道路,路线长度以小于 10km 为宜;市中心区道路,一般交通繁忙,车速低,并受到交叉口信号灯的管制,路线长度应小于 5km。

跟车测速法的主要优点是:方法简单,能测到全程及各路段的行程时间、行驶时间、延误时间、沿途交通状况及交通阻塞原因等;所需的观测人员少,劳动强度小。运用于交通量大、交叉口多、路线上交通较复杂的道路。全国若干城市,如上海、杭州、无锡、宁波、淄博等城市的路网车速调查均采用了这种方法。

跟车测速法的主要缺点是:测量次数不可能多,相对于某一时段(如高峰小时)只能测得 2 次数据,至多测得 3 次数据,所测车速可以作为宏观控制,但难于用做微观分析。用于建立模型等此法还有欠缺。当路段交通流量少时,车辆难于形成车流,往往发生测试车无车流可跟,测试中处于非跟踪状态,最后测得的车速常受到测试车性能及驾驶员习惯的影响,不能完全代表道路上车流的车速。

3) 五轮仪测速法

五轮仪是测量车速的专用仪器，与速度分析仪同时使用。测速时将五轮仪装置于试验车之后，成为试验车以外另加的一个轮子，故名五轮仪。当测试车行驶时，五轮仪的轮子也与地面接触，同样转动。在五轮仪的轮轴上设有光电装置，其作用是将车轮转动速度转换成电信号，输入速度分析仪，此时记录仪能自动记下行驶距离、行驶时间、行程车速。例如，测试车在路段起点时，观测员打入信号，当车辆行驶到第一个标记时再打入信号，则速度分析仪就能记下从起点到第一个标记时两点间的距离、行程时间和平均行程车速。

五轮仪还可以与另一种速度分析仪一起使用，这种分析仪的功能是可以得到车辆在全线行驶时的速度分布。例如，某路线全长15km，测试车在跟车时速度有高有低，通过速度分析仪，可以自动将车速按 0~10km/h、10~20km/h、20~30km/h⋯100~110km/h⋯自动分挡，最后得到各速度挡的行驶里程和所占的比例。

五轮仪的测速方法与跟车测速法基本相同，其主要优点是自动化程度高，测速精确，能直接将结果打印输出，无须记录。它可以与车辆油耗仪同时使用，测量不同行驶状态、不同车速时的耗油量，作为建立模型的可靠资料。

在使用五轮仪时，对路面平整度有一定要求，平整度很差的路面，行驶时五轮仪跳动厉害，影响测速精度，并有损仪器。在测速时如有车辆倒退或调头情况，必须将五轮仪的轮子拉起，使其不与地面接触，否则仪器即损坏。

五轮仪和速度分析仪属于精密仪器，成本高、易损坏，在使用前或使用后必须经过严格检查，应注意随时保养。

4) 浮动车测速法

浮动车测速法是一种试验车测速的方法，可同时测得车速和流量，具体测量方法见第3.2.2节。

3.3.4 密度调查

1. 密度特性与调查必要性

仅用交通量等参数难以全面描述交通流的实际状态。例如，交通量趋于零，既可以是描述车辆数极少时的道路交通，也可以表示交通严重拥挤，车流处于停滞状态。而密度的大小则可直接判定拥挤程度，从而决定采用何种交通管理和控制措施。

2. 调查方法

观测密度主要有出入量法和道路占有率法。现在将各种主要方法介绍如下。

1) 出入量法

出入量法的原理：出入量法是一种通过观测取得中途无出入交通的区段内现有车辆数或行驶时间的方法。其中又分为试验车法及车牌照法等。

现讨论图3.9中AB区间的密度。在某一时刻上游地点A处的交通量是同一时刻AB区间内新增加的车辆数；反之，这时在下游地点B处的交通量等于从AB区间内减少的车辆数。

AB区间内车辆数的变化应等于入量与出量之差。因此，只要知道最初AB区间的原

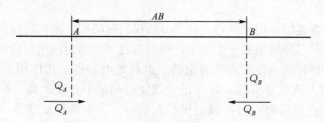

图 3.9 AB 区间示意图

始车辆数,就能求得每单位时间内实有车辆数,则在 t 时刻的密度可由式(3.16)计算,即

$$E_t = Q_{A(t)} + E_{t_0} - Q_{B(t_0)} \tag{3.16}$$

式中:E_t——在 t 时刻 AB 区间内的车辆数;

$Q_{A(t)}$——从观测开始到 t 时刻通过 A 处的累加交通量;

E_{t_0}——t_0 时刻 AB 区间内的原始车辆数;

$Q_{B(t_0)}$——从观测开始到 t_0 时刻通过 B 处的累加交通量。

(1)试验车法。

① 测定方法。从基准时刻开始在测定区间的两端用流量观测仪或动态录像机测定通过的车辆数。为了记取试验车通过区间两端的时刻,必须在试验车上标以特殊的记号。此时,若用流量仪进行测定,当试验车通过两端时,要输入信号在记录纸上作记号;若用动态录像机,要对准试验车的特殊记号摄影,以便记取那个时刻。

② 原始车辆数的测定。设试验车跟随车流通过 A 处的时刻为 t_0、经过 B 处的时刻为 t_1,则从 t_0 到 t_1 这段时间内通过 B 处的车辆数 q_b 即为 t_0 时刻 AB 区间内的原始车辆数。然而这一关系只有在试验车不超车又不被超车的情况下才成立。否则,应按式(3.17)计算

$$E_{t_0} = q_b + a - b \tag{3.17}$$

式中:E_{t_0}——在 t_0 时刻 AB 区间内的原始车辆数;

q_b——从 t_0 到 t_1 这一段时间内通过 B 处的车辆数;

a——试验车超车数;

b——试验车被超车数。

t_1 时刻 AB 区间内的原始车辆数可按式(3.18)计算:

$$E_{t_1} = q_A + a - b \tag{3.18}$$

式中:E_{t_1}——在 t_1 时刻 AB 区间内的原始车辆数;

q_A——从 $t_0 \sim t_1$ 这一段时间内通过 A 处的车辆数;

a,b 符号意义同上。

③ 减少误差的途径。本方法的缺点是随着观测时间的推移,车辆数的误差也累加。为减少误差的积累,除增加试验车的观测次数,还要把试验车每次经过 A 点的时刻作为基准时刻(t_0)。该时刻的现有车辆数都作为每次的原始车辆数。

本方法适用于较长的规定区间,以提高量测的精度。

④ 整理分析。根据上述观测资料,按以下步骤计算密度。

a. 将调查日期、时间、地点、天气及测定区间长度填入密度计算汇总表,详见表 3-13。

表 3-13 试验车法测定密度汇总表

日期 1972.10.3（五）　　时间 14：00～14：30　　区间及方向 A 匝道→B 匝道
天气　　晴　　　　　　区间长　810m

时间	① A交通量	② B交通量	③ 变化量 ①-②	时刻	④ 原始车辆数	⑤ 现有车辆数	⑥ 调整值	⑦ 修正值	⑧ 瞬时密度	⑨ 平均密度	试验车
14：00～14：01	40	54	−14	14：01							
14：01～14：02	74	60	14	14：02							
14：02～14：03	39	40	−1	14：03							
14：03～14：04	61	68	−7	14：04							
14：04～14：05	37	60	−23	14：05							驶入 14：06：50
14：05～14：06	72	59	13	14：06							驶出 14：08：20
14：06～14：07	52/9	48/7	4/2	14：07	94	96	0	96	119		$a=10$
14：07～14：08	67	58	9	14：08		105	0	105	130		
14：08～14：09	19/24	21/26	−2/−2	14：09	103	103/101	0	101	125		
14：09～14：10	69	65	4	14：10		105	0	105	130		
小　计	563	566	−3								
14：10～14：11	46	66	−20	14：11		85	0	85	105		$b=2$
14：11～14：12	69	56	13	14：12		98	0	98	121		$a-b=8$
14：12～14：13	57	65	−8	14：13		90	1	91	112	}115	
14：13～14：14	57	59	−2	14：14		88	1	89	110		
14：14～14：15	58	46	12	14：15		100	1	101	125		
14：15～14：16	52	48	4	14：16		104	1	105	130		
14：16～14：17	40	58	−18	14：17		86	1	87	107		
14：17～14：18	59	59	0	14：18		86	1	87	107	}128	
14：18～14：19	47/20	29/15	18/5	14：19	105	104/110	0	110	136		
14：19～14：20	49	31	18	14：20		128	0	128	158		
小　计	554	532	22								
14：20～14：21	37	48	−11	14：21		117	0	117	114		
14：21～14：22	39	40	−1	14：22		116	0	116	143		
14：22～14：23	48	59	−11	14：23		105	0	105	130	}125	驶入 14：18：43
14：23～14：24	41	65	−24	14：24		81	−1	80	99		
14：24～14：25	72	65	7	14：25	117	88	−1	87	107		
14：15～14：26	65	76	−11	14：26		77	−1	76	94		
14：16～14：27	53	63	−10	14：27		67	−2	65	80		
14：27～14：28	56	63	−7	14：28		60	−2	58	72	}75	驶出 14：21：00
14：18～24：29	46	50	−4	14：29		56	−2	54	67		$a=14$
14：29～14：30	42	43	−1	14：30		55	−3	52	64		$b=3$
小　计	499	572	−73								$a-b=11$

b. 表中①、②栏应分别记 A 处及 B 处的各测定时间范围内的交通量。试验车通过 A、B 两处的时刻，通常不是测定时间范围的起终点，故此时记录 A、B 两处单位时间内的交通量时要将表中相应的格子一分为二，分别记下在单位时间内试验车通过前和通过后的交通量。

c. 在试验车一栏中，除记录试验车通过时刻外，还要记录试验车的超车数 a 及被超车数 b，并计算 $a-b$。

d. 计算 A、B 两处交通量之差，并记入第③栏中，即表示 AB 区间内现有车辆数的变化。

e. 第④栏填写试验车自 A 点到 B 点这段时间范围内 AB 区间的原始车辆数，计算方法如下：

14：06：50 时的原始车辆数，按式(3.17)计算等于在 B 处通过车辆数再加($a-b$)，即

$$(7+58+21+8)辆=94 辆$$

14：08：20 时的原始车辆数，按式(3.17)计算等于在 A 处通过车辆数再加($a-b$)，即

$$(9+67+19+8)辆=103 辆$$

f. 第③栏为任一时刻 AB 区间的车辆数。由上一行求得的车辆数再加上经过单位时间后的车辆变化量，即得相应时刻 AB 区间的车辆数。如：

$$14：07 为(94+2)辆=96 辆$$
$$14：08 为(96+9)辆=105 辆$$
$$14：09 为[105+(-4)]辆=101 辆$$

g. 按理下一次试验车通过时刻的原始车辆数应为 105 辆，但根据上列数据推算结果为 104 辆，这是由观测误差引起的，可将此误差适当地分配在两次试验车经过观测区间的时间内现有的车辆数上。见第⑥栏的调整值。

h. 现有车辆数加上调整值后即得第⑦栏修正值。

i. 第⑧栏瞬时密度按下式计算：瞬时密度＝修正值(辆)/测定区间长度(km)。

j. 每一总计时间的平均密度填入第⑨栏内，总计时间通常取 5min 或 10min。

(2) 车辆牌照法。

① 测定方法。从基准时刻开始在测定区间的两端，用同步的秒表或动态录像机，测定每一辆车的到达时间，并相应的记下每辆车的牌照，如记整个牌照号码有困难，可以只记最后 3 位数。此时，若用动态录像机，须摄下每辆车的牌照。

② 原始车辆数的测定。基本原理同试验车法，原始车辆数也可按式(3.16)及式(3.17)计算。不同之处是车流中的每一辆车都可作为"试验车"。

③ 减少误差的注意事项。两端的秒表或动态录像机必须同步。观测时不能遗漏车辆，如同时观测车辆到达时间及牌照有困难时，允许少记个别车辆的牌照，但每一辆车的到达时间绝对不能少。

本方法也须选用较长的测定区间，以提高量测的精度。

2) 道路占有率法

在道路上设置车辆检测器，其中大多采用环形线圈，即在一车道设置 1 个或两个车辆检测器，以检测车流在车道上的时间占有率，并据此计算密度。设置方式如图 3.10 所示。

(1) 设置 1 个环形检测器［见图 3.10(a)］。车流在道路上的时间占有率可按式(3.19)计算：

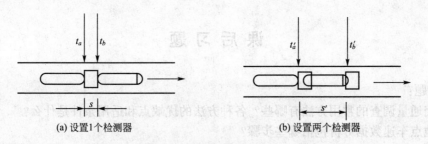

(a) 设置1个检测器　　　　　(b) 设置两个检测器

图 3.10　检测器布置示意图

$$R_t = \frac{1}{t}\sum_{i=1}^{n} t_i \tag{3.19}$$

这时的空间平均车速为

$$v_s = (\bar{l}+s) \times Q(R_t \times t)$$
$$= (\bar{l}+s) \times Q/\sum t_i \tag{3.20}$$

则 t 时间内的密度为

$$K = Q/v_s = \frac{1}{\bar{l}+s} R_t \times t = \frac{1}{\bar{l}+s}\sum t_i \tag{3.21}$$

式中：Q——交通量，辆/s；

t——总计时间，s；

t_i——第 i 辆车通过检测器时的时间（$t_i = t_a - t_b$），s；

$\bar{l}$——平均车长，m；

s——检测器的检测幅度，m。

(2) 设置两个环形检测器 [见图 3.10(b)]。

空间平均车速为

$$v_s = s' \times Q/\sum t_i' \tag{3.22}$$

则 t 时间内的交通密度为

$$K = Q/v_s = \frac{1}{s'}\sum t_i' \tag{3.23}$$

式中：Q——交通量，辆/s；

t_i'——第 i 辆车车头通过 s' 所需的时间（$t_i' = t_a' - t_b'$），s；

s'——两个检测器之间的距离，m。

小　　结

本章主要介绍了交通流三参数交通量、速度、密度调查方法及统计分析。人工观测法和仪器自动记录法是交通量调查的两种常用方法，两种方法各自有其优缺点和适用条件，要根据实际情况进行选用。目前，行车速度和密度一般采用仪器进行调查直接获得，或者通过其他调查参数间接求得。

课 后 习 题

思考题:
1. 交通量调查的常用方法有哪些?各种方法的优缺点和适用条件是什么?
2. 地点车速数据分析包括哪些步骤?
3. 出入量法的原始车辆数如何测定?

第4章
交通流理论

教学提示：本章首先介绍交通流的基础理论——交通流三参数之间的关系，接着介绍早期的交通流模型：概率统计模型、跟驰理论模型和排队论模型，最后简要介绍交通流理论的流体力学模型。

学习要求：通过本章学习，学生应掌握交通流三参数之间的关系、概率统计模型、排队论模型及它们的应用，了解跟驰理论模型和流体力学模型的基本原理。

引例

20世纪30年代至第二次世界大战结束，由于发达国家汽车工业和道路建设的发展，需要摸索道路交通的基本规律，以便对其进行科学管理。道路交通产生了对交通流理论的初步需求，需要有人对其进行研究。此阶段的代表人物为格林希尔兹（Bruce D. Greenshields），其代表性成果是用概率论和数理统计的方法建立数学模型，用以描述交通流量和速度的关系，并对交叉口交通状态进行调查。正是由于其奠基性的工作，人们常常称格林希尔治为交通流理论的鼻祖。

4.1 概 述

交通流理论是研究交通流随时间和空间变化规律的模型和方法体系。多年来，交通流理论被广泛地应用于交通运输工程的许多研究领域，如交通规划、交通控制、道路与交通工程设施设计等，应该说交通流理论是这些研究领域的基础理论。近年来，尤其是随着智能运输系统的蓬勃发展，交通流理论所涉及的范围和内容在不断地发展和变化，如控制理论、人工智能等新兴科学的思想、方法和理论已经用于解决交通运输研究中遇到的复杂问题；又如，随着计算机技术的发展，模拟技术和方法越来越多地被用来描述和分析交通运输工程的某些过程或现象。

交通流理论是交通工程学的基本理论部分。其内容涉及交通流三参数关系、交通流的概率统计分布特性、跟驰理论、流体力学理论、车辆排队理论、系统工程和控制论、计算机模拟等。限于篇幅，本章将分别介绍交通流三参数关系、概率统计分布特性、跟驰理论、交通流的流体力学理论、车辆排队理论部分及其相关应用。

4.2 交通流量、速度和密度之间的关系

4.2.1 三参数之间的关系

交通流量、速度、密度三个参数是描述交通流基本特征的主要参数，这三个参数之间相互联系，相互制约。为了研究它们之间的关系，专家学者们将物理学中的流体理论引入交通流的研究之中，将交通流近似看作是由交通体组成的一种粒子流体，就像其他流体一样，可以用流体力学和数学的有关理论，建立相关的描述交通流特征的数学模型。但是，应该承认公路上交通流的情况受很多因素（如人、车、路、环境等）的影响，而且许多因素是不恒定的。因此，要通过设立某些假设条件将交通流模拟为流体进行研究。

假设交通流为自由流。在长度为 L 的路段上有连续行驶的 N 辆车，其速度为 V，如图4.1所示。由三个参数的定义可知：

L 路段上的车流密度为 $K=\dfrac{N}{L}$；

N 号车通过 A 断面所用的时间为 $t=\dfrac{L}{V}$；

N 号车通过 A 断面交通量为 $Q=\dfrac{N}{t}$。

将以上各式整理得

$$\begin{cases} Q=\dfrac{N}{t}=\dfrac{N}{L/V} \\ Q=\dfrac{N}{L}V \\ Q=KV \end{cases} \quad (4.1)$$

式中：Q——流量，辆/h；
V——区间速度，km/h；
K——密度，辆/km。

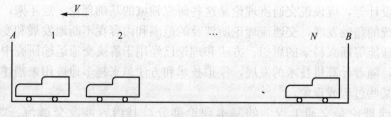

图 4.1 三参数计算图

式(4.1)表示的关系是一种三维空间关系，用三维坐标系表示的这种空间曲线，如图 4.2 中所示的三维曲线图投影到三个二维坐标系中即是速度-密度、交通流量-密度、速度-交通流量之间的关系图，如图 4.3(a)、(b)、(c)所示。图 4.3(a)是以格林希尔兹的单

段式速度-线性关系模型为依据绘制的；(b)图和(c)图则是以(a)中的关系模型为基础，根据式(4.1)推导出的。

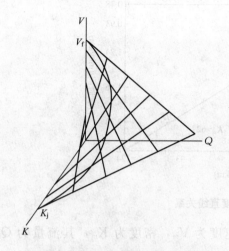

图 4.2 $Q=V \cdot K$ 关系三维曲线图

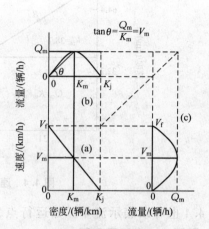

图 4.3 速度-密度、交通流量-密度和速度-交通流量关系图

4.2.2 速度-密度的关系

在实践中，可以看到这样一种现象：当道路上的车辆增多、车流密度增大时，驾驶员被迫降低车速。当车流密度由大变小时，车速又会增加。这就说明速度和密度之间有一定的关系。

1. 直线关系模型

1933年格林希尔兹在对大量观测数据进行分析之后，提出了速度-密度的单段式直线性关系模型

$$V = a - bK \tag{4.2}$$

式中，a、b是常数。当$K=0$时，V值可达到理论最高速度，即畅行速度V_f，代入式(4.2)得

$$a = V_f$$

当密度达到最大值，即$k=k_j$，车速$V=0$，代入式(4.2)得

$$b = \frac{V_f}{K_j}$$

将a、b代入式(4.2)得

$$V = V_f - \frac{V_f}{K_j}K = V_f\left(1 - \frac{K}{K_j}\right) \tag{4.3}$$

将式(4.2)和式(4.3)的特征点结合实际观测数据绘制在图4.4中。

由图4.4所示可知，在A点是理想的畅行速度V_f。实际上，AE线不与纵坐标轴相交，而是渐渐趋近于该坐标轴，因为在路上至少有一辆车以速度V_f行驶，这时V_f只受道路条件限制。

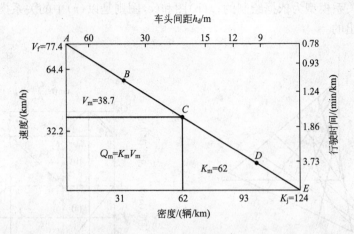

图 4.4　速度-密度直线关系

图 4.4 也可以表示流量。如运行点 C，速度为 V_m，密度为 K_m，其流量为 $Q_m = V_m K_m$，即图 4.4 中矩形面积。

直线 A、B、C、D、E 各点与流量-密度图和速度-流量图两个图上的点是相对应的，因此可以相互比较。

格林希尔兹提出的速度-密度的单段式线性关系模型，在车流密度适中的情况下是比较符合实际的，但当车流密度很大或很小时就不适宜使用此模型。

2. 对数关系模型

当车流密度大时，速度-密度的关系用格林柏格（Greenberg）提出的对数模型就比较符合实际，其公式如下

$$V = V_m \ln\left(\frac{K_j}{K}\right) \tag{4.4}$$

式中：V_m——最大交通量时的速度，km/h。

其余符号意义同前。

这种模型和交通流拥挤情况的现场数据很符合，如图 4.5(a) 所示。但是当交通密度小时，就不能用这种关系式。

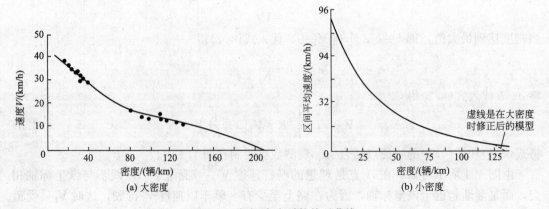

(a) 大密度　　　　　　　　　　(b) 小密度

图 4.5　速度-密度对数关系曲线

3. 指数模型

当交通密度小时,安德伍德(Underwood)提出的指数模型比较符合实际,其公式如下

$$V = V_f(1 - e^{-\frac{K_j}{K_m}}) \tag{4.5}$$

式中:K_m——最大交通量时的密度,辆/km;

　　　e——自然对数的底数;

其余符号意义同前。

这种模型和小交通量的情况下的现场数据很符合,如图4.5(b)所示。这种模型的缺点是当 $K \to K_j$ 时 $V \neq 0$。

4. 广义速度-密度模型

广义速度-密度模型为

$$V = V_f\left(1 - \frac{K}{K_j}\right)^n \tag{4.6}$$

式中:n——大于零的实数,当 $n=1$ 时,该式变为线性关系式。

4.2.3 交通流量-密度的关系

1. 数学模型

根据式(4.3)和式(4.1)可得

$$Q = KV = KV_f\left(1 - \frac{K}{K_j}\right) = V_f\left(K - \frac{K^2}{K_j}\right) \tag{4.7}$$

由式(4.7)知,交通流量与密度的关系是二次函数关系,如图4.6所示。

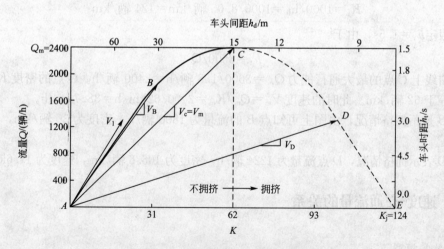

图 4.6　交通流量-密度曲线图

如果用不同的速度-密度公式,则根据式(4.4)、式(4.5)或式(4.6)可以导出不同的交通流量-密度公式及相应的曲线图。

2. 特征描述

按图4.6所示的基本关系可得到下列一些主要特征。

（1）当车流密度值为零时，流量为零，密度增大，流量增加，密度到最佳密度K_m时，流量取最大值Q_m。密度再增大，到阻塞密度K_j时，流量为零。因为车流密度为零时，表明无车辆行驶，流量为零。而车流密度达到最大的阻塞密度时，车辆暂时停驶，短时间内流量为零，因此曲线经过坐标原点A、C和E点。对式(4.7)求导并令其为零，得

$$K=K_m=\frac{1}{2}K_j$$

$$V=V_m=\frac{1}{2}V_t$$

$$Q_m=\frac{1}{4}V_f K_j$$

（2）由坐标原点A向曲线上任意一点画矢径。这些矢径的斜率的表示区段平均车速，以km/h计。而其切线的斜率则表示流量微小变化时的速度的变化，即$\bar{v}=\frac{Q}{K}$，$\Delta v=\frac{\Delta Q}{\Delta K}$，同时，曲线通过$A$点的箭头与曲线相切处的斜率最大，表示车速最高，车流量与车流密度均很小，车辆以畅行速度V_f行驶。

（3）对于密度比K_m小的点，表示不拥挤情况；而密度比K_m大的点即虚线下方，表示拥挤情况。

【例题4-1】 假定车辆平均长度为6.1m，在阻塞密度时，单车道车辆间的平均距离为1.95m，因此车头间距$h_d=8.05$m，试说明流量与密度的关系。

解：

因为$\bar{h}_d=1000/K$，曲线图4.6上E点的阻塞密度值为

$$K_j=1000/\bar{h}_h=1000/8.05 \text{ 辆/km}=124 \text{ 辆/km}$$

如假定$\bar{h}_t=1.5$s，由于

$$\bar{h}_t=3600/Q$$

因此，曲线上C点的最大通行能力$Q_m=3600/1.5$辆/h＝2400辆/h。C点的密度K_m从图上查出等于62辆/km。此时的速度$V_m=Q_m/K_m=2400/62$km/h＝38.7km/h。

点B是不拥挤情况，由图上可知点B的流量为1800辆/h，密度为30辆/km，速度为60km/h。

点D表示拥挤情况，D点流量为1224辆/h，密度为106.6辆/km，速度为11.6km/h。

4.2.4 速度-交通流量的关系

1. 数学模型

从前面论述可知，以速度-密度关系式为基础，不同的速度-密度关系式将产生不同的速度-交通流量关系式。若速度-密度模型为直线型，由式(4.3)知

$$K=K_j\left(1-\frac{V}{V_f}\right)$$

将密度表示式代入式(4.1)得

$$Q = K_j \left(V - \frac{V^2}{V_f}\right) \tag{4.8}$$

2. 特征描述

Q 与 V 为二次函数关系，如图 4.7 所示。从图 4.7 曲线可知，速度-流量曲线具有如下特征：

（1）当车流密度与车流量均为较小值时，车速可达最大值，即为畅行速度 V_f，如图 4.7 中最高点处所示；当车流密度增大，车流量也随之增大时，车速逐渐减小，直至达到最佳速度 V_m，这时交通量最大，为 C 点。因此，$V_m C$ 线与曲线上半部分所包括的区域为非拥挤区。

（2）当车流密度继续增大，交通流量反而减小，车速也减小，直至达到最大密度 K_j 时形成阻塞，这时车辆停驶，车流量与速度均为零，因此，速度-流量曲线通过坐标原点。同时，$V_m C$ 线下与虚曲线下所包括的区域为拥挤区。

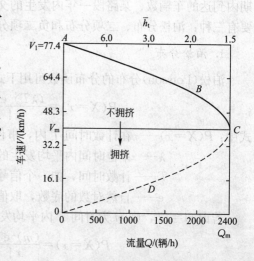

图 4.7　速度-交通流量关系曲线图

【例题 4-2】 已知某公路上畅行速度 $V_f = 80 \text{km/h}$，阻塞密度 $K_j = 100$ 辆/km，速度-密度关系为线性关系。试问：

（1）该路段上期望得到的最大流量是多少？

（2）此时所对应的车速是多少？

解：

（1）因为最大流量 $Q_m = \dfrac{V_f K_j}{4}$，所以

$$Q_m = \frac{80 \times 100}{4} \text{辆/h} = 2000 \text{辆/h}$$

（2）当交通流量最大时，速度 $V_m = \dfrac{V_f}{2}$，所以

$$V_m = \frac{80}{2} \text{km/h} = 40 \text{km/h}$$

4.3　交通流的概率统计分布

如前所述，概率统计方法是最早应用于交通流理论的数学方法，它为解决交通中具有随机性现象的问题提供了有效手段。如信号配时设计中，用离散分布描述车辆到达的分布，可预测一个周期内到达车辆数；在可接受间隙理论中，用连续分布描述车头时距分布，可估计支路的通行能力。本节讨论了交通中常用的几种离散型分布和连续型分布。

4.3.1 离散型分布

离散型分布常用于描述一定的时间间隔内事件的发生数,如某交叉口引道入口一个周期内到达的车辆数、某路段一年内发生的交通事故数等。交通工程中常用的离散型分布主要有三种:泊松分布、二项分布和负二项分布。

1. 泊松分布

泊松(Poisson)分布的分布函数可用下式表示

$$P(X=x)=\frac{(\lambda T)^x \mathrm{e}^{-\lambda T}}{x!} \quad (x=0,1,2,\cdots) \tag{4.9}$$

式中:$P(X=x)$——在计数时间 T 内,事件 X 发生 x 次的概率;
  λ——单位时间内平均发生的事件次数;
  T——计数时间,如一个信号周期;
  e——自然对数的底数,取值为 2.718280。

若记 $m=\lambda T$,则 m 为时间 T 内平均发生的事件次数,式(4.9)可写为

$$P(X=x)=\frac{(m)^x \mathrm{e}^{-m}}{x!} \quad (x=0,1,2,\cdots) \tag{4.10}$$

如果 X 表示时间 T 内到达的车辆数,则由式(4.10)可计算时间 T 内恰好到达 x 辆车的概率。同样,可计算以下事件发生的概率。

时间 T 内到达车辆数小于 x 的概率

$$P(X<x)=\sum_{i=0}^{x-1}\frac{m^i \mathrm{e}^{-m}}{i!} \tag{4.11}$$

时间 T 内到达车辆数小于或等于 x 的概率

$$P(X\leqslant x)=\sum_{i=0}^{x}\frac{m^i \mathrm{e}^{-m}}{i!} \tag{4.12}$$

时间 T 内到达车辆数大于 x 的概率

$$P(X>x)=1-\sum_{i=0}^{x}\frac{m^i \mathrm{e}^{-m}}{i!} \tag{4.13}$$

时间 T 内到达车辆数大于或等于 x 的概率

$$P(X\geqslant x)=1-\sum_{i=0}^{x-1}\frac{m^i \mathrm{e}^{-m}}{i!} \tag{4.14}$$

时间 T 内到达车辆数大于 x 但不超过 y 的概率

$$P(x\leqslant X\leqslant y)=\sum_{i=x}^{y}\frac{m^i \mathrm{e}^{-m}}{i!} \tag{4.15}$$

由式(4.10)可求得 X 的均值 $E(X)$ 和方差 $V_{ar}(X)$ 分别为

$$E(X)=\sum_{x=0}^{x}x\frac{m^x \mathrm{e}^{-m}}{x!}=m\sum_{x=1}^{x}\frac{m^{x-1}\mathrm{e}^{-m}}{(x-1)!}=m \tag{4.16}$$

$$V_{ar}(X)=\sum_{x=0}^{x}(x-m)^2\frac{m^x \mathrm{e}^{-m}}{x!}=m \tag{4.17}$$

在实际应用中,均值 $m=E(X)$ 和方差 $V_{ar}(X)$ 可分别由其样本均值 $\overline{m}$ 和样本方差 S^2 分

别进行估计。

$$\begin{cases} \overline{m} = \dfrac{\sum\limits_{i=1}^{n} x_i f_i}{\sum\limits_{i=1}^{n} f_i} = \dfrac{\sum\limits_{i=1}^{n} x_i f_i}{N} \\ S^2 = \dfrac{1}{N-1} \sum\limits_{i=1}^{N} (x_i - m)^2 = \dfrac{1}{N-1} \sum\limits_{j=1}^{n} (x_j - m)^2 f_i \end{cases} \tag{4.18}$$

式中：n——观测数据分组数；

f_i——时间 T 内，事件发生的频率；

N——观测的总周期数。

由概率论的知识知道，泊松分布的均值 $E(X)$ 和方差 $V_{ar}(X)$ 是相等的，并且样本均值 $\overline{m}$ 和样本方差 S^2 分别为其无偏估计。因此，当 $\dfrac{S^2}{\overline{m}}$ 明显不等于 1 时，则意味着泊松分布拟合不合适，实际应用中，常用此作为能否应用泊松分布拟合观测数据分布的初始判据。

下面给出实际计算中常用的递推公式。

当 $x=0$ 时：
$$P(X=0) = e^{-m} \tag{4.19}$$

当 $x \geqslant 1$ 时：
$$P(X=x) = \dfrac{m}{x} P(X=x-1) \tag{4.20}$$

在交通工程中，泊松分布最早用于描述一定时间内到达车辆数的分布规律。当交通量不大且没有交通信号干扰时，基本上可用泊松分布拟合观测数据；当交通拥挤时，车辆之间的干扰较大，则应考虑用其他分布。

【例题 4-3】 某交叉口信号周期为 90s，某相位的有效绿灯时间为 45s，在有效绿灯时间内排队车辆以 1200 辆/h 的流量通过交叉口。假设信号交叉口上游车辆到达率为 400 辆/h，服从泊松分布。求：

(1) 一个周期内到达车辆不超过 10 辆的概率；

(2) 求到达车辆不致两次排队的周期最大百分率。

解：

(1) 由于车辆到达率为 400 辆/h，所以一个周期内平均到达车辆数为

$$m = \dfrac{400}{3600} \times 90 \text{ 辆} = 10 \text{ 辆}$$

所以，一个周期内到达车辆数 X 不超过 10 辆的概率为

$$p(X \leqslant 10) = \sum_{x=0}^{10} (10)^x \dfrac{e^{-10}}{x!} = 0.5830$$

(2) 由于到达车辆只能在有效绿灯时间内离开，所以一个周期能离开最大车辆数为 $1200/3600 \times 45$ 辆 = 15 辆、如果某周期内到达车辆数 X 大于 15 辆，则最后到达的 $X-15$ 辆车就不能在本周期通过，而要在下一个周期通过，以致二次排队。所以，不发生二次排队的概率为

$$p(X \leqslant 15) = \sum_{x=0}^{15} (10)^x \dfrac{e^{-10}}{x!} = 0.9513$$

由本例可见，当车辆按均匀到达时，则不会出现车辆二次排队的现象，而实际上车辆到达是随机的，导致部分绿灯时间不能完全充分利用，部分周期有可能出现车辆二次排队现象。

2. 二项分布

交通工程中描述计数事件发生次数的另一个常用分布是二项分布。分布函数为

$$P(X=x)=C_n^x p^x (1-p)^{n-x} \quad (x=0, 1, 2, \cdots) \tag{4.21}$$

式中：$C_n^x = \dfrac{n!}{x!(n-x)!}$；

p，n——二项分布系数，$0<p<1$，n 为正整数。

由概率论的知识可知，当事件 X 服从二项分布时，其均值和方差分别为

$$E(X) = np$$
$$V_{ar}(X) = np(1-p) \tag{4.22}$$

由此可得参数 P，n 的一组估计，即

$$\begin{cases} \hat{p} = (\overline{m} - S^2)/\overline{m} \\ \hat{n} = \overline{m}/\hat{p} = \overline{m}^2/(\overline{m} - S^2) \end{cases} \quad (\text{取整数}) \tag{4.23}$$

式中：$\overline{m}$，S^2——分别为样本均值和样本方差，对给定的观测数据可由式(4.18)分别计算。

由式(4.22)可得

$$\frac{V_{ar}(X)}{E(X)} = \frac{np(1-p)}{np} = (1-p) < 1 \tag{4.24}$$

如果用 X 表示给定的时间内到达的车辆数，则由式(4.21)可计算到达车辆数小于 x 的概率，即

$$P(X<x) = \sum_{i=0}^{x-1} C_n^i p^i (1-p)^{n-i} \tag{4.25}$$

同样，可计算到达车辆数大于 x 的概率，即

$$P(X>x) = 1 - \sum_{i=0}^{x} C_n^i p^i (1-p)^{n-i} \tag{4.26}$$

实际计算时，可用递推公式(4.27)、式(4.28)。

当 $x=0$ 时：

$$P(X=0) = (1-p)^n \tag{4.27}$$

当 $x \geqslant 1$ 时：

$$p(X=x) = \frac{n-x+1}{x} \frac{p}{1-p} p \quad (X=x-1) \tag{4.28}$$

对于拥挤的交通流，车辆自由行驶机会减少，可考虑采用二项分布描述车辆到达分布。由于样本均值 $\overline{m}$、方差 S^2 分别为总体分布均值和方差的无偏估计，因此，可计算 $\dfrac{S^2}{\overline{m}}$ 值，初步判定能否应用二项分布：由式(4.24)可知，当观测数据服从二项分布时，应有 $\dfrac{S^2}{\overline{m}} < 1$。

【例题 4-4】 某交叉口最新的改善措施中，欲在引道入口设置一条左转弯候车道，为此需要预测一个周期内到达的左转车辆数。经研究发现，来车符合二项分布，并且每个周期内平均到达 25 辆车，有 20% 的车辆左转。求：

(1) 左转车的 95% 置信度的来车数;
(2) 到达 5 辆车中有 1 辆左转车的概率。

解:

(1) 由于每个周期平均来车数为 25 辆,而左转车只占 25%,所以左转车 X 的分布为二项分布: $P(X=x)=C_{25}^x 0.25^x (1-0.25)^{20-i}$。因此,置信度为 95% 的来车数 $X_{0.95}$ 应满足

$$P(X \leqslant x_{0.95}) = \sum_{i=0}^{0.95} C_{20}^i p^i (1-p)^{20-i} \leqslant 0.95$$

计算可得: $P(X \leqslant 9) \approx 0.928$, $P(X \leqslant 10) \approx 0.970$。因此,可令 $X_{0.95}=9$,即左转车的 95% 置信度的来车数为 9。

(2) 由题意可知,到达左转车服从二项分布,即

$$p(X=x) = C_5^x 0.25^x (1-0.25)^{5-x}$$

所以

$$p(X=1) = C_5^1 \times 0.25^1 \times (1-0.25)^{5-1} = 0.3955$$

因此,到达 5 辆车中有 1 辆左转车的概率为 0.3955。

3. 负二项分布

负二项分布函数为

$$p(X=x) = C_{x+k-1}^{k-1} p^k (1-p)^x \quad (x=0, 1, 2, \cdots) \tag{4.29}$$

式中: p, k——负二项分布参数,$0<p<1$,k 为正整数。

可求得均值 $E(X)$ 和方差 $V_{ar}(X)$ 分别为

$$E(X) = \frac{k(1-p)}{p} \tag{4.30}$$

$$V_{ar}(X) = \frac{k(1-p)}{p^2} \tag{4.31}$$

由式(4.30)和式(4.31)可得参数 p,k 的一组估计,即

$$\begin{cases} \hat{p} = (\overline{m} - S^2)/\overline{m} \\ \hat{k} = \overline{m}^2/(S^2 - \overline{m}) \quad (\text{取整数}) \end{cases} \tag{4.32}$$

式中: $\overline{m}$, S^2——分别为样本均值和样本方差,对给定的观测数据可由式(4.18)分别计算。

同样,如果用 X 表示给定的时间内到达的车辆数,可计算到达车辆数小于 x 的概率,即

$$P(X < x) = \sum_{i=1}^{x-1} C_{i+k-1}^{k-1} p^k (1-p)^i \tag{4.33}$$

同理,可计算到达车辆数大于 x 的概率,即

$$P(X > x) = 1 - \sum_{i=1}^{x} C_{i+k-1}^{k-1} p^k (1-p)^i \tag{4.34}$$

下面给出负二项分布计算递推公式。

当 $x=0$ 时

$$P(X=0) = p^k \tag{4.35}$$

当 $x \geq 1$ 时

$$p(X=x) = \frac{x+k-1}{x}(1-p)p(X=x-1) \tag{4.36}$$

研究表明,当观测到达车辆数据方差很大时,特别是当计数过程包括高峰期和非高峰期时,交通量变化较大,用负二项分布描述车辆的到达是个很好的选择。当计数间隔较小时,也会出现大流量时段与小流量时段,也可用负二项分布拟合观测数据。此外,由式(4.30)和式(4.31)可知,$\frac{V_{ar}(X)}{E(X)} = \frac{1}{p} > 1$,因此,当 $\frac{S^2}{m} > 1$ 时,可考虑用负二项分布拟合观测数据。

4.3.2 连续型分布

交通工程中,另一个用于描述车辆到达随机特性的度量就是车头时距的分布。常用分布有负指数分布、移位的负指数分布、M3 分布和埃尔朗分布。

1. 负指数分布

用 H 表示车头时距,则 H 为随机变量。当 H 的分布密度为

$$f(t) = \lambda e^{-\lambda t} \tag{4.37}$$

则车头时距服从负指数分布。由式(4.37)可得其分布为

$$F(t) = 1 - e^{-\lambda t} \tag{4.38}$$

其意义是车头时距 H 小于 t 的概率,概率曲线参见图 4.8。而实际中,工程人员往往关心的是车头时距大于或等于 t 的概率,相应的概率曲线如图 4.9 所示,概率函数为

$$p(H \geq t) = e^{-\lambda t} \tag{4.39}$$

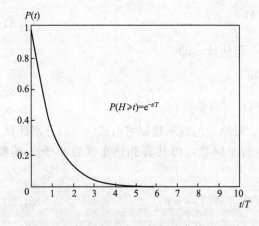

图 4.8 车头时距 $H \geq t$ 的概率曲线($T=1$)

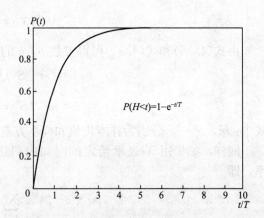

图 4.9 车头时距 $H < t$ 的概率曲线($T=1$)

由式(4.37)可求得

$$\lambda = \frac{1}{E(H)} \tag{4.40}$$

即参数 λ 为平均车头时距的倒数。因此,如果用 Q 表示小时交通量,则 $\lambda = \frac{Q}{3600}$(辆/s)。

记 $T=3600/Q=\dfrac{1}{\lambda}$,式(4.39)又可写为

$$p(H\geqslant t)=\mathrm{e}^{-t/T} \tag{4.41}$$

负指数分布广泛地被应用于描述车头时距分布,但其往往适用于车流密度不大,车辆到达随机性较大的情况。

有趣的是,当车辆到达服从泊松分布时,车头时距则服从负指数分布,反之结论也成立。

【例题 4-5】 有一个无信号交叉口,主要道路上的车流量为 Q(辆/h),次要道路上车辆横穿主路车流所需要的时间为 α(s),假设主要道路上车头时距服从负指数分布,求次要道路上车辆的平均等待时间。

解:

主要道路上车头时距为负指数分布,即分布密度为 $f(t)=\lambda\mathrm{e}^{-\lambda t}$,分布函数为 $F(t)=1-\mathrm{e}^{-\lambda t}$,其中 $\lambda=\dfrac{Q}{3600}$。

由于只有当主路上车头时距 $H\geqslant\alpha$ 时,次要道路上车辆才可以穿越。所以,主路上任意一个间隔可被接受的概率为

$$p(H\geqslant\alpha)=\mathrm{e}^{-\lambda\alpha}$$

拒绝的概率为

$$p(H<\alpha)=1-\mathrm{e}^{-\lambda\alpha}$$

可求任意一个被拒绝的间隔,其分布为 $G(t)$,即

$$G(t)=P(H<t,\ H<\alpha)=\dfrac{P(H<t,\ H<\alpha)}{P(H<\alpha)}$$

由概率论的条件概率部分知识,可求得

$$G(t)=\begin{cases}\dfrac{F(t)}{F(\alpha)} & (0<t<\alpha) \\ 0 & (\text{其他})\end{cases}=\begin{cases}\dfrac{\lambda\mathrm{e}^{-\lambda t}}{1-\mathrm{e}^{-\lambda\alpha}} & (0<t<\alpha) \\ 0 & (\text{其他})\end{cases}$$

所以,被拒绝的间隔平均长度为

$$\bar{h}=\int_0^\alpha t\mathrm{d}G(t)=\dfrac{\mathrm{e}^{\lambda\alpha}-\lambda\alpha-1}{\lambda\mathrm{e}^{\lambda\alpha}(1-\mathrm{e}^{-\lambda\alpha})}$$

假设次要道路上的车辆接受了第 $j+1$ 个间隔,则其前 j 个间隔都小于 α,只有第 $j+1$ 个间隔不小于 α。所以,拒绝 j 个间隔的概率为

$$p_j=[P(H<\alpha)]^j P(H\geqslant\alpha)=(1-\mathrm{e}^{-\lambda\alpha})^j \mathrm{e}^{-\lambda\alpha}$$

所以,拒绝的间隔平均个数为

$$\bar{n}=\sum_{j=0}^x jp_j=\sum_{j=0}^x j(1-\mathrm{e}^{-\lambda\alpha})^j\mathrm{e}^{-\lambda\alpha}=\dfrac{1-\mathrm{e}^{\lambda\alpha}}{\mathrm{e}^{\lambda\alpha}}$$

车辆等待时间为拒绝的平均间隔数 $\bar{n}$ 与其平均长度的乘积,故等待时间为 $\bar{w}$,即

$$\bar{w}=\bar{n}\cdot\bar{h}=\dfrac{\mathrm{e}^{\lambda\alpha}-\lambda\alpha-1}{\mathrm{e}^{\lambda\alpha}(1-\mathrm{e}^{-\lambda\alpha})}\cdot\dfrac{1-\mathrm{e}^{-\lambda\alpha}}{\mathrm{e}^{-\lambda\alpha}}=\dfrac{1}{\lambda}(\mathrm{e}^{\lambda\alpha}-\lambda\alpha-1)$$

2. 移位的负指数分布

负指数分布拟合单车道交通流车头时距分布时,理论上会得到车头时距在 $0\sim1.0\mathrm{s}$ 的

概率较大，这与实际情况不符。为了克服负指数分布描述车头时距分布的这种局限性，引入了移位的负指数分布，即假设最小车头时距不应小于一个给定的值 τ。移位的负指数分布函数为

$$F(t)=1-e^{-\lambda(t-\tau)} \quad (t\geqslant\tau) \tag{4.42}$$

其概率密度函数为

$$f(t)=\lambda e^{-\lambda(t-\tau)} \quad (t\geqslant\tau) \tag{4.43}$$

并且，可求得车头时距均值 $E(H)$ 和方差 $V_{ar}(H)$ 分别为

$$\begin{cases} E(H)=\dfrac{1}{\lambda}+\tau \\ V_{ar}(H)=\dfrac{1}{\lambda^2} \end{cases} \tag{4.44}$$

在式(4.44)中，用车头时距的样本均值和样本方差代替总体分布的均值和方差，求解方程便可得到参数 λ 和 τ 的估计值。另一个简便方法是，在式(4.44)中用车头时距的最小观测值估计参数 r，用样本均值代替总体分布均值求解 λ。

3. M3 分布

研究发现，当交通较拥挤时，出现了部分车辆成车队状态行驶，无论用负指数分布还是移位的负指数分布都不能很好的描述车头时距的统计性质。针对此问题考恩(Cowan, 1975)提出了 M3 分布模型。该模型假设车辆处于两种行驶状态：一部分车辆按车队状态行驶，另一部分车辆按自由流状态行驶。分布函数为

$$F(t)=\begin{cases} 1-\alpha\exp\{-\lambda(t-\tau)\} & (t\geqslant\tau) \\ 0 & (t<\tau) \end{cases} \tag{4.45}$$

式中：α——按自由流状态行驶车辆所占的比例；

τ——车辆处于车队状态行驶时，车辆之间保持的最小车头时距 s；

λ——特征参数。

由概率论知识，容易求得均值 $E(H)$ 和方差 $V_{ar}(H)$ 为

$$\begin{cases} E(H)=\tau+\dfrac{\alpha}{\lambda} \\ V_{ar}(H)=\dfrac{\alpha(2-\alpha)}{\lambda^2} \end{cases} \tag{4.46}$$

需要指出的是，即使车辆成车队行驶时，车头时距也有波动。因此，该模型不能刻画很小的车头时距分布，运用该模型时，往往可根据实际经验确定 τ 值，只要车头时距小于该值即认为车辆成车队状态行驶，这样，式(4.46)中只有两个参数 α 和 λ 未知，可用一般的矩估计法估计。

4. 埃尔朗(Erlang)分布

埃尔朗分布的密度函数为

$$f(t)=\lambda e^{-\lambda t}\dfrac{(\lambda t)^{k-1}}{(k-1)!} \quad (k=1,2,3\cdots) \tag{4.47}$$

式中：k、λ——参数。

对给定的参数 k，式(4.47)又对应着一种分布，而随着 k 取不同的值，可以得到不同的分布函数。因此，埃尔朗分布适用范围较广。在交通工程中也常用其来描述车头时距的

分布，特别是，当 $k=1$ 时，式(4.47)对应着车头时距为负指数分布的情形；当 $k=\infty$ 时，式(4.47)对应着车头时距为均匀分布的情形。研究表明，随着 k 值的增大，说明交通越拥挤，驾驶员行为的随机程度越小。

实际应用中，参数 k 可由式(4.48)估计，即

$$\hat{k}=\frac{\overline{m}^2}{S^2} \tag{4.48}$$

式中：$\overline{m}^2$——样本均值；
S^2——样本方差。

4.3.3 分布的拟合优度检验

1. 拟合优度检验步骤

上面讨论了交通流理论中常用的分布，但在实际应用中，往往很难知道所研究对象的具体分布，而是基于一定的经验，假设其服从一定分布。这种假设是否正确，可用拟合优度检验方法——λ^2 检验加以验证。需要指出的是，虽然这里的讨论是针对随机变量分布完全已知的拟合优度检验的具体步骤，但对分布参数未知的情况也给出了相应的说明。下面给出 λ^2 的检验步骤。

1) 建立原假设 H_0

随机变量 X 是服从完全给定的分布。"所谓完全给定的分布"是指分布的函数形式已知并且该分布中的参数也已知。

2) 构造统计量

由数理统计理论可知，在一定条件下，经验分布可作为概率分布的估计。如果原假设 H_0 成立，则假设的概率分布与经验分布相差不应太远。反之，如果被研究对象的经验分布与假设的分布相差甚远，就有理由否定原假设 H_0。设样本在 i 组的频数为 f_i，在原假设成立的条件下，样本"落入"该组区间的概率为 p_i，若观测样本数为 N，则 $N \cdot p_i$ 可认为是样本落入该区的频数理论值，记为 F_i，称之为理论频数。在原假设成立的条件下，有 f_i 与 $F_i(i=1, 2, \cdots, g)$ 相差不大。基于上述思想可构造统计量为

$$\chi^2 = \sum_{i=1}^{k} \frac{(f_i-F_i)^2}{F_i} = \left(\sum_{i=1}^{k} \frac{f_i^2}{F_i}\right)-N \tag{4.49}$$

3) 确定统计量的临界值

由概率论的知识可知，当样本量 N 足够大时，统计量 λ^2 服从自由度 $DF=g-l$ 的 λ^2 分布。因此，对给定的显著性水平 $\alpha(0<\alpha<1)$ 则可根据自由度 DF，由 λ^2 分布的分位数表查出临界值 λ_α^2。分位数表如表 4-1 所示。

4) 判断假设是否成立

比较 λ^2 计算值和临界值 λ_α^2，若 $\lambda_\alpha^2 \geqslant \lambda^2$，则接受原假设，即认为随机变量 X 服从完全给定的均概率分布；若 $\lambda_\alpha^2 < \lambda^2$ 则拒绝原假设。

上述讨论了"随机变量 X 是否服从完全给定的分布"这类问题的假设检验问题。如果只假设随机变量 X 服从某种分布形式，而其分布函数中有未知的参数，则不能直接用上述讨论的方法，此时，可用参数的估计值代入分布，计算各组的理论频数 F_i，然后按式

(4.49)计算 λ^2 值,此时 λ^2 统计量的自由度 $DF=g-1-l$,其中 l 为分布函数中未知参数个数。

表 4-1 χ^2 分布分位数表

DF \ α	0.10	0.05	0.01	DF \ α	0.10	0.05	0.01
1	2.706	3.841	6.635	16	23.542	26.292	32.000
2	4.605	5.991	9.210	17	24.769	27.587	33.409
3	6.251	7.815	11.345	18	25.989	28.869	34.805
4	7.779	9.488	13.277	19	27.204	30.144	36.191
5	9.236	11.070	15.086	20	28.412	31.140	37.566
6	10.645	12.596	16.812	21	29.615	32.671	38.932
7	12.017	14.067	18.475	22	30.813	33.924	40.289
8	13.362	15.507	20.090	23	32.007	35.172	41.638
9	14.684	16.919	21.666	24	33.196	36.415	42.980
10	15.987	18.307	23.209	25	34.382	37.652	44.314
11	17.275	19.675	24.725	26	35.563	38.885	45.642
12	18.549	21.062	26.217	27	36.741	40.113	46.963
13	19.812	23.362	27.688	28	37.916	41.337	48.278
14	21.064	23.685	29.141	29	39.087	42.557	49.588
15	23.307	24.996	30.587	30	40.773	43.773	50.892

2. 拟合优度检验的注意事项

使用 λ^2 检验方法作拟合优度检验应注意的事项。

(1) 样本量应足够大。

(2) 对样本分组应连续,并且通常要求分组数 g 不小于 5。

(3) 各组的理论频数 F_i 不得小于 5,若某个组的理论频数 F_i 小于 5,则将其和相邻的组合并,直至合并后的理论频数大于 5 为止。

(4) λ^2 统计量的自由度 DF 的确定:对于分布完全已知的情形,自由度等于样本最终的分组数减去 1,即 $DF=g-1$;当分布函数中有未知的参数时,按"估计一个参数损失一个自由度"的原则确定自由度,即自由度 $DF=g-1-l$,其中 g 为样本分组数,l 为分布函数中参数个数。

(5) 显著性水平 α 的取值,在实际应用中一般可取 $\alpha=0.05$。

4.4 跟驰理论

跟驰理论是运用动力学的方法,研究在无法超车的单一车道上车辆列队行驶时,后车跟随前车的行驶状态的一种理论。它用数学模型表示跟驰过程中发生的各种状态。

自从 Reuschel(1950) 和 Pipes(1953) 利用运筹学技术首次成功解析跟驰模型以来,这方面的研究已经持续了半个多世纪。20 世纪 50 年代后期在底特律的通用汽车研究实验室 Chandler,Herman 和 Montroll(1958) 推导出跟驰模型的第一个原型。在随后的 15 年中,研究人员尝试着去标定模型中一些参数之间的最佳组合。另外,Michaels(1963) 通过分析驾驶员生理和心理一些潜在的因素，首次提出生理-心理跟驰模型的理念，Zhang Y. L 等人(1998)在 Michaels 研究的基础上提出了一种可以应用于实践的多段式模型；自 20 世纪 90 年代以来，研究人员试图用模糊推理系统和混沌理论来描述跟驰状态。

跟驰模型的研究对于交通安全、交通管理、通行能力、服务水平等方面都有着重要的意义。跟驰理论研究的一个重要目的是通过观察各车辆逐一跟驰的方式来了解单车道交通流的特性，这种特性的研究曾用于检验管理技术和通信技术，减少追尾碰撞事故。分析交通流稳定性，同时这种跟驰特性也可用于对隧道和瓶颈路段车流特性的分析与改进；可以从机理上分析通行能力，能定量地给出一些反映驾驶员行驶自由性的指标，定量的描述服务水平；跟驰模型研究的另一重要运用是进行交通模拟，在 20 世纪 80 年代后期以来所做的跟驰模型研究，基本上都是基于开发交通流仿真模型或是模拟驾驶行为。

4.4.1 车辆跟驰特性分析

在道路上，当交通流密度小时，驾驶员能根据自己的驾驶特性(个人驾驶技巧、驾驶倾向性、身体状况、情绪、出行的紧迫性等)和车辆条件、道路条件进行驾驶，而基本不受或少受道路上的其他使用者的影响，通常能保持驾驶员的期望车速，这时的交通流状态被称为自由流；当交通流密度加大时，车间距减小，车队中车辆的车速会受到前车车速的制约，驾驶员为了避免发生碰撞和节省行车时间，将紧密而安全地按前车的速度发生变化时提供的信息采用相应的车速，这种状态被称为非自由行驶状态。车辆跟驰理论只研究非自由行驶状态下车队的行驶特性。

非自由行驶状态的逐一跟驰车辆有以下的行驶特性。

1. 制约性

在一队汽车中，后车跟随前车运行，出于对旅行时间的考虑，驾驶员总不愿意落后很多，而是紧随前车前进，这就是"紧随要求"。从安全的角度考虑，跟驰车辆要满足两个条件：一是后车的车速不能长时间大于前车的车速，只能在前车速度附近摆动，否则会发生碰撞，这是"车速条件"；二是前后车之间必须保持一个安全距离，即前车制动时，两车之间有足够的距离，从而有足够的时间供后车驾驶员做出反应，采取制动措施，这是"间距条件"。显然，车速高时，制动距离长，安全距离也应加大。紧随要求、车速条件和间距条件构成了一队汽车跟驰行驶的制约性，即前车的车速制约着后车的车速和两车间距。

2. 延迟性

从跟驰车队制约性可知，前车改变运行状态后，后车也要改变。但前后车运行状态的改变不是同步的，而是延迟的。这是由于驾驶员对于前车运行状态的改变要有一个反应的过程，这过程包括四个阶段。

(1) 感觉阶段——前车运行状态的改变被察觉。
(2) 认识阶段——对这一改变加以认识。
(3) 判断阶段——对本车将要采取的措施做出判断。
(4) 执行阶段——由大脑到手脚的操纵动作。

这四个阶段所需要的时间称为反应时间。假设反应时间为 Δt，前车在 t 时刻的动作，

后车要经过 Δt 在 $(\Delta t+t)$ 时刻才能作出相应的动作,这就是延迟性。

3. 传递性

由制约性可知,第一辆车的运行状态制约着第二辆车的运行状态,第二辆车又制约着第三辆车……第 n 辆车制约着第 $n+1$ 辆,这就是传递性。这种传递性由于具有延迟性,所以,信息沿车队向后传递不是平滑连续而是像脉冲一样间断连续的。

4.4.2 线性跟驰模型

1. 模型描述

跟驰模型是刺激-反应方程的一种形式,反应就是交通流中驾驶员对直接在它前面运行车辆的反作用。交通流中连接驾驶员反应的是与 t 时刻的刺激大小成比例的加速或减速,并且在 $t+T$ 时刻开始。

该模型的基本方程式如下

$$反应(t+T)=灵敏度 \times 刺激(t) \tag{4.50}$$

假设跟驰中驾驶员保持后随车与前导车的距离为 $H_{s(t)}$,如果第一辆车紧急停车,第二辆车停下来就不会碰撞第一辆车,驾驶员的反应时间为 T,该时间是从前车驾驶员开始停车的时间 t 起直到第二辆车驾驶员开始停车操作止,在反应时间内,车速不变,两车在 t 时刻的相对位置在图 4.10 的上部表示。n 为前导车,$n+1$ 为后随车。t 时刻,前导车开始制动,两车停止后的相对位置如图 4.10 下半部所示。

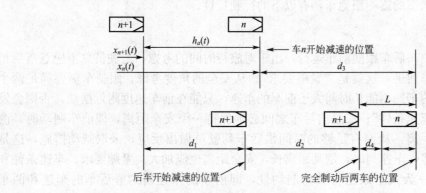

图 4.10 跟驰关系图

图中:L——停止时的车头间距,m;

d_1——车辆 $n+1$ 在反应时间 r 内行驶的距离,m;

d_2——车辆 $n+1$ 从制动到完全停止所行驶的距离,m;

d_3——车辆 n 从制动到完全停止所行驶的距离,m;

d_4——两车停车后的缓冲距离,m;

$x_n(t)$——第 n 辆车在 t 时刻的位置,m。

因此,在 t 时刻,前车突然停车而不发生碰撞,所要求的车头间距为

$$s(t)=x_n(t)-x_{n+1}(t)=d_1+d_2+L-d_3 \tag{4.51}$$

确定车辆的速度为

$$v(t)=\frac{\mathrm{d}x(t)}{\mathrm{d}t}=\dot{x}(t)$$

加速度为

$$a(t)=\frac{\mathrm{d}^2 x(t)}{\mathrm{d}t^2}=\ddot{x}(t)$$

则

$$h_s(t)=x_n(t)-n_{n+1}(t)=T\dot{x}_{n+1}(t)+\frac{\dot{x}_{n+1}^2(t+T)}{2\ddot{x}_{n+1}(t+T)}+L-\frac{\dot{x}_n^2(t)}{2\ddot{x}_n(t)}$$

假设两车停下来所需的加速度和距离都相等、即 $d_2=d_3$，车头间距 h_s 为

$$x_n(t)-x_{n+1}(t)=T\dot{x}_{n+1}(t+T)+L$$

即在反应时间 t 内，后随车所行驶的距离 d_1 加上停车时的车头间距 L。上式对 t 进行微分，则

$$\dot{x}_n(t)-\dot{x}_{n+1}(t)=T\ddot{x}_{n+1}(t+T)$$

因此，在 $t+T$ 时刻，后车的加速度就成为

$$\ddot{x}_{n+1}(t+T)=\frac{1}{T}[\dot{x}_n(t)-\dot{x}_{n+1}(t)] \tag{4.52}$$

上式是在假定两车停下来所需的加速度和距离都相等的情况下推导出来的。实际情况要比这个假设所限定的条件复杂的多，为了适应更一般的情况，上式可以修改为

$$\ddot{x}_{n+1}(t+T)=\lambda[\dot{x}_n(t)-\dot{x}_{n+1}(t)] \tag{4.53}$$

式中：λ——反应强度系数，s^{-1}。

这里 λ 不再是简单的敏感度，而是与驾驶员动作的强弱程度直接相关的系数。该式表明后车的反应与前车的刺激成正比，因此称为线性跟驰模型。

2. 模型的稳定性

在研究跟驰特性时，车队车辆的稳定性问题是很重要的。如果驾驶员的特性有改变，或车辆中的机械部件或信号灯有变化，一个重要的工作就是确定系统是否稳定。所谓稳定有两层意思，一是指前后两车之间的距离变化是否稳定，例如车间距的摆动，若摆动大则不稳定，摆动越小越稳定，这称为局部稳定性；二是指前车向后面各车传播速度的变化，如扩大其速度振幅，则不稳定，如振幅逐渐衰弱，则稳定，这称为渐进稳定性。

线性跟驰模型是一个较复杂的二阶微分方程，利用拉普拉斯变换求解除该微分方程，并推导出如下关系式

$$C=\lambda T \tag{4.54}$$

式中：C——表示车间距摆动特性的数值，该值越大，表示车间距的摆动越大，该值越小表示车间距的摆动趋近于零；

λ——同式(4.53)，其值大，表示反应过分强烈；

T——反应时间，s。

局部稳定：表 4-2 列出了各种 C 值时车间距的摆动情况。可以看出，随 C 值的增加，车间距逐渐成为不稳定。这是因为，如果对出现的事件，反应时间越长，反应太强烈(λ 大，表现在节气门过大，制动踏板踏得太重)，则在做出反应时，情况可能偏离实际需要。

表 4-2　线性跟驰模型的车头间距摆动情况

C 值	车间距摆动情况	C 值	车间距摆动情况
$0 \leqslant C < \frac{1}{e} = 0.368$	不摆动，基本稳定	$C = \frac{\pi}{2}$	非衰减摆动
$\frac{1}{e} \leqslant C < \frac{\pi}{2}$	衰减摆动	$C > \frac{\pi}{2}$	摆动幅度增大

如图 4.11 所示，当 $C=0.50$ 时，间距值的摆动衰减很快；当 $C=0.80$ 时，其摆动逐渐减小；$C=1.57$ 时，摆动停止衰减，其间距基本稳定；当 $C=1.60$ 时，摆动幅度逐渐增大。可见，$C=1.57$ 为线性跟驰模型中车头间距从稳定到非稳定的临界值。

渐近稳定：一列处于跟驰状态的车队仅当 $C<0.5$ 时，才是渐近稳定的。

与局部稳定相比较，这里 $C=0.50$ 时，车头间距的摆动衰减很快。头车运行中的扰动是以 $1/\lambda(\mathrm{s}/辆)$ 的速率沿车队向后传播。当 $C>0.5$ 时，将以增大变动幅度传播，增大了车辆间的干扰，当干扰的幅度增大到使车间距小于一个车长时，则发生追尾事故。图 4.12 显示了一列有 8 辆车的车队，在不同的 C 值时的车头间距。车辆间初始间距为 21m，当头车减速后又加速到原来的速度，图中曲线的变化表示扰动沿各车向后传播的情况。

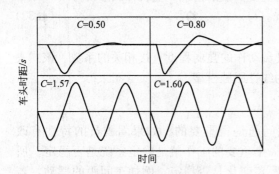

图 4.11　前后相邻两车间的车头时距变化

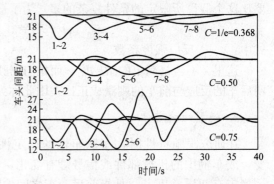

图 4.12　不同 C 值时车队内间距变化车头间距变化

3. 从跟驰理论到交通流模型

线性跟驰模型的特点是简便和对稳定性分析的敏感性，但它的明显的缺点是后车的反应（加速度）仅考虑了两车相对速度的影响，而与车间距无关。1959 年，通过伽赛斯（Gazis）等人的研究，采用灵敏度系数 λ 与车头间距成反比例关系，得到非线性跟驰模型，即

$$\ddot{X}_{n+1}(t+T) = \frac{\alpha}{X_n(t) - X_{n+1}(t)} [\dot{X}_n(t) - \dot{X}_{n+1}(t)] \tag{4.55}$$

式中：α——比例常数，km/h；

V_m——临界速度，km/h；

V_f——自由流速度，km/h。

表 4-3 列出了参数 α 的实验结果。

表 4-3 非线性跟驰模型 α 的试验结果

试验地点	驾驶员的数量	α/(km/h)	反映时间 T/s
通用公司试验跑道	8	44.1	1.5
荷兰隧道	10	29.3	1.4
林肯隧道	16	32.7	1.2

在非线性跟驰模型的发展过程中，很多人根据不同的假设提出了不同的模型，而在1961年，伽赛斯又提出了跟驰模型的一般公式，即

$$\ddot{X}_{n+1}(t+T)=\alpha \frac{\dot{X}_{n+1}^m(t+T)}{[X_n(t)-X_{n+1}(t)]^l}[\dot{X}_n(t)-\dot{X}_{n+1}(t)] \tag{4.56}$$

式中：$\alpha \dfrac{\dot{X}_{n+1}^m(t+T)}{[X_n(t)-X_{n+1}^*(t)]^l}$——灵敏度。

m，l——常数。

假设一车流中，头车以恒速前进，而各跟随车辆以同样的速度行进，与前一辆车的间距由驾驶员的感觉和驾驶员对安全跟随距离的判断来决定。车队沿车行道以稳定状态行驶，对此可以观测流率 q，密度 K 及速度 v。伽赛斯证明：从微观的跟驰理论建立的运动规律，通过积分运算可得到宏观的交通流方程。根据速度方程边界条件求解，确定积分常数。伽赛斯等人利用实测交通流数据，对各种 m 和 l 值的各种组合下的稳定交通流状态进行了综合讨论（见表 4-4）。建立了一组交通流微观跟驰模型和宏观模型之间的对应关系。

表 4-4 微观跟驰模型与宏观交通流模型的对应表

l 值	交通流状态方程 $m=0$	微观跟驰模型
0	$q=\alpha(1-K/K_j)$ $\alpha=q_m$	
1	$q=\alpha K\ln(K_j/K)$ $\alpha=v_m$	对数模型
3/2	$q=\alpha K[1-(K/K_j)^{1/2}]$ $\alpha=v_f$	德留模型
2	$q=\alpha K(1-K/K_j)$ $\alpha=v_f$	格林息尔至模型
	$M=1$	
2	$q=\alpha K e^{-K/K_m}$ $\alpha=v_f$	伊迪模型
3	$q=\alpha K e^{-\frac{1}{2}(K/K_m)^2}$ $\alpha=v_f$	钟形模型

4.5 排 队 论

排队论又称随机服务系统理论，是研究系统由于随机因素的干扰而出现排队（或堵塞）

现象规律性的一门学科。排队论源于 20 世纪初的电话服务理论研究，第二次世界大战以后，排队论在很多领域内被采用。在交通工程中，排队论被广泛用于车辆延误、通行能力、信号灯配时及停车场、收费亭、加油站等交通设施的设计与管理等方面的研究中。

排队论内容丰富，应用很广，本节主要介绍排队论的基本方法及其在交通工程中的某些应用。虽然，排队论应用到交通工程中，其中的术语也赋予了具体的含义，但这里仍然保留了排队论中术语。

4.5.1 基本概念

1. 概述

实际生活中，到处可以见到排队现象，如车辆排队通过交叉口，汽车到加油站加油，船舶停靠码头，等等，均可归结为顾客与服务窗之间的一种服务关系，可用框图表示这类排队过程，如图 4.13 所示。没有被服务而依次自成行列等候的顾客就构成了排队。而对整个系统而言，系统中的顾客既包括排队等候服务的顾客也包括正接受服务的顾客。

图 4.13　排队模型框图

2. 排队系统特征或组成

一个排队系统一般有三个组成部分，即输入过程、排队规则和服务窗。

(1) 输入过程：就是指各种类型的"顾客"(车辆或行人)按怎样的规律到来。

① 确定型输入——顾客有规则地等距到达。

② 泊松输入——顾客到来符合泊松分布。

③ 埃尔朗输入——顾客到达间隔服从埃尔朗分布。

(2) 排队规则：就是指到来的顾客按怎样的次序接受服务。主要有三种方式。

① 损失制——顾客到达系统时，若所有服务窗均被占用，该顾客就随即离去。

② 等待制——顾客到达时，若发现所有服务窗都忙着，就排队等候服务。服务规则有先到先服务，即按到达次序接受服务；有优先服务〔如救火(护)车、警车优先通过〕。

③ 混合制——是损失制和等待制混合组成的排队系统。如果顾客到达时，若队长小于 L，就加入排队队伍；若队长等于 L，顾客就离去。

日常中，经常遇到的是先到先服务的等待制系统。

(3) 服务窗：指同一时刻有多少服务设施可接纳顾客，为每一顾客服务多少时间。系统可以没有服务窗，也可以有一个或多个服务窗。

一个服务窗可以为单个顾客服务或为成批顾客服务，比如公共汽车，一次就装载大批乘客。

服务时间分为以下几种。

① 确定型分布——每一顾客的服务时间都是相同的，为一个常数。

② 负指数分布——各个顾客的服务时间相互独立,具有相同的负指数分布。
③ 埃尔朗分布——各个顾客的服务时间相互独立,具有相同的埃尔朗分布。

引入以下记号:M 代表负指数分布或泊松输入,D 代表确定型输入或服务,E_k 为埃尔朗分布。于是泊松输入、负指数服务、N 个服务窗的排队系统可以写成 $M/M/N$;泊松输入、确定型服务、单个服务窗的服务系统可以写成 $M/D/1$。对于其他系统可以同样理解,如果不附加说明,则这种记号一般表示先到先服务的等待制系统。

3. 排队系统的运行指标

(1) 服务率:单位时间内被服务的顾客均值。
(2) 交通强度:单位时间内被服务的顾客数和请求服务顾客数之比。
(3) 系统排队长度:可分为系统内的顾客数和排队等待服务顾客数,常用于描述系统的状态。
(4) 等待时间:从顾客到达时起到他开始接受服务时止这段时间。如车辆在交叉口入口引道上的排队时间。
(5) 忙期:即服务台连续繁忙的时间长度。

4.5.2 $M/M/1$ 系统

$M/M/1$ 排队系统中,排队等待接受服务的通道只有一条,因此,又称"单通道服务"系统。

设顾客平均到达率为 λ,则两次到达之间的平均时间间隔为 $1/\lambda$。假设从单通道接受服务后出来的输出率(即系统的月服务率)为 μ,则平均服务时间为 $1/\mu$。比率 $\rho=\lambda/\mu$ 称为交通强度或利用系数。如果 $\rho<1$,则每个状态都会按一定的概率反复出现。当 $\rho \geqslant 1$ 时,则排队长度会越来越长,系统状态是不稳定的。因此,只有 $\rho<1$,即 $\lambda<\mu$ 时,系统才可以保持稳定,通道内的排队顾客才能够消散。

下面不加证明的给出 $M/M/1$ 系统常用的一些计算公式。
系统中没有顾客的概率为

$$P(0)=1-\rho \tag{4.57}$$

系统中有 n 个顾客的概率为

$$P(n)=\rho^n(1-\rho)=\rho^n P(0) \tag{4.58}$$

排队系统中顾客的平均数为

$$\bar{n}=\frac{\rho}{1-\rho} \tag{4.59}$$

排队系统中顾客数的方差为

$$\sigma^2=\frac{\rho^2}{(1-\rho)^2} \tag{4.60}$$

平均排队长度为

$$\bar{q}=\frac{\rho^2}{1-\rho}=\rho\bar{n} \tag{4.61}$$

顾客的平均数 $\bar{n}$ 和顾客数的方差 σ^2 与 ρ 的关系,可由图 4.14、图 4.15 看出,当交通强度 $\rho>0.8$ 时,平均排队长度和方差迅速增加,即系统不稳定性增强。

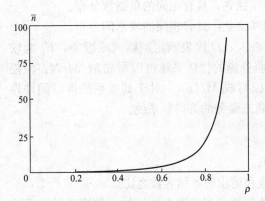

图 4.14 系统顾客数 $\bar{n}$ 和交通强度 ρ 关系图　　图 4.15 顾客数方差 σ 和交通强度 ρ 关系图

平均非零排队长度为

$$\overline{E} = \frac{1}{1-\rho} \tag{4.62}$$

排队系统中的平均消耗时间为

$$d = \frac{1}{\mu - \lambda} \tag{4.63}$$

排队中的平均等待时间为

$$\overline{w} = \frac{\lambda}{\mu(\mu-\lambda)} = d - \frac{1}{\mu} \tag{4.64}$$

4.5.3 $M/M/N$ 系统

这种排队系统一个特点是服务通道有 N 条,所以又称"多通道服务"系统。根据排队方式的不同,又可分为单路排队多通道服务和多路排队多通道服务两种。

单路排队多通道服务:等候服务的顾客排成一队等待数条通道服务的情况。排队中第一个顾客,可视哪个通道有空,就到哪里去接受服务,如图 4.16 所示。

多路排队多通道服务:每个通道的顾客各排一队,每个通道只为其相对应的一队顾客服务,排队顾客不能随意换队,如图 4.17 所示。这种情况相当于 N 个单通道服务系统。

图 4.16 单路排队多通道服务　　图 4.17 多路排队服务通道服

对于单路排队多通道服务系统,系统保持稳定的条件是 $\rho/N<1$;而对于多路排队多通道服务系统则要求每个通道的交通强度小于 1。下面主要针对单路排队多通道服务系统存在的关系式展开讨论。

系统中没有顾客的概率为

$$P(0) = \frac{1}{\sum_{n=0}^{N-1} \frac{\rho^n}{n!} + \frac{\rho^N}{N!(1-\rho/N)}} \tag{4.65}$$

系统中有 n 个顾客的概率为

当 $n \leqslant N$ 时

$$P(n) = \rho^n P(0)/n! \tag{4.66}$$

当 $n > N$ 时

$$P(n) = \frac{\rho^N}{N! \, N^{n-N}} P(0) \tag{4.67}$$

排队系统中顾客的平均数为

$$\bar{n} = \rho + \frac{P(0)\rho^{N+1}}{N! \, N} \left[\frac{1}{(1-\rho/N)^2} \right] \tag{4.68}$$

平均排队长度为

$$\bar{q} = \frac{P(0)\rho^{N+1}}{N! \, N} \left[\frac{1}{(1-\rho/N)^2} \right] = \bar{n} - \rho \tag{4.69}$$

排队系统中的平均消耗时间为

$$d = \frac{\mu \left(\frac{\lambda}{\mu}\right)^N P(0)}{(N-1)! \, (N\mu - \lambda)^2} + \frac{1}{\mu} = \frac{\bar{n}}{\lambda} \tag{4.70}$$

排队中的平均等待时间为

$$\bar{w} = \frac{\mu \left(\frac{\lambda}{\mu}\right)^N P(0)}{(N-1)! \, (N\mu - \lambda)^2} = \frac{\bar{q}}{\lambda} \tag{4.71}$$

【例题 4-6】 一个停车库出口只有一个门,在门口向驾驶员收费并找零钱。假设车辆到达服从泊松分布,参数 λ 为 120 辆/h,收费平均持续时间为 15s,服从指数分布,试求收费空闲的概率、系统中有 n 辆车的概率、系统中平均车辆数、排队的平均长度、平均非零排队长度、排队系统中的平均消耗时间、排队中的平均等待时间。

解:

由题意可知,这是个 M/M/1 系统,并且 $\lambda = 120$ 辆/h,$\mu = 3600/15$ 次/h $= 240$ 次/h。

$$\rho = \frac{\lambda}{\mu} = \frac{120}{240} = 0.5 < 1$$

所以,系统为稳定的。

由式(4.57)可求得系统中没有车辆的概率为

$$p(0) = 1 - \rho = 0.5$$

由式(4.58)求得系统中有车辆的概率为

$$p(n) = \rho^n (1-\rho) = 0.5^{n+1} = 0.5^n \times 0.5$$

由式(4.59)可求得系统中的平均车辆数为

$$\bar{n} = \frac{\rho}{1-\rho} = 1$$

由式(4.61)求得平均排队长度为

$$\bar{q} = \frac{\rho^2}{1-\rho} = 0.5 \text{ 辆}$$

由式(4.62)求得平均非零排队长度为

$$\bar{E} = \frac{1}{1-\rho} = \frac{1}{1-0.5} \text{辆} = 2 \text{ 辆}$$

由式(4.63)求得系统中的平均消耗时间为

$$d = \frac{1}{240-120} = \frac{1}{240} \ h = 0.5 \text{min}$$

由式(4.64)求得排队中的平均等待时间为

$$\bar{w} = \frac{\lambda}{\mu(\mu-\lambda)} = \frac{120}{240 \times 120} = \frac{1}{240} \quad \bar{h} = \frac{1}{240}h = 0.25 \text{min}$$

$$\bar{w} = 0.00995h$$

【例题 4-7】 拟修建一个服务能力为 120 辆/h 的停车场，只有一个出入通道。据调查每小时有 72 辆车到达，假设车辆到达服从泊松分布，每辆车服务时间服从负指数分布，如果出入通道能容纳 5 辆车，问是否合适？

解：

这是个 $M/M/1$ 排队系统。由题意知：

$$\lambda = 72 \text{ 辆/h}$$
$$\mu = 120 \text{ 辆/h}$$
$$\rho = \frac{\lambda}{\mu} = \frac{72}{120} = 0.6 < 1$$

所以，系统为稳定的。并且由式(4.59)可求得系统中的平均车辆数为

$$\bar{n} = \frac{\rho}{1-\rho} = \frac{0.6}{1-0.6} \text{辆} = 1.5 \text{ 辆} < 5 \text{ 辆}$$

因此，系统中的平均车辆数小于通道容纳的能力，故合适。也可计算系统中车辆数超过 5 辆的概率。由式(4.58)可得

$$P(0) = 1 - 0.6 = 0.4$$
$$P(1) = 0.6 \times (1-0.6) = 0.24$$
$$P(2) = 0.6^2 \times (1-0.6) = 0.14$$
$$P(3) = 0.6^3 \times (1-0.6) = 0.09$$
$$P(4) = 0.6^4 \times (1-0.6) = 0.05$$
$$P(5) = 0.6^5 \times (1-0.6) = 0.03$$

所以，系统中车辆数超过 5 辆的概率为

$$P(n>5) = 1 - \sum_{n=0}^{5} P(n) = 0.05$$

由计算结果可以看出，系统中车辆数超过 5 辆的可能性只有 5%，所以该通道的容量是合适的。

【例题 4-8】 一服务公司停车场，白天车辆到达率为 4 辆/h，平均每辆车停留在停车场的时间为 0.5h。停车场地有五排车位可停放车辆，为了对停车场地管理性能作出评价，试求服务方式指标(假设车辆到达服从泊松分布，停车时间服从负指数分布)。

解:

由题意可知,该系统为 $M/M/N$ 系统,并且 $N=5$,$\lambda=4$ 辆/h,$\mu=\dfrac{1}{0.5}$ 辆/h$=2$ 辆/h,$\rho=\dfrac{\lambda}{\mu}=\dfrac{4}{2}=2$,利用系数 $\dfrac{\rho}{N}=\dfrac{2}{5}=0.4<1$。所以,可求得

(1) 停车场地空闲的概率为

$$P(0)=\dfrac{1}{1+\dfrac{2}{1!}+\dfrac{2^2}{2!}+\dfrac{2^3}{3!}+\dfrac{2^4}{4!}+\dfrac{2^5}{5!\times 0.6}}=0.13428$$

(2) 系统中有 n 个顾客的概率如下。

当 $n\leqslant 5$ 时 $\qquad P(n)=2^n/n!\times 0.134328$

当 $n>5$ 时 $\qquad P(n)=\dfrac{2^n}{5!\ 5^{n-5}}\times 0.134328$

特别为

$$P(0)=0.134328$$
$$P(1)=0.268656$$
$$P(2)=0.268656$$
$$P(3)=0.179104$$
$$P(4)=0.089552$$

(3) 排队系统中顾客的平均数为 $\bar{n}=2.0398$ 辆。

(4) 在系统中平均消耗时间为 $d=0.50995\text{h}$。

(5) 排队中的平均等待时间为 $\bar{w}=0.00995\text{h}$。

4.6 流体力学模拟理论

英国学者莱特希尔(Lighthill)和惠特汉姆(Whitham)将交通流比拟为流体流,以一条较长的公路隧道,对密度较大的交通流规律进行研究,提出了流体力学模拟理论。

该理论运用流体力学的基本原理,模拟流体的连续性方程,建立车流的连续性方程。把车流密度的疏密变化比拟成水波的起伏而抽象为车流波。当车流因道路或交通状况的改变而引起密度的改变时,在车流中产生车流波的传播。通过分析车流波的传播速度,以寻求车流流量、密度和速度之间的关系。因此,该理论又称车流波动理论。

流体力学模拟理论是一种宏观的模型。它假定在车流中各单个车辆的行驶状态与它前面的车辆完全一样,这是与实际不相符的。尽管如此,该理论在"流"的状态较为明显的场合,如在分析瓶颈路段的车辆拥挤问题时,有其独特用途。

4.6.1 车流连续性方程的建立

假设车流依次通过断面Ⅰ和断面Ⅱ的时间间隔为 d_t,两断面的间距为 d_x。同时,车流在断面Ⅰ的流量为 q,密度为为 K,车流在断面Ⅱ的流出量为 $(q+q_t)$,密度为 $(K-d_K)$。d_K 取负号表示在拥挤状态,车流密度随车流量的增加而减少。根据质量守恒

定律：流入量－流出量＝数量上的变化，即

$$[q-(q+dq)]dt=[K-(K-dK)]dx$$

则
$$-dqdt=dKdx$$

化简得

$$\frac{dK}{dt}+\frac{dq}{dx}=0 \tag{4.72}$$

又因 $q=KV$，于是

$$\frac{dK}{dt}+\frac{d(KV)}{dx}=0 \tag{4.73}$$

该方程表明，车流量随距离而降低时，车流密度则随时间而增大。

同样，还可以用流体力学的理论来建立交通流的运动方程，即

$$\frac{dK}{dx}=-\frac{dV}{dt} \tag{4.74}$$

该方程表明，车流密度增加时，产生减速。

4.6.2 车流波动理论

图 4.18 是由八车道路段过渡到六车道路段的半幅平面示意图。由图可以看出，在四车道的路段（即原路段）和三车道的路段（即瓶颈段），车流都是各行其道，井然有序，而由四车道向三车道过渡的那段路段内，车流出现了拥挤、紊乱，甚至堵塞。这是因为车流在即将进入瓶颈段时会产生一个方向相反的波，就像声波碰到障碍物时的反射，或者管道内的水流突然受阻时的后涌那样。这个波导致在瓶颈段之前的路段车流出现紊流现象。

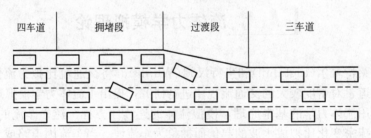

图 4.18　瓶颈处的车流波

1. 基本方程

为讨论方便起见，取图 4.19 所示的计算图示。假设一分界线 s 将交通流分割为 A、B 两段。A 段的车流速度为 V_1，密度为 K_1；B 段的车流速度为 V_2，密度为 K_2；分界线 s 的移动速度为 V_w，假设沿路线按照所画的箭头 x 正方向运行，速度为正，反之为负。

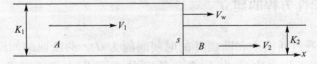

图 4.19　两种密度的车流运行状况

则在时间 t 内横穿 s 分界线的车数 N 为
$$N=K_1[(V_1-V_w)t]=K_2[(V_2-V_w)t]$$
即
$$(V_1-V_w)K_1=(V_2-V_w)K_2 \tag{4.75}$$
$$V_w=\frac{(V_1K_1-V_2K_2)}{K_1-K_2}$$

令 A、B 两部分的车流量分别为 q_1、q_2,则根据宏观交通流模型 $Q=KV$ 可得
$$q_1=K_1V_1,\quad q_2=K_2V_2$$
于是,式(4.75)变为
$$V_w=\frac{q_1-q_2}{K_1-K_2} \tag{4.76}$$

当 $q_1>q_2$,$K_1<K_2$ 时,V_w 为负值。表明波的方向与原车流流向相反。此时在瓶颈过渡段(见图 4.18)内的车辆即被迫后涌,开始排队,出现堵塞。有时 V_w 可能为正值,这表明此时不致发生排队现象,或者是已有的排队开始消散。

若 A、B 两区车流量与交通密度大致相等,则可以写成
$$q_1-q_2=\Delta q,\quad K_1-K_2=\Delta K$$
因此可得传播小紊流的速度为
$$V_w=\frac{\Delta q}{\Delta K}=\frac{\mathrm{d}q}{\mathrm{d}K} \tag{4.77}$$

至此,以上分析尚未触及区间平均车速 V_1 及 V_2 与密度 K_1 及 K_2 之间的任何具体关系。如果采用线性的速度与密度的关系式,即
$$V_i=V_f(1-K_i/K_j) \tag{4.78}$$
设 $\eta_i=K_i/K_j$,则
$$V_1=V_f(1-\eta_1),\quad V_2=V_f(1-\eta_2)$$
式中:η_1 和 η_2——分界线 s 两侧的标准化密度。

将以上关系代入式(4.75),得波速为
$$V_w=\frac{K_1V_f(1-\eta_1)-K_2V_f(1-\eta_2)}{K_1-K_2} \tag{4.79}$$

从式(4.78)得到 η_1 和 η_2 的关系式,可用来简化式(4.79)。则利用交通密度不连续分界线两侧的标准化密度可描述波速大小,即
$$V_w=V_f[1-(\eta_1+\eta_2)] \tag{4.80}$$

2. 交通密度大致相同的情况

莱特希尔和惠特汉姆认为:如果在分界线 s 两侧的标准化密度 η_1 与 η_2 相等,如图 4.20 所示,s 左侧的标准化密度为 η,而 s 右侧的标准化密度为 $(\eta+\eta_0)$,这里的 $\eta+\eta_0\leqslant 1$,在此情况下,设:
$$\eta_1=\eta,\quad \eta_2=\eta+\eta_0$$
且
$$[1-(\eta_1+\eta_2)]=[1-(2\eta+\eta_0)]=1-2\eta$$
式中 η_0 忽略不计。把上式代入式(4.80)则此断续的波就以下列速度传播:
$$V_w=V_f(1-2\eta) \tag{4.81}$$

3. 停车产生的波

对于车流的标准化密度为 η_2、以区间平均车速 V_1 行驶的车辆,假定下式成立:
$$V_1 = V_f(1-\eta_1)$$

在道路上,位置 $X=x_0$ 处,因红灯停车,车流立即呈现出饱和的标准化密度 $\eta_2=1$,如图 4.21 所示。线 s 左侧,车流仍为原来的密度 η_1 按上式的平均速度继续运行。将 η_1、$\eta_2=1$ 代入式(4.80),得到停车产生的波的波速为

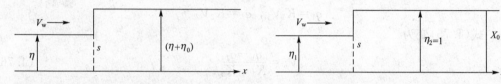

图 4.20 交通密度微小的不连续性 　　　图 4.21 停车产生的波

$$V_w = V_f[1-(\eta_1+1)] = -V_f\eta_1 \tag{4.82}$$

上式说明,由于停车产生的波,以 V_w 的速度向后方传播。如果信号在 $x=x_0$ 处变为红灯,则经过 t_s 以后,一列长度为 $V_f\eta_1 t$ 的汽车就要停在 x_0 之后。

4. 发车产生的波

现在来讨论一列车辆启动(发车)所产生的波的性质。假设 $t=0$ 时,一列车已停在位于 $x=x_0$ 处的信号灯后边。因为这列车停着,所以具有饱和密度 $\eta_1=1$,如图 4.22 所示。如果在 $t=0$ 时,$x=x_0$ 处变为绿灯,车辆以速度 V_2 启动,此时,停车一方(s 线左侧)的交通密度仍为饱和密度 $\eta_1=1$,而 η_2 可以从式:$V_2=V_f(1-\eta_2)$ 求得,即

$$\eta_2 = 1-\left(\frac{V_2}{V_f}\right)$$

代入式(4.80),则
$$V_w = V_f[1-(1+\eta_2)] = -V_f\eta_2 = -(V_f-V_2)$$

所以,一候车队开始运行(发车),就产生发车波,该波从 x_0 处以 (V_1-V_2) 的速度向后传播。由于发车速度 V_2 一般总是很低,所以可以看作几乎以 V_f 速度传播。

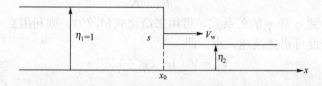

图 4.22 发车产生的波

【例题 4-9】 车流在一条六车道的公路上畅通行驶,其速度 V 为 80km/h。路上有座四车道的桥,每车道的通行能力为 1940 辆/h。高峰时车流量为 4200 辆/h(单向)。在过渡段的车速降至 22km/h。这样持续了 1.69h。然后车流量减到 1956 辆/h(单向)。(1)试估计 1.69h 内桥前的车辆平均排队长度;(2)估计整个过程的阻塞时间。

解:

(1) 计算排队长度。

桥前高峰时车流量为 4200 辆/h(单向),其 V/C 约为 0.72,交通流能够保持畅通行

驶，车道内没有堵塞现象，因此桥前来车的交通流密度 K_1 为

$$K_1 = \frac{q_1}{V_1} = \frac{3880}{80} \text{辆/km} = 53 \text{辆/km}$$

在过渡段，由于该处只能通过 1940×2 辆/h=3880 辆/h，而现在却有 4200 辆/h 的交通需求强度，故在过渡段出现拥挤，过渡段的交通流密度 K_2 为

$$K_2 = \frac{q_2}{V_2} = \frac{3880}{22} \text{辆/km} = 177 \text{辆/km}$$

得

$$V_w = \frac{q_2 - q_1}{K_2 - K_1} = \frac{3880 - 4200}{177 - 53} \text{km/h} = -2.58 \text{km/h}$$

表明此处出现排队的反向波，其波速为 2.58km/h，因距离为速度与时间的乘积，且开始时刻排队长度为 0，1.69h 末的排队长度为 2.58×1.69 km，此过程中排队长度均匀变化，故此处的平均排队长度为

$$L = \frac{0 \times 1.69 + 2.58 \times 1.69}{2} \text{km} = 2.18 \text{km}$$

（2）计算阻塞时间。

高峰过去后，排队即开始消散，但阻塞仍要维持一段时间。因此，阻塞时间应为排队形成时间（即高峰时间）与排队消散时间之和。

排队消散时间 t'：已知高峰后的车流量 $q_3=1956$ 辆/h＜3880 辆/h，表明通行能力已有富裕，排队开始消散，则

排队车辆数为 $(q_1-q_2) \times 1.69 = (4200-3880) \times 1.69$ 辆 $= 541$ 辆

疏散车辆数为 $\quad q_3-q_2 = 1956$ 辆/h $- 3880$ 辆/h $= -1924$ 辆/h

则排队消散时间为 $\quad t' = \frac{(q_1-q_2) \times 1.69}{|q_3-q_2|} = \frac{541}{1924} \text{h} = 0.28 \text{h}$

阻塞时间为 $\quad t = t' + 1.69 = 0.28 \text{h} + 1.69 \text{h} = 1.97 \text{h}$

小　　结

交通流三参数关系是交通流理论的基础，随后的各种交通流理论都是在此基础上建立的。本章主要介绍了概率论方法、交通跟驰理论、排队论及流体力学模拟理论，交通流理论是在对实际交通现象进行观察的基础上建立的，因此要注重理论的应用。同时，交通流理论还在不断发展中，很多新的理论将不断涌现。

课　后　习　题

思考题：

1. 试分析泊松分布、二项分布、负二项分布的特点是什么？统计特征参数包括哪些？各种分布适用于描述什么样的交通流状况？

2. 负指数分布、移位负指数分布、M3 分布的区别与联系？

习题：

1. 对某个路段交通流进行调查，资料如下：

每 5min 到达的车辆数 x_i	0	1	2	3	4	5	6	7	8	9	10	11	$\geqslant$12
每 5min 到达的车辆数 x_i 的频数	3	14	30	41	61	69	46	91	22	8	2	0	1

试用 χ^2 检验其分布是否服从泊松分布。

2. 已知某公路断面流量 $q=720$ 辆/h，试问该断面 5s 内没有车辆通过的概率（假设车辆到达服从泊松分布）？

3. 有一个无信号交叉口，主要道路上的车流量为 800 辆/h，次要道路上车辆横穿主路车流所需要最小车间时距为 6s，假设主要道路上车头时距服从负指数分布，求次要道路上车辆的平均等待时间。

4. 假设某收费站车辆到达率为 1200 辆/h，该收费站设有两个服务通道，每个服务通道可服务车辆为 800 辆/h，试计算收费站空闲的概率、排队的平均长度、排队中的平均等待时间（假设车辆到达服从泊松分布，服务时间服从负指数分布）。

第5章 道路通行能力

教学提示：本章首先介绍通行能力和服务水平的基本概念和应用，然后分别针对公路、平面交叉口和城市道路介绍通行能力的计算分析方法和服务水平的分析方法。

学习要求：通过本章学习，学生应掌握通行能力和服务水平的基本概念，各种类型公路、平面交叉口和城市道路通行能力和服务水平的分析方法。了解不同道路类型及道路不同组成部分分析方法的异同点。

引例

国外在道路通行能力研究领域取得了一系列研究成果，如美国从20世纪40年代起投入大量经费进行公路通行能力的研究，相继出版了《道路通行能力手册》（Highway Capacity Manual，简称 HCM）1950年版、1965年版、1985年版的1994修订版、1985年版的1997修订版、2000年版。其他一些发达国家和发展中国家也以美国 HCM 为蓝本，结合各国具体的交通流特性，编写了各自的《道路通行能力手册》。由于我国对道路通行能力的研究起步较晚，且我国的交通组成、管理方式等方面与国外有着明显差别，以往道路通行能力指标体系多套用美国 HCM 中的有关指标体系，这不适合我国道路交通的实际情况。因此，建立一套适合我国道路交通的通行能力方法和指标体系，以适应交通基础设施建设日益增长的需求，已刻不容缓。国家"九五"重点科技攻关项目"公路通行能力研究"正是在此背景下完成的。本章充分了吸取国内外近年的研究成果。

5.1 概 述

现代化的道路建设具有严密的管理程序，从路网规划、道路建设项目可行性研究、道路设计、道路施工管理一直到工程交付使用，进行建设项目后评价以论证规划、设计、管理的正确性，这样一种全过程的一体化决策管理依据主要来自于交通需求预测和道路通行能力分析。通行能力分析与交通量适应性分析，不仅可以确定道路建设的合理规模与标准，还可以为道路网规划、工程可行性研究、道路设计、道路建设后评价等方面提供更为科学的理论依据。

5.1.1 通行能力

1. 通行能力定义

通行能力是指道路设施所能疏导交通流的能力。即在一定的时段（通常取 15min 或

1h)和正常的道路、交通、管制及运行质量要求下,道路设施通过交通流质点的能力。通行能力实质上是道路负荷性能的一种量度,它既反映了道路疏通交通的最大能力,也反映了在规定特性前提下,道路所能承担车辆运行的极限值。通行能力一般以 veh/h(辆/小时)、pcu/h(当量标准小客车/小时)表示,基本单位是 pcu/h/ln(当量标准小客车/小时/车道)。

2. 通行能力分类

(1) 根据道路设施和交通体的不同,通行能力可分为机动车道通行能力、非机动车道通行能力和人行道(横道)通行能力。

(2) 根据车辆运行状态的特征不同,通行能力可分为路段通行能力、交叉口通行能力、匝道和匝道连接点通行能力和交织路段通行能力。

(3) 根据通行能力的性质和使用要求的不同,通行能力可分为基本通行能力、可能通行能力和实用通行能力,实用通行能力又称设计通行能力。其定义如下。

① 基本通行能力是指道路和交通都处于理想条件下,由技术性能相同的一种标准车,以最小的车头间距连续行驶的理想交通流,在单位时间内能通过道路断面的最大车辆数。也称理论通行能力,因为它是假定理想条件下的通行能力,实际上不可能达到。

② 可能通行能力是指考虑到道路和交通条件的影响,并对基本通行能力进行修正后得到的通行能力,实际上是指道路所能承担的最大交通量。

③ 实用通行能力是指用来作为道路规划和设计标准而要求道路承担的通行能力。

3. 通行能力分析的目的和作用

道路通行能力分析的目的:确定某道路设施在通常条件下能容纳的最大交通量;确定在保持与规定运行特性相适应的条件下,某道路设施所能容纳的最大交通量;设计与通行能力相适应的道路交通设施,通过对实际道路通行能力观测值的比较,评价道路系统,找出影响通行能力的因素,提出改善车流行驶状况的建议和措施,以期能达到所要求的最大交通量。

道路通行能力是道路交通特征的一个重要方面,也是一项重要指标。确定道路通行能力是道路交通规划、设计、管理与养护的需要,也是道路交通工程技术管理人员的一项重要任务,同时也是解决以下课题的基础和依据。

(1) 通过道路通行能力和设计交通量的具体分析,可以正确地确定新建道路的等级、性质、规模、主要技术指标和线形几何要素。

(2) 通过对现有道路通行能力的观测、分析、评定,并与现有交通量对比,可以确定现有道路系统或某一路段所存在的问题,针对问题提出改进的方案或措施,作为老路或旧街改建的主要依据。

(3) 道路通行能力可以作为铁路、公路、水运、空运等各种交通运输方式的方案比选与采用。

(4) 根据道路某一路段通行能力的估算、路况及通行状况分析,可以提出某一地段线形改善的方案。

(5) 道路通行能力可作为交通枢纽的规划、设计改建及交通设施配置的依据,如交叉口类型选择和信号设施的设计、装备等。

(6) 道路通行能力可以作为城市街道网规划、公路网设计和方案比选的依据;

(7) 道路通行能力可以作为交通管理、运营、行车组织及控制方式确定或方案选择的依据。

5.1.2 服务水平

1. 服务水平的概念

服务水平是指道路使用者根据交通状态,从行车速度、舒适、方便、经济和安全等方面所能达到的服务程度。服务水平的实质是描述车流之间的运行条件及其驾驶员和旅客感觉的一种质量测定标准。因此,服务水平的评价指标是由多项定性或定量指标组成。

2. 服务交通量

服务交通量是指在通常的道路条件、交通条件和管制条件下,并保持规定的服务水平时,道路的某一断面或均匀路段在单位时间内所能通过的最大小时交通量。在不同的服务水平下,服务交通量是不同的,服务水平高的道路行车速度快,驾驶自由度大,舒适与安全性好,但其相应的服务交通量就小;反之,允许的服务交通量大,则服务水平低。值得注意的是,服务交通量不是一系列连续值,而是不同的服务水平条件允许通过的最大值。服务交通量规定了不同服务水平之间的流量界限。

3. 服务水平分级

服务水平又称服务等级,是用来衡量道路为驾驶员、乘客所提供的服务质量等级,其服务等级可以从自由运行、高速、舒适、方便、安全满意的最高水平到拥挤、受阻、停停开开、难以忍受的最低水平。各国等级划分不一,一般均根据本国的道路交通的具体条件划分为3~6个服务等级,日本分为三个等级,美国定为六个等级。

我国按照公路设施提供服务程度的不同,将服务水平划分为四级。各级服务水平的交通流状况描述如下。

(1) 一级:交通量小、行驶车辆速度高、驾驶员能自由或较自由地选择行车速度,行驶车辆不受或基本不受交通流中其他车辆的影响,交通流处于自由流状态,被动延误少,为驾驶员和乘客提供的舒适便利程度高。

(2) 二级:行驶车辆受其他车辆或行人的干扰较大,驾驶员选择速度的自由度受到一定限制,交通流状态处于稳定流的中间范围,有拥挤感。到二级下限时,车辆间的相互干扰较大,开始出现排队,被动延误增加,为使用者提供的舒适便利程度下降。

(3) 三级:驾驶员选择车辆运行速度的自由度受到很大限制,行驶车辆受其他车辆或行人的干扰很大,交通流处于稳定流的下半部分,并已接近不稳定流范围,流量稍有增长,就会出现交通拥挤,服务水平显著下降。到三级下限时所受的限制已到驾驶员所允许的最低限度,但可通行的交通量尚未达到最大值。

(4) 四级:行驶车辆受其他车辆或行人的干扰非常大,交通流处于不稳定流状态,靠近下限时每小时可通行的交通量达到最大值,驾驶员已无自由选择速度的余地,车速降到一个低的但相对均匀的数值。这时交通量稍有增加,或交通流出现小的扰动,就会出现交通拥挤,服务水平显著下降。交通流变成强制状态,能通过的交通量很不稳定,交通量与速度同时由大变小,直到零为止,而交通密度则随交通量的减小而增大。

通过确定的服务水平分级表,在公路规划、设计时选用合适的服务水平等级可以更为科学的确定公路的建设规模和技术标准,一般建议高速公路和一级公路按二级服务水平进行设计,而二、三级双车道公路按三级服务水平设计。另外,通过确定的服务水平分级表,可对运营的公路服务状况进行分析评价。

5.2 公路通行能力

5.2.1 双车道公路路段通行能力

目前我国大多数干线及非干线公路均为双车道公路,同时双车道公路也是我国公路网中最长、最普遍的一种公路形式。由于双车道公路交通特性的独特,车辆只能在对向车道有足够超车视距时才能有超车的可能,因而此类交通流又不同于其他的非间断流,一个方向上的正常车流会受另一方向上的车流影响,故研究其独有的交通流统计信息对通行能力的计算有重要的现实意义。

1. 通行能力的计算

双车道公路路段通行能力的分析是建立在二级公路标准条件下的基本通行能力基础上的,表5-1所示为二级公路标准条件,且一般规定二级公路基本通行能力为 C_0 为2500辆/h。

表5-1 二级公路标准条件

项目	标准条件	项目	标准条件
路面宽度	9m	街道化程度	0
设计速度	80km/h	方向分布	50/50
路肩宽度	每侧1.5m	行政等级	干线公路
会车视距	>250m	平整度	对速度无影响
地形	平原微丘	交通秩序与交通管理	好
横向干扰	轻微		

由已知的基本通行能力,结合行车道宽度、方向分布、横向干扰及交通组成对通行能力的修正,可得双车道公路实际条件下的通行能力 C 为

$$C = C_0 \times f_{CW} \times f_{DIR} \times f_{FRIC} \times f_{HV} \tag{5.1}$$

式中:C——实际条件下的通行能力,pcu/h;

C_0——基本通行能力,pcu/h;

f_{CW}——行车道宽度对通行能力的修正系数(见表5-2);

f_{DIR}——方向分布对通行能力的修正系数(见表5-3);

f_{FRIC}——横向干扰对通行能力的修正系数(见表5-4);

f_{HV}——交通组成对通行能力的修正系数。

表 5-2 行车道宽度对通行能力的修正系数 f_{CW}

路面宽度/m	修正系数	路面宽度/m	修正系数
6	0.52	10	1.16
7	0.56	11	1.32
8	0.84	12~15	1.48
9	1.00	—	—

表 5-3 方向分布对通行能力的修正系数 f_{DIR}

方向分布/%	修正系数	方向分布/%	修正系数
50/50	1.00	65/35	0.91
55/45	0.97	70/30	0.88
60/40	0.94		

表 5-4 横向干扰对通行能力的修正系数 f_{FRIC}

横向干扰等级	修正系数	横向干扰等级	修正系数
1	0.91	4	0.65
2	0.83	5	0.57
3	0.74	—	—

交通组成对通行能力的修正系数 f_{HV} 可由式(5.2)计算：

$$f_{HV}=\frac{1}{1+\sum P_i(E_i-1)} \tag{5.2}$$

式中：P_i——车型 i 的交通量占总交通量的百分比；

E_i——车型 i 的车辆折算系数(见表 5-5)。

表 5-5 车辆折算系数 E_i

两轮摩托车	小型车	中型车	大型车	特大型车	小型拖拉机	大型拖拉机	自行车
0.6	0.8	1.0	1.5	2.5	1.7	3.5	0.2

【例题 5-1】 设某公路交通量观测站观测得出交通量资料如表 5-6 所示。平均运行速度为 48.8km/h，85%位车速为 54.5km/h，小于 7s 的车头间隔占全交通量 27%，小于 10s 车头间隔占全交通量 54.5%。行车道宽为 9m，对向车流量相当，二级公路，平纵面线形平缓顺直，有足够超车视距，路面状况良好，路面无画线，快慢车混行，沿线有较大村庄，较多工矿企业，对交通干扰较大。试分析该公路交通拥挤状况，计算通行能力。

表 5-6 某公路交通量观测站观测得出交通量资料

车 型	小型车	中型车	大型车，拖挂车	特大型车	小型拖拉机	大型拖拉机	两轮摩托	自行车
观测辆数	430	1120	518	582	252	178	500	6900

解:

根据观测资料表,按车辆折算系数(表 5-6)折算出标准当量交通量如下:

$$Q = (430\times0.8+1120\times1.0+518\times1.5+582\times2.5+252\times1.7+178\times3.5+500\times0.6+6900\times0.2)\text{pcu/d} = 6428\text{pcu/d}$$

又查表 5-2~表 5-4 分别可得各影响因素对通行能力的修正系数,从而得到实际通行能力为

$$C = C_0 \times f_{CW} \times f_{DIR} \times f_{FRIC} + f_{HV} = (2500\times0.8\times1.00\times1.00\times0.65\times0.6)\text{pcu/d}$$
$$= 780\text{pcu/d}$$

其所能适应的年平均日交通量(取 HTF=0.1)为具体路段的 AADT=780/0.1=7800pcu/d

显然目前实际年平均日交通量为 6428pcu/d,尚未超过道路通行能力,公路上交通流较平稳,不会产生拥挤、阻塞、车速降低等现象。但由于有非机动车、拖拉机等慢速车辆对快车行驶干扰较大,故应加强管理,严格执行快慢车分道行驶、机动车与非机动车分道行驶制度。

【例题 5-2】 表 5-7 所示为某省境内一双车道公路路段交通流观测值。试分析其道路通行能力及拥挤状况;若此地区为平原区,通过分析应该如何改善其通行能力?

表 5-7 路段年平均日交通量(AADT)　　　　单位:veh/d

路段名称	小型车	中型车	大型车	拖挂车	小型拖拉机	大型拖拉机	合计 绝对值/(辆/d)	合计 折算值/(pcu/d)	货车混入率/(%)
A-B	3199	4510	2785	1959	270	298	13021	17646	71
C-D	3904	3440	3816	2874	220	1197	15451	24036	66
E-F	3927	2371	1744	2020	30	932	14024	19492	65
G-H	2771	6175	1990	1230	84	212	12462	15337	75
平均值							13740	19128	69

解:

由表 5-6 查得车辆折算系数值。又由观测数据知,货车混入率平均为 69%。最大年平均日交通量 C-D 段为 24036pcu/d,平均为 19128pcu/d,服务流率为 1196pcu/h,由此可知该道路服务水平低于三级,显然有些偏低,有待改善和提高。因此,该路段急需改造提高道路等级,从而提高道路通行能力,满足经济发展需求。

若其服务水平为三级,根据美国《通行能力手册量》及国内近年来研究成果。高峰小时系数 PHF 取 0.90,高峰小时交通量占年平均日交通百分比 HTF 取 0.12,高峰小时最大流量方向上交通量占总交通量百分比 D 取 0.55,得定向设计小时交通量为

$$\text{DDHV} = \text{AADT} \cdot \text{HTF} \cdot D = 24036\times0.12\times0.55\text{pcu/h} = 1586\text{pcu/h}$$

又根据题意,此道路中型货车约占 20%,可得每车道服务流率为 1050pcu/h/ln,从而得出车道数为

$$N = \text{DDHV}/(1050\times\text{PHF}) = 1586/(1050\times0.9) = 1.7$$

即单向应为两车道,双向为四车道。故根据现有交通量状况及发展趋势,宜采用四车道公路才能满足交通要求,使快慢车各行其道,从而改善和提高服务水平、运输效率,为该区经济发展作出贡献。

2. 路段交通运行状况分析

1) 路段饱和度

计算出仅车道公路中总的交通流量值与实际状况下的道路通行能力的比值,即为所分析路段的饱和程度。饱和程度大,则说明路段上交通流量大于实际通行能力,道路超负荷运行;饱和程度小。则说明路段上交通流量比实际的通行能力小,道路还有承载能力,可供更多车辆行驶。

2) 服务水平衡量指标

选择衡量服务水平的主要指标,需根据不同形式公路车辆运行规律的差异,采取不同的指标。通常混合交通双车道公路车辆不成队列行驶,快车与慢车的横向行驶位置各不相同,常常互相交错,因此只能用平均运行速度和车辆延误作为衡量服务质量的主要指标。其中延误是指由于道路与环境条件、交通干扰及交通管理与控制设施等驾驶员无法控制的因素所引起的行程时间损失,一般包括路段行车延误和交叉口延误。延误率是车辆通过单位长度路段的实际运行时间与车辆在理想条件下通过该路段所需时间(标准运行时间)之差,可以反映出单位长度路段上延误的大小。

3) 服务水平分级指标

在混合交通双车道公路上,各种车辆常常交错混杂,车辆不成队列行驶。因而,采用延误率作为分级的主要指标,以速度作为辅助分级指标,这样就大大降低了人为因素的影响,保证了评价指标的客观性。根据延误率、速度及流量关系,可拟定双车道公路服务水平分级指标,分级标准如表 5-8 所示。

表 5-8 双车道公路服务水平分级表

服务水平等级	延误率/(%)	平原地区			微丘地形			山岭重丘		
		速度/(km/h)	V/C	最大服务交通量/(pcu/h/ln)	速度/(km/h)	V/C	最大服务交通量/(pcu/h/ln)	速度/(km/h)	V/C	最大服务交通量/(pcu/h/ln)
一	≤30	≥78	0.15	400	≥65	0.15	350	≥55	0.14	300
二	≤60	≥67	0.40	1000	≥56	0.38	900	≥48	0.37	800
三	≤80	≥59	0.64	1600	≥48	0.58	1350	≥42	0.54	1150
四	<100	≥48 <48	1.00	2500	≥40 <40	1.00	2300	≥37 <37	1.00	2100

4) 交通运行状况评价

双车道公路的运行状况分析主要是用来评价已有公路在特定的道路交通条件下,其自由流速度、通行能力和交通运行状况。通过运行状况分析,可为交通管理人员制定管理措施、改变运行道路的交通条件提供依据,使交通运行状况达到期望的水平(如达到预期的通行能力和速度等),以提高公路运输效益。

5.2.2 多车道公路路段通行能力

多车道公路路段通行能力分析不同于双车道公路路段通行能力的分析，由于双车道公路和多车道公路的横断面设置不同，导致了两者在交通运行规律上的明显差异。主要体现在超车行为方面。多车道公路车辆经常由外侧车道驶入内侧车道或者由内侧通过外侧车道驶出，这种车道转移常常影响正常行驶的车辆，其中外侧车道受干扰最大。但是，多车道公路车辆超车时不影响对向车流的运行，车辆运行只受同方向车流的影响。故处于不同位置的车行道所受干扰不同，受影响的程度也不同。多车道公路通行能力的分析也不能把它归为高速公路类，因为它或不设中央分隔带，或对于车辆的进出缺少全面控制，或两者兼而有之。

1. 通行能力计算

多车道公路通行能力可按下式计算

$$C = C_0 \times f_w \times f_{HV} \times f_e \times f_p \tag{5.3}$$

式中：f_w——受限车道宽度和侧向净空影响修正系数（一般当路面宽度为 3.75m 时取 1.00，为 3.50m 时，取 0.96）；

f_{HV}——重型车辆修正系数；

f_e——横向干扰影响修正系数；

f_p——驾驶员总体特征影响修正系数（通常取 1.00）；

C_0——对应于设计车速的一条车道的基本通行能力；

C——实际条件下的通行能力。

将式中的所有修正系数用一个总的修正系数统一起来，用符号 f_C 表示，称为通行能力综合影响系数，即

$$f_C = f_w \times f_{HV} \times f_e \times f_p \tag{5.4}$$

表 5-9、表 5-10 分别列出了不控制出入的多车道公路影响因素修正系数及各车道通行能力推荐值。

表 5-9 不控制出入多车道公路通行能力影响因素修正系数表

横向干扰	内侧车道	中间车道	外侧车道	备注
一级	0.9~1	—	—	干扰较小
二级	0.8~0.9	0.8~0.9	—	干扰中等
三级	—	0.6~0.7	0.6~0.7	干扰较大
四级	—	—	0.5~0.6	干扰严重

注：横向干扰因素包括路段是否穿过村镇，非机动车数量，路侧停车及纵横向行人数量，交通管理和运行秩序情况，进出主路交通量（交叉口数量）及两轮摩托车数量。

表 5-10 不控制出入多车道公路基本路段通行能力推荐值　单位：pcu/h/ln

车　道	内侧车道	中间车道	外侧车道	备注
通行能力	2000	2000	2000	—
通行能力	1500	1300	1100	有中间带
	1300	—	1000	无中间带

【例题 5-3】 郊区一条未设中央分隔带的公路的运行分析。图 5.1 给出的是平坦地形的郊区没有中央分隔带的多车道公路，在两侧路肩距车行道边缘 0.60m 的位置有照明灯柱，桥梁的扶垛以频繁的间隔位于道路的中央。路段车道宽度为 3.75m。

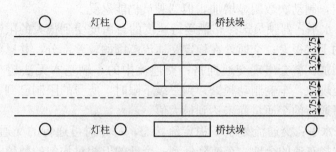

图 5.1 例题 5-3 图(尺寸单位：m)

解：

该题中因为桥梁的扶垛以频繁的间隔位于道路中央，最保守的分析是考虑扶垛及因为这些扶垛是"日常发生"的，将用其最小情况，所以确定其横向干扰为三级。由表 5-9 查得影响修正系数为 0.6。

已知 $C_0=2000/0.91=2198 \text{pcu/h}$, $N=2$, $f_C=0.6$。

由式(5.3)计算得 $C=2198 \times 0.6 \text{pcu/h/ln}=1319 \text{pcu/h/ln}$。

2. 路段交通运行状况分析

路段交通运行状况通常用服务水平来描述。公路路段服务水平的划分与其车辆通行时运行质量有关，只有将这些要求用服务水平来衡量时能进行通行能力的分析。因此通行能力的分析计算必须与服务水平的分析计算同时进行。

公路服务质量归根结底反映在运行质量上，因此衡量服务水平的因素归纳起来主要有以下几个方面。

(1) 驾驶员选择行驶速度的自由度、驾驶员的疲劳程度和心理紧张程度。

(2) 交通流密度与车辆平均运行速度。

(3) 汽车运行费用等经济因素。

(4) 交通事故率。

由于上述诸因素相互间有不同程度的联系，因此，要从以上几个方面来综合分析服务质量是很困难的。选择衡量服务水平的主要指标，需根据不同形式公路车辆运行规律的差异，采用不同的指标。对于多车道一级公路来说，不仅以速度作为衡量服务水平的指标，还要考虑车辆间相互靠近的程度，即车头时距的大小。只有当车头时距达到一定程度后，才不会影响驾驶员自由选择车速。因此，从车辆特征出发，宜选用车流密度、平均运行速度、交通流状态和最大服务流率作为衡量一级公路服务水平的主要指标。

从广义来看，一级公路各级服务水平下的运行状况描述如下。

(1) 一级服务水平：驾驶员能自由和较自由地选择期望的车速，行驶车辆受其他车辆或行人的干扰很小；交通流处于自由流及稳定流状态中的较好范围；超车要求小于超车能力，即超车容易，被动延误低；车流稳定，很少有制动和成队列行驶的状态。

（2）二级服务水平：行驶车辆受其他车辆或行人的干扰较大，驾驶员选择车速的自由度受到一定的限制；交通流状态处于稳定流的中间范围；有拥挤感，超车比较困难，驾驶员认为不太满意；到二级下限时，车辆间的相互干扰较大，开始出现车队，被动延误增加，车流基本稳定，制动次数明显增加，但驾驶员仍能忍受。

（3）三级服务水平：驾驶员选择车辆运行速度的自由度受到很大的限制，行驶车辆受其他车辆或行人的干扰很大；交通处在稳定交通流范围的较差部分，并已经接近不稳定流范围。流量稍有增加，就会出现交通拥挤；交通流中的车辆基本无法超车，多呈队列行驶；出现停车断流现象，车辆制动频繁；到三级下限时，所受的限制已到了驾驶员所允许的最低限度，但可通行的交通量尚未达到最大值。

（4）四级服务水平：交通流处于不稳定流状态；每小时可通行的交通量达到最大值，驾驶员已无自由选择车速的余地；车速降低到一个低的但相对均匀的数值；交通流变成强制状态；能通过的交通量很不稳定，从很大一直降到零；时常发生交通阻塞。

表 5-11 给出了理想条件下多车道不控制出入一级公路服务水平分级指标。任何一条多车道公路都不可能出现理想条件下的单一小客车流，所以应根据实际的交通构成、比例等条件，将理想条件下的小客车车流密度转换成实际条件下相应的混合流密度。

表 5-12 给出了不同货车混入率下的多车道公路混合车流的服务水平分级指标。

表 5-11 理想条件下多车道不控制出入一级公路服务水平分级指标表

服务水平等级	最大密度 /(pcu/km/ln)	平均行程速度 /(km/h)	V/C	最大服务流率 /(pcu/h/ln)
一	≤12	≥75	0.50	1000
二	≤19	≥70	0.65	1300
三	≤26	≥60	0.80	1600
四	≤42	≥48	1.00	2000
	>42	<48	不稳定	不稳定

注：表中 C 为理想条件下，相应设计车速的公路基本路段通行能力，一级公路为 2000 辆/h/ln

表 5-12 混合车流服务水平分级指标表

服务水平等级	10%混入率			15%混入率			20%混入率			25%混入率		
	密度	速度	SFL	密度	速度	SFL	密度	速度	SFL	密度	速度	SFL
一	≤11	82	1000	≤11	82	950	≤11	82	950	≤10	80	900
二	≤18	78	1450	≤18	78	1350	≤18	78	1300	≤16	75	1250
三	≤24	67	1700	≤24	67	1600	≤24	67	1550	≤22	65	1500
四	≤39	48	1850	≤39	48	1750	≤39	48	1700	≤35	48	1650
	>40	不稳定		>40	不稳定		>40	不稳定		>35	不稳定	

(续)

服务水平等级	30%混入率			50%混入率			70%混入率		
	密度	速度	SFL	密度	速度	SFL	密度	速度	SFL
一	≤10	80	800	≤9	74	650	≤8	70	550
二	≤16	78	1200	≤14	68	950	≤13	63	800
三	≤22	65	1400	≤19	60	1150	≤18	57	1050
四	≤35	48	1700	≤32	46	1500	≤29	44	1300
	>35	不稳定		>32	不稳定		>29	不稳定	

注：密度单位为中型车/公里/车道，速度单位为 km/h，SFL 表示车道服务流率，单位为辆/h。

5.2.3 高速公路通行能力

1. 基本路段通行能力

按照交通流运行特性的差异可将高速公路分为基本路段、交织区和匝道（包括匝道连接点）三个部分，其中高速公路基本路段是指不受匝道附近的合流、分流及交织流影响的高速公路路段，是高速公路系统的重要组成部分，如图 5.2 所示。高速公路基本路段通行能力可以定义为：在一定时间段（取 15min 或 1h）和通常的道路、交通及管制条件下，基本路段上某一断面所容许通过的单向单车道最大持续交通流。高速公路基本路段通行能力是针对单向车流单车道而言的。

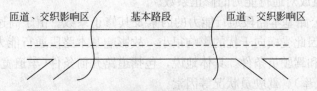

图 5.2 高速公路基本路段示意图

影响高速公路基本路段通行能力的因素很多，如道路等级、车道宽度、线形、技术标准、交通组成及路肩宽度和状况等。另外，我国道路交通状况和地形条件比较复杂，JTG B 01—2003《公路工程技术标准（附条文说明）》中给出的横断面形式也有多种，为了研究结果的可比性，建立高速公路基本路段通行能力分析的标准条件如下：

设计速度	120km/h
地形	平原微丘
路面宽度	2×7.5m
左侧路缘带宽度	0.75m
右侧路肩宽度	2.75m
行政等级	干线公路
平整度	对速度无影响
交通秩序和交通管理	好

1) 通行能力计算

对于已有的或设计中的高速公路基本路段进行通行能力分析,目的是在现有的或规划交通需求下,确定交通流的运行状况和公路设施所能提供的服务水平等级,计算实际道路条件下的通行能力,以及在保持某一特定运行状况的前提下所能通过的最大服务流量。通过运行分析,可正确评价公路运行状况,为公路交通管理部门制定正确的交通管理措施提供依据,保证公路处于良好的运行状况。

(1) 基本通行能力。基本通行能力又称理论通行能力,是指在一定时间段(取 15min 或 1h)和理想的道路、交通及管制条件下,一条车道的一个断面所允许通过的最大持续交通流。

按车头时距计算,其计算公式为

$$C_B = \frac{3600}{t} \tag{5.5}$$

式中:C_B——一条车道的基本通行能力,pcu/h;
t——最小安全车头时距,s。

设计速度为 120km/h、100km/h、80km/h、60km/h 的高速公路基本路段的 C_B 分别为 2200pcu/h/ln、2200pcu/h/ln、1900pcu/h/ln 及 1800pcu/h/ln。

(2) 实际条件下的通行能力为

$$C = C_0 \times f_{CW} \times f_{SW} \times f_{HV} \tag{5.6}$$

式中:C——实际条件下的通行能力,辆/h;
C_0——基本通行能力,pcu/h;
f_{CW}——行车道宽度对通行能力的修正系数;
f_{SW}——侧向净空对通行能力的修正系数;
f_{HV}——交通组成对通行能力的修正系数。

(3) 影响高速公路基本路段通行能力的因素及其修正系数。由于高速公路是全部控制出入、全立交的,因此受横向干扰的影响很小,故影响基本路段通行能力的主要因素为道路条件、交通条件和驾驶员条件。具体地说,包括道路几何条件(车道宽及侧向净空)、交通组成(大型车混入率)、驾驶员状况等因素。

① 行车道宽度对通行能力的修正系数 f_{CW}。根据对道路宽度影响通行能力的实际观测认为,当车道宽度达到某一数值时其通过量能达到理论上的最大值,当车道宽度小于该值时,则通行能力降低。行车道宽度对通行能力的修正系数如表 5-13 所示。

表 5-13 高速公路行车道宽度对通行能力的修正系数 f_{CW}

车道宽修正系数 设计速度/(km/h)	通行能力修正系数	
	车道宽 3.75m	车道宽 3.5m
120	1.0	0.98
100	1.0	0.97
80	1.0	0.97
60	1.0	0.97

② 侧向净空对通行能力的修正系数 f_{SW}。侧向净空的影响包括左侧路缘带宽度和右侧路肩宽度的影响，根据实际调查表明，左侧路缘带宽度和右侧路肩宽度小于某一数值时（理想条件规定的数值）会使驾驶员感到不安全，从而降速、偏离车道线，使旁侧车道利用率降低。故当左侧路缘带宽度和右侧路肩宽度不足时应予以修正，其修正系数如表 5-14 所示。

表 5-14　侧向净空对通行能力的修正系数 f_{SW}

左侧路缘带宽/m		右侧路肩宽/m		
0.25	0.5	1.0	1.5	2.0
0.98	0.99	0.98	0.99	1.00

③ 交通组成对通行能力的修正系数 f_{HV}。在高速公路上，由于交通流中大中型车辆的动力性能不如小型车，故应对大中型车进行通行能力修正，其修正系数采用下式计算：

$$f_{HV}=\frac{1}{1+P_{LHV}(PCE_{LHV}-1)+P_{TC}(PCE_{TC}-1)} \tag{5.7}$$

式中：P_{LHV}——大中型车交通量占总交通量的百分比；

P_{TC}——特大型车换算成小客车的车辆换算系数；

PCE_{LHV}——大中型车折算系数；

PCE_{TC}——特大型车折算系数。

2) 路段交通运行状况分析

高速公路路段运行状况分析主要是评价已有高速公路在特定的道路、交通条件下的通行能力和交通运行状况。通过运行状况分析，可为交通管制人员制定管理措施，改变高速公路运行的部分道路、交通条件提供依据，使交通运行状况达到期望水平，如达到预期的通行能力和速度等，以提高高速公路运输效益。

(1) 交通流饱和度的确定。根据计算得到的实际通行能力，计算不同方向单车道的流量与通行能力的比值，确定饱和度。

(2) 实际运行速度的确定。根据图 5.4 所示，按照下列步骤确定实际条件下的运行速度。

① 根据单车道的交通流量，在图中横坐标（x 轴）上选取相应的流量值。

② 从选取的流量值作平行于纵坐标（y 轴）的直线，将直线延长到与代表该路段设计速度的速度-流量曲线相交。

③ 从交点出发，作 x 轴的平行线，直到它与图左边的 y 轴相交，读取在该分析条件下小型车的实际运行速度。

(3) 服务水平等级的确定。理想条件下高速公路服务水平根据观测曲线，如图 5.3、图 5.4 所示的分级。根据服务水平等级表及实际条件下饱和度、平均运行速度、车流密度等可确定实际道路服务水平等级。根据服务水平等级可确定路段实际运行状况。

【例题 5-4】　对基本情况下的高速公路运行质量进行分析。

已知：有四车道高速公路，平原地形，设计速度为 100km/h。实地勘察资料如下：分析路段长 2km，坡度为 0%；车道宽 2m×3.75m，内侧路肩 0.75m，外侧路肩 2.7m；大中型车占 34%，特大型车占 1%，单向高峰小时量 V_p=568 辆/h。

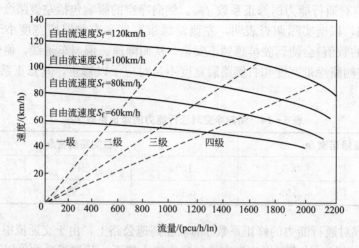

图 5.3 理想条件下速度-流量服务水平分级

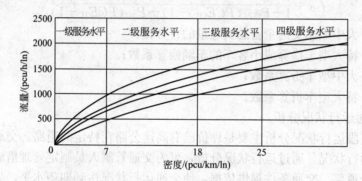

图 5.4 理想条件下密度-流量服务水平分级

试分析其服务水平,问其达到可能通行能力之前还可增加多少交通量。

解：

(1) 从表 5-13 及表 5-14 查(计算)得诸修正系数为

$$f_{CW}=1.0,\ f_{SW}=1.0,\ f_{HV}=\frac{1}{1+[0.34\times(1.5-1)+0.01\times(2.0-1)]}=0.85$$

(2) 计算通行能力：

$$C=C_0\times f_{CW}\times f_{SW}\times f_{HV}$$
$$=(2200\times 1.0\times 1.0\times 0.85)\text{辆}/\text{h}$$
$$=1870\ \text{辆}/\text{h}$$

(3) 计算 V/C 比：

$$V/C=V_p/C_0\times f_{CW}\times f_{SW}\times f_{HV}=568/1870=0.3$$

(4) 由图 5.3 可知该路段服务水平处于一级状态；

(5) 达到该通行能力前可增加的交通量为

$$V=1870-568=1320\ \text{辆}/\text{h}$$

2. 交织区通行能力分析

交织区在道路系统中占有重要的地位,对交织区的运行状态分析是道路交通分析的工作之一。良好的交织区设计和组织管理,有助于降低或消除交通流在交织区处可能产生的瓶颈影响,使道路上的车辆更加安全、高效地运行,从而提高整个道路系统的通行能力和服务水平。

我国的公路尤其是高等级公路,少有真正意义上的交织区或专门用于将交织交通和主要交通分离的集散车道,对道路交织区通行能力及其相关的研究工作也刚起步。本章在借鉴国外一些先进的分析方法基础上,结合我国具体实际情况,对交织区的通行能力进行了分析介绍,给出了一些分析方法和模型。

1) 交织区定义

当交通流在相同行驶方向上,沿着一定长度道路,不借助于交通控制设施运行时,两股或多股交通流的交叉称为交织。当一合流区后面紧接着一分流区,或当一条驶入匝道紧接着一条驶出匝道,两者之间有辅助车道连接时,就构成了交织区,如图 5.5 所示。

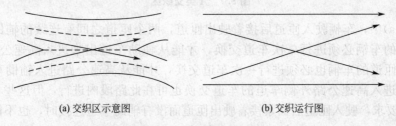

(a) 交织区示意图　　　　　　　　(b) 交织运行图

图 5.5　交织区的构成

2) 交织长度和交织宽度

(1) 交织长度。驾驶员要实行车道交换以完成交织运行,这就要考虑提出一个新的几何参数——交织长度。交织长度是指交织区入口处三角端宽度为 0.6m 处到出口处三角端宽度为 3.6m 处之间的距离(见图 5.6)。交织路段限制了驾驶员必须进行所有车道交换需要的时间与空间。因此,当交织长度缩减时(其他所有因素为常量),则车道交换的强度和导致的紊流等级都要增加。

(2) 交织宽度。交织宽度是由交织区段的车道数来衡量的。这不仅由影响交织运行的车道数来量度,而且还由交织车辆和非交织车辆所使用这些车道的百分率来量度。

3) 交织区的构型划分

交织区可以分为简单交织区和多重交织区两类:简单交织区由一单个汇合点接着一单个分离点形成;多重交织区由一个汇合点接着有两个或两个以上分离点及汇合点接着一个分离点形成。多重交织区分析可借助简单交织区的分析方法。

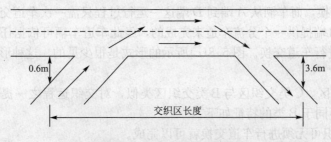

图 5.6　交织区长度示意图

本章主要对几种常见的交织类型进行说明,分别简称为 A 类、B 类和 C 类,这些类型是依据当交织车辆穿过交织路段时必须进行的车道交换最少次数来划分的。

(1) A类交织区。为了实现要求的运程，A类交织区要求每个交织车辆进行一次车道交换，图5.7表明A类交织区的两种几何形式。

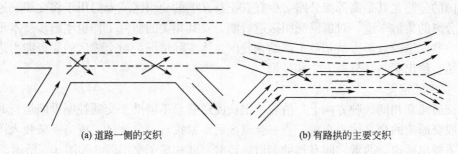

(a) 道路一侧的交织　　　　　　　　(b) 有路拱的主要交织

图 5.7　A 类交织区

图5.7(a)中，车辆驶入匝道后接着驶出匝道，两个匝道之间有连续的辅助车道，所有驶入匝道的车辆必须进行一次车道交换，才能从辅助车道出来进入高速公路的主线。而所有驶出匝道的车辆也必须进行一次车道交换，才能从高速公路进入辅助车道。应当注意的是，进入高速公路外侧车道的车道交换也可在此路段内进行，但这些不是交织运程的任务和要求，驶入匝道后面紧接着驶出匝道而没有辅助车道连接时，也不能作为交织区考虑。

图5.7(b)图交织区的特征是具有三个或更多的入口和出口的多车道公路。图5.7(b)图中所有交织车辆至少进行一次车道交换而与其交织方向无关，这种交织形式一般设置在普通公路上，高速公路上不存在，因为高速公路上行驶方向是相互独立的。

图5.7(a)与图5.7(b)的相似之处为两例都有路拱线，每个交织车辆必须进行的车道交换就是要横越这条路拱线。通常在交织段内交织车辆要占用临近路拱线的两条车道而受到限制，而在实际运行中，那些交织车辆则通常仍占用临近路拱线的两条车道。因此，临近路拱线的两条车道一般由交织与非交织车辆共用。交织区的构型对运行的最显著作用之一是当车辆穿过交织段时，限制了交织车辆可能占用的最大车道数。

(2) B类交织区。B类交织区是最主要的交织路段，它在承受较大交织交通量时是非常有效的。与其他类型交织区相比，B类交织区有以下两个特征。

① 一组交织运行无须进行任何车道交换就可完成。

② 其他交织运行需要最多一次车道交换。图5.8所示是B类交织区的几种形式。

在图5.8(a)、(b)示出的两例中，车辆从B端驶入到C端驶出，这一运行过程的完成没有进行任何车道交换，而车辆从A端到D端这一运行过程只需一次车道交换，在图5.8(a)中，运程是在出口端提供一个分流车道来完成的，经此车道车辆可依据任何一个出口车道继续前进而无须进行车道交换。图5.8(c)所示的形式是很少见的，这种形式只在车流的集散干道上用到。

(3) C类交织区。C类交织区与B类交织区类似，对交织运程之一提供了一条或多条直通车道。C类不同于B类的特征如下。

① 有一种交织可无须进行车道交换就可以完成。

② 其他的交织运程需要进行两次或多次的车道交换。

图5.9所示是C类交织区的两种形式。图5.9(a)中，车辆由B到C这一运行过程不需车道交换，而

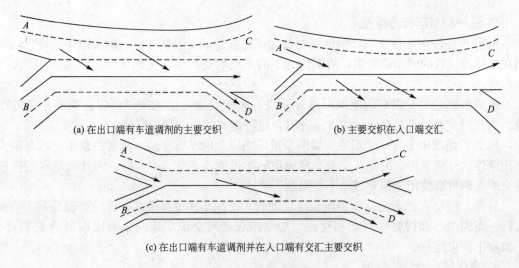

图 5.8　B 类交织区

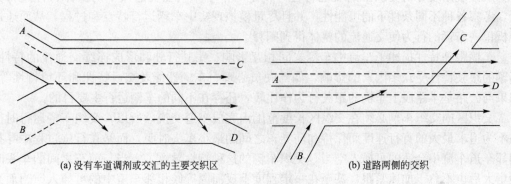

图 5.9　C 类交织区

由 A 到 D 这一运行过程需两次车道交换。这种交织是在出口端没有汇合车道和车道调剂而且也没有路拱线的情况下形成的。这类交织区段对直通车道方向是比较有效的，但是不能有效应付在其他方向上的大量交织交通量。

图 5.9(b) 表示一个道路两侧的交汇区。在这种情况下，从驶入匝道到驶出匝道的车辆要实现他们所期望的运程就必须穿过高速公路上的所有车道。实际中，涉及这类交织路段的运行情况是很少的，一般应设法避免采用。

交织构型是由交织车辆在通过交织区段时所必须进行的最少车道变换数来区分的。构型与所需最少车道变换数的关系如表 5-15 所示。

表 5-15　构型和车道变换最少次数的关系

交织车范围	交织车 a 所需车道变换数	交织车 b 所需车道变换数		
		0	1	≥2
	0	A	B	C
	1	B	A	—
	≥2	C	—	—

4) 三种构型运行的特点

构型 A 路段中能被交织车辆使用的最大车道数是最受限制的。一般交织车辆将它们限制在邻接路拱线的两车道之中，故不论有用的车道数是多少，交织车辆一般最多用到 1.4 条车道。

构型 B 路段对交织车辆使用车道方面没有大的约束，交织车辆可以占据多达 3.5 车道。当交织交通量占总交通量的大部分时，这种形式的构型最为有效。

构型 C 路段由于有一交织流需要两条或两条以上的车道变换，这就约束了交织车辆去使用路段的外侧车道，因此，交织车辆能用的车道数不大于 3.0。有一例外就是双侧构造的交织车辆可以使用全部车道而不受限制。

另外，构型 A 路段当交织路段长度增加时，交织车速变得很高，此时更容易发生约束运行。而构型 B 和构型 C 与此相反，增加路段长度对交织车速的影响比构型 A 路段小，不易发生约束运行。

5) 交织区交通特性分析

从微观角度分析交织区的交通特性，就是对单个车辆在交通流中的操作特性进行分析，考察各种不同条件下的可能性，并且尽量模拟现实中车辆运行特点和过程，从而通过分析单一车辆的行为使交通流的整体得到阐释。

车辆跟驶特性描述了车流中车辆之间相互影响、跟驶行驶和形成连续交通流的特性。车辆的跟驶特性受众多因素的影响，如驾驶员心理、车辆性能及交通特性和环境特性等。如果与公路基本路段上车辆的跟驶行为作比较，还存在不同的车辆运行主要目的。

交织区内交织车辆必须在交织区长度范围内完成车道交换，所以，交织车辆运行时往往不为追求最大的直行速度而保持和前导车之间的最小车头时距，而是在行进过程中寻找相邻车道车流中合适的可插入空当。交织车辆的这种特性导致了空当与前车之间的车头时距增大后也不急于加速紧跟，甚至在一定程度上反而因等候相邻车道中的可插入空当而减速，从而使原有车头时距继续加大。

交织区中的非交织车辆期望尽可能避免与交织车辆相互影响，而追求尽可能大的直行速度，因而非交织车辆与前导车之间的跟驶行为与公路基本路段上相似，有保持最小车头时距的趋势，但是由于总会受到交织车辆的影响，致使有效行驶空间损失，车头间距增大。

交换车道特性是交织区微观分析中必须考察的另一个问题。由于各车道交通流中的交织车辆需要转向期望的行驶方向，因此，必然进行车道交换操作。与基本路段相似，交织区内车辆的车道变换行为也有其不同特点。基本路段上，车辆在行驶过程中的车道交换一般出于超车目的，并且随时根据变换车道的可能性决定是否进行车道变换，具有可选择性；交织区内的车道变换时，由于该车道变换操作必须在交织区长度内完成，所以，受交织区长度的限制，交织车辆必须在交织区内行驶过程中找到变换车道的可能性并完成操作，否则，就只好在交织区内被迫减速等候。这种可能性的出现会造成交织区拥堵，甚至车辆之间的尾撞。一定条件下，驾驶员还有可能牺牲一定的安全水平而冒险进行车道变换。所以，交织区内的车道变换比基本路段上的操作约束性更强。

从宏观角度来讲，交织区运行就是车流之间的相互作用。在车流流动中，车头间距分别服从各自分布的两股车流从不同的进口方向驶入交织区，两股车流在前进的过程中，交织车辆随判断相邻车道上另一股车流中是否存在有合适的车头间距，根据判断结果决定是否进行车交换，并选择适当的位置和时间，并在交织长度内完成操作。经过车道变换和车辆重新编队，两股车流各自以一种新的车头时距分布的交通流，通过各自希望的出口方向驶出交织区。

交通流进入交织区，宏观上表现为平均速度降低、平均车头时距增大和交通量减少。

从上述交织区运行特性的分析可知，交织区内交通运行的关键是交织车辆的车道变换。两车道变换是构成交织运行的基本操作，造成车辆运行速度降低，车流运行紊乱，是交织区的主要矛盾。正是由于需要进行车道变换，交织车辆才需寻找可插入空当，进而影响本车道及相邻车道的运行，并对非交织车辆造成影响。在微观上使交织区内的车辆跟驰和车道变换具有前述特征，同时在宏观上形成了两股交通流之间的相互作用。

所以，如果某一因素对交织区的交通运行具有重要影响作用，那么它也应该对车道变换环节具有重要影响。

6) 交织区的分析步骤

通过对交织运行特性的以上分析，本章提出的研究方法步骤如下。

(1) 根据已知的道路条件和交通条件，对在交织区内非交织和交织车辆预测其平均行驶速度，对各种构型、非约束和约束运行都有规定的公式。

(2) 描述交织与非交织车辆对现有车道均衡的使用公式，用以确定是约束还是非约束运行。

(3) 关于各类交织构型的一些关键参数极限值的定义，超过该值则公式不能应用（这些参照极限值参见表 5-16 所示的各种限制）。

表 5-16 交织区公式上的各种限制

构型	交织区通行能力最大 V_w /(pcu/h)	最大 V/N /pcu/h/ln	最大交通量比 VR		最大交织比	最大交织长度 L/m
			N	VR		
A	1800	1900	2 3 4 5	1.00 0.45 0.35 0.22	0.5	610
B	3000	1900	0.80		0.50	760
C	3000	1900	0.50		0.40	760

(4) 以交织和非交织车辆的平均行驶速度为根据的通行能力和服务水平标准的确定。为了方便，表 5-17 给出了一些相关参数的度量单位，并对用于叙述的符号给出了明确的定义。

表 5-17 影响交织区段交织运行的参数表

参数及其单位	定 义
L/m	交织区段长度
N	交织区段车道数（整数）
N_w	交织车辆所用的车道数（不一定是整数）
N_{nw}	非交织车辆所用的车道数（不一定是整数）

(续)

参数及其单位	定义
V/(pcu/h)	交织区段中的总交通量
V_w/(pcu/h)	交织区段中的总交织交通量
V_{w1}/(pcu/h)	两交织流中较大的交织交通量
V_{w2}/(pcu/h)	两交织流中较小的交织交通量
V_{nw}/(pcu/h)	交织区段中的总非交织交通量
VR	交通量比：V_w/V
R	交织比：V_{w2}/V_w
S_w/(km/h)	交织区段中交织车辆的平均行驶速度
S_{nw}/(km/h)	交织区段中非交织车辆的平均行驶速度

7) 交织运行的形式及类型的确定

(1) 交织运行的形式。交织运行由于其性质决定必然会对交通产生扰乱。因此，一交织车辆比一非交织车辆需要占用车行道中更多的空间，交织车辆与非交织车辆相对的空间使用关系，由交织和非交织交通量的相对关系及交织车辆所必须进行的车道变换数来确定。

交织运行分为约束和非约束运行两种形式。在交织区中所有车辆一般总是在使所有交通流达到同样平均行驶速度的方式下来利用可使用的车道。但有些情况下，交织构造会限制交织车辆充分利用车道来达到上述平衡运行。此时交织车辆只利用了可供使用的车道中比期望少的一部分，而非交织车辆则利用了比期望多的一部分。在这种情况下，交织区的运行为约束运行；当交织构造不限制交织车辆去利用所期望使用的那部分车道时，交织运行就是非约束运行。

(2) 运行类型的确定。前面已介绍过运行形式有约束和非约束两种。一个指定的交织段其运行状态究竟是处于约束运行还是非约束运行，这需通过对 N_w 和 $N_{w(max)}$ 的比较来确定。

当 $N_w \leqslant N_{w(max)}$ 时，是非约束运行；

当 $N_w > N_{w(max)}$ 时，是约束运行。

式中：N_w——交织车辆为了取得均衡运行或非约束运行必须采用的车道数(不一定是整数)。

$N_{w(max)}$——对于指定构造性，交织车辆可采用的最大车道数(不一定是整数)。

N_w 的计算式及 $N_{w(max)}$ 的值如表 5-18 所示。

表 5-18 N_w 的计算式及 $N_{w(max)}$ 的值

构造类型	非约束运行时 N_w 的计算式	$N_{w(max)}$
A	$N_w = 1.21 N \times VR^{0.571} \times L^{0.234}/S_w^{0.438}$	1.4
B	$N_w = N \times [0.085 + 0.703 VR + (71.57/L) - 0.011 \times (S_{nw} - S_w)]$	3.5
C	$N_w = N \times [0.761 - 0.0036 L - 0.0031 \times (S_{nw} - S_w) + 0.047 VR]$	3.0

注：以上三个公式中各个符号的意义同前。

(3) 交织区速度预测模型。交织车辆运行速度 S_w 和非交织车辆运行速度 S_{nw} 由下式确定。

$$S_w \text{ 或 } S_{nw} = 24.1 + 80.47 / [1 + a(0.3048)^d (1+VR)^b (V/N)^c / L^d] \tag{5.8}$$

式中：a、b、c、d——均为常数，其值如表 5-19 所示。

表 5-19 交织车速和非交织车速常数 a、b、c、d 的值

构造形式	指标	交织车速 S_w				非交织车速 s_{nw}			
		a	b	c	d	a	b	c	d
A	非约束	0.226	2.2	1.00	0.90	0.020	4.0	1.30	1.00
	约束	0.280	2.2	1.00	0.90	0.020	4.0	0.88	0.60
B	非约束	0.100	1.2	0.77	0.90	0.020	2.0	1.42	0.95
	约束	0.160	1.2	0.77	0.50	0.015	2.0	1.30	0.90
C	非约束	0.100	1,8	0.85	0.50	0.015	1.8	1.10	0.50
	约束	0.100	2.0	0.85	0.50	0.015	1.6	1.00	0.50

先以非约束形式计算 S_w 和 S_{nw}，代入表 5-18 中相应公式计算 N_w，与该表中 $N_{w(max)}$ 比较，确定约束或非约束，若为约束，则需重新计算约束运行的 S_w 和 S_{nw}。并且，计算过程中，需要将交通量换算成理想条件下的小客车当量交通量。

(4) 交织区通行能力确定。

可能通行能力值的确定。交织区通行能力和交织区构型、车道数、交织区长度及交织流量比有关，因此，交织区可能通行能力可用下式计算：

$$C_w = C_0 \times r_s \times r_N \times r_L r_{VR} \tag{5.9}$$

式中：C_w——交织区通行能力，pcu/h；

C_0——一条车道的理论通行能力，pcu/h；

r_s——交织区构型修正系数，对 Ⅰ 类区取 0.95，对 Ⅱ 类取 1.0；

r_N——交织区内车道数修正系数，对具有二、三、四、五车道的交织区分别取 1.8、2.6、3.4 和 4；

r_L——交织区长度修正系数，用公式 $0.128 L_{n(L)} + 0.181$ 计算；

r_{VR}——交织流量比修正系数，按表 5-20 所示确定，中间值内插。

需要说明的是，该式对交织区的研究仅仅限于理想条件，对于实际道路和交通及环境条件发生变化时，上述通行能力应按表 5-20 所示进行修正。

表 5-20 交织流量比修正系数

VR	0	0.05	0.10	0.15	0.20	0.25	0.30	0.35	0.40	0.45
r_{VR}	1.000	0.980	0.971	0.966	0.959	0.942	0.909	0.853	0.768	0.647

8) 服务水平分析

服务水平是指道路使用者从道路状况、交通条件、道路环境等方面可能得到的服务程度或服务质量，如可以提供的行车速度、行车舒适性、方便驾驶员的视野及经济安全等方面所能得到的实际效果与服务程度。交织区的服务水平直接与交织和非交织车辆的平均行

驶速度有关。对交织和非交织车辆分别规定某一级服务水平,以反映其中存在于交通流组成速度中的一些重大差异及出现的均衡运行等各种情况,表5-21中分别给出了这些标准。

表5-21 交织区服务水平标准

服务水平等级	最小平均交织速度/(km/h)	最小平均非交织速度/(km/h)
一	80	86
二	72	77
三	64	67
四	54①	56②

注:① 四级服务水平下半部是强制流动状态,车速很不稳定,变化于0~56km/h之间。
② 56km/h是计算时使用,与实施测速相比有一些差别,交织区内的速度对稳定交通流范围内的流率则是敏感的,这是由交织车辆及其车道变换产生的附加条件所引起的。

其中,一级服务水平代表不受限制的行驶,交织车辆对其他车流没有什么影响,交织是为了相互错开,只需略微调整车速即可平稳地完成。

二级服务水平代表交织过程中,合流的车辆需要调整速度,以插入相邻车道的空当;分流的车辆不受任何明显的干扰。直通运行的车辆不会受到很大的影响,通常车流是流畅和稳定的。随着车流密度的进一步增大,交通流运行尽管还平稳,但已接近流量的微小变化导致运行质量上巨变的边缘,交织车辆必须调整速度才能顺利进行交织。在进口车流密集的情况下,可能会出现少数车辆排队,在分流区也可能出现一些减速现象。但总的来说,车辆的速度不会下降得太多。

三级服务水平下要顺利交织是有困难的。所有交织车辆必须经常调整它们的速度才能避免冲突,分流区附近的减速现象也很明显,由交织运行引起的紊乱,会影响到相邻几条车道。

四级服务水平代表以通行能力运行,交织运动明显引起混乱,但尚未造成显著的整个断面车辆排队,所以交织还能继续。然而,进口排队明显,所有车辆都受到紊乱的影响,任何微小的突发事件都可能引起交织区堵塞。当车流密度超过临界密度后,全部车流是在走走停停中进行的,进口处受阻,车队很长,车队每时每刻都发生很大变化,车辆运行极不稳定,随时可能出现崩溃。

【例题5-5】 匝道交织路段的运行分析。交织区及其交通量如图5.10所示:车道宽度为3.75m,平原地形,两侧在1.75m内无侧向障碍物,主线及匝道交通量中均有30%大型车。问该交织区在什么服务水平下运行?

解:

(1) 道路及交通条件如上述及图5.10所示,这是构型A的简单交织段。

(2) 将交通量换算成理想条件下的小客车交通量,仍用基本路段通行能力一节中所述的 f_w、f_{HV}、f_p 计算方法及 E_{hv} 的值。

由已知条件得

$$f_w = 1.00, \quad f_p = 1.0, \quad E_{hv} = 1.7$$

$$f_{HV} = 1/[1 + P_{HV} \times (E_{HV} - 1)] = 1/[1 + 0.3(1.7 - 1)] = 0.83$$

换算后,得

$$V_{w1}=480/(f_w \times f_{HV} \times f_p)=180/[1.00\times0.83\times1.0]=578\text{pcu/h}$$
$$V_{w2}=250/[1.00\times0.83\times1.0]=301\text{pcu/h}$$
$$V_w=V_{w1}+V_{w2}=578+301=879\text{pcu/h}$$
$$V_{nw}=(3000+100)/[1.00\times0.83\times1.0]=3735\text{pcu/h}$$
$$V=V_w+V_{nw}=879+3735=4614\text{pcu/h}$$

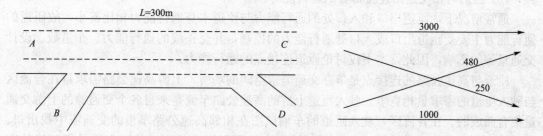

图 5.10　交织区及交通流图

(3) 作交织图并列出计算所需的参数。交织图如图 5.10 所示，参数如下。
$$VR=V_w/V=879/4614=0.191$$
$$R=V_{w2}/V_w=301/879=0.342$$
$$L=300\text{m}$$

(4) 计算非约束情况下的交织车速 S_w 及非交织车速 S_{nw}。
$$S_w \text{ 或 } S_{nw}=24.1+80.47/[1+a(0.3048)^d(1+VR)^b(V/N)^c/L^d]$$
非约束情况下形式 A 的常数值如下：

	a	b	c
S_w	0.226	2.2	1.0
S_{nw}	0.020	4.0	1.3

计算得
$$S_w=69.4\text{km/h}$$
$$S_{nw}=81.9\text{km/h}$$

(5) 利用非约束情况下的 S_w 及 S_{nw}，计算交织车辆为达到非约束运行所需之车道数 N_w，利用表 5-20 中的公式计算。
$$N_w=1.21N\times VR^{0.571}\times L^{0.234}/S_w^{0.438}$$
$$=1.21\times4\times0.191^{0.571}\times300^{0.234}/69.4^{0.438}$$
$$=1.12$$

查表 5-20，可知形式 A 可被交织车辆使用的最大车道数为 $N_{w(max)}=1.4$，现 $N_w<N_{w(max)}$，故是非约束运行，步骤(4)中计算所得的 S_w 及 S_{nw} 可用于分析。

(6) 核查交织区段各限制值。
$$V_w<1800, V/N<1900, VR<0.35, R<0.5, L<610\text{m}$$
均未超过限制值。

(7) 确定服务水平。查表 5-21 知，交织车辆的运行属三级服务水平，非交织车辆的运行属二级服务水平。

3. 匝道及匝道连接点通行能力分析

互通式立体交叉匝道的通行能力，由以下三个数字中的最小值决定。
(1) 匝道与主线连接部分的通行能力。
(2) 匝道本身的通行能力。
(3) 匝道与相交道路连接部分的通行能力。

通常情况下，匝道出口和入口处的通行能力与匝道本身通行能力相比甚小，故匝道的通行能力主要受匝道出口或入口处通行能力的控制，并受正线的通行能力、车道数、设计交通量等的影响，因此，本书仅讨论匝道连接点的通行能力。

匝道与高速公路的连接点是争夺交通需求空间的场所，上游高速公路需求量在合流区与驶入匝道的需求量相竞争。驶入匝道上游的高速公路车流是来自各个交通源的上游交通量集合而成的。在合流区，驶入匝道的车辆试图在相邻高速公路车道的交通流中找出口。由于大多数匝道位于道路的右侧，所以特别容易受到影响的高速公路车道是靠路肩的车道，这里用车道1表示。本文定义，从路肩到路中心的车道用数字1～N表示。

当驶入匝道的车流增加时，在高速公路车道中，驶入车辆影响高速公路各车道中的交通分布。当发生交通事故时，驾驶员常常在驶入匝道和1号车道之间变换交汇点。实际的交汇形式是变化的，但它将对主干道和匝道的排队长度产生严重的影响。

驶出匝道的基本作用是分流。驶出的车辆必然要占用靠近匝道的车道（或占用匝道出口），所以存在其他驾驶员把车辆在其他车道中重新分布的最后影响。当驶出匝道是双车道时，分流行驶的影响会波及高速公路的几个车道。

1) 通行能力计算

(1) 匝道与高速公路连接处的主要形式：匝道与高速公路连接处的基本形式就匝道之间的相互影响来分，可以分为独立的分、合流点和非独立分、合流点。不论哪种形式，但其与相邻分、合流点之间的间距小至足以影响其交通运行时，就是非独立的分、合流点，此时，就要考虑相邻的分、合流点对其通行能力和服务水平的影响。通过实际观测及参考国内外的研究成果，认为最小间距一般情况是：分流点上游980m范围内没有分、合流点；合流点上游610m范围内没有分、合流点。当分、合流点与相邻的分、合流点之间的间距大于对其交通运行产生影响的间距时，此分、合流点就是独立的分、合流点。对于独立的分、合流点可以单独进行通行能力和服务水平的计算和分析。

① 独立式单车道驶入匝道：这种匝道之间没有相邻过近以致影响它运行的驶入匝道。当匝道间距超过1800m时，就认为它不在受影响的范围内了。此种匝道有时附设加速车道，有时采用直接嵌入方式，常见于交通量一般的高速公路入口。

② 独立式单车道驶出匝道：这种匝道上下游1800m范围内没有影响其运行的驶入或驶出匝道。此种匝道有时附设减速车道，有时采用直接嵌入方式，常见于交通量一般的高速公路出口。

③ 相邻的单车道驶入匝道：两个相邻非常近以致互相影响其功能的连续驶入匝道。此种匝道形式见于城市附近高速公路，人口较为密集的区域。

④ 相邻的单车道驶出匝道：两个相邻非常近以致互相影响其功能的连续驶出匝道。此种匝道形式见于高速公路到达城市附近，出口较为密集的区域。

⑤ 驶入匝道后接驶出匝道：当驶入匝道和驶出匝道之间不存在附加车道时，按驶入

驶出的顺序，且相邻较近以致相互影响其功能的一种匝道形式。这种匝道在互通式立交桥上较为常见。

⑥ 驶出匝道后接驶入匝道：按驶出驶入顺序且相邻非常近以致互相影响其功能的一种匝道组合。这种顺序的匝道行驶起来就像是独立的，在高速公路服务区和互通式立交桥上较为常见。

⑦ 双车道匝道：在匝道与高速公路连接处没有附加车道或车道消失的双车道驶入匝道或驶出匝道。常见于交通量较大的高速公路的出口和入口。

(2) 车流运行特征。

① 分流点车流运行特征。基本上是过境交通分离出来的车辆必须先驶入与匝道相连接的1号车道上来。因此，就是驾驶员在车行道之间调整车辆的分布百分率。在有双车道匝道的地方，车辆分离的影响会扩大到高速公路若干车道上。车辆分离过程首先是变换车道的过程，在车辆分离的影响区范围内，处于内侧车道准备离开高速公路的车辆必须逐步从内侧车道换向1号车道，驶出匝道交通量在驶出匝道上游的1号车道中不同范围内的百分率不同，分离流量在1车道百分率和距分流点距离关系如表5-22所示。

表5-22 分离流量在1号车道百分率和距合流点距离关系

距合流点距离/m	1200	1050	900	750	600	450	300	150	0
分离流量在1号车道的百分率/(%)	10	16	29	46	63	79	95	100	100

从表5-22可以看出在分流点影响区域内，分离车辆变换车道的概率大大增加。由于分离行为的存在，分离车流对高速公路车流的正常运行产生了较大的影响，尤其是对1号车道交通流正常运行产生的影响尤为严重。因此分析分流点的交通流运行必须考虑分流点上游高速公路单向总的交通流，同时也必须考虑上游1号车道交通流之间的相互影响。

② 合流点车流运行特征。对于合流，从匝道来的车辆寻找临近主线上交通流中可用的空当以便汇入。由于绝大部分匝道在主线的右侧，因此，主线上右侧车道是主线车道中最直接受影响者。汇入的车流与过境车流之间是相互影响的，同时汇入车流对高速公路整个方向车流的运行具有相当的影响。一般情况下，合流后的车辆往往趋向于变换车道到行车速度较快的中间车道或内侧车道运行。在合流点影响范围内，变换车道的概率大大增加，合流交通流对合流点下游高速公路单向总交通流正常运行产生相当的影响。同时，由于汇入车辆汇入时车速较低，对合流点上游1号车道交通流运行产生较大的影响。从表5-23可以看出汇入交通量在1号车道的百分率与距合流点之间的距离两者之间的关系。因此，研究合流点交通流的运行必须考虑汇入流量与合流点上游主线交通量以及1号车道交通量之间的关系。

表5-23 汇入流量在1号车道百分率和距合流点距离关系

距合流点距离/m	0	150	300	450	600	750	900	1050	1200
汇入流量在1号车道的百分率/(%)	100	100	60	30	19	14	11	10	10

(3) 影响因素：因为合流和分流行驶出现在与匝道邻接的1号车道上，1号车道上的交通量和其特征就成为分析计算中主要关心的因素。故本节中的大部分分析计算步骤集中在估算紧挨驶入匝道或驶出匝道上游1号车道的交通量。一般来说，1号车道的交通量根

据以下几个因素而变化。

① 匝道交通量 V_r。

② 匝道上游高速公路单向交通量 V_f。

③ 与相邻上游和(或)下游匝道的距离 D_u，D_d。

④ 相邻上游和(或)下游匝道的交通量 V_u，V_d。

⑤ 匝道的类型(驶入匝道还是驶出匝道，连接处的车道数)。

相邻匝道的位置及相邻匝道上的交通量是决定1号车道交通量的关键因素，因为这些因素大大地影响了高速公路上车辆的车道分布。

(4) 匝道与主线连接处需要分析计算的三个关键交通量。

① 合流交通量 V_m：用于驶入匝道，它是相互汇合的交通流的总交通量。对于一个单车道的右侧驶入匝道，其合流交通量是1号车道交通量与匝道交通量之和。

② 分流交通量 V_d：用于驶出匝道，它是将要分离的交通流的总交通量。对于一个单车道的右侧驶出匝道，分流交通量等于紧接主线上游的1号车道的交通量。

③ 主线交通量 V_f：用于任何合流或分流的地点。它是匝道与主线连接处最大的主线单向交通量，即驶入匝道下游或驶出匝道上主线单向行车道的交通量。

以上三个交通量是匝道与主线连接处的三个检验点交通量，如图5.11所示。

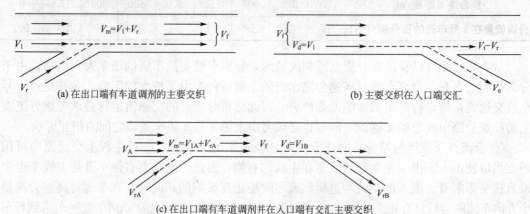

图 5.11 匝道与主线连接处检验点交通示意图

(5) 1号车道交通量计算：1号车道交通量 V_1 是紧挨合流区或分离区上游右侧数起第1车道的交通量。它是计算 V_m 和 V_d 的基础，根据分、合流点形式的不同其计算公式也不同，下面是独立匝道和非独立匝道的计算图示。

下面给出了不同分、合流点形式的不同计算公式及图式。具体计算公式或近似方法的选取取决于：一是与相邻匝道连接的匝道形式；二是高速公路上的车道数；三是涉及的匝道是成对匝道的第一个还是第二个。

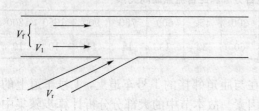

图 5.12 四车道高速公路单车道驶入匝道

① 四车道高速公路单车道驶入匝道(见图5.12)交通量计算公式为

$$V_1 = 136 + 0.345 V_f - 0.115 V_r \qquad (5.10)$$

使用条件有以下几点。

a. 四车道高速公路或一级公路上的单车道驶入匝道(非环形)，有或无加速车道。

b. 仅用于在上游610m内无相邻驶入匝道的情况。

c. 一般使用范围：
$$V_f = 360 \sim 3100 \text{ 辆/h}$$
$$V_r = 50 \sim 1300 \text{ 辆/h}$$

② 四车道高速公路单车道驶出匝道（见图5.13）交通量计算公式为
$$V_1 = 165 + 0.345V_f + 0.520V_r \tag{5.11}$$

使用条件有以下几点。

a. 四车道高速公路或一级公路上的单车道驶出匝道，有或无减速车道。

b. 仅用于在上游980m内无相邻驶入匝道的情况。

c. 一般使用范围：
$$V_f = 360 \sim 3800 \text{ 辆/h}$$
$$V_r = 50 \sim 1400 \text{ 辆/h}$$

③ 四车道高速公路上游有相邻驶入匝道的单车道驶出匝道（见图5.14）交通量计算公式为
$$V_1 = 202 + 0.362V_f + 0.496V_r - 0.226D_u + 0.096V_u \tag{5.12}$$

图5.13　四车道高速公路单车道驶出匝道　　　图5.14　四车道高速公路上游有相邻驶入匝道的单车道驶出匝道

使用条件有以下几点。

a. 四车道高速公路上一单车道驶出匝道在其上游980m以内有一相邻的驶入匝道，该驶出匝道有或无减速车道。

b. 一般使用范围：
$$V_f = 65 \sim 3800 \text{ 辆/h}$$
$$V_r = 50 \sim 1450 \text{ 辆/h}$$
$$V_u = 50 \sim 810 \text{ 辆/h}$$
$$D_u = 210 \sim 980 \text{ 辆/h}$$

④ 四车道高速公路上游有相邻驶入匝道的单车道驶入匝道（见图5.15）交通量计算公式为
$$V_1 = 123 + 0.376V_f - 0.142V_r \tag{5.13}$$

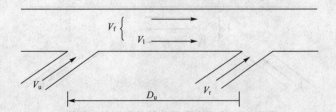

图5.15　四车道高速公路上游有相邻驶入匝道的单车道驶入匝道

使用条件有以下几点。

a. 四车道高速公路或一级公路上，上游 120～610m 之间有相邻驶入匝道存在的单车道驶入匝道，此单车道驶入匝道有或无加速车道。

b. 当 $D_u \leqslant 120m$ 或者 $V_u \geqslant 900$ 辆/h 时，计算结果不精确。

c. 一般使用范围：

$$V_f = 720 \sim 3300 \text{ 辆/h}$$
$$V_r = 90 \sim 1400 \text{ 辆/h}$$
$$V_u = 90 \sim 900 \text{ 辆/h}$$
$$D_u = 120 \sim 610 \text{m}$$

⑤ 六车道高速公路上游或下游有或无相邻驶出匝道的单车道驶入匝道（见图 5.16）交通量计算公式为

$$V_1 = -121 + 0.244V_f - 0.085V_u + 195.1V_d/D_d \tag{5.14}$$

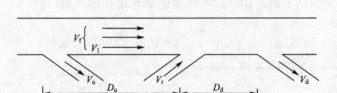

图 5.16　六车道高速公路上游或下游有或无相邻驶出匝道的单车道驶入匝道

使用条件有以下几点。

a. 六车道高速公路上一单车道驶入匝道，在其上游和（或）下游有或无相邻驶出匝道，该驶入匝道有或无加速车道。

b. 如果在上游 800m 内无相邻驶出匝道，使用 $V_u = 45$ 辆/h。

c. 如果在下游 1700m 内没有相邻驶出匝道，并且 $V_f < 4500$ 辆/h，使用 $195.1V_d/D_d = 5$。

d. 一般使用范围：

$$V_f = 2160 \sim 5600 \text{ 辆/h}$$
$$V_u = 45 \sim 1000 \text{ 辆/h}$$
$$V_d = 45 \sim 1200 \text{ 辆/h} \quad V_r = 90 \sim 1540 \text{ 辆/h}$$
$$D_u = 280 \sim 800 \text{m} \quad D_d = 280 \sim 1700 \text{m}$$

⑥ 六车道高速公路单车道驶出匝道（见图 5.17）交通量计算公式为

$$V_1 = 94 + 0.231V_f + 0.473V_r + 65.5V_u/D_u \tag{5.15}$$

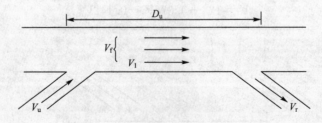

图 5.17　六车道高速公路单车道驶出匝道

使用条件有以下几点。

a. 六车道高速公路上一单车道驶出匝道，在其上游有或无驶入匝道，该驶出匝道有或无减速车道。

b. 如果在上游 1700m 内无相邻驶出匝道，使用 $65.5V_u/D_u=2$。

c. 一般使用范围：

$$V_f=1000\sim 5600 \text{ 辆/h}$$
$$V_r=20\sim 1620 \text{ 辆/h}$$
$$V_u=45\sim 1100 \text{ 辆/h}$$
$$D_u=280\sim 1700\text{m}$$

⑦ 六车道高速公路单车道驶入匝道（见图 5.18）交通量计算公式为

$$V_1=574+0.228V_f-0.194V_r+2.343D_u+0.274V_u \tag{5.16}$$

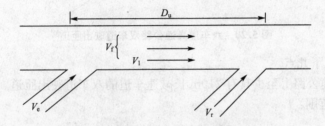

图 5.18　六车道高速公路单车道驶入匝道

使用条件有以下几点。

a. 上游有相邻的驶入匝道的六车道高速公路上单车道驶入匝道，有或无加速车道。

b. 一般使用范围：

$$V_f=1620\sim 4900 \text{ 辆/h}$$
$$V_r=90\sim 1350 \text{ 辆/h}$$
$$V_u=90\sim 1260 \text{ 辆/h}$$
$$D_u=150\sim 300\text{m}$$

⑧ 六车道高速公路双车道驶入匝道（见图 5.19）交通量计算公式为

$$\begin{cases} V_1=54+0.070V_f+0.049V_r \\ V_{1+A}=-205+0.287V_f+0.575V_r \end{cases} \tag{5.17}$$

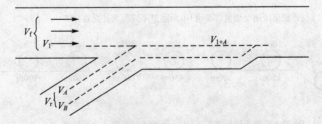

图 5.19　六车道高速公路双车道驶入匝道

使用条件有以下几点。

a. 六车道高速公路上至少具有 240m 长加速车道的双车道驶入匝道。

b. 一般使用范围：
$$V_f = 540 \sim 2700 \text{ 辆/h}$$
$$V_r = 1000 \sim 2700 \text{ 辆/h}$$

⑨ 六车道高速公路双车道驶出匝道(见图 5.20)交通量计算公式为

$$\begin{cases} V_{1+A} = -158 + 0.035V_f + 0.567V_r \\ V_1 = 18 + 0.060V_f + 0.072V_r \end{cases} \quad (5.18)$$

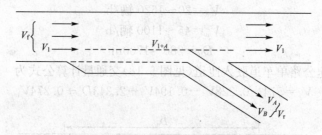

图 5.20　六车道高速公路双车道驶出匝道

使用条件有以下几点。

a. 六车道高速公路上至少具有 210m 长减速车道的双车道驶出匝道。

b. 一般使用范围：
$$V_f = 1900 \sim 5400 \text{ 辆/h}$$
$$V_r = 1000 \sim 2700 \text{ 辆/h}$$

计算公式中的每个公式都有注意事项和适用条件。应当认真对待这些事项和条件，特别是牵涉到近似方法的地方，应对近似的情况提供专门的说明。

(6) 求 1 号车道交通量的近似方法：除以上计算式外的情况，可以用近似法求 V_1。这主要用于八车道高速公路上的匝道，以及用于特殊几何构造。图 5.21 所示给出了 1 号车道内驶入和驶出匝道的车辆从各个不同距离进入或离开高速公路匝道的百分率，要求驶出 1 号车道的交通量必须分别考虑过境交通量及本匝道 1200m 内的每个匝道的交通量。匝道端部附近的 1 号车道余留的过境车辆百分率如表 5-24 所示。

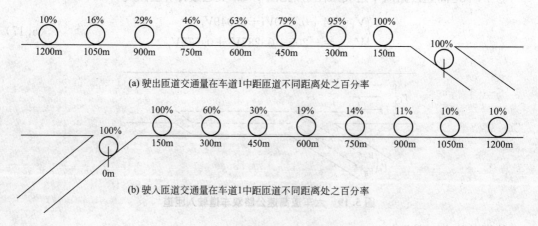

(a) 驶出匝道交通量在车道1中距匝道不同距离处之百分率

(b) 驶入匝道交通量在车道1中距匝道不同距离处之百分率

图 5.21　六车道高速公路双车道驶入匝道

表 5-24 在匝道端部附近 1 号车道中余留的过境车辆大致百分率

单向总交通量/ (辆/h)	余留在 1 号车道中的过境车辆/(%)		
	八车道高速公路	六车道高速公路	四车道高速公路
≥6500	10	—	—
6000~6499	10	—	—
5500~5999	10	—	—
5000~5499	9	—	—
4500~4999	9	18	—
4000~4499	8	14	—
3500~3999	8	10	—
3000~3499	8	6	40
2500~2999	8	6	35
2000~2499	8	6	30
1500~1999	8	6	25
≤1499	8	6	20

例如：估算图 5.22 中匝道 B 紧挨着的上游 1 号车道的交通量。

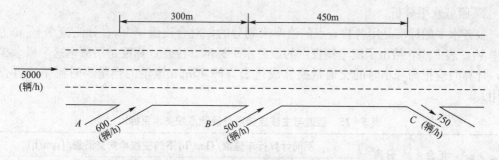

图 5.22 计算用图

在解答之前，需要确定高速公路上过境车辆交通量。为此，假设凡进入高速公路本路段的车辆不再离开，因此，在此例中可假设从匝道 C 驶出的 750 辆/h 均来自于高速公路上的 5000 辆/h 之中，所以，过境交通量为 5000－750＝4250 辆/h。

从表 5-24 看出，在过境交通量为 4250 辆/h 的八车道高速公路上，其中 8% 分布在 1 号车道内。所以有

$$V_{lb(过境)} = 0.08 \times 4250 \text{ 辆/h} = 340 \text{ 辆/h}$$

B 匝道下游 450m 是 C 匝道，该处有 750 辆/h 驶出高速公路，图 5.20(a) 表明驶出匝道的车辆 79% 行驶在 1 号车道距分流点 450m 上游段内。所以

$$V_{lb(C过境)} = 0.79 \times 750 \text{ 辆/h} = 593 \text{ 辆/h}$$

B 匝道上游的 1 号车道总交通量为

$$V_{lb} = V_{lb(过境)} + V_{lb(匝道A)} + V_{lb(匝道C)}$$
$$= (340 + 360 + 593) \text{ 辆/h} = 1293 \text{ 辆/h}$$

估算结束。

(7) 1号车道内的大型车百分率：大型车在 1 号车道的交通量占单向行车道上大型车总交通量的百分率与主线单向交通量的关系是计算 1 号车道小客车当量交通量的重要关系之一。目前常用的关系图如图 5.23 所示。

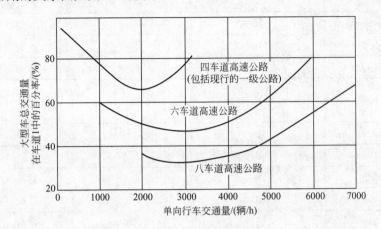

图 5.23　单向行车交通量/(辆/h)

在适用图 5.23 的过程中，如果求得的 1 号车道中的大型车交通量不小于 1 号车道的交通量，则仍用已得的交通量，不过其中全部为大型车。

2) 服务水平分析

服务水平的标准是用各检查点的流率来划分的，对合流流率 V_m、分流流率 V_d 和主线流率 V_f。表 5-25 给出了流率检查点的服务水平标准。注意：标准是用流率这个概念描述的，计算时应把高峰小时的交通量换算成代表高峰 15min 流量的当量小时流率，再查表使用。

表 5-25　匝道与主线连接点处检验点服务水平标准

服务水平级别	汇合交通量/(pcu/h)	分离交通量/(pcu/h)	不同计算行车速度/(km/h)下的主线单向交通量/(pcu/h)							
			120		100		80		60	
			四车道	六车道	四车道	六车道	四车道	六车道	四车道	六车道
一	≤1000	≤1050	≤2200	≤4600	≤2000	≤3000	—	—	—	—
二	≤1450	≤1500	≤3200	≤4600	≤2600	≤4200	≤2600	≤3900	≤2300	≤3450
三	≤1750	≤1800	≤3800	≤5700	≤3400	≤5100	≤3200	≤4800	≤2900	≤4350
四	≤2000	≤2000	≤4000	≤6000	≤4000	≤6000	≤3800	≤5700	≤3600	≤5400

(1) 各级服务水平简要描述如下。

① 一级服务水平：汇入车辆和分离车辆对主线上的过境车流影响很小。汇入时运行流畅，在插入过境交通流车辆间隙时仅需要很小的车速调整；分离运行不会产生很大的扰动。随着流量的增加，汇入车辆插入 1 号车道过境车流空当时需要调整他们的车速；分离出来的车辆仍然没有很大的扰动。主线上的过境车流受到的影响不大，交通流一般较为流畅和稳定。

② 二级服务水平：运行初期依然是稳定流，但其运行质量有所下降。1号车道和驶入匝道上的车辆都必须调整他们的速度以便达到流畅地汇入，并且当驶入匝道上流量较大时还会有小的车队形成。在分离区车速也会有所降低，但不会出现排队现象。此时驶入车辆和驶出车辆所引起的扰动扩展的范围更大一些，并且这种扰动可能延伸到与1号车道相邻主线上的其他车道上去。高速公路上总的速度和密度不会有大的变化。

③ 三级服务水平：运行车辆难以流畅地汇入，不论要汇入的车辆还是1号车道的过境车辆都必须不停地调整其车速避免在合流点发生冲突。分离区附近的车速降低得更多，汇入和分离行为所引起的扰动将影响若干主线车道。在大交通量的驶入匝道上，匝道车队可以变成对主线具有破坏性的因素。

④ 四级服务水平：汇入行为产生大的扰动，但在主线上仍然没有形成车队，而在驶入匝道上则会形成一些车队。分离车辆的车速大大降低，并且在分离区会形成一些车队。所有车辆均受到扰乱的影响，主线上的过境车辆则企图到靠近中央的车道上行驶来避开扰乱。当达到过饱和状态后，所有的汇入基本上是停停走走地进行，驶入匝道上广泛形成排队，1号车道上的过境交通被破坏。许多扰乱是由于过境车辆改变车道以避开汇入和分离而产生的。高速公路分、合流点上游若干距离内会产生相当大的交通延误。交通流极不稳定，经常处于稍好的稳定流和强制流交替运行的状态。

(2) 确定服务水平。查表5-25对比，$V_f=3054$pcu/h<3200pcu/h，属于二级服务水平，但靠近三级服务水平。$V_m=1651$pcu/h<1750pcu/h，属于三级服务水平，但靠近四级服务水平。总体来说此独立的四车道高速公路单车道驶入匝道的合流点交通流运行状态处于三级服务水平，但是相对而言，汇合交通量所处的位置，服务水平较差，属于控制因素，要设法加以改进。

5.3 平面交叉口通行能力

5.3.1 交叉口通行能力的概念

当两条或两条以上道路在同一平面相交称为平面交叉，即两条不同方向的车流通过平面路口时产生车流的交叉。平交路口可能通过两相交车流的最大交通量就是平面交叉口的通行能力。平面交叉口的通行能力不仅与交叉口的面积、形状、入口引道车道的条数、宽度、几何线性或物理条件有关，而且受相交车流通过交叉口的运行方式、交通管理措施等方面的影响，因此，在交叉口通行能力的分析过程中，要充分注意到各个因素对通行能力的相关关系。

平面交叉口可分为三大类，第一类为不加任何交通管制措施的交叉口；第二类为中央设岛的环形交叉口；第三类为设置色灯信号的交叉口。

5.3.2 无信号主路优先交叉口通行能力

在主路具有优先通行权的无信号平面交叉口处，支路驾驶员必须尊重主路的优先权利，即主路的车辆运行优先于将穿越交叉口的支路车辆，同时，支路车辆必须让行于主路的车辆。以此为前提，根据不同假设的间隙接受过程和理论，可以推出各种通行能力计算模型。

为了弄清楚具有主路优先交叉口的运行特点，先对集中交叉口特点的简化的情况进行分析。间隙接受方法实际上就是在两个相交的车流应用一个简单的排队模型，设主路的交通流量为 v_p，支路的交通流量为 v_n，主路的车流优先通过交叉口的冲突区，不产生延误，支路车流必须在交叉口前等待，只有当主路的车流间隙至少有一个 t_c 的间隔时，即 $h > t_c$ 时，允许支路一辆车通过，若支路车辆间隔 $h > t_c + t_f$ 允许两辆车通过，当 $h > t_c + nt_f$ 时允许 $n+1$ 辆车通过。

设 $g(t)$ 为主路车流间隔为 J 时支路车流通过交叉口的数量，$f(t)$ 为主路车流间隙分布的概率密度函数，v_p 为主路的交通量，则支路通行能力为

$$C_n = v_p \int_{t=0}^{\infty} f(t)g(t)\mathrm{d}t \tag{5.19}$$

式中：C_n——支路车流离开停车线穿越冲突区的最大可能交通量。

应用概率统计公式，两车流相交的最简单的交叉口通行能力可以方便地计算得出。

为讨论问题方便起见，一般情况下假定。

（1）临界间隙 t_c 和随车时距 t_f 的值为常量。
（2）主路优先车流的到达时距分布为负指数分布。

可穿越交叉口的间隙个数有两种表达形式，一种是离散型表达，一种是连续型表达。对于不同的表达，交叉口的通行能力计算式稍有不同。

在离散表达情况下，有

$$g(t) = \sum_{n=0}^{\infty} n \cdot p_n(t) \tag{5.20}$$

式中：$p_n(t)$ 为在 t 时间间隔内有 n 辆支路车进入交叉口的概率。

在连续性表达条件下，有

$$p_n = \begin{cases} 1, & t_c+(n-1)t_f < t_c+nt_f \\ 0, & \text{其他} \end{cases} \tag{5.21}$$

$$C_n = v_p \int_{T=0}^{\infty} f(t)g(t)\mathrm{d}t \tag{5.22}$$

则有

$$C_n = \frac{v_p e^{-v_p t_c}}{1 - e^{-v_p t_c}} \tag{5.23}$$

$$C_n = \frac{v_p e^{-v_p(t_c-t_f)}}{e^{v_p t_c} - 1} \tag{5.24}$$

在连续性表达条件下，有

$$g(t) = \begin{cases} 0, & t < t_0 \\ \dfrac{t-t_0}{t_f}, & t \geq t_0 \end{cases} \tag{5.25}$$

$$t_0 = t_c - \frac{t_f}{2} \tag{5.26}$$

$$C_n = v_p \int_{t=0}^{\infty} f(t)g(t)\mathrm{d}t \tag{5.27}$$

则有

$$C_n = \frac{1}{t_c} e^{-V_p t_c} \tag{5.28}$$

由离散型与连续型两种方法计算交叉口支路车辆的通行能力稍有不同,但差别不大,在实际应用中可以忽略其间的微小差别,可以认为两式是等同的。

5.3.3 环形交叉口通行能力

1) 分类

环行交叉口按中心岛直径可分三类。

(1) 常规环行交叉口,如图 5.24 所示。中心直径大于 25m,交织段比较长,进口引道不拓宽成喇叭形。我国现有的环交叉口均属此类。

(2) 小型环行交叉口,如图 5.25 所示。中心岛直径为 4~25m,引道进口加宽,作成喇叭形,便于车辆进入交叉口。

(3) 微型环行交叉口,如图 5.26 所示。中心岛直径一般小于 4m,中心岛不一定成圆形,也不一定做成一个。可以用白漆画成圆圈,不用凸起这种环行交叉口,实际上是渠化交叉口。

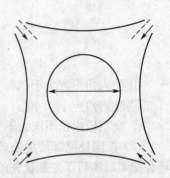

图 5.24 常规环形交叉口

图 5.25 小型环形交叉口

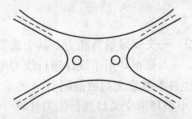

图 5.26 剪刀式微型环形交叉口

2) 常规环行交叉口的通行能力计算

常规环行交叉口的通行能力计算,各国均有独特的公式,其中较著名的和使用较广泛的公式如下所示。

(1) 沃尔罗普(Wardrop)公式

$$Q_M = \frac{354w \cdot \left(1 + \dfrac{e}{w}\right) \cdot \left(1 - \dfrac{p}{3}\right)}{\left(1 + \dfrac{w}{l}\right)} \tag{5.29}$$

式中:Q_M——交织段上的最大通行能力,辆/h;

l——交织段的长度,m;

w——交织段的宽度,m;

e——环行交叉口引道的平均宽度,m,$e = \dfrac{1}{2} \times (e_1 + e_2)$;

e_1——入口引道长度，m；

e_2——环道突出部分宽度，m；

p——交织段内进行交织车辆与全部车辆之比，%。

上述公式适用于下列条件。

① 引道上没有因故暂停的车辆。

② 引道位于平坦地区，纵坡不大于4%。

③ 各参数应在下列范围：

$$w = 6.1 \sim 18.0 \text{m}$$
$$e/w = 0.4 \sim 1.0$$
$$w/l = 0.12 \sim 0.4$$
$$e_1/e_2 = 0.34 \sim 1.41$$
$$p = 0.4 \sim 1.0$$

④ 驶入角不宜大于30°。

⑤ 驶出角应小于60°。

⑥ 交织段内角不应大于95°。

(2) 英国环境部使用公式：英国道路实施左行规则，通过对环行交叉研究，1966年对环行交叉口实行了左侧优先的行驶法规，即规定行驶右环道上的车辆可以优先通行进入环道的车辆可以优先通行，进入环道的车辆让路给环道上的车辆等候间隙驶进环道。这样，wardrop公式不适用，所以应采用以下公式计算

$$Q = \frac{160w\left(1+\dfrac{e}{w}\right)}{1+\dfrac{w}{l}} \tag{5.30}$$

式中：Q——交织段通行能力，其中载货车占全部车辆的15%，如重车超过15%时要进行修正，用于设计通行能力时要乘以85%。

其他各参数意义与数值同前。

3) 小型环形交叉口通行能力计算

小型环交的特点是环道较宽，进出口做成喇叭形，对进入环道的车辆提供较多的车道，车流运行已不存在交织现象。在所有进口引道都呈饱和状态条件下，经过实验，得到如下公式

$$Q = k(\sum w + \sqrt{A}) \tag{5.31}$$

式中：Q——环行实用通行能力，该值乘以0.8为设计通行能力，pcu/h；

$\sum w$——所有引道基本宽度的总和，m；

A——引道拓宽增加面积，m²，$A = \sum \alpha$；

k——系数 [pcu/(h·m)]，三路交叉，$k=10$；四路交叉，$k=50$；五路交叉，$k=45$。

5.3.4 信号交叉口通行能力

十字形交叉口设计通行能力等于各进道口设计通行能力之和，如图5.26所示。

图 5.27 十字形交叉口的车道功能分区

1) 进道口设计通行能力

(1) 进道口设计通行能力等于各车道设计通行能力之和。

① 一条直行车道的设计通行能力计算公式为

$$C_s = \frac{3600}{T_c}\left(\frac{t_g - t_0}{t_i} + 1\right)\varphi$$

式中：C_s——一条直行车道的设计通行能力，pcu/h；

T_c——信号灯周期，s；

t_g——信号每周期内的绿灯时间，s；

t_0——绿灯亮后，第一辆车启动，通过停车线的时间，s，可采用 2.3s；

t_i——直行或右行车辆通过停车线的平均时间，s/pcu；

φ——折减因数，可选 0.9。

车辆平均通过停车线的时间 t_i 与车辆组成、车辆性能、驾驶员条件有关，设计时可采用本地区调查数据。如无调查数据，直行车队可参考下列数值取用：

小型车组成的车队，$t_i = 2.5s$；

大型车组成的车队，$t_i = 3.5s$；

拖挂车组成的车队，$t_i = 7.5s$。

混合车组成的车队，按表 5-26 选用。为计算方便，将拖挂车划归大型车。

表 5-26 混合车队的 t_i

大车：小车	2:8	3:7	4:6	5:5	6:4	7:3	8:2
t_i/s	2.65	2.95	3.12	3.26	3.30	3.34	3.42

② 直右车道设计通行能力计算公式为

$$C_{xy} = C_s \tag{5.32}$$

式中：C_{xy}——一条右转车道的设计通行能力，pcu/h。

③ 直左车道设计通行能力计算公式为

$$C_{sl} = C_s(1 - \beta'_t/2) \tag{5.33}$$

式中：β'_t——直左车道中左转车所占比例。

④ 直左右车道设计通行能力计算公式为

$$C_{slr} = C_{sl} \tag{5.34}$$

式中：C_{slr}——一条左右车道的设计通行能力，pcu/h。

(2) 前已提及，进口道的设计通行能力等于各进口车道设计通行能力之和。此外，也可以根据本进口车辆左、右转比例计算。

① 进口设有专用左转于专用右转车道时，进口道设计通过能力按下式计算

$$C_{elr} = \sum C_s / (1 - \beta_l - \beta_t) \tag{5.35}$$

式中：C_{elr}——设有专用左转与右转车道时，本面进口道的设计通行能力，pcu/h；

$\sum C_s$——本面直行车道设计通行能力之和，pcu/h；

β_l、β_t——分别为左、右转车占本面进口道车辆的比例。

专用左转车道的设计通行能力为

$$C_l = C_{elr} \beta_l \tag{5.36}$$

专用右转车道的设计通行能力为

$$C_r = C_{elr} \beta_t \tag{5.37}$$

② 进口道设有专用左转车道而未设有专用右转车道时，进口道的设计通行能力按下式计算

$$C_{el} = (\sum C_s + C_{sr}) / (1 - \beta_l) \tag{5.38}$$

式中：C_{el}——设有专用右转车道时，本面进口道的设计通行能力，pcu/h；

$\sum C_s$——本面直行车道设计通行能力之和，pcu/h；

C_{sr}——本面直右车道设计通行能力，pcu/h。

专用左转车道的设计通行能力为

$$C_l = C_{el} \beta_t \tag{5.39}$$

③ 进口道设有专用右转车道而未设有专用左转车道时，进口道的设计通行能力按下式计算

$$C_{er} = (\sum C_s + C_{el}) / (1 - \beta_t) \tag{5.40}$$

式中：C_{er}——设有专用右转车道时，本面进口道的设计通行能力，pcu/h；

$\sum C_s$——本面直行车道设计通行能力之和，pc/h；

C_{el}——本面直左车道的设计通行能力，pcu/h。

专用右转车道的设计通行能力为

$$C_r = C_{er} \beta_r \tag{5.41}$$

2) 设计通行能力的折减

在一个信号周期内，对面到达的左转车超过 3～4pcu 时，左转车通过交叉口将影响本面直行车。因此，应折减本面各直行车道(包括直行、直左、直右、直左右车道)的设计通行能力。当 $C_{le} > C'_{le}$ 时，本面进口道折减后的设计通行能力为

$$C'_e = C_e - n_s (C_{le} - C'_{le}) \tag{5.42}$$

式中：C'_e——折减后本面进口道的通行能力，pcu/h；

C_e——本面进口道的设计通行能力，pcu/h；

n_s——本面各种直行车道数；

C_{le}——本面进口道左转的设计通过能力，pcu/h；

C'_{le}——不折减本面各种直行车道设计通行能力的对面左转车道数，pcu/h，当交叉口小时为 $3n$，大时为 $4n$，n 为每小时信号周期数。

5.4 城市干道通行能力

5.4.1 基本通行能力的确定

1) 一条车道的基本通行能力

基本通行能力,是指道路和交通都处于理想条件下,由技术性能相同的一种标准车,以最小的车头间距连续行驶的理想交通流,在单位时间内通过道路断面的最大车辆数,又称理论通行能力,因为它是假定理想条件下的通行能力,实际上不可能达到。

在一条车道连续行驶的车流中,跟随运行的前后相邻两车的间隔距离,即从前车的前端到后车的前端的间隔距离,称为车头间隔。车头间隔可用距离或行车时间来表示,用距离来表示车头间距的称为车头间距(m);用行车时间来表示车头间隔的称为车头时距(s)。路段上一条车道的通行能力,可按车头间距和车头时距两种方法来计算。其计算公式为

$$C_0 = 3600/h_t \quad 或 \quad C_0 = 1000v/L \tag{5.43}$$

式中:C_0——一条车道的基本通行能力,辆/h;
h_t——饱和连续车流的平均车头时距,s;
v——行驶速度,km/h;
L——连续车流的车头间距,m。

连续车流条件下的车头间距 L,可采用下式计算:

$$L = L_0 + L_1 + U + I \cdot v^2 \tag{5.44}$$

式中:L_0——停车时的车辆安全车间距,m;
L_1——车辆的本身长度,m;
v——行驶车速,km/h;
I——与车重、路面阻力系数、黏着系数及坡度有关的系数;
U——驾驶员在反应时间内车辆行驶的距离,m,$U = v \cdot T$,$T = 1.2s$ 左右。

根据有关研究,I 可以按表 5-27 取值。

表 5-27 参数 I 与坡度的关系

坡度/(%)	5	4	3	2	1	0	−1	−2	−3	−4	−5
1×10^3	50	51	52	53	53	54	55	56	57	58	59

在通常的城市道路设计范围内(坡度≤|4%|),其 I 值近似为 0.054,取 $L_0 = 2m$,$L_1 = 5m$,则一条车道的理论通行能力(pcu/h)如表 5-28 所示。

表 5-28 按车头间距计算的一条车道的理论通行能力

V/(km/h)	20	30	35	40	50	60
L/m	14.32	19.08	21.82	24.78	31.31	38.67
C_0/(pcu/h)	1406	1572	1604	1614	1597	1552

我国对一条车道的理论通行能力也进行过专门的研究。CJJ 37—1990《城市道路设计规范》建议的一条车道路理论通行能力(pcu/h)如表 5-29 所示。

表 5-29 CJJ 37—1990《城市道路设计规范》建议的一条车道理论通行能力

V/(km/h)	20	30	40	50	60
C_0/(pcu/h)	1380	1550	1640	1690	1730

通过对城市道路饱和连续车流条件下的车头时距进行观测，观测结果及计算的理论通行能力如表 5-30 所示(车速范围 15～60km/h)。

根据国内外的研究成果，编者认为，对于一条车道的理论通行能力，取 1500pcu/h 是比较合理的。

表 5-30 按车头时距计算的理论通行能力

车型	小客车（三轮卡车）	大客车	卡车	通道车
h_t/s	2.671	3.696	3.371	4.804
C_0/(pcu/h)	1348	974	1068	749

2) 多车道的基本通行能力

由于基本通行能力计算时不考虑道路和交通条件的影响，因此多车道的基本通行能力可按下式计算

$$C = n \cdot C_0 \tag{5.45}$$

式中：n——车道数；
C——n 条车道的基本通行能力；
C_0——一条车道的基本通行能力。

5.4.2 可能通行能力的确定

必须指出，按上述方法和公式计算的通行能力值是理想化的结果。事实上各个路段上的车速是随着道路纵坡、弯道及车辆和行人的不同干扰程度而变化的。因此，各个路段的通行能力是不相同的。对整条道路来说，它的通行能力则被最不利地段上的通行能力所限制。此外，各条车道的不同行车状况和交叉口绿灯等也影响道路路段的通行能力。可能通行能力是指考虑到道路和交通条件的影响，并对基本通行能力进行修正后得到的通行能力，实际上是指道路所能承担的最大交通量。

1) 多车道对路段通行能力的影响

在一些城市主干道上，同一行驶方向的车道数往往不止一条，在多车道的情况下，同向行驶的车辆由于超车、绕越、停车等原因影响另一条车道的通行能力。一般越靠近路中心线的车道，其影响越小，因此，在无分隔带的同向车道上，靠近路中心线的车道通行能力为最大；靠近侧石的车道，其通行能力为最小。其影响用折减系数 $\alpha_条$ 来表示。

据观测，自路中心线起第一条车道的折减系数 $\alpha_条$ 假设为 1.00，其余车道的折减系数依次为：第二条车道为 0.80～0.89；第三条车道为 0.65～0.78；第四条车道为 0.50～

0.65；第五条车道为 0.40～0.52。

由以上的折减系数可以看出，当设计的车道数越多，则靠路边的车道数其折减系数越小，如自路中心线起算的第四条和第五条车道，其通行能力经折减后，仅为第一条车道通行能力的一半。因此，设计过多的车道对于增加道路通行能力的作用是不大的；相反，会造成交通过分集中和交通混乱，给交通组织管理工作带来困难。在一般的中小城市，主干道最多以设计四条车道(双向，不包括非机动车道宽度在内)为宜，大城市和特大城市的主干道最多以设计六条机动车道为好。如仍满足不了交通量发展的要求，则应从改善道路网、修建平行道路、调整交通组织、合理改善城市布局等方面来解决，以疏散该道路的交通负荷。

2) 交叉口对路段通行能力的影响

在城市里，纵横交叉的道路形成了许多交叉口，交叉口对道路通行能力的影响较大，尤其是当交叉口的间距较小时。在影响通行能力的许多因素中(例如，快慢车混合行驶、快车超车、公共交通车辆停靠时进出车道、行人过街等)，交叉口是主要的影响因素，它对通行能力往往起控制作用。因为，在有交通管制的交叉口上，车辆遇到红灯就要减速、停车，然后又要启动、加速行驶。即使碰巧没有遇到红灯或是在没有交通管制的交叉口上，车辆也要减速通行。所以，车辆在通过交叉口时，实际的行程时间比没有交叉口的路段的行程时间要多，其实际平均车速也大为降低，通行能力下降。交叉口对通行能力的影响，用交叉口通行能力折减系数 $\alpha_{交}$ 来表示，计算公式为

$$\alpha_{交} = \frac{交叉口之间无阻的行程时间(s)}{交叉口之间实际的行程时间(s)}$$

3) 行人过街等因素对路段通行能力的影响

关于行人过街对路段通行能力的影响，它与行人过街的密度有关，据北京市的观测，当双向过街人数达到 500 人次/h 时，其折减系数可取 $\alpha_{人}=0.63$。快车超车影响的折减系数，与小汽车的交通量所占的比重有关。铁路道口影响的折减系数，与每小时道口封闭的次数及每次封闭的时间长短有关。在设计时，可参考有关资料或通过实际调查，观测求得。

4) 车道宽度对路段通行能力的影响

道路的通行能力 C 是车道宽度 b 的函数，在车道的宽度达不到要求时，必然影响车速，车速的降低则意味着通行能力的减小。车道宽度对道路的通行能力和行车的舒适影响很大。从保证通行能力的角度考虑，必需的车道宽度 $b_{min}=3.50$m。当车道宽度 $b \geqslant 3.50$m 时，不影响通行能力；如 $b < 3.50$m 时，则车速下降，通行能力减小。因此，达不到 3.50m 宽的车道，其通行能力应按表 5-31 中的数值进行折减。

表 5-31 根据车道宽度 b 的通行能力折减系数 $\alpha_{车道}$

车道宽度 b/m	通行能力折减系数 $\alpha_{车道}$	车道宽度 b/m	通行能力折减系数 $\alpha_{车道}$
3.50	1.00	3.00	0.85
3.25	0.94	2.75	0.77

考虑上述影响的折减系数，则路段上一条车道的通行能力为

$$C_{路段} = C_0 \cdot (\alpha_{条} \cdot \alpha_{交} \cdot \alpha_{人} \cdot \alpha_{综} \cdot \alpha_{车道}) \text{ (辆/h)}$$

式中：$\alpha_{综}$——有快车和铁道口等影响的综合折减系数；

其余符号意义同前。

目前，由于 $\alpha_人 \cdot \alpha_{综}$ 影响因素较复杂，尚难正确计算，通常忽略不计，因而上式可简化为

$$C_{路段} = C_0 \cdot (\alpha_条 \cdot \alpha_交 \cdot \alpha_{车道}) \text{（辆/h）}$$

在特殊情况下，如一定要考虑 $\alpha_人 \cdot \alpha_{综}$ 等因素的影响，可通过现场观测确定。

由于影响车道通行能力的因素很多，一条车道究竟实际能通过多少车辆，迄今还不能一个简易公式就能把所有的各种因素加以普遍概括。目前，除了应用上述理论公式结合实际观测的参数进行计算外，也可通过实际观测或用类比的方法约估而得。城市道路各种车型混合行驶的一条车道的通行能力约为 500 辆/h。

多车道的可能通行能力，可根据求得的每条车道的可能通行能力的相加而得。

所谓服务水平是指道路使用者根据交通状态，从速度、舒适度、方便、经济和安全等方面所能得到的服务程度。影响服务水平的因素很多，如 y/c（即饱和度）、平均车速、交叉口延误、安全性、经济性及便利性等。

对于城市道路来说，衡量交通服务质量的主要指标为路段、交叉口的拥挤程度（即 V/C），平均车速，延误（交叉口）。

在本章中，我们参考美国 HCM 的规定，以干道上所有直行车辆的平均行程速度来评价城市干道的服务水平，平均行程速度是由干道路段上的行程和交叉口的入口延误计算而得。对于城市干道来说，不合适的信号配时、交叉口间距和过多的交通量等因素将大大地降低干道的服务水平。

美国 HCM 将城市干道服务水平分为 A 至 F 六级，各级服务水平的一般描述如下：

服务水平 A 级：在干道上行驶的车辆通常都以该干道自由流速度的 90% 行驶。当车辆以平均行程速度自由行驶时完全不受阻碍。信号交叉口处的停车延误为最小。

服务水平 B 级：车辆在干道上行驶基本不受阻碍，其平均行程速度约为该级干道自由流速度的 70%。有少量的停车延误，但不令人厌烦。

服务水平 C 级：车辆平均行程速度为干道上自由流速度的 50%，稳定车流，有一定的延误，但司机可以接受。

服务水平 D 级：车辆平均行程速度为干道上自由流速度的 40%~50%，接近不稳定车流，有较大延误，但司机还能忍受。

服务水平 E 级：车辆平均行程速度为干道上自由流速度的 1/3，不稳定车流，交通拥挤，延误很大，司机无法忍受。

服务水平 F 级：车辆平均行程速度低于干道上自由流速度的 1/3，强制车流，交通严重阻塞，车辆时停时开。

表 5-32 所示是美国 HCM 给出的城市干道服务水平分类表。

表 5-32　美国 HCM 干道服务水平分类

干道等级	Ⅰ	Ⅱ	Ⅲ
自由流速度范围/(km/h)	64~56	56~48	56~40
典型自由流速度/(km/h)	64	52.8	43.2

(续)

服务水平	平均行程速度/(km/h)		
A	≥56.0	≥48.0	≥40.0
B	≥44.8	≥38.4	≥30.4
C	≥35.2	≥28.8	≥20.8
D	≥27.2	≥22.4	≥14.4
E	≥20.8	≥16.0	≥11.2
F	≤20.8	≤16.0	≤11.2

小　结

通行能力研究我国还处于初级阶段，成果较少，本章的分析方法多出自美国《道路通行能力手册》。通行能力分析的基本方法是首先确定理想条件下的通行能力，然后根据实际道路交通条件对理想条件下的通行能力进行折算，最后得到实际条件下的通行能力。

课后习题

思考题：
1. 比较、分析实际运行状况与规划设计阶段对通行能力分析的思路的异同。
2. 对比分析双车道公路和多车道公路通行能力的影响因素，两者有何差异，原因在哪里？
3. 高速公路的交通流特性同其他公路的有何区别？其实际运行状况通行能力分析同其他公路有何区别？
4. 如何选择高速公路服务水平的衡量指标？选定衡量指标后，如何确定高速公路的服务水平？
5. 路段基本通行能力的分析方法有哪些？各种方法的特点、使用范围是什么？
6. 交织段、交织长度、宽度如何定义，以及交织区和交叉口的区别方法？
7. 交织段可分为三种构型，其各自的划分标准是什么？是否合理，试分析之。
8. 影响匝道通行能力的因素有哪些？各表现在哪些方面？
9. 匝道服务水平是如何定义的？各服务水平分级的依据是什么？服务水平的高低与交通量的大小有何关系？
10. 简述匝道与高速公路连接处的形式，及各种类型匝道的 1 号车道的交通量计算公式及适用范围。

习题：
1. 已知：规划一条乡间高速公路，其远景设计年限平均日交通量 AADT＝45000 辆/h，大型车占交通量的 30%，方向系数 $D=0.6$，平原地形，设计小时交通量系数 HIF＝0.12。问：应规划成几车道高速公路？

2. 已知：要在乡间设计一条延伸的高速公路路段，设计速度为120km/h，要求二级服务水平，单向设计交通量DDHV=2400辆/h，大型车占30%，驾驶员技术熟练，遵纪守法，熟悉高速公路运行。试确定车道数 N。

3. 匝道交织段的分析。图5.28所示的交织段用于所指定的交通量。车道宽度为3.75m，路段位于平原地带，没有侧向障碍物，为了方便起见，指定的所有交通量都采用理想条件下的高峰小时流率来表示，并以pcu/h表示。求服务水平为哪一级？

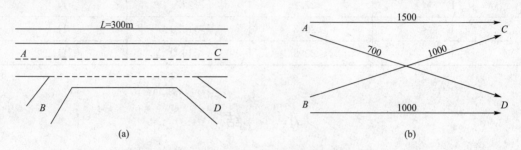

图5.28 匝道交织段交通量分析

4. 约束运行。匝道交织段用于下列要求交通量：$A-C=975$pcu/h，$A-D=650$pcu/h，$B-C=620$pcu/h，$B-D=0$pcu/h，交通包括10%的货车，是由每日经常来回的驾驶员组成。其中PHF为0.85。车道宽度为3.75m，没有侧向障碍物，位于一般丘陵地带。问：这一路段所期望的服务水平是哪一级？

5. 已知一条高速公路互通立交的匝道最小半径 $R=150$m，最大超高横坡为2%，行车道宽度为6m，停车视距大于135m，纵坡为1.9%的下坡，该高速公路位于平原区，匝道类型属于单向单车道，进入高速公路的匝道长450m，交通量为小车250辆/h，大中型车100辆/h，特大型车为20辆/h。试计算匝道自由流速度、通行能力与服务水平。

第6章 交通规划

教学提示：本章首先介绍交通规划的定义、分类和研究内容，接着对交通规划的交通调查进行了详细介绍，然后重点介绍交通需求预测的四阶段法和城市路网布局规划方法，最后简要介绍目前常用的交通规划应用软件。

学习要求：通过本章学习，学生应掌握交通规划的定义，交通规划的交通调查方法，重点掌握交通需求预测的四阶段法和城市路网布局规划方法，了解目前常用的交通规划应用软件。

引例

世界博览会是当前世界上规模最大、历时最久的一种大型国际性展览，被国际上称为经济奥运会。2010年上海世博会为期184天，展会期间预计将迎来8000万人次的展会参观客流，会展期间世博园区平均每天将接待约40万游客，高峰日参观者也将达到60万人，届时上海的城市交通系统将面临严峻挑战，成功的世博会综合交通规划将是城市经济、生活秩序的正常运行，世博会圆满举办的重要保障。

6.1 概　　述

6.1.1 交通规划的定义

所谓交通规划，是指根据特定交通系统的现状与特征，用科学的方法预测交通系统交通需求的发展趋势及交通需求发展对交通系统交通供给的要求，确定特定时期交通供给的建设任务、建设规模及交通系统的管理模式、控制方法，以达到交通系统交通需求与交通供给之间的平衡，实现交通系统的安全、畅通、节能、环保的目的。

6.1.2 交通规划的分类

交通规划具有很多类型。按交通规划涉及的对象和内容可分为综合性交通规划和专项交通规划；按研究的地区范围不同可分为区域交通规划和城市交通规划；按规划年限可分为近期规划(3~5年)、中远期规划(5~20年)和发展战略规划(20~50年)。

6.1.3 交通规划的研究内容

交通规划分很多种类与层次，不同的交通规划有不同的规划内容与深度要求，但无论是哪一类交通规划，其内容一般应包括以下几个方面。

(1) 交通系统现况调查。
(2) 交通系统存在问题诊断。
(3) 交通系统交通需求发展预测。
(4) 交通系统规划方案设计与优化。
(5) 交通系统规划方案综合评价。
(6) 交通系统规划方案的分期实施计划编制。
(7) 交通系统规划的实施。

交通规划的执行过程框图如图 6.1 所示。

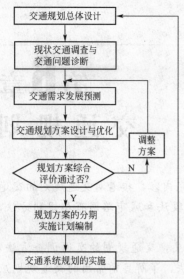

图 6.1 交通规划的执行过程框图

6.1.4 交通规划的总体设计

无论是区域交通系统规划，还是城市交通系统规划，其规划的编制工作都是一个相当复杂的系统工程问题。一般在规划编制工作开始前，要对整个规划过程进行总体设计。总体设计包括落实任务，建立组织机构，确定规划的指导思想、规划目标及规划原则，确定规划期限、规划范围及主要的规划指标，提出规划成果的预期要求(包括规划的深度)等。

1. 规划任务的落实及组织机构的建立

区域交通系统规划一般分多个层次，按国家、省(自治区、直辖市)、地(市)、县行政区划，由各级交通运输的行业主管部门负责组织规划的编制。

城市交通系统的各项规划应根据城市的发展需要而定。城市交通系统规划工作一般由城市规划管理部门或者城市交通管理部门负责组织编制。

在进行交通规划时，各级交通运输管理部门(或规划部门)应设置交通规划专门机构，以确保规划质量和规划工作不间断地深入开展，规划技术力量不足的交通运输管理部门(或规划部门)也可将规划编制工作委托给持有相应设计资质的交通规划设计单位或大专院校进行。

由于交通规划涉及范围广、技术要求高、社会影响大，在规划编制过程中一般都要成立三个机构：规划领导小组、规划办公室、规划编制课题组。

2. 规划指导思想、规划原则的确定

1) 交通规划指导思想

交通规划的指导思想因交通规划类型、层次不同及规划区域不同而不同，没有统一的标准，应结合当地实际情况制定。但一般来说，在制定交通规划的指导思想时应考虑以下要求。

(1) 要有战略高度。交通规划必须从战略的高度出发，考虑比较广阔的地域和比较长久的时间，考虑城市或区域的性质、功能、特点，在国民经济中的政治、经济、文化、科技、军事、运输等方面的地位和作用,城市或区域本身的结构、布局、地理和历史特点,使交通规划有广泛的适应性、长久的连续性,使交通规划能很好地适应未来,为现代化服务。

(2) 要有全局观点。交通系统是一个复杂的系统,交通规划必须从全局、整体出发,将交通系统视为一个相互联系的有机整体,进行全面的综合分析,从整体上、系统上进行宏观控制。局部应服从全局、个别应服从整体、微观应服从宏观、治标应服从治本、眼前应服从长远、子系统应服从大系统。只有重视了全局、整体和大系统的要求,使系统在整体上合理、经济、最优,才能提高交通规划的综合效益和整体质量。

(3) 体现可持续发展理念。我国土地资源与能源相当缺乏,环境污染已经相当严重,而交通系统要消耗大量的土地资源与能源,同时影响环境。交通规划应尽量节约宝贵的土地资源,优先发展低能耗、低污染的交通方式,促进交通系统的可持续发展。

(4) 符合经济发展要求。交通系统直接为社会、经济、人民生活服务,交通系统的质量影响社会、经济的发展,同时,交通系统的发展又依赖于社会、经济发展水平。因此,交通规划应充分考虑交通与社会、经济、人民生活水平的关系,使之协调发展,彼此促进。

2) 交通规划原则

交通规划原则也因规划类型、规划区域的不同而不同,但一般来说,在进行交通规划时,必须遵循以下原则。

(1) 交通系统建设服务于经济发展原则。交通系统发展布局必须服从于社会经济发展的总战略、总目标,服从于生产力分布的大格局。交通系统建设必须与所在区域或城市的社会经济发展各阶段目标相协调,并为当地社会经济发展服务。

(2) 综合运输协调发展原则。在区域交通系统中进行某一交通运输方式网络的规划时,必须综合考虑所在区域的铁路、公路、水路、航空、管道五大运输方式的优势与特点,宜陆则陆、宜水则水,形成优势互补、协调发展的综合运输网络。在城市交通系统规划中进行某一专项交通规划时,必须综合考虑步行、自行车、公共交通、私人小汽车、出租车等出行方式的优势与特点,形成优势互补、协调发展的城市综合交通系统。

(3) 局部服从整体原则。某一层次的交通规划必须服从于上一层次交通系统总体布局的要求。例如,在区域交通系统规划中,省域公路网规划必须以国家干线网规划为前提,市域公路网规划必须以国家干线网、省域干线网规划为前提。在城市交通系统规划中,某一交通方式的规划必须服从于综合交通规划,道路网络规划及停车场布局规划必须以综合交通规划为前提,等等。

(4) 近期与远期相结合原则。交通系统建设是一个长期发展的过程。一个合理的交通系统建设规划应包括远期发展战略规划、中期建设规划、近期项目建设计划三个层次,并满足"近期宜细、中期有准备、远期有设想"的要求。交通系统建设的长期性决定了交通系统规划必须具有"规划滚动"的可操作,规划的滚动以规划的近远期相结合为前提。

(5) 需要和可能相结合原则。交通系统建设规划既要考虑社会经济的发展对交通运输的要求,建设尽可能与社会经济发展相协调的交通网络,以促进社会经济的发展,又要充分考虑人力、物力、财力等建设条件的可能性,实事求是地进行交通网络的规划、布局及实施安排。

(6) 理论与实践相结合原则。交通系统规划是一个相当复杂的系统工程问题，必须利用系统工程的理论方法，对交通系统从系统相互协调关系上进行分析、预测、规划及评价，才能获得总体效益最佳的交通系统规划布局及建设方案。但交通系统规划若脱离了工程实际，就会变成"纸上谈兵"，失去其实际意义。

6.2 交通规划调查

资料采集与数据分析在交通规划中占有重要的地位。对交通系统及其相关系统进行调查，了解交通系统当前存在的问题，掌握交通系统中各种交通现象的发生及发展规律，为交通规划提供可靠的依据，是制定合理交通规划的基本前提和重要环节。在交通规划的各个阶段，都需要与该阶段相对应的各种各样来自实际系统的基础数据，以帮助建立模型或检验理论推导的正确性。

交通规划调查内容应该根据规划的对象和目标确定。通常需要把规划区域划分为若干个交通区，然后以交通区为单位进行交通调查。调查内容可以分为两大部分，一是与交通相关的基础数据调查，包括社会经济及自然条件、土地利用等方面；二是起讫点调查。

6.2.1 交通区划分

进行道路交通规划时需要全面了解交通源及交通源之间的交通流，但交通源一般是大量的，不可能对每个交通源进行单独研究。因此在道路交通规划研究过程中，需要将交通源合并成若干小区，这些小区称为交通区。交通区划分得是否适当，会直接影响到交通调查、分析、预测的工作量及精度。

划分交通区的主要目的是：将交通需求的产生、吸引与一定区域的社会经济指标联系起来；将交通需求在空间上的流动用小区之间的交通分布图表现出来；便于用交通分配理论模拟道路网上的交通流。

交通区划分首先应确定划分交通区的区域。划分交通区的区域除应包括规划区域外，还应包括与规划区域有较大交通联系的区域，以及有较大过境交通经过规划区域的其他区域。

通常，由于基础资料(如经济、人口等)一般都是按照行政区划采集、统计、规划的，因此为了便于采集基础资料，交通区的划分一般不应打破行政区。

在研究交通区之间的交通流时，交通区是被视作一个交通源的。因此，当交通区划分区域内有河流、铁路等天然或人工分隔时，一般应将其作为交通区的边界。

交通区内的用地性质、交通特点等应尽量一致。

6.2.2 交通规划基础资料调查分析

1. 社会经济基础资料调查

社会经济状况对交通有直接的影响，一定的社会经济状况对应一定的交通状况。对未来城市社会经济状况进行预测，建立交通与社会经济的关系需要历史及现状的社会经济基础资料。

（1）人口资料：人口总量及各交通区人口分布量，城市人口年龄结构、性别结构、职业结构、出生率、死亡率、机械增长率等。

（2）国民经济指标：GDP（国内生产总值）、各行业产值、产业结构、人均收入等。

（3）运输量：客货运输量、周转量、综合运输方式比例等。

（4）交通工具：各车种的交通工具拥有量。

社会经济基础资料一般可从统计、计划、交通等政府部门获得。

2. 土地利用基础资料调查

城市土地利用与交通有密切的关系，不同性质的土地（如居住、商业、工业）有不同的交通特征。交通与土地利用的关系是进行交通需求预测的基础。

（1）土地利用性质与面积。各交通区主要土地利用类别的土地面积，如工业、商业、居住、科教文卫等土地利用类别的面积。

（2）就业岗位数。全部交通区或典型交通区的就业岗位数。

（3）就学岗位数。全部交通区或典型交通区的就学岗位数。

城市土地利用基础资料一般可从规划、建设、土地管理等政府部门获得。

3. 道路交通基础设施调查

道路交通基础设施调查是交通规划调查工作的重要组成部分，其目的是为交通系统的现状评价、规划提供基础资料。

道路交通基础设施调查内容应包括路段名称、道路类别和等级、总长度、总宽度、断面形式、机动车道宽度、分隔带宽度、路面类型、起点、终点。

道路交通基础设施情况一般可从规划、建设、交通管理等政府机构获得。

4. 城市自然情况调查

自然情况调查内容包括气候、地形、地质、自然资源、旅游资源等。

自然情况可以从相应的政府部门获取。气候、地形、地质等情况基本上是长期稳定的；而自然资源和旅游资源可能会随时间而变化，如自然资源会随开采而减少或因新的勘探而增多，因此对这两类资源应分年度列出数据。

6.2.3 起讫点调查

1. 概念

起讫点调查，又称 OD（Origin Destination）调查，是为了全面了解交通的源和流，以及交通源流的发生规律，对人、车、货的移动，从出发到终止过程的全面情况，以及有关的人、车、货的基本情况所进行的调查。

起讫点调查是道路交通规划研究过程中最基础的调查，其结果对道路交通系统的分析诊断、交通需求预测有重要的影响，在道路交通规划中有极为重要的地位。一般分为人的出行 OD 调查、机动车出行 OD 调查和货流出行 OD 调查三大类内容。

2. 常用术语

1) 出行

出行指人、车、货为完成某一目的(如上班、上学、购物)从起点到讫点的全过程。出行"起点"指一次出行的出发地点,即 O 点;出行"讫点"指一次出行的目的地,即 D 点。

出行有以下基本属性:每次出行有起、讫两个端点;每次出行有一定的目的;每次出行采用一种或几种交通方式;每次出行必须通过有路名的道路或街巷;步行单程时间 5min 以上或自行车的单程距离 400m 以上。

起讫点都在调查区域内的出行称为境内出行;起讫点都在调查区域外的出行称为过境出行。起讫点都在同一交通区的出行称为区内出行;起讫点分别位于不同交通区的出行称为区间出行。

2) 小区形心

小区形心指交通区出行端点(发生或吸引)密度分布的重心位置,即交通区交通出行的中心点,不是该交通区的几何中心。

3) 期望线

期望线又称愿望线,为连接各交通区重心间的直线,是交通区之间的最短出行距离,因为反映最短距离而得名,其宽度表示交通区之间出行的次数。由期望线组成的期望线图又称 OD 图,如图 6.2 所示。

4) 主流倾向线

主流倾向线又称综合期望线,系将若干条流向相近的期望线合并汇总而成,目的是简化期望线图,突出交通的主要流向。

5) 分隔核查线

分隔核查线是指为校核 OD 调查成果精度而在调查区内部按天然或人工障碍设定的调查线,可设一条或多条,分隔核查线将调查区划分为几个部分,用以实测穿越核查线的各条道路断面上的交通量,如图 6.3 所示。

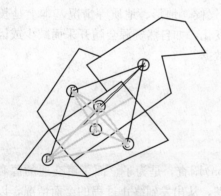

图 6.2 期望线图

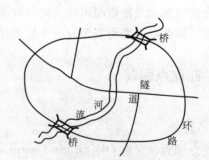

图 6.3 分隔核查线

6) 境界线

境界线是包围全部调查区域的一条假想线。境界线上出入口应尽量少,以减少调查工作量。

7) OD 表

OD 表是表示各交通区之间出行量的表格。当交通区之间的出行只需要考察量时，用表示双向之和的三角形 OD 表（见表 6-1）；当交通区之间的出行不仅需要考察量而且需要考察方向时，用表示双向的矩形 OD 表（见表 6-2）。

表 6-1 三角形 OD 表

小区号	1	2	3	Σ
1	30	60	40	130
2		80	100	180
3			50	50
Σ				360

1	2	3	$\cdots$	n	$T_i = \sum_j t_{ij}$
t_{11}	t_{12}	t_{13}	$\cdots$	t_{1n}	T_1
	t_{22}	t_{23}	$\cdots$	t_{2n}	t_2
		t_{33}	$\cdots$	t_{3n}	T_3
			$\vdots$	$\vdots$	$\vdots$
				t_{nn}	T_n
					$T=\Sigma$

起点＼讫点	1	2	3	Σ
1	10	30	20	60
2	34	40	50	124
3	18	54	26	98
Σ	62	124	96	282

表 6-2 矩形 OD 表

i＼j	1	2	3	$\cdots$	n	$P_i = \sum_j t_{ij}$
1	t_{11}	t_{12}	t_{13}	$\cdots$	t_{1n}	P_1
2	t_{21}	t_{22}	t_{23}	$\cdots$	t_{2n}	P_2
3	t_{31}	t_{32}	t_{33}	$\cdots$	t_{3n}	P_3
$\vdots$	$\vdots$	$\vdots$	$\vdots$	$\vdots$	$\vdots$	$\vdots$
n	t_{n1}	t_{n2}	t_{n3}	$\cdots$	t_{nn}	P_n
$A_i = \sum_j t_{ij}$	A_1	A_2	A_3	$\cdots$	A_n	$T=\Sigma P_i = \Sigma A_j$

3. OD 调查分类

(1) 客流 OD 调查。客流 OD 调查包括居民出行 OD 调查、流动人口出行 OD 调查、交通枢纽客流 OD 调查三个项目。

居民出行 OD 调查是指调查区域内居民在调查区内的出行 OD 调查。流动人口出行 OD 调查是指调查区域内流动人口在调查区内的出行 OD 调查。交通枢纽客流 OD 调查是指调查区域内铁路客站、客运码头、民航机场等交通枢纽运送的旅客，使用相应运输方式的对外、过境出行 OD 调查。

(2) 货流 OD 调查。货流 OD 调查包括境内货流 OD 调查及交通枢纽货流 OD 调查两个项目。

境内货流是指起讫点均在调查区范围内的货流。交通枢纽货流是指调查区域内铁路货站（场）、货运码头、民航机场等交通枢纽运送的货物，使用相应运输方式的对外、过境出行 OD 调查。

(3) 机动车出行 OD 调查。机动车出行 OD 调查包括公交车出行 OD 调查和境内其他机动车境内出行 OD 调查两个项目。境内其他机动车境内出行 OD 调查是指调查区内拥有的除公交车外的其他机动车在调查区内部的出行 OD 调查。

4. OD 调查的抽样率及抽样方法

1) 抽样率的确定

OD 调查抽样率的确定一般可采用两种方法：一是利用试调查或其他城市或区域已经拥有的 OD 调查资料，考虑调查对象的母体数量、调查统计分析的目标以及抽样的方法，用数理统计的原理，通过分析抽样的误差确定；二是参照国内外的经验确定。目前国内外进行 OD 调查时，抽样率的确定多采用第二种方法，而且抽样率相差较大。

由数理统计的原理，可得出如下的抽样率计算公式为

$$\gamma = \frac{\lambda^2 \delta^2}{\Delta^2 N + \lambda^2 \delta^2} \tag{6.1}$$

式中：γ——抽样率；

λ——对于标准正态分布，一定置信度对应的双侧分位数（当置信度为 68.3% 时 λ=1，当置信度为 75% 时 λ=1.5，当置信度为 90% 时 λ=1.65，当置信度为 95% 时 λ=1.96）；

δ——母体的方差，当样本数足够大时，可用样本的方差代替；

N——母体容量；

Δ——控制误差的控制指标的容许绝对误差，其与相对误差的关系为 $\Delta = EX$，E 为相对误差，X 为控制指标的样本均值。

不同的控制指标往往会得出不同的抽样率。例如，居民出行 OD 调查中，控制指标多采用人均出行次数，用其他指标进行检验与调整，相对误差 E 一般取不大于 20%，置信度一般取 95%，相应 λ=1.96，此时 N 即为城市人口数量。

方差一般可根据试调查或其他城市或区域已经拥有的 OD 调查资料统计确定。表 6-3 所示是美、日等国进行全面的居民出行 OD 调查的抽样率建议标准。

表 6-3 美、日等国居民出行 OD 调查抽样率

城市人口/万人	抽样率/(%)	城市人口/万人	抽样率/(%)	城市人口/万人	抽样率/(%)
<5	20	15~30	10	50~100	5
5~15	12.5	30~50	6	>100	4

在我国部分进行居民出行 OD 调查的城市中,天津调查区域人口为 300 万人,调查抽样率为户数的 4%;上海调查区域人口为 613 万人,抽样率为户数的 3.3%;徐州调查区域人口为 50.3 万人,抽样率为户数的 8.2%;沈阳调查区域人口为 278 万人,抽样率为户数的 4%;成都调查区域人口为 330 万人,抽样率为人口的 4%;南京市调查区域人口为 150 万人,抽样率为人口的 4.11%;调查区域人口为 127 万人,抽样率为人口的 4.5%。

2) 抽样方法

OD 调查的抽样方法包括:简单随机抽样、分层抽样、等距抽样、整群抽样等。

(1) 简单随机抽样。简单随机抽样是最基本的抽样方法,样本的提取随机确定。其抽样方法简单,误差分析也较容易,但需样本容量较多,适宜各类个体之间差异较小时采用。

(2) 分层抽样。分层抽样是指将母体分为若干类型(层次),然后在各层次做随机抽样,而不是直接从母体中随机抽样。例如,以交通区的用地性质作为分层特征,将交通区分为若干层次,对用地性质相同的交通区做随机抽样。此法的优点在于通过分类,使各类个体之间的差异缩小,有利于抽出有代表性的样本;缺点是抽样的过程较为复杂,误差分析也较为复杂。此法适用于母体复杂、个体之间差异较大、数量较多的情况。

分层抽样的方差计算公式为

$$\delta^2 = (\delta_i^2 N_i + \delta_2^2 N_2 + \cdots + \delta_k^2 N_k)/N \tag{6.2}$$

式中:δ_i^2——各分层内部方差($i=1, 2, \cdots, k$);

N_i——各分层的个体重量;

δ^2、N——意义同式(6.1)。

(3) 等距抽样。等距抽样即等间隔或等距离抽取样本。其优点是利于提高代表性,使母体各部分能均匀地包括到样本中。等距抽样的方差通常用简单随机抽样的方差计算方法近似计算。

(4) 整群抽样。整群抽样是指从母体中成群成组地抽取样本。成群成组的样本可按以上三种方法中任何一种来抽取,在群内所有个体都要调查。该法的优点是组织简单,缺点是样本代表性较差。

在进行 OD 抽样调查时,采用何种抽样方法应视调查的对象及调查的具体条件,根据各种方法的特点而定,各种方法也可组合使用。

在我国现已进行的城市居民出行 OD 调查中,大多采用等距抽样方法,按户口排序号或门牌号每隔若干户抽一户调查。货物出行抽样调查则大多采用分层抽样,按行业或运量大小分类抽样。机动车出行、流动人口出行抽样调查则以简单随机抽样或等距抽样较好。

5. 调查方法

调查方法很多,包括家访,发放表调查,路边询问,发明信片等。各种方法特点简述

如下。

1) 家访调查

对居住在调查区内的住户，进行抽样家访。由调查员当面了解该住户中包括学龄儿童在内的全体成员一天出行情况。

2) 发放表调查

将调查表格发给机动车驾驶员，由车辆管理系统落实到每个人，由驾驶员填写后回收，填写前做好动员与解释工作。对调查日未出车的应注明原因；若系列假日则改填次日出行情况。这项调查，在我国上海、杭州等地方的回收率达90%以上。

3) 路边询问调查

在主要道路或城市出入口设调查站，让车辆停下，询问该车的出行起讫点以及其他出行资料。访问地点的选择，如果调查只涉及一条孤立路线上的数据，取一个中间点位置进行驾驶员访问就可以了；如果要取得一个城市全部出入交通资料，应在该城市放射出去的所有路线上选择访问点。在调查人员有限的情况下，这方法很有用，每天调查可限于一个站点，调查周期可以延至一周以上。路边询问一般要让驾驶员停车，一要交警协助；二要注意问答简练、准确、不至引起对方反感，应避免交通堵塞和注意交通安全。

4) 发明信片调查

当交通繁忙不能长时间停车作路边询问时，就采用在访问站向驾驶员发明信片的办法。要求驾驶员填写后投递寄回、访问站尽量设在交通减速地段，如通行收费处、交通信号或有停车标志处。

明信片法的回收率一般只有25%~35%。

在我国采用明信片通信调查的不多，1986年上海对摩托车进行通信调查，回收率仅17%。

6. OD调查的步骤

1) 组织调查机构

OD调查是一项涉及面广、工作量很大的工作，需要许多单位、许多部门相互协作、共同完成，因此需要设立一个专门的机构，统一负责指挥、协调工作。

2) 调查准备

设计、印刷调查表格。表格设计的原则是：既要满足调查的要求，又要简明扼要，使被调查者容易填写或回答；结构合理，尽量为以后的统计分析工作减少工作量。

3) 确定抽样率及抽样方法

对各项OD调查进行分析研究，确定其抽样率和抽样方法。

4) 调查人员培训

调查质量很大程度上取决于调查人员，尤其是采用访问调查方法，调查人员的责任心将直接影响调查的成败。因此，从挑选人员开始，就要严格要求。所挑选人员的一般条件是具有高度的责任感，具有一定的文化程度，身体健康，熟悉当地情况等。培训过程中要反复讲明调查的目的、要求与内容，要模拟实地调查时可能出现的各种情况，要强调培养耐心、热情与韧性。

5) 制订调查计划

调查的实施计划应从实际出发，安排既要紧凑，又要留有一定的余地。

6) 典型试验

在调查工作全面开展之前,应先做小范围的典型试验,取得经验教训,进一步完善计划和方法,确保达到预期效果。典型试验还可结合培训调查人员一起进行。

7) 实地调查

实地调查的过程中,必须严格把关,及时抽查,以随时发现问题,保证调查的精度。

6.3 交通需求预测

交通需求预测是交通规划中的核心内容之一。交通发展政策的制定、交通网络设计以及方案评价都与交通需求预测有密切的联系。本书主要介绍传统交通需求预测的"四阶段"模式。

传统交通需求预测的"四阶段"模式是指在居民出行 OD 调查的基础上,开展现状居民出行模拟和未来居民出行预测。其内容包括交通的发生与吸引(第一阶段)、交通分布(第二阶段)、交通方式划分(第三阶段)和交通流分配(第四阶段)。

6.3.1 交通生成预测

交通生成预测是交通需求四阶段预测中的第一阶段,是交通需求分析工作中最基本的部分之一,目标是求得各个对象地区的交通需求总量,即交通生成量(Trip Generation),进而在总量的约束下,求出各交通小区的发生(Trip Productions)与吸引交通量(Trip Attraction)。出行的发生、吸引与土地利用的性质和设施规模有着密切的关系。发生与吸引交通量预测精度将直接影响后续预测阶段乃至整个预测过程的精度。

图 6.4 表示了交通小区 i 的发生和交通小区 j 的吸引交通量。O_i 表示由小区 i 的发生交通量(由小区 i 出发到各小区的交通量之和);D_j 表示小区 j 的吸引交通量(从各小区来小区 j 的交通量之和)。

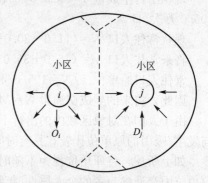

图 6.4 交通小区出行的发生与吸引示意图

相反小区 i 的吸引交通量和小区 j 的发生交通量依此类推。发生和吸引交通量的预测方法也分为原单位法、增长率法、交叉分类法和函数法。

1. 原单位法

利用原单位法预测发生和吸引交通量时,首先需要分别计算发生原单位和吸引原单位,然后根据发生原单位和吸引原单位与人口面积等属性的乘积预测发生与吸引交通量的值,可用下式表示

$$\begin{cases} O_i = bx_i \\ D_j = cx_j \end{cases} \tag{6.3}$$

式中:O_i——小区 i 的发生交通量;

b——某出行目的的原单位出行发生次数,次/(日·人);

x——常住人口、白天人口、从业人口、土地利用类别、面积等属性变量;

D_j——小区 j 的吸引交通量;

c——某出行目的的单位出行吸引次数,次/(日·人);

i, j——交通小区。

【例题 6-1】 表 6-4 所示是各小区现状的出行发生量和吸引量。在常住人口原单位不变的情况下,采用原单位法预测其将来的出行生成量。

表 6-4 各区现在的出行发生量和吸引量　　单位:万次/日

D\O	1	2	3	合计	人口/万人（现在/将来）
1				28.0	11.0/15.0
2				51.0	20.0/36.0
3				26.0	10.0/14.0
合计	28.0	50.0	27.0	105.0	41.0/65.0

解:

根据上表中的数据,可得

现状出行生成量 $T=(28.0+51.0+26.0)$ 万次/日 $=(28.0+27.0+50.0)$ 万次/日 $=105.0$ 万次/日

现状常住人口 $N=(11.0+20.0+10.0)$ 万人 $=41.0$ 万人

将来常住人口 $M=(15.0+36.0+14.0)$ 万人 $=65.0$ 万人

常住人口原单位 $T/N=105.0/41.0$ 次/(日·人) $=2.561$ 次/(日·人)

因此,将来的生成交通量 $X=M\times(T/N)=65.0\times 2.561$ 万次/日 $=166.5$ 万次/日

由于人们在对象区域内的出行不受区域内小区划分的影响,所以交通生成量的原单位与发生/吸引的原单位比较,具有时间序列稳定的特点。

如上所述,将原单位视为不随时间变动的量,而直接使用居民出行调查结果。然而,原单位因交通参与者的个人属性(年龄、性别、职业、汽车拥有与否等)不同而变动。

一般说来,在交通需求预测时,要求各小区发生交通量之和和吸引交通量之和相等,并且各小区的发生交通量和吸引交通量之和均等于交通生成量。如果它们之间不满足上述关系,则可以采用如下方法进行调整。

(1) 总量控制法。在实际计算中,各个交通小区的推算量的误差是不可避免的,从而造成总量的误差。为此,应当对根据区域的交通生成总量推算得到的各个小区的发生量进行校正。

假设交通生成总量 T 是全由人口 P 与生成单位 p 而得到的,则

$$T = p \cdot P \qquad (6.4)$$

如果交通生成总量 T 与总发生总量 $O=\sum_{i=1}^{n}O_i$ 有明显的误差,则可以将 O_i 修正为

$$O'_i = \frac{T}{O}\cdot O_i \quad (i=1, 2, 3, \cdots, n) \qquad (6.5)$$

保证 T 与总吸引交通 $D = \sum_{j=1}^{n} D_j$ 也相等，才能使发生交通量之和、吸引交通量之和以及交通生成总量三者全部相等，为此 D_j 修正为

$$D_j' = \frac{T}{D} \cdot D_j \quad (j=1, 2, 3, \cdots, n) \tag{6.6}$$

(2) 调整系数法。在出行生成阶段，要求满足所有小区出行发生总量要等于出行生成总量。当上述条件不满足时，一般认为所有小区出行发生总量更可靠些。从而，可将吸引总量乘以一个调整系数 f，这样可以确保出行吸引总量等于出行发生总量。

【例题 6-2】 假设各小区的发生与吸引原单位不变，试用【例题 6-1】的数据求出将来的发生与吸引交通量。

解：

(1) 求出现状发生与吸引量的原单位。

小区 1 的发生原单位：28.0/11.0 次/(日·人) = 2.545 次/(日·人)

小区 1 的吸引原单位：28.0/11.0 次/(日·人) = 2.545 次/(日·人)

同理，可以计算其他交通小区的原单位，结果如表 6-5 所示。

表 6-5 现状各小区发生与吸引的原单位　　　　　　　　单位：万次/日

O \ D	1	2	3	合　计
1				2.545
2				2.550
3				2.600
合　计	2.545	2.500	2.700	

(2) 计算各交通小区的将来发生与吸引交通量。

小区 1 的发生交通量：15.0×2.545 万次/日 = 38.175 万次/日

小区 1 的吸引交通量：15.0×2.545 万次/日 = 38.175 万次/日

同理，小区 2 和小区 3 的发生与吸引交通量计算结果如表 6-6 所示。

表 6-6 各小区未来的出行发生与吸引交通量　　　　　　单位：万次/日

O \ D	1	2	3	合计
1				38.175
2				91.800
3				36.400
合计	38.175	90.000	37.800	

(3) 调整计算。由上面结果可知，各小区发生交通量之和不等于其吸引交通量之和，所以，需要进行调整计算。调整的目标是使得上述两者相等，即满足下式

$$\sum_j D_j = \sum_i O_i \tag{6.7}$$

调整方法可以采用总量控制法，即使各小区发生交通量之和等于其吸引交通量之和，且都等于将来的交通生成总量166.5万次/日。根据总量控制法的式(6.5)和式(6.6)可推导得

$$O'_i = Q_i \cdot T / \sum_i O_i^N$$
$$D'_j = D_j \cdot T / \sum_j D_j^N$$
(6.8)

按上式计算后结果如下。

$O'_1 = 38.175 \times 166.5/166.375 = 38.204 \quad D'_1 = 38.175 \times 166.5/165.975 = 38.296$

$O'_2 = 91.800 \times 166.5/166.375 = 91.869 \quad D'_2 = 90.000 \times 166.5/165.975 = 90.285$

$O'_3 = 36.400 \times 166.5/166.375 = 36.427 \quad D'_3 = 37.800 \times 166.5/165.975 = 37.920$

调整后的结果如表6-7所示。

表6-7 各区未来的出行发生与吸引交通量　　　　　单位：万次/日

O＼D	1	2	3	合计
1				38.204
2				91.869
3				166.5
合计	38.296	90.285	37.920	

由上述可以看出，调整以后，各小区的发生与吸引交通量之和相等，均等于交通生成总量166.5万次/日。

如前所述，在交通需求预测时，要求发生交通量与吸引交通量相等。对于【例题6-2】，调整后的同一小区的发生与吸引交通量不相等的情况，还可以继续调整。调整方法是取同一小区发生与吸引交通量的平均值，这里省略此步骤。

2. 增长率法

增长率法考虑了原单位随时间变动的情况，它是用其他指标的增长率乘以原单位，求出将来生成交通量的方法。即

$$O_i^N = F_i \cdot O_i \tag{6.9}$$

式中：F_i——发生和吸引交通量的增长率。例如，$F_i = \alpha_i \cdot \beta_i$。

其中：

α_i =（目标年度小区i的预测人口）/（基准年度人口小区i的人口）；

β_i =（目标年度小区i人均车辆保有率）/（基准年度小区i的人均车辆保有率）。

增长率法的特点是可以解决原单位法和函数法难以解决的问题，它通过设定交通小区的增长率，可以反映土地利用的变化引起的人们出行的变化，以及对象区域外的交通小区的发生与吸引交通量。对于后者，由于原单位法和函数法都是基于实际调查数据的方法，而对象区域外的交通小区没有实际测量数据和预测目标年度自变量数据，所以选择增长率法。增长率法可以预测对象区域外小区的将来交通量。比如可以设定

$$F_i = R_i \cdot R \tag{6.10}$$

式中：F_i——对象区域外交通小区j的发生、吸引交通量的增长率；

R_j——对象区域外交通小区 j 的常住人口增长率；

R——对象区域内全体的常住人口增长率。

【例题 6-3】 设某区域现在共有 500 户家庭，其中 250 户每户拥有 1 辆小汽车，另外 250 户没有小汽车，有汽车家庭出行生成原单位为 6.0 次/日，无汽车家庭为 2.5 次/日。假设未来所有家庭都有 1 辆小汽车，家庭收入和人口数不变，用增长率法求出规划年的出行发生量 T_i。

解：

根据出行生成原单位，易得该区域现在出行量为

$$T=(250\times2.5+250\times6) 次/日 = 2125 次/日$$

假设未来所有家庭都有 1 辆小汽车，家庭收入和人口数不变，则增长系数 F_i 为

$$F_i=C_i^d/C_i^c=1.0/0.5=2.0$$

式中：C_i^d 为该区域未来的汽车保有率；C_i^c 为该地区现在的汽车保有率。

因此，得该区域未来出行量为 $T_i=2\times2125 次/日=4250 次/日$

可见，增长系数法比较简单，是早期城市交通规划采用的方法之一。经验得出该方法计算的结果偏大，西方一些规划专家们推荐用此方法预测研究区域外部的出行。

3. 函数法

函数法是利用函数式预测将来不同目的的原单位，是发生和吸引交通量预测中最常用的方法之一。函数法中多采用多元回归分析法，所以有时被直接称为多元回归分析法，其模型如下

$$O_i^p=b_0^p+b_1^p x_{1i}^p+b_2^p x_{2i}^p+\cdots \tag{6.11}$$

$$D_i^p=c_0^p+c_1^p x_{1j}^p+c_2^p x_{2j}^p+\cdots \tag{6.12}$$

式中：b,c——回归系数；

p——出行目的；

x——自变量，常取的变量有交通小区内平均收入、平均汽车保有率、家庭数、人口、就业人数、土地利用面积等。

使用多元回归分析法，一般先用实际调查数据和最小二乘法得出回归系数 b 和 c，然后将各交通小区预测目标年的自变量值带入式(6.11)、式(6.12)，求出各交通小区的发生和吸引交通量。

假设得到的关系式为

$$T_i=-0.59x_{i1}+0.74x_{i2}+0.88x_{i3}-0.39x_{i4}+112 \tag{6.13}$$

式中：T_i——交通小区 i 的上下班出行次数；

x_{i1}——交通小区 i 的家庭数；

x_{i2}——交通小区 i 的就业人口数；

x_{i3}——交通小区 i 的汽车保有量；

x_{i4}——交通小区 i 与市中心的距离。

由此则可选择 x_{i1}、x_{i2}、x_{i3}、x_{i4} 目标年度的预测值，求得目标年度的 T_i。

选用多元线性回归法时，应注意自变量之间的相互独立性。该方法也不能表现因土地利用的变化带来的人们出行行为的变化以及由交通条件的改善引起人们出行能力的增强。

6.3.2 交通分布预测

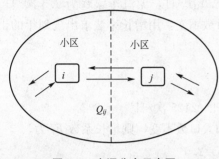

图 6.5 交通分布示意图

交通分布预测是交通规划四阶段预测模型的第二步,是把交通的发生与吸引量预测获得的各小区的出行量转换成为各小区之间的空间 OD 量,即 OD 矩阵。

图 6.5 所示为交通小区 i 和交通小区 j 之间的交通分布的示意图。Q_{ij} 表示交通小区 i 到交通小区 j 的交通量,即分布交通量。同样 q_{ij} 则表示由交通小区 j 到交通小区 i 的交通量。

交通分布预测主要有增长系数法和重力模型法。

1. 增长系数法

在交通分布预测中,增长系数法的原理是,假定在现状交通分布量给定的情况下,预测将来的交通分布量。

根据函数 $f(F_{O_i}^m, F_{D_j}^m)$ 的种类不同,增长系数法可以分为常增长系数法(Unique Growth Factor Method)、平均增长系数法(Average Growth Factor Method)、底特律法(Detroit Method)和福莱特法(Fratar Method),下面分别讲述。

1) 常增长系数法

常增长系数法假定 q_{ij} 增长仅与 i 小区的发生量的增长率有关,或仅与 j 小区的吸引量增长率有关,或仅与生成量的增长率有关,是一个常量。

增长函数为

$$f_{常}(F_{O_i}, F_{D_j}) = 常量 \tag{6.14}$$

该方法只考虑将来的发生量或吸引量或生成量当中的某一个量的增长率对函数的影响,忽略了其他变量对增长函数的影响。由于产生量与吸引量的不对称性,因此其预测精度不高,不需要迭代计算,是一种最简单的方法,有时不能保证交通分布的守恒约束条件。

【例题 6-4】 试利用例 6-2 中三个小区目标年发生交通量预测值和基础年的出行分布矩阵(见表 6-8),求解目标年的出行分布矩阵。

表 6-8 现状 OD 表和将来各小区的预测值 单位:万次

O\D	1	2	3	合 计	预测值
1	17.0	7.0	4.0	28.0	38.6
2	7.0	38.0	6.0	51.0	91.9
3	4.0	5.0	17.0	26.0	36.0
合 计	28.0	50.0	27.0	105.0	166.5

解：

(1) 求各小区的发生增长系数

$$F_{O_1} = U_1/O_1 = 38.6/28.0 = 1.3786$$

$$F_{O_2} = U_2/O_2 = 91.9/51.0 = 1.8020$$

$$F_{O_3} = U_3/O_3 = 36.0/26.0 = 1.3846$$

(2) 以表6-6为基础矩阵，各项均乘以发生增长系数，得到表6-9。

表6-9 常增长系数法计算得到的OD表　　　　　单位：万次

O＼D	1	2	3	合　计	目标值
1	23.436	9.650	5.514	38.6	38.6
2	12.614	68.475	10.812	91.9	91.9
3	5.538	6.923	23.538	36.0	36.0
合　计	41.588	85.048	39.864	166.5	166.5

此OD表满足出行发生的约束条件，故为所求的将来年分布矩阵。

2) 平均增长系数法

平均增长系数法假定i、j小区之间的交通分布量q_{ij}的增长系数是小区i出行发生量增长系数和小区j出行吸引量增长系数的平均值，即

$$f_平(F_{O_i}^m, F_{D_j}^m) = \frac{1}{2}(F_{O_i}^m + F_{D_j}^m) \tag{6.15}$$

3) 底特律法（Detriot Method）

底特律法假设，小区间交通分布量q_{ij}增长系数与小区i出行发生量和小区j出行吸引量增长系数之积成正比，与全规划区出行生成总量的增长系数成反比，即

$$f_D(F_{O_i}^m, F_{D_j}^m) = F_{O_i}^m \cdot F_{D_j}^m \cdot \frac{T^m}{X} \tag{6.16}$$

4) 福莱特法（Fratar Method）

福莱特法假设i小区间分布交通量q_{ij}的增长系数不仅与j小区的发生增长系数和j小区的吸引增长系数有关，还与整个规划区域的其他交通小区的增长系数有关。

模型公式为

$$f_平(F_{O_i}^m, F_{D_j}^m) = F_{O_i}^m \cdot F_{D_j}^m \cdot \frac{L_i + L_j}{2} \tag{6.17}$$

$$L_i = \frac{O_i^n}{\sum_j q_{ij}^m F_{D_j}^m}$$

$$L_j = \frac{D_i^m}{\sum_i q_{ij}^m F_{O_i}^m}$$

式中：L_i——i 小区的位置系数；

L_j——j 小区的位置系数。

2. 重力模型法

重力模型法是一种最常用的方法，它根据牛顿的万有引力定律，即两个物体之间的引力与两个物体的质量之积成正比，而与它们之间距离的平方成反比类推而成。

重力模型法预测出行分布考虑了两个交通小区的吸引强度和它们之间的阻力，认为两个交通小区出行吸引与两个交通小区的出行发生量成正比，而与交通小区之间的交通阻抗成反比。在用重力模型进行出行分布预测时，可采用以下几种模型。

1) 无约束重力模型

凯西(Casey)在 1955 年提出如下重力模型，该模型又称最早出现的重力模型，即

$$q_{ij} = \alpha \frac{p_i p_j}{d_{ij}^2} \tag{6.18}$$

式中：p_i，p_j——分别表示 i 小区和 j 小区的人口；

d_{ij}——i，j 小区之间的距离；

α——系数。

此模型为无约束重力模型，模型本身不满足交通守恒约束条件中的任何一个。即

$$\sum_j q_{ij} = \alpha p_i \sum_j p_j d_{ij}^{-2} = O_i \tag{6.19}$$

$$\sum_i q_{ij} = \alpha p_j \sum_i p_i d_{ij}^{-2} = D_j \tag{6.20}$$

该模型简单地模仿牛顿的万有引力定律，后来人们对其进行改进，包括出行总数代替总人口数，将 d_{ij} 的幂扩展为参数 γ（其值一般在 0.6～3.5 之间）。一般可以用出行费用函数 $f(c_{ij})$ 来表示，因此，重力模型可表示为

$$q_{ij} = \kappa O_i^{\alpha} D_j^{\beta} f(c_{ij}) \tag{6.21}$$

常见的交通阻抗函数有以下几种形式。

幂函数

$$f(c_{ij}) = C_{ij}^{-\gamma} \tag{6.22}$$

指数函数

$$f(c_{ij}) = e^{-c_{ij}} \tag{6.23}$$

组合函数

$$f(c_{ij}) = \kappa \cdot c_{ij}^{\gamma} \cdot e^{-c_{ij}} \tag{6.24}$$

式中，κ，γ 为参数。

待定系数 κ、γ 根据现状 OD 调查资料，利用最小二乘法确定。此时可将模型取对数，使之线性化来求得。

【例题 6-5】 现状 OD 表如表 6-10 所示，将来发生与吸引交通量如表 6-11 所示，现状和将来行驶时间如表 6-12 和表 6-13 所示，试利用重力模型和平均增长系数法，求出将来 OD 表。设定收敛标准为 $\varepsilon = 1\%$。

表 6-10 现状 OD 表和将来各小区的预测值　　　　　　　单位：万次

O\D	1	2	3	合　计	预测值
1	17.0	7.0	4.0	28.0	38.6
2	7.0	38.0	6.0	51.0	91.9
3	4.0	5.0	17.0	26.0	36.0
合　计	28.0	50.0	27.0	105.0	166.5

表 6-11 将来的发生与吸引交通量

O\D	1	2	3	合　计
1				38.6
2				91.9
3				36.0
合　计	39.3	90.3	36.9	166.5

表 6-12 现状行驶时间

c_{ij}	1	2	3
1	7.0	17.0	22.0
2	17.0	15.0	23.0
3	22.0	23.0	7.0

表 6-13 将来行驶时间

c_{ij}	1	2	3
1	4.0	9.0	11.0
2	9.0	8.0	12.0
3	11.0	12.0	4.0

解：

(1) 用下面的无约束重力模型

$$q_{ij} = \alpha \frac{(O_i D_j)^\beta}{c_{ij}^\gamma} \tag{6.25}$$

两边取对数，得

$$\ln(q_{ij}) = \ln\alpha + \beta\ln(O_i D_j) - \gamma\ln(c_{ij}) \tag{6.26}$$

式中：q_{ij}，$O_i D_j$，c_{ij}——已知常数；

α，β，γ——待标定参数。

令 $y=\ln(q_{ij})$，$a_0=\ln\alpha$，$a_1=\beta$，$a_2=-\gamma$，$x_1=\ln(O_i D_j)$，$x_2=\ln(c_{ij})$，则式(6.26)转换为

$$y = a_0 + a_1 x_1 + a_2 x_2 \tag{6.27}$$

此方程为二元线性回归方程，a_0、a_1、a_2 为待标定系数，通过表 6-10 和表 6-12 获取九个样本数据，如表 6-14 所示。

表 6-14 样本数据

样本点	q_{ij}	O_i	D_j	$O_i \cdot D_j$	c_{ij}	y	x_1	x_2
$i=1$, $j=1$	17	28	28	784	7	2.8332	6.6644	1.9459
$i=1$, $j=2$	7	28	50	1400	17	1.9459	7.2442	2.8332
$i=1$, $j=3$	4	28	27	756	22	1.3863	6.6280	3.0910
$i=2$, $j=1$	7	51	28	1428	17	1.9459	7.2640	2.8332
$i=2$, $j=2$	38	51	50	2550	15	3.6376	7.8438	2.7081
$i=2$, $j=3$	6	51	27	1377	23	1.7918	7.2277	3.1355
$i=3$, $j=1$	4	26	28	728	22	1.3863	6.5903	3.0910
$i=3$, $j=2$	5	26	50	1300	23	1.6094	7.1701	3.1355
$i=3$, $j=3$	17	26	27	702	7	2.8332	6.5539	1.9459

采用最小二乘法对这九个样本数据进行标定,得出 $a_0=-0.2084$,$a_1=1.173$,$a_2=-1.455$,则获得的二元线性回归方程为

$$y=-2.084+1.173x_1-1.455x_2$$

通过 $a_0=\ln\alpha$,$a_1=\beta$,$a_2=-\gamma$,可得 $\alpha=0.124$,$\beta=1.173$,$\gamma=1.455$,即标定的重力模型为

$$q_{ij}=0.124\times\frac{(O_iD_j)^{1.173}}{c_{ij}^{1.455}}$$

(2) 利用已标定重力模型求解分布交通量:

$$q_{11}=0.124\times(38.6\times39.3)^{1.173}/4.0^{1.455}=88.862;$$

$$q_{12}=0.124\times(38.6\times90.3)^{1.173}/9.0^{1.455}=72.458;$$

$$q_{13}=0.124\times(38.6\times36.9)^{1.173}/11.0^{1.455}=18.940;$$

$$q_{14}=0.124\times(91.9\times39.3)^{1.173}/9.0^{1.455}=75.542;$$

$$q_{22}=0.124\times(91.9\times90.3)^{1.173}/8.0^{1.455}=237.912;$$

$$q_{23}=0.124\times(91.9\times36.9)^{1.173}/12.0^{1.455}=46.164;$$

$$q_{31}=0.124\times(36.0\times39.3)^{1.173}/11.0^{1.455}=18.791;$$

$$q_{32}=0.124\times(36.0\times90.3)^{1.173}/12.0^{1.455}=43.932;$$

$$q_{33}=0.124\times(36.0\times36.9)^{1.173}/4.0^{1.455}=76.048。$$

计算后得表 6-15。

表 6-15 第一次计算得到的 OD 表

O \ D	1	2	3	合计
1	88.862	72.458	18.940	180.260
2	75.542	237.912	46.164	359.619
3	18.791	43.932	76.048	138.771
合计	183.195	354.302	141.152	678.650

(3) 重新计算 $F_{O_i}^1$ 和 $F_{D_j}^1$。

$$F_{O_1}^1 = U_1/O_1 = 38.6/180.260 = 0.2141;$$
$$F_{O_2}^1 = U_2/O_2 = 91.9/359.619 = 0.2555;$$
$$F_{O_3}^1 = U_3/O_3 = 36.0/138.771 = 0.2594;$$
$$F_{D_1}^1 = V_1/D_1 = 39.3/183.195 = 0.2145;$$
$$F_{D_2}^1 = V_2/D_2 = 90.3/354.302 = 0.2549;$$
$$F_{D_3}^1 = V_3/D_3 = 36.9/141.152 = 0.2614.$$

(4) 通过无约束重力模型计算得到的 OD 表不满足出行分布的约束条件，因此还要用其他方法继续进行迭代，这里采用平均增长系数法进行迭代计算，计算结果如表 6-16～表 6-18 所示。

表 6-16 用平均增长系数法第一次迭代计算 OD 表

O \ D	1	2	3	合 计	增长系数
1	19.046	16.992	4.504	40.541	0.9521
2	17.755	60.717	11.933	90.405	1.0165
3	4.453	11.297	19.804	35.554	1.0125
合 计	41.254	89.005	33.341	166.500	2.9811
增长系数	0.9526	1.0145	1.0182	—	—

表 6-17 用平均增长系数法第二次迭代计算 OD 表

O \ D	1	2	3	合 计	增长系数
1	18.139	16.708	4.437	39.284	0.9826
2	17.482	61.661	12.140	91.282	1.0068
3	4.376	11.450	20.109	35.934	1.0018
合 计	39.996	89.819	36.685	166.500	—
增长系数	0.9826	1.0054	1.0059	—	—

表 6-18 用平均增长系数法第三次迭代计算 OD 表

O \ D	1	2	3	合 计	增长系数
1	17.823	16.684	4.438	38.946	0.9911
2	17.127	62.318	12.291	91.736	1.0018
3	4.276	11.544	20.310	36.130	0.9964
合 计	39.226	90.546	37.040	166.812	2.9893
增长系数	1.0019	0.9973	0.9962	—	—

(5) 第三次迭代之后，满足设定的收敛条件 $\varepsilon=1\%$，停止迭代，第三次迭代计算后的 OD 表，(见表 6-18)就为最终预测的 OD 表。

2) 单约束重力模型

(1) 乌尔希斯重力模型。此模型只满足式(6.28)，即出行发生约束重力模型，其表达式为

$$q_{ij} = O_i D_j f(c_{ij}) \bigg/ \sum_j f(c_{ij}) \qquad (6.28)$$

式中：$f(c_{ij})$——交通阻抗函数，常用形式为 $f(c_{ij})=c_{ij}^{-\gamma}$；

γ——待定系数。

以 $f(c_{ij})=c_{ij}^{-\gamma}$ 为例进行参数标定，待定系数 γ 根据现状 OD 调查资料拟合确定，一般可采用试算法等数值方式，以某一指标作为控制目标，通过用模型计算和实际调查所得指标的误差比较确定。其计算过程是：先假定一个 γ 值，利用现状 OD 统计资料所得的 O_i、D_j 以及 c_{ij} 代入式(6.28)中进行计算，所得出的计算交通分布称为 GM 分布。GM 分布的平均行程时间采用下式计算

$$\bar{c}' = \sum_i \sum_j (q_{ij} c_{ij}) \bigg/ \sum_i \sum_j q_{ij} \qquad (6.29)$$

GM 分布与现状分布的每次运行的平均行程时间之间的相对误差为 $|\bar{c}'-\bar{c}|/\bar{c}$。当交通按 GM 分布与按实际分布每次运行的平均相对误差不大于某一限定值(常用 3%)时，计算即可结束。当误差超过限定值时需改动待定系数 γ，进行下一轮计算。调整方法为：如果 GM 分布的 $\bar{c}'$ 大于现状分布 $\bar{c}$，可增大 γ 值；反之，则减小 γ 值。

(2) 美国公路局重力模型(B.P.R. 模型)为

$$q_{ij} = O_i D_j f(c_{ij}) k_{ij} \bigg/ \sum_j D_j f(c_{ij}) k_{ij} \qquad (6.30)$$

式中：k_{ij}——调整系数，其计算公式为

$$k_{ij} = (1-Y_{ij})\lambda_{ij}/1-Y_{ij}\lambda_{ij} \qquad (6.31)$$

式中：λ_{ij}——i 小区到 j 小区的实际交通分布量与计算交通分布量之比；

Y_{ij}——i 小区到 j 小区的实际分布交通量与 i 小区的出行发生量之比。

此模型与乌尔希斯模型相比，引进了交通调整系数 k_{ij}。计算时，用与乌尔希斯模型相同的方法试算出待定系数 γ，然后计算 q_{ij}，最后计算 k_{ij}。

这两种模型均满足 $Q_i = \sum_j q_{ij}$，因此称为单约束重力模型。

用上述两种重力模型进行交通分布预测时，首先是将预测的交通产生量和吸引量以及将来的交通阻抗参数带入模型进行计算。通常计算出的交通吸引量与给定的交通吸引量并不相同，因此需要进行下一步迭代。

3) 双约束重力模型

同时满足守恒条件的 a 是不存在的，因此，将重力模型修改为如下形式

$$q_{ij} = a_i O_i b_j D_j f(c_{ij}) \qquad (6.32)$$

式中：$a_i = \left[\sum_j b_j D_j f(c_{ij})\right]^{-1}$；

$b_i = \left[\sum_i a_i O_i f(c_{ij})\right]$。

此模型为双约束重力模型。

下面以幂指数交通阻抗函数 $f(c_{ij})=c_{ij}^{-\gamma}$ 为例计算。

(1) 令 $m=0$，m 为计算次数。

(2) 给出 γ（用最小二乘法求出）。

(3) 令 $a_i^m=1$，求出 b_j^m $\left(b_j^m=1\left/\sum_i a_i^m O_i c_{ij}^{-\gamma}\right.\right)$。

(4) 求出 a_i^{m+1} $\left(a_i^{m+1}=1\left/\sum_j b_j^m D_j c_{ij}^{-\gamma}\right.\right)$ 和 b_j^{m+1} $\left(b_j^{m+1}=1\left/\sum_i a_i^{m+1} O_i c_{ij}^{-\gamma}\right.\right)$。

(5) 收敛判定，若满足下式则计算结束；反之令 $m+1=m$，返回步骤(2)重新计算，公式为

$$\left.\begin{array}{l}1-\varepsilon<a_i^{m+1}/a_i^m<1+\varepsilon\\ 1-\varepsilon<b_i^{m+1}/b_i^m<1+\varepsilon\end{array}\right\} \tag{6.33}$$

6.3.3 交通方式划分

交通方式划分是四阶段法中的第三个阶段。在人们的日常生活中，经过各种交通方式的组合完成一天的工作和生活。因此各种交通方式之间有着很强的相互关系，离开了对这种关系的讨论，交通规划就很难成立。所谓的交通方式划分就是出行者出行时选择交通工具的比例，它以居民出行调查的数据为基础，研究人们出行时的交通方式选择的行为建立模型，从而预测基础设施或交通服务水平变化时交通方式间交通需求变化。

交通方式的划分模型的建模思路有两种：一是在假设历史的变化情况将来继续延续下去的前提下，研究交通需求的变化；二是从城市规划的角度，为了实现所期望的交通方式划分，如何改扩建各种交通设施引导人们的出行，以及如何制定各种交通管理规则等。新交通方式的交通需求预测问题属于后者，其难点在于如何量化出行行为选择因素及其具体应用。

交通方式预测方法主要包括转移曲线法、重力模型的转换模型、回归模型法、概率模型法等。

1. 转移曲线法

转移曲线法是根据大量的调查统计资料绘出各种交通方式的分担率与其影响因素之间的关系曲线。较为简单、直观的交通方式预测是用转移曲线诺模图。美国、英国、加拿大都有成套的公共交通与私人交通的转移曲线。

例如，图 6.6 所示是美国运输研究公司建立的华盛顿公共交通与私人交通分担率的转移曲线之一，考虑了出行者的经济条件（按收入分为五个等级）、出行目的（分为工作、非工作、上学）两种方式所需行程时间的比例（称为行时比）、两种方式所需费用的比值（称为费用比）、两种方式非乘车所耗时间的比值（称为服务比）五个影响

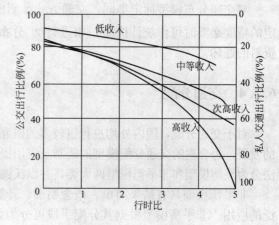

图 6.6 交通方式转移图

因素。该曲线的服务比为1.25，费用比为0.25，出行目的为高峰小时出行。

转移曲线法是目前国外广泛使用的交通方式分担预测方法，在国外交通方式较为单一、影响因素相对较少的情况下，该方法使用简单、方便、应用效果好。在我国交通方式众多、影响因素复杂的情况下，绘制出全面反映各交通方式之间的转换关系的转移曲线，其工作量非常巨大，且资料收集较为困难。同时，由于它是根据现状调查资料绘出来的，只能反映相关因素变化相对较小的情况，即超过现状调查所反映的范围不能较大。这使得该方法的应用受到一定的限制。

2. 回归模型法

回归模型法是通过建立交通方式的分担率与其相关因素间的回归方程，作为预测交通方式模型。交通方式的回归方法有时与交通生成的回归方法组合使用，直接得出各种交通方式的交通生成，即是交通生成与方式的回归组合模型

$$G_{im} = \alpha_{im} + \beta_{1m} X_1 + \beta_{2m} X_2 + \cdots + \beta_{nm} X_n \tag{6.34}$$

式中：G_{im}——交通区 i、交通方式 m 的交通产生量；

X_1、X_2、$\cdots$、X_n——相关因素，如人口、土地使用、生活水平指标等；

α_{im}、β_{1m}、β_{2m}、$\cdots$、β_{nm}——回归系数，根据现状调查资料，用最小二乘法确定。

3. 概率模型法

概率模型法是非集计分析模型中的一种比较实用的模型。交通方式选择本质是一个离散的选择行为，即从各种交通方式中选择"效用"最大的一种。离散选择模型的函数形式有很多种，其中有效且被广泛应用的一种是多项 Logit 模型。

多项 Logit 模型可以表示为

$$P_{in} = \frac{e^{V_{in}}}{\sum_{j=1}^{j_n} e^{V_{jn}}} \quad 或 \quad P_{in} = \frac{e^{V_{in}}}{\sum_{j \in A_n} e^{V_{jn}}} \tag{6.35}$$

式中：P_{in}——第 i 种交通方式的选择概率；

V_{in}——第 i 种交通方式的效用函数，其形式可以是线性的也可以是非线性的；

A_n——交通方式选择者 n 的选择方案集合；

j_n——交通方式选择者 n 的选择方案集合 A_n 中包含的方案个数。

与交通分布模型标定类同，交通方式预测模型如概率模型、重力模型转换型等，对标定的精度必要时可作统计检验，如进行 χ^2 分布检测等，以更好地说明模型拟合现状调查资料的好坏。

6.3.4 交通分配

对于交通分配，国内外均进行过较多的研究，数学规划方法、图论方法以及计算机技术的发展，为合理的交通分配模型的研制及应用提供了坚实的基础。国际上通常将交通分配方法分为平衡模型和非平衡模型两大类，并以沃德罗普(Wardrop)第一、第二原理为划分依据。

非平衡模型具有结果简单、概念明确、计算简便等优点，因此在实际工程中得到了广泛的应用。非平衡模型根据其分配手段可分为无迭代和有迭代两类，就其分配形态可分为单路径和多路径两类。具体非平衡模型可分为表6-19所示的四类形式。

第6章 交通规划

表 6-19 非平衡模型分类

分配手段 形态	无迭代分配方法	有迭代分配方法
单路径型	最短路(全有全无)分配	容量限制分配
多路径型	多路径分配	容量限制-多路径分配

1. 最短路交通分配方法

最短路交通分配是一种静态的交通分配方法。在该分配方法中，取路权为常数，即假设车辆的平均行驶车速不受交通负荷的影响。每一OD点对的OD量被全部分配在连接该OD点对的最短线路上，其他道路上分配不到交通量。

这种分配方法的优点是计算相当简便，其致命缺点是出行量分布不均匀，出行量全部集中在最短路上。这种分配方法是其他各种交通分配方法的基础。

由于在最短路分配过程中，每一OD点对的OD量被全部分配在连接该OD点对的最短线路上，因此通常采用最短路分配方法确定道路交通的主流向。

图 6.7 所示为最短路分配方法流程图。

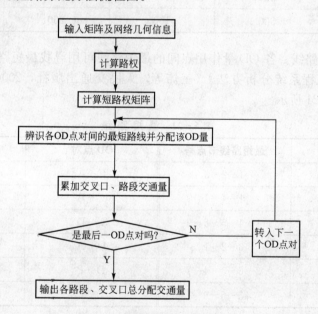

图 6.7 最短路分配方法流程图

【例题 6-6】 在图 6.8 所示的交通网络中，交通节点 1、3、7、9 分别为 A、B、C、D 四个交通区的作用点，四个交通区的出行 OD 矩阵如表 6-20 所示。试用最短路法分配该 OD 矩阵。

解：

(1) 确定路段行驶时间。用最短路法分配交通量时，首先要确定路段行驶时间 $t(i, j)$，在该法中取 $t(i, j)$ 为常数。对于现状网络的交通分配，可根据现状网络的实测路段车速与路段长度确定；对于规划网络的交通分配，可根据路段设计车速确定行驶时间。在本例中确定的路段行驶时间 $t(i, j)$ 如图 6.9 所示。

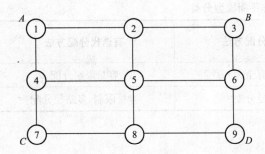

图 6.8 交通分配网络

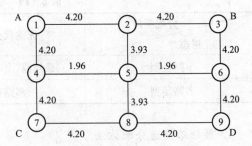

图 6.9 路段行驶时间/min

表 6-20 OD 矩 阵　　　　　　　　　　　　　　　　辆/h

起点＼终点	A	B	C	D
A	0	200	200	500
B	200	0	500	100
C	200	500	0	250
D	500	100	250	0

(2) 确定最短路线。各 OD 量作用点间的最短路线可用寻找最短路的各种方法确定，详见《道路交通工程系统分析方法》(王炜等，人民交通出版社，2004 年)。在本例中，最短路线如表 6-21 所示。

表 6-21 最 短 路 线

OD 点对	最短路线节点号	OD 点对	最短路线节点号
A—B	1—2—3	C—A	7—4—1
A—C	1—4—7	C—B	7—4—5—6—3
A—D	1—4—5—6—9	C—D	7—8—9
B—A	3—2—1	D—A	9—6—5—4—1
B—C	3—6—5—4—7	D—B	9—6—3
B—D	3—6—9	D—C	9—8—7

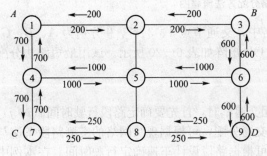

图 6.10 分配交通量/(辆/h)

(3) 分配 OD 量。将各 OD 点对的 OD 量分配到该 OD 点对相对应的最短路线上，并进行累加，得到图 6.10 所示的分配结果。

2. 容量限制交通分配方法

容量限制交通分配是一种动态交通分配方法，它考虑了路权与交通负荷之间的关系，即考虑了道路通行能力的限制，比较符合实际情况，该方法在国际上比较通用。

采用容量限制分配模型分配出行量时，需先将 OD 表中的每一 OD 量分解成 K 部分，即将原 OD 表($n×n$ 阶，n 为出行发生、吸引点个数)分解成 k 个 OD 分表($n×n$ 阶)，然后分 K 次用最短路分配模型分配 OD 量，每次分配一个 OD 分表，并且每分配一次，路权修正一次，路权采用路阻函数修正，直到把 k 个 OD 分表全部分配在网络上。分配过程如图 6.11 所示。

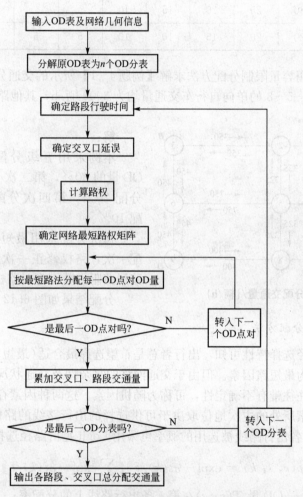

图 6.11 容量限制交通分配方法流程图

在具体应用时，视道路网络的大小，根据表 6-22 选取分配次数 K 及每次分配的 OD 量比例。

表 6-22 分配次数 K 与每次的 OD 量分配率

分配系数 K	1	2	3	4	5	6	7	8	9	10
1	100									
2	60	40								

(续)

分配系数 K	1	2	3	4	5	6	7	8	9	10
3	50	30	20							
4	40	30	20	10						
5	30	25	20	15	10					
10	20	20	15	10	10	5	5	5	5	5

【例题 6-7】 用容量限制分配方法求解【例题 4-1】所示的交通分配问题。其中，设主干线 4—5—6，2—5—8 的单向自行车交通量均为 3000 辆/h，其他路段的单向自行车交通量均为 2000 辆/h。

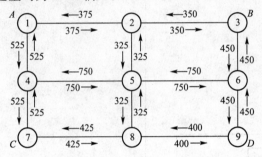

图 6.12 分配交通量/(辆/h)

解：

本例采用五级分配制，第一次分配 OD 量的 30%，第二次分配 25%，第三次分配 20%，第四次分配 15%，第五次分配 10%。

每次分配采用最短路分配模型，每分配一次，路权修正一次，采用美国联邦公路局路阻函数模型对路权进行修正。

分配结果如图 6.12 所示。

3. 多路径交通分配方法

由出行者的路径选择特性可知，出行者总是希望选择最合适（最短、最快、最方便等）的路线出行，可称为最短路因素。但由于交通网络的复杂性及交通状况的随机性，出行者在选择出行路线时往往带有不确定性，可称为随机因素。这两种因素存在于出行者的整个出行过程中，两因素所处的主次地位取决于可供选择的出行路线的路权差（行驶时间差或费用差等）。因此，各出行路线被选用的概率可采用 Logit 型的路径选择模型计算。即

$$p(r,s,k) = \exp[-\sigma t(k)/\bar{t}] \Big/ \sum_{i=1}^{m} \exp[-\sigma t(k)/\bar{t}] \qquad (6.36)$$

式中：$p(r,s,k)$——OD 量 $T(r,s)$ 在第 k 条出行路线上的分配率；

$t(k)$——第 k 条出行路线的路权（行驶时间）；

$\bar{t}$——各出行路线的平均路权（行驶时间）；

σ——分配参数；

m——有效出行路线条数。

本分配模型能较好地反映路径选择过程中的最短路因素及随机因素。实际上，若出行路线路权相同，则本模型成为随机分配模型，各路线被选用的概率相同。若某一路线的路权远远小于其他路线，则本模型成为最短路分配模型，它是一种改进型的多路径分配模型。改进的多路径分配模型虽然与 Dial 模型在形式上很类似，但新模型具有新含义与内容，特别是在参数 σ 的确定、路径的选取及算法上与 Dial 模型有本质的区别。

6.4 城市道路网布局规划

城市道路网络规划应以合理的城市用地功能组织为前提,根据城市现状及自然环境特点,经济、合理地规划布局道路网络,同时区分不同功能的道路性质,结合城市的具体用地情况组成道路系统。

规划的城市道路网既要满足客货车流、人流的安全畅通,同时还要反映城市风貌、历史和文化传统,为地上、地下工程管线和其他设施提供空间,并满足城市日照通风与城市救灾避难等要求。在进行城市道路网络系统的规划时,应对上述功能综合考虑,相互协调。

6.4.1 城市道路网布局影响因素

城市道路系统是组织城市各种功能用地的"骨架",又是城市进行生产和生活活动的"动脉"。城市道路系统布局是否合理,直接关系到城市是否可以合理、经济地运转和发展。城市道路系统一旦确定,实质上决定了城市发展的轮廓、形态,即使遇到自然灾害或战争的破坏,在恢复和重建城市时,也较难改变。这种影响是深远的,将在一个相当长的时期内发挥作用。影响城市道路系统布局的因素主要有三个:城市在区域中的位置(城市外部交通联系和自然地理条件),城市用地布局形态(城市骨架关系)和城市交通运输系统(市内交通联系)。

6.4.2 城市道路网络布局结构

历史上形成的城市道路系统形态主要有棋盘式路网、放射形路网、环放射形路网等,相关性能如表 6-23 所示。

表 6-23 典型城市道路网布局及其性能

类 型	图 示	特点与性能
棋盘式		布局严整、简洁,有利于建筑布置,方向性好,网上交通分布均匀,交叉口交通组织容易;但非直线系数大,通达性差,过境交通不易分流,对大城市进一步扩展不利。改进的方式是增加对角线道路,有时也组织环形线路 G,适用于地形平坦的城市
放射形		交通干线以市中心为形心向外辐射,城市沿着交通干线两侧发展,形成"指状"城市。这种布局具有带形布局的优点,同时缩短了到市中心的距离。缺点是中心区交通压力过大,边缘区交通联系不便,过境交通无法分流。改进的布局是增加环线并使放射性干线不集中于市中心

(续)

类 型	图 示	特点与性能
环放射形		这种布局具有通达性好，非直线系数小，有利于城市扩展和过境交通分流等优点，一般用于大城市，但不宜将过多的放射线引向市中心，造成市中心交通过分集中。缺点是对建筑布置不利。

随着城市的发展，在典型的城市道路网布局的基础上发展延续出九种道路网络布局形式，现归纳分析如下。

1. 方格形道路网

方格形道路网又称棋盘式路网，如北京、西安老城区道路网，成都、桂林、太原中心区(老城)的道路网。它具有如下特征。

(1) 道路使用均衡，车流可以较均匀地分布在所有街道上，路网容量被均衡利用，市中心的交通负担不会过重。

(2) 从交通方面来看，这类路网不会形成太复杂的交叉口，多为十字形或丁字形交叉口，交通组织简单便利。

(3) 在重新分配车流方面具有较大的灵活性，当某一条街道受阻，车辆可选择的绕行路线较多，行车行程时间不增加。

(4) 城市街道布局严整、简洁，有利于建筑物布置，方向性好。

但方格形道路网对角线方向交通联系不便，非直线系数较大，一般为1.2，甚至可达1.4，增加了居民的无效出行距离，加重了路网负担；干道网的密度一般较高，存在很多的交叉口，既影响车速，又不易于交通管理和控制；把城市交通分配到全部道路上，不能使主次干路明确划分，限制了主次干路按功能发挥作用。

为改善对角线方向上车流绕行距离过长的问题，可在方格网中适当加入对角线方向的干道，形成棋盘对角式路网。这样对角线方向交通可以缩短30%左右的出行距离，增加了可达性。但由于斜向干道的穿越，会形成近似三角形的街坊和交叉口，给建筑布置和交通组织带来不利影响。

2. 环线放射式道路网

环形放射式道路网，由从城市中心起向四周的若干条放射线和以城市中心为圆心的几条环形线所组成。城市中心即为中心区，四周分布几个副中心区，比较理想的布局方式是从中心向四周一定范围内布置居住区，包括工作、生活、商业服务业、娱乐等，市区外围为工业区，城市各组团间由城市干道和绿化带分隔。

环形放射式道路网起源于欧洲以广场组织城市的规划手法，最初是几何构图的产物、多用于大城市。这种道路系统的放射形干道使市中心和各功能区以及市区和郊区间有便捷的交通联系，市中心可达性好，有利于形成吸引力强大的市中心，保持市中心的繁荣；环形干道又有利于外围市区及郊区的相互联系，并疏散过境交通，以避免对市中心产生过大的压力。

但是，放射形干道容易把外围的交通迅速地引入市中心地区，易造成中心区的交通紧张，中心区路网超负荷，而外围路网容量得不到充分利用，浪费了路网时空资源，其交通机动性较方格网差。如在小范围内采取这种形式，则易造成一些不规则的小区和街坊，给建筑布局和朝向带来困难。这种形式一旦形成，如果规划管理不当，就可能变成连片密集型发展模式，形成城市用地的"摊大饼"。环形干道也容易引起城市沿环道发展，促使城市呈同心圆式不断向外扩张。

为了充分利用环形放射式道路系统的优点，避免其缺点，国外一些大城市在原有的环形放射路网基础上部分调整改建，形成快速路系统，对缓解城市中心的交通压力，促使城市沿交通干线向外发展起了十分重要的作用。

3. 自由式道路系统

自由式道路系统通常是由于地形起伏变化较大，道路结合自然地形呈不规则状布置而形成的。这种类型的路网没有一定的格式，变化很多，非直线系数较大。如果综合考虑城市用地的布局、建筑的布置、道路工程及创造城市景观等因素精心规划，不但能取得良好的经济效果和人车分流效果，而且可以形成活泼丰富的景观效果。

国外很多新城的规划都采用自由式的道路系统。美国阿肯色州 1970 年规划的新城茅美尔(Maumelle)，城市选在一片丘陵地，在交通干道的一侧布置了工业区，另一侧则结合地形、河湖水面和绿地安排城市用地，道路呈自由式布置，形成很好的居住环境。

我国山区和丘陵地区的一些城市也常采用自由式道路系统，道路沿山脉或河岸布置，如青岛、重庆等城市。但这种布置多是从工程角度出发，有的道路仿照盘山公路修建，呈现出不自然的交通状况。而且，在传统的规划思想下，只要有一些平地，都尽可能采用方格式的道路系统。

4. 混合式路网

混合式或综合式道路网系统是根据城市所在地区的地形和交通需求将城市不同区域的各个道路系统有机结合起来，使道路网既能满足交通需求，又能满足经济和建筑上的需求。混合式是多种形式的组合，是城市分阶段发展的体现。

这种路网形式考虑了自然历史条件，有利于因地制宜地组织交通，使城市得到一个完整而统一的建筑规划结构。它全面地考虑了城市中的基本组成要素，使它们在城市用地上协调配合。如果规划合理，这是一种扬长避短的形式。

经历了不同发展阶段的大城市的这种混合式道路系统，如果在好的规划思想指导下，对城市结构和道路网进行认真的分析和调整，因地制宜进行规划，仍可以很好地组织城市生活和城市交通，取得较好的效果。

5. 线性或带形道路网

线性道路网是以一条干道为轴，沿线两侧布置工业与居用建筑，从干道分出一些支路联系每侧的建筑群。线性道路网布局又可分为两种方式：一种方式是干道一侧为居住区，另一侧是工业企业区，干道的中部为中心区，两侧各有一个副中心区；另一种方式是沿干道为一个或多个建设区，中间为居住区，有行政、商业、服务业中心，两侧各为一个工业企业区，最外侧各有居住区及商业服务业副中心，和工业区分开布局。

还有一种和线性道路网布局相似的带形城市道路网。这种布局往往以中间的干道为主轴，两侧各有一条和主轴平行的道路作为辅助干道，这样以三条道路为主要脉络和一些相垂直的支路，组成类似方格形的道路网，如兰州、深圳。

6. 方格环形放射式道路网

这种道路网中心区为方格形，向四周呈环形放射式发展。由于历史原因，我国城市道路网多采用这种布局形式。随着城市化进程加快，区域之间交往增加，过境交通增大，编制总体规划中的道路网络，自然需要利用改造原有的放射线和发展新的放射线，同时为了便利各条放射线之间的联系、缓解疏散中心区的交通环路便应运而生，大城市一般都建几个环路，至于放射线的数量，随着城市大小、地理位置以及和相邻城市的关系而有所不同，大体上内地城市放射线较多，沿海城市放射线较少。

7. 手指状（巴掌式）道路网

这种道路网以多条放射线呈手指式发展，市区以外沿着手指状的道路两侧规划一些重点建设区，每个重点建设区规划一个行政办公及商业服务业为主的副中心区，各重点建设区之间以楔形绿带分隔，手指式放射线通过几条环路联系起来。

8. 星状放射式道路网

星状放射式道路网是和子母城市的布局（即城市由市区和卫星城所组成）相配套的。道路网从城市中心起呈放射状联系多个卫星城市，而城市由几个层次的同心圆所组成。

9. 交通走廊式道路网

城市中心区道路网形成之后，城市沿着放射干道发展，形成交通走廊式道路网。

6.4.3 城市道路网布局规划方法

道路网布局规划一般采用先确定道路网规划指标和道路网空间布局形式，然后进行道路网系统性分析，再布置专用道路系统，最后进行检验与调整的过程，如图 6.13 所示。

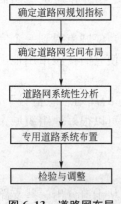

图 6.13 道路网布局规划与程序

1. 道路网规划指标的确定

道路网布局规划中首先需要明确的是道路网规划指标，道路网规划指标主要有人均道路用地面积、车均车行道面积、道路网密度、道路等级结构、道路网联结度、非直线系数等。

2. 道路网空间布局形式

在社会经济、自然地理等条件的制约下，不同城市的道路系统有不同的发展形态。从形式上看，常见的城市道路网布局有四种典型类型：方格网式道路网布局、环形放射式道路网布局、自由式道路网布局、混合式道路网布局。

仅仅从每种道路网布局的特点出发是难以决定其优劣与取舍的，规划中应尊重已经形成的道路网格局，考虑原有道路网的改造和发展，从城市地理条件、城市布局形态、客货运流向及强度等方面确定城市的道路网布局，不应套用固定的模式。道路网空间布局形式的确定是一个定性分析与定量分析相结合的过程。

3. 道路网系统性分析

道路网的系统性表现在城市道路网与城市用地之间的协调关系、与对外交通系统的衔接关系以及道路网系统内部各组成要素之间的协调配合关系。道路网布局的系统分析有以下几个方面的内容。

（1）城市道路系统与城市用地布局的配合关系：主要分析城市各相邻组团间和跨组团的交通解决情况、主要道路的功能是否与两侧的用地性质相协调、各级各类道路的走向是否适应用地布局所产生的交通流以及是否体现对用地发展建设的引导作用等。

（2）城市道路网与对外交通设施的配合衔接关系：主要分析城市快速道路网与高速公路的衔接关系、城市常速交通性道路网与一般公路的衔接关系、城市对外交通枢纽与城市交通干道的衔接关系。考虑到高速公路对城市交通有着重大影响，在规划的层次上应将高速公路交通影响分析纳入交通规划研究内容。

（3）城市道路系统的功能分工及结构的合理性：主要分析道路网中不同道路的功能分工及结构是否清晰、合理，各级各类道路的密度是否合理等。为保障交通流逐级有序地由低一级道路向高一级道路汇集，并由高一级道路向低一级道路疏散，应避免不同等级道路越级相接。

4. 道路网布局的检验与调整

经过以上过程所初步拟订的道路网需经过检验，如图 6.14 所示。检验的标准是拟订的道路网是否能满足道路交通需求和环境质量要求。检验的基础是道路交通需求预测技术、道路网络分析技术和道路交通环境影响分析技术。道路网规划方案的调整分为两个层次，当道路服务水平质量和环境质量状况不符合规划要求时，首先调整道路网布局规划方案，对调整后的道路网布局规划方案重新进行检验，如经过多次调整后仍不能满足规划要求时，应对城市总体交通结构进行反馈，提出修改意见。

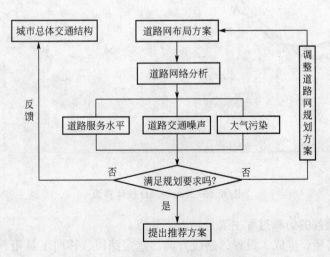

图 6.14　道路网布局的检验与调整

6.5 交通规划软件 TransCAD 简介

6.5.1 概述

TransCAD 软件是由美国 Caliper 公司开发的宏观交通系统仿真软件。TransCAD 软件把地理信息技术(GIS)和交通规划技术较好地结合在一起,可以方便地对各类交通运输及相关数据进行存储、提取、分析和可视化。由于采用先进的 Windows 环境及一系列最新的开发方法,使得软件具有较好的风格,如先进的菜单界面、强大的图形功能、方便的工具栏、良好的开放性、多文档、多用户操作,等等。TransCAD 与其他 Windows 应用程序相仿,对容量没有硬性限制,能最大限度地发挥硬件能力,运行环境为 Windows 3.1 及以上版本。TransCAD 3.5 为 32 位应用程序,现已推出用于 Windows 平台的 4.8 版。软件界面如图 6.15 所示。

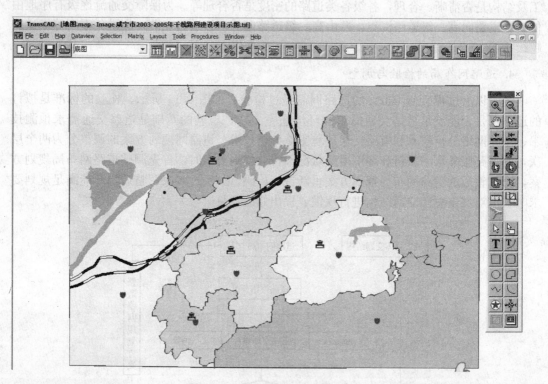

图 6.15 TransCAD 软件界面

TransCAD 软件的仿真过程主要包括以下几点。

(1)网络和路径。生成、设置、路段方向、选定路段、转向工具箱、最短路径、多路径、网络分割、带宽设定等。

(2)线路系统。线路服务、站点服务、线路编辑等。

(3) 规划。出行产生、吸引、平衡、快速反应模型、出行分布、交通分配等。
(4) 公交。网络生成、设置、最短路、网络阻抗计算等。
(5) 路线和逻辑分析。成本矩阵计算、货运路线计算与显示、弧最短路、指派问题、运输问题、货流配送、最小成本流、分区、聚类、设施定位等。
(6) 统计。报表、校正、模型估计、模型应用、生成模型文件、邻接矩阵、空间校准等。

6.5.2 软件的主要组成部分

TransCAD 软件是目前在国内使用比较广泛的宏观交通系统仿真软件，主要由三部分组成，即地理信息系统(GIS)、数据库和交通分析模型。

1. 地理信息系统(GIS)

地理信息系统(geographical information syatem 简称 GIS)是以采集、存储、管理、分析、显示和应用整个或部分地球表面与空间和地理分布有关的数据的计算机系统，是分析和处理海量地理数据的通用技术。GIS 中数据采集与编辑是通过各种数据采集设备把现实世界的空间信息和非空间信息变成数字化数据，同时可以对其进行编辑修改，得到正确的空间拓扑数据。GIS 中以分幅的方式组织空间数据，并通过对用户透明的数据管理功能实现拓扑结构完整、逻辑上没有图幅限制的空间数据库。TransCAD 软件具有完备的地理信息系统(GIS)，它的主要作用是采集和管理整个路网的交通信息。各路段的 ID 号、长度、流量、行驶时间、V/C、各区的 ID 号、面积及小区形心，都是由地理信息系统进行统一管理的。空间查询与空间分析是 TransCAD 软件中 GIS 的核心，也是 GIS 与计算机辅助设计(CAD)、数据库管理、自动制图等相关系统的主要区别。空间查询可按属性信息的要求查询空间位置，也可以按空间位置来查询相关的属性信息；用户可以通过 GIS 的空间分析技术对原始数据模型进行观察与实践，从而获得新的经验和知识，并以此作为空间行为的决策依据。在宏观仿真中仿真路线的确定，也是由地理信息系统通过采集整理区间各条出行路线的出行时间或出行距离，最后利用模型比较来实现的。此外，地理信息系统还将地图上的地物与其相应的数据库建立外联关系，并以图形的形式来表示空间地物的数据信息。简言之，地理信息系统的作用就是采集和管理交通系统信息并将其提供给软件中的其他各种系统运行模块。

2. 数据库

数据是信息系统进行处理、分析的物质基础。TransCAD 软件中的数据库通常分为基础信息数据库(又称基础数据库)和专题信息数据库。基础数据库是客观世界的表达模型，是空间型数据库，它是将表示仿真对象基本面貌并作为其他专题数据统一的空间定位载体的地形、道路、建筑物等基础空间信息以结构化文件形式组成的集合。基础数据库在 TransCAD 软件中作为一种空间数据库，它具有以下一些特点。

(1) 统一的坐标系：无论是地理坐标系还是平面坐标系，都要求统一，以保证地物要素的连续。

(2) 统一编码体系：相同的地物要素用相同的编码，否则数据库间、图幅间会出现无法接边的逻辑错误。

(3) 统一属性数据：相同的地物要素在不同比例尺上有不同的表示方法，但应有相同的属性。

基础地理信息种类繁多、结构复杂,如何将它们有机地组织、有效的存储、管理和应用,是一件十分重要的工作,它直接影响数据库的应用效率。这也是基础数据库标准化工作的重点。信息的分类是根据信息的本质特性或特征,将信息按一定的原则和方法进行区分和归并,并建立起一定的分类体系和排列顺序,以便管理和使用信息。具体到基础数据库,就是要确定基础地理信息应分为几大类,细分为多少小类,并确定每一个实体应归在哪一类目中。选择针对城市的特点,对建筑物、管线和道路等类的实体编码详细一些,有的分到了小类,有的还要细分,而对少有的地物信息,则予以省略,分类也较粗。但编码应占据相同的位数,便于计算机处理,分类代码均由四位数字码组成。

基础数据库是空间数据库,在 TransCAD 软件中,基础数据库中的数据文件以图幅为单位进行组织,图幅号既为文件名,也是文件的逻辑目录。元数据文件、数据体文件以及其他相关数据文件逻辑上全部置于同一个文件逻辑目录下。一个图幅中有且仅有一个元数据文件,可以有一个数字影像图(DOM)文件、一个数字高程模型(DEM)文件和一个数字栅格地图(DRG)文件,也可以没有。图幅中空间实体位于九个逻辑层中。每个层中所有点状实体和节点共有一个点数据文件,线状实体和弧段共有一个线数据文件,面状实体共有一个面数据文件。图幅中还有一个注记文件。每个空间实体类型都有一个属性数据文件。

3. 交通分析模型

交通分析模型包括一系列的数理统计和电子分析的支持工具,其作用是分析地理信息系统收集的交通资料和对数据库进行模型运算。规划人员根据工作中的实际需要,既可运行单一交通分析模型,也可以对某些模型进行联合操作。对于输入系统的交通信息,交通分析模型经过系统分析,也可自动生成相应的图形。对于系统输出的交通资料,交通分析模型经过系统分析,以图形化的形式展现其效果。

6.5.3 软件功能

TransCAD 软件主要包括四大功能。
(1) Windows 下的、功能强大的地理信息系统。
(2) 扩展数据模型,提供显示和处理交通数据的基本工具。
(3) 汇集了极其丰富的交通分析过程和大量的交通、地理、人口统计数据。
(4) 可以生成宏、嵌入、服务器应用及其他用户程序。

1. 地理信息系统

作为一种先进的地理信息系统软件,TransCAD 可以生成地图,建立和维护地理数据集,以及进行多种空间分析。TransCAD 还包括专门用于交通运输的特殊数据结构。

(1) 交通运输网络。交通运输网络存储运输系统是设施的重要特征,包括转弯限制与时耗;上下跨路与单行道;多种运输方式的换乘点和延迟函数;区域中心与运输网的连线;道路分类与性能函数。

(2) 矩阵。矩阵用于存放旅行距离、旅行时间和货流等交通运输的基本数据。它是交通运输分析的基本工具。TransCAD 具有生成、维护矩阵和矩阵操作等功能,并通过提供期望线等方法对矩阵中的数据进行空间分析,使其具有较强的可视化效果。通过这种分析，用户可以从不同角度观察和了解运输流。

（3）路线与路线系。路线与路线系指卡车、客车或人从一点到另一点的行走线路。相关的路线可以安排在一个路线系层里，并包括路线属性数据、停站位置和旅行时刻表。

（4）线性参照（动态分段）。线性参照指根据沿着道路与某一固定点的距离来确定交通运输分析对象的位置。TransCAD 具有动态分段功能以便合并和分析多个线性参照数据集。下列信息均可采用线性参照功能：基础设施与运营管理数据；交通事故位置；铁路或公路的分级；道路桩号；固定资产投资项目数据。

2. 数据库功能

TransCAD 软件中数据库的主要功能如下。

（1）存储路段流量信息，便于系统识别分析路网是单向交通流还是双向交通流及进行模型流量运算。

（2）扩充地理数据的存储，提供地下通道和立交桥的交通信息。

（3）存储路网各交叉口的延误信息和禁止转向信息。

（4）存储路网层信息，并以表格的形式展示路网数据。

（5）以矩阵的形式存储 OD 数据，并可方便地进行数据操作。例如流量矩阵、出行时间矩阵和出行距离矩阵。

除此之外，TransCAD 软件还采用数据视窗连接的方式来建立各种交通数据资料之间的联系，从而使操作更加简单、方便、快捷。

3. 交通分析模型

TransCAD 为解决各种交通问题提供了多种模型。

（1）网络分析模型。这一模型用于交通运输网络分析，它包括：最短路径程序求解网络中任意两点间的最短距离、最短时间和最小费用，而不论起点与终点之间有多少节点；网络分区模型根据距离、时间和费用的长短或多少划分交通运输网络，以确定服务设施的服务范围；旅行售货商模型产生经过网络中任何指定点的、效益最好的环路。

（2）交通规划与运输需求预测模型。交通规划与运输需求预测模型由常用的四阶段模型组成，即出行产生模型、出行分布模型、方式划分模型和网络分配模型。每一阶段模型又包括若干种方法：出行产生包括交叉分类法、回归法和对输入数据要求较少的"快速反应"法；出行分布包括增长系数法、重力模型法和三重比例约束法；方式划分包括主要采用先进的 Logit 模型，即离散选择模型，它包含二元 Logit 模型、单层多元 Logit 模型、增量 Logit 模型和多层 Logit 模型；网络分配包括全有全无法、增量分配法、用户平衡法、随机用户平衡法和概率分配法。这些方法使用户在使用 TransCAD 求解交通问题时可以有多种选择。

（3）路径选择和物流模型。该模型可用于任何运输方式，其应用实例包括：送货与取货服务的经营管理；销售分配计划；基础设施维护；公共服务业，如邮递、清扫街道、扫雪以及街道的停车收费等。

（4）分区与定位模型。该模型广泛用于运输和市场营销方面。其中的"集组"模型将客户、设施和区域按集中程度分组。"分区"模型将人口普查区、交通小区或其他区域按用户要求进行合并。定位模型根据成本效益为设施确定最佳位置。它们的应用范围是：管区和范围网的调整；行政区域或交通小区的重新划分；零售网点分布；仓库位置与分货网的规划。

4. 信息的直观化和效果渲染功能

TransCAD 有一整套工具用于制作地图或各种信息的直观化处理，这包括：饼图、直方图、线型和区域图显示数据趋势；交叉路口详细图显示交通流的转弯分布；带状分布图显示道路设施的特征和沿途变差；自动显示单行道；按地图比例动态调整地图标签；路线系地图并列显示多条重合路线供用户直观分析；期望线显示区域之间的交通流量、客流或货流；带有道路标志的地图具有出版功能。

5. 功能强大的开发工具

GISDK 开发软件与 TransCAD 一同发售。GISDK 软件包括创建宏、嵌入及应用程序的所有工具。用户可以使用 GISDK 开发在多用户、网络环境下的应用程序。GISDK 支持多种内部通信协议，如目标连接和嵌入 OLE 2.0、动态数据交换 DDE 等。

6. 系统运行环境

TransCAD 可以在 Windows 95、Windows 98、Windows Me、Windows 2000 和 Windows NT 4.0 下运行，并支持中文输入，包括中文之星和其他中文输入软件。

6.5.4 软件特点

1. 操作简单

TransCAD 软件的初学者即使是没有很好的计算机专业基础知识，只要能读懂软件的说明书，就可以很快学会各种操作命令，并按照交通需求分析预测的仿真步骤，进行程序化操作。

2. 运行速度快

TransCAD 软件具有超强的运行速度，通常在几秒内就能完成各种仿真模型的计算，而且在模型的具体运算过程中，还可以根据软件的运行时间来鉴别应用模型的效果。例如在仿真路径选择过程中，有的模型需要 1s，而有的模型运算需要零点几秒，这时即使不观看仿真效果，也能判别模型应用的优劣。

3. 建立和编辑数据库方便

TransCAD 软件在建立和编辑数据库时，并不需要特殊的数据库编辑器，可以直接在数据库中输入和编辑数据资料，而且针对不同的应用模型，还可以建立不同的数据库。通过视窗链接功能，可以建立相关数据库之间的联系，以便在模型的具体运用中，进行连续操作。

4. 仿真效果明显

TransCAD 软件具有良好的仿真效果。用户可以根据仿真图形的线宽和图形颜色，感性地判断仿真对象的使用情况。

5. 各种文件之间的相互转换方便

TransCAD 软件可方便地进行各种文件的相互转换。它既可以把矩阵转化为表格，也可以把表格里的数据用矩阵的形式来表示。此外，软件还可以把系统数据导入 Excel 软件或其他相关软件，改变文件的存储形式。

小　　结

交通需求预测是本章的重点，四阶段法从交通源预测交通需求，具有较好的适用性。生成预测常选用回归分析法，分布预测常选用重力模型法，方式划分预测较难，常根据调查数据通过专家方法获得。随着计算机运算能力的增强和交通规划应用软件的普及，交通需求预测已摒弃手算，进入了应用软件时代。

课后习题

思考题：
1. 简述交通规划的定义、分类及层次划分。
2. 简述交通区划分的基本原则。
3. 简述城市居民出行 OD 调查的步骤、内容与质量评判方法。
4. 常用的交通生成预测方法有哪几种？它们各有什么特点？
5. 交通的分布预测主要有哪些模型？它们都具有怎样的特点？
6. 试述重力模型的基本形式及其分类。
7. 在实际工程中，得到广泛应用的交通分配模型是什么？

习题：
1. 试用表 6-24 中的出行发出量、出行吸引量和常住人口（分男女性别），计算将来的出行生成量、出行发生量及出行吸引量。

表 6-24　各小区的现状出行发生量、出行吸引量和常住人口

小　区	1	2	3
现状男性的出行发生量/（万次/日）	15.0	27.0	14.0
现状女性的出行发生量（万次/日）	13.0	24.0	12.0
现状男性的出行吸引量（万次/日）	15.0	26.0	15.0
现状女性的出行发生量（万次/日）	13.0	24.0	12.0
现状男性的常住人口/人	5.6	10.2	5.0
现状女性的常住人口/人	4.4	9.8	5.0
将来男性的常住人口/人	7.9	18.1	7.2
将来女性的常住人口/人	7.1	17.9	6.8

2. 试用平均增长系数法、底特律法、福莱特法和佛尼斯法，分别求表 6-25 将来 OD 分布交通量（单位：万次）。设定收敛标准为 $\varepsilon = 3\%$。

表 6-25 OD 表

O\D	1	2	3	现状值	将来值
1	4	2	2	8	16
2	2	8	4	14	28
3	2	4	4	10	40
现状值	8	14	10	32	
将来值	16	28	40		84

3. 图 6.16 所示为网络示意图，其中①、④、⑤、⑦分别为 OD 作用点，图形中线路数值为出行时间，有些为固定值，有些与交通量有关，Q 为交通流量，OD 分布流量矩阵如表 6-26 所示。

(1) 令 $Q=0$，用最短路法分配该 OD 矩阵。

(2) 用容量限制-增量加载法分配该 OD 矩阵，采用二次分配，第一次为交通量的 50%，第二次为剩余的 50%。

(3) 以图中虚线右侧的节点网络为研究对象，令 $Q=0$，不考虑其他节点间流量，用多路径交通分配模型计算⑤~⑦ 的交通流量分配。其中，$T(5,7)=600$，$\varepsilon=3.3$。

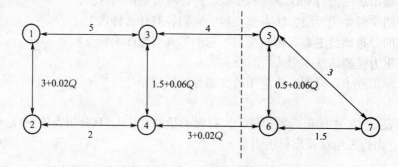

图 6.16 习题 3 图

表 6-26 OD 点交通量表

O\D	1	2	3	4
1	0	300	400	500
2	300	0	100	250
3	400	100	0	600
4	500	250	600	0

第7章 城市道路交通管理

教学提示：建立完善的交通法规、交通管理设施、增加交通参与者的秩序意识、安全意识和法规意识，是综合解决交通问题的有效办法。本章主要从管理法规、交通标志标线、交叉口的管理及信号控制几个方面来展开讨论。

学习要求：通过本章的学习，学生应该掌握交通标志、标线的含义；熟悉交叉口信号控制的方法，熟悉交通组织管理的方法，了解高速公路管理方法。

引例

澳门的交通通畅的确是个奇迹。在这个只有25平方公里的弹丸之地，澳门人"塞"下了近13万辆机动车，而这条首尾相接将近290公里的"车龙"，在澳门总共才333公里的行车道路上还能风驰电掣，游刃有余。澳门人在交通管理方面的智能和想象力，让我们叹为观止。

7.1 概 述

7.1.1 交通管理的概念

交通管理是指按照既定的交通法规和要求，运用各种手段、方法和工具合理地限制和科学地组织、指挥交通。交通控制是通过运用现代的信号装置、通信设施、信息控制和网络系统对动态交通的准确调度，使其安全并畅通运行。两者结合起来成为交通管制，其重点在于运用各种交通设施准确掌握交通信息并有效指挥交通。

7.1.2 交通管理的内容

交通管理主体上是国家行政管理,具体包括五个方面。

1. 技术管理

(1) 交通标志、道路标线的设置与维护。
(2) 信号控制设施的设计、安装、管理与维护。
(3) 安全防护及照明设施的安装、维护管理。
(4) 检测交通发展动态。
(5) 交通信息收集和传播。

2. 行政管理

(1) 规划组织单向行车。
(2) 禁止或限制某种车辆、某种运行方式。
(3) 实施上下班措施或组织可逆性行车。
(4) 对于某些交通参与者(老人、小孩、残疾人、孕妇)予以特殊照顾。
(5) 采取临时的或局部的交通管理措施。

3. 法规管理

(1) 交通法规的制定和执行。
(2) 建立驾驶员、车辆的管理制度。
(3) 建立各种违章与事故处理规则并监督实施。

4. 交通安全教育和培训

(1) 交通警察的培训和考核。
(2) 驾驶员的培训、考核与经常性的安全教育。
(3) 道路交通法规、政策、安全条例的日常宣传。
(4) 对于人民群众特别是青少年的交通法制和安全教育。
(5) 各种违章的教育和处罚。

5. 交通控制

(1) 交叉路口、出入口的控制(定时、感应)。
(2) 路网控制(线控、面控)。
(3) 路段和高速公路控制。

7.2 道路交通法规

7.2.1 道路交通法规的内涵

交通法规是道路交通使用者在通行中所必须遵守的法律、法令、规则和条例的统称。

它是以法律的形式和正确应用法律的权威来保障交通安全、舒适与畅通，同时，在发生冲突事故时，可据此论处事故的责任。

2004年5月1号起开始执行的《中华人民共和国道路交通安全法》（以下简称《道路交通安全法》）和《中华人民共和国道路交通安全法实施条例》（以下简称《实施条例》）是我国进一步加强道路交通管理，维护交通秩序，保障交通安全与畅通的重要法规，也可以说是我国交通管理的基本法规。

7.2.2 交通法规的内容

道路交通是人、车、路、环境组成的一个系统，交通法规的基本内容应针对构成道路交通系统的这几个要素。《道路交通安全法》和《实施条例》条文众多，解析其基本内容，也就是对"人""车""路""环境"四者的管理。

7.2.3 交通法规的执行

交通法规一经制定，公布于众，必须严格执行，不管是什么人，在法律面前人人平等。因此，为了做好交通法规的贯彻实施，各级交通管理机关和广大警察必须做到有法可依、有法必依、执法必严、违法必究。同时还须注意文明执法，仪表庄严，动作规范，态度严肃，语言和蔼，文明礼貌，做到以法服人，以礼导人，以情感人。

7.3 道路交通标志和标线

7.3.1 道路交通标志

道路交通标志是用图形符号、颜色和文字向交通参与者传递特定交通管理信息的一种交通管理设施。一般设置在路侧或道路上方。道路交通标志给道路使用者以确切的道路交通情报，使道路交通达到安全、畅通、低公害和节约能源的目的。

1. 道路交通标志类别及其内容

目前我国道路上实施的是国家技术监督局发布的中华人民共和国国家标准 GB 5768—1999《道路交通标志和标线》。按 GB 5768—1999 规定，道路交通标志分为主标志和辅助标志两大类。

1）主标志

(1) 警告标志：警告车辆、行人注意危险地点的标志。

(2) 禁令标志：禁止或限制车辆、行人交通行为的标志。

(3) 指示标志：指示车辆、行人行进的标志。

(4) 指路标志：传递道路方向、地点、距离信息的标志。

(5) 旅游区标志：提供旅游景点方向、距离的标志。

(6) 道路施工安全标志：通告道路施工区通行的标志。

2) 辅助标志

辅助标志是附设在主标志下，起辅助说明作用的标志。

2. 道路交通标志的设计原则

在极短时间内易于辨别和记忆是对道路交通标志的主要设计要素，这就是所谓道路交通标志的视认性要求。决定视认性的要素是交通标志的形状、颜色和图符。

1) 形状

不同形状的标志，在其辨认过程中是有差别的。实践表明，外形面积相等的标志，容易辨认的顺序是：三角形、正方形、正五边形、圆形及正八边形等。

2) 颜色

多数心理学家认为，颜色对视觉是最能激起人们注意的一种刺激。不同颜色的刺激作用给予人们产生一种不同含义的思维反映，即产生不同的视认效果，从而提高人们的视认能力。在相同视距下，标志颜色以黄色最明显，依次是白、红、蓝、绿、黑色等。

选择颜色时，除了从视觉清晰度上考虑外，还应从人们的心理效果上考虑。如红色使人产生危险感，在交通上表示停止、约束之意，故红色常用于禁令标志上；黄色比较醒目，能激起人们注意、具有警戒、警告之意，常用于警告标志上；蓝色具有宁静之意，多用于指示标志上；绿色含有沉静、通向和平之意，富有安全感，在交通上表示安全可通行，高速道路上用于指路标志；白色和黑色主要起到颜色搭配作用，以增强色泽鲜明感。

3) 图符

图符是文字、符号和团的简称。道路交通标志是以大量图符表示的，要求文字具有简洁性和准确性，符号具有直观性和单义性，图案具有形象性和通俗性。

3. 道路交通标志的设计规定

1) 警告标志

警告标志的颜色为黄底、黑边、黑图案。其形状为顶角朝上的等边三角形，如图 7.1 所示。按 GB 5768—2009 的规定，警告标志总共有 42 种。

图 7.1　警告标志示例图

2) 禁令标志

禁令标志的颜色，除个别标志外，为白底，红圈，红杠，黑图案，图案压杠。禁令标志的形状为圆形、八角形、顶角朝下的等边三角形，如图 7.2 所示。按 GB 5768—2009 的规定，禁令标志总共有 42 种。

3) 指示标志

指示标志的颜色为蓝底，白图案。其形状分为圆形、长方形和正方形，如图 7.3 所示。按 GB 5768—2009 的规定，指示标志总共有 29 种。

图 7.2 禁止标志示例图

图 7.3 指示标志示例图

4) 指路标志

指路标志的颜色,除里程碑、百米桩外,一般道路的指路标志为蓝底白图案,高速公路为绿底白图案。其形状除地点识别标志、里程碑、分合流标志外,为长方形和正方形,如图 7.4 所示。按 GB 5768—2009 的规定,指路标志总共有 62 种。

图 7.4 指路标志示例图

5) 旅游区标志

为吸引和指示人们从高速公路或其他道路上前往邻近的旅游区,应在通往旅游景点的交叉口设置一系列旅游区标志,使旅游者能方便的识别通往旅游区的方向和距离,了解旅游项目的类别。旅游区标志分为指引标志和旅游符号标志两大类,如图 7.5 所示。旅游区标志的颜色为棕色底,白色字符。旅游指引标志的尺寸应根据速度确定字高,再根据字数和图案确定版面大小。旅游符号的尺寸一般采用 60cm×60cm,也可根据需要放大或缩小。

6) 道路施工安全标志

按 GB 5768—2009 的规定,道路施工安全标志主要有路栏、锥形交通标、施工警告灯号、道口标注和施工区标志等六类 26 种,如图 7.6 所示。

7) 辅助标志

凡主标志无法完整表达或指示其规定时,为维护行车安全与交通畅通之需要,应设置辅助标志。辅助标志安装在主标志下面,紧靠主标志下缘。按 GB 5768—2009 的规定,辅助标志主要分为表示时间、表示车辆种类、表示区域或距离、表示警告或禁令理由以及组合辅助标志等五类。辅助标志的颜色为白底、黑字、黑边框;形状为长方形,如图 7.7 所示。

图 7.5　旅游区标志示例图

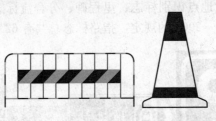

图 7.6　道路施工安全标志示例图

图 7.7　辅助标志示例图

4. 交通标志的设置原则

1) 根据客观需要设置

每一种标志都有一定的设置条件，应根据实际需要进行总体布局，结合具体情况合理设置，为保证交通畅通和行车安全服务，防止出现信息不足或过量的现象，对于重要的信息应给予重复显示的机会。

2) 统一性和连续性相结合

统一性是指在一定距离内，交通标志之间以及交通标志和其他交通设施应是协调的，不矛盾的。连续性是指交通设施的设置要使驾驶员在其观念上有时空上的连续性。

3) 设在易见位置

交通标志应设在车辆行进正面方向最容易看清的地方，根据具体情况可设置在道路右侧、中央分隔带或车行道上方。同一地点需要设置两种以上标志时，可以安装在一根标志柱上，但最多不应超过四种。解除限制速度标志、解除禁止超车标志、干路先行标志、停车让行标志、减速让行标志、会车先行标志、会车让行标志等应单独设置。标志牌在一根支柱上并设时，应按警告、禁令、指示的顺序，先下后上、先左后右地排列。

7.3.2 道路交通标线

道路交通标线是由标画于路面上的各种线条、箭头、文字、立面标记、突起路标和轮廓标等所构成的交通安全设施。它的作用是管制和引导交通，可以与标志配合使用，也可单独使用。标线应能确保车流分道行驶，导流交通行驶方向，指引车辆在汇合及分流前驶入合适的车道，加强行驶纪律和秩序，减少事故。标线应保证白天和晚上均具有视线诱导功能，并应做到车道分界清晰、线向清楚、轮廓分明。

高速公路、一级公路、二级公路和城市快速道、主次干道应按照GB 5768—2009《道路交通标志和标线》设置交通标线，其他道路可以根据需要设置。标线画在路中间，也有画在路边的。

1. 交通标线类别及其内容

我国现行的交通标线共有29种，按照功能划分为指示标线、禁止标线和警告标线。它们的名称和作用如下。

1) 指示标线

(1) 双向两车道路面中心线——黄色虚线，用来分隔对向行驶的交通流，在保证安全的情况下，允许车辆越线超车或向左转弯。

(2) 车行道分界线——白色虚线，用来分隔同向行驶的交通流，在保证安全的情况下，允许车辆变换车道行驶。

(3) 车行道边缘线——白色实线，用来表明车行道边线。

(4) 左转弯待转区线——白色虚线，用来指示左转弯车辆可在直行时段进入待转区，等待左转。

(5) 左转弯导向线——白色虚线，表示左转弯的机动车与非机动车的分离，主要用于特殊平面交叉口。

(6) 人行横道线——白色条纹，表示准许行人横穿行车道。

(7) 高速公路车距确认标线——白色平行粗实线，为驾驶员保持行车安全距离提供参考。每隔50m设置一组标线，间隔200m重复设置。

(8) 高速公路出入口标线——白色，为驶入或驶出匝道车辆提供安全交汇，减少与突出的路缘石碰撞。

(9) 停车位标线——白色实线，表示车辆停放位置。

(10) 港湾式停靠站标线——白色，表示车辆通向专门的分离引道和停靠位置。

(11) 收费岛标线，表示收费岛的位置，为驶入收费车道的车辆提供清晰的标记。

(12)导向箭头——白色箭头实线,用以引导行车方向。
(13)路面文字标记——黄色,用以指示或限制车辆行驶。

2)禁止标线

(1)禁止超车线:中心黄色双实线——表示严格禁止车辆跨线超车或压线行驶;中心黄色虚实线——表示实线一侧禁止车辆越线超车或向左转弯,虚线一侧准许车辆越线超车或向左转弯;中心黄色单实线——表示不准车辆跨线超车或压线行驶。

(2)禁止变换车道线——白色实线,用于禁止车辆变换车道和借道超车。白色实线的长度表示禁止变换车道的范围。

(3)禁止路边停放车辆线——白黄相间条纹,表示该路段禁止路边长时停放车辆,黄色表示该路段禁止路边临时或长时停放车辆,如图7.8所示。

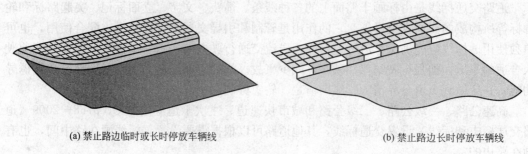

(a)禁止路边临时或长时停放车辆线　　　　(b)禁止路边长时停放车辆线

图7.8　禁止路边停放车辆线

(4)停止线——白色,表示车辆等候放行信号,或停止让行的停车位置。
(5)让行线——车辆在此路口必须停车或减速让干道车辆先行。
(6)非机动车禁驶区标线——用以告示骑车人在交叉口内禁止驶入的范围。
(7)导流线——白色,表示车辆需按规定的路线行驶,不得压线越线。
(8)中心圈——用以区分车辆大、小转弯及交叉口车辆左、右转弯的指示,车辆不得压线行驶,如图7.9(a)所示。
(9)路口禁停网格——黄色网状条纹,用以告示驾驶员禁止在设置本标线之交叉口(或其他出入口处)临时停车,防止交通阻塞,一般用于重要单位、部门前,禁止车辆在内停放,如图7.9(b)所示。
(10)车种专用道线——用以指示该车道仅限于某车种行驶,其他车种和行人不得进入。
(11)禁止掉头标线——禁止车辆掉头的交叉口或路段,如图7.9(c)所示。

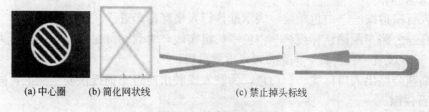

(a)中心圈　　(b)简化网状线　　　　(c)禁止掉头标线

图7.9　禁止标线示例

3)警告标线

(1)车行道宽度渐变段标线——颜色与中心线一致,警告驾驶员路宽缩减或车道数减少，应谨慎行车，并禁止超车。

（2）接近路面障碍物标线——颜色与中心线一致，表示车辆须绕过路面障碍物行驶。

（3）近铁路平交道口标线——指示前方有铁路平交道口，警告驾驶员谨慎行车。该标线仅用于无看守人员之铁路道口。

（4）减速标线——白色，表示车辆必须减速慢行。

（5）立面标记——提醒驾驶员注意，车行道或近旁有高出路面的构造物，以防止发生碰撞。

2. 道路平面交叉口标线的设置原则

道路平面交叉口的标线包括：人行横道线、停止线、车行道中心线、车道分界线、导向箭头等。上述标线在设置时，应考虑交叉口的形式、交通量、车行道宽度、转弯车辆的比例、非机动车的比例等因素，并遵循下列设置原则。

（1）交叉口的导向车道线长度应根据交叉口的几何线形确定，其最短长度为30m。导向车道线应画白色单实线，表示不准车辆变更车道。

（2）平面交叉口的进口车道内，应有导向箭头标明各车道的行驶方向。距交叉口最近的第一组导向箭头，设置在导向车道线的末尾。导向箭头重复设置的次数和距离，应根据交叉口进口道的具体情况确定。一般计算行车速度大于60km/h的道路，导向箭头按导向车道线的长度重复三次；计算行车速度小于60km/h的道路，导向箭头按导向车道线的长度重复两次。

7.4 平面交叉口交通管理

平面交叉口（以下简称交叉口）按交通管制方式的不同，可分为全无控制交叉口、主路优先控制交叉口、信号（灯）控制交叉口、环形交叉口等几种类型。

7.4.1 交叉口交通管理的原则

以下介绍对交叉口实施科学管理的五个主要原则。

1. 减少冲突点

交叉口交通安全的根本是减少冲突点，可采用单行线、在交通拥挤的交叉口排除左右转弯、用多相位交通信号灯控制交叉口各向交通等方法。

2. 控制相对速度

可采用严格控制车辆进入交叉口的速度；对于右转弯或左转弯应严格控制其合流角，以小于30°为佳；必要时可设置一些隔离设施（如隔离墩或导向岛等）用以减小合流角等方法。

3. 重交通车流和公共交通优先

重交通车流是指较大交通流量的交通流（干道或主干道上的交通流）。重交通车流通过交叉口应给予优先权。其方法是在轻交通流方向（支路）上设置减速让行或停车让行标志，或是延长在重交通车流方向上的绿灯时间。对公共交通也可采取类似优先控制的方式。

4. 分离冲突点和减小冲突区

交叉口上的交通流是复杂的，各种车辆在合流与分流的过程中所产生的车辆交叉运动，有的路径太接近甚至重叠，有的偏离过大，导致交叉口上冲突点增多和冲突区扩大，安全性大大降低。此时，运用分离冲突点和减小冲突区的原则能收到较好效果。如按各向车辆行驶轨迹设置交通岛，规范车辆在交叉口内的行驶路线；左转弯时，规定机动车小迂回，而非机动车大迂回；画上自行车左转弯标示线（有条件时设置隔离墩），防止自行车因急拐弯而加大冲突区；在路口某些部分画上禁止车辆进入的标示线，限定车辆通行区域；或在交叉口上设置左、右转弯导向线等，这些都是分离冲突点和减小冲突区的有效办法。

5. 选取最佳周期，提高绿灯利用率

在用固定周期自动交通信号控制交通的交叉口处，应对各方向的交通流常作调查，根据流量大小计算最佳周期和绿信比，以提高绿灯利用率，减少车辆在交叉口的延误。

其他一些交叉口交通管理原则，如对不同的交通流采取分离；对机动车和非机动车画出各行其道的车道线；人行横道较长的道路（超过15m），在路中央设置安全岛等，都是常用且行之有效的管理原则。具体运用上述原则时，应注意综合考虑，灵活运用。

7.4.2 无控制交叉口

1. 定义

无控制交叉口是指具有相同或基本相同的重要地位，从而具有同等通行权的两条相交道路，因其流量较小，在交叉口上不采取任何管理手段的交叉口。

2. 视距三角形

无控制交叉口通常没有明确的停车线，当车辆到达交叉口时，驾驶员将在距冲突点一定距离处做出决策：减速让行或直接通过。驾驶员所做出的决策很大程度上取决于交叉口上的视距，故无控制交叉口的交通安全是靠交叉口上良好的视距来保证的。绘制交叉口的视距三角形是一种常被用来分析交叉口上视距是否足够的方法。由两条相交道路的停车视距在交叉口所组成的三角形为视距三角形。必须保证视距三角形内无任何构筑物阻挡驾驶员的视线。在多车道的道路上，绘制视距三角形必须注意，视距线应画在最易发生冲突的车道上。根据实际情况，绘制交叉口的视距三角形，需要分别考虑单向交通交叉口和双向交通交叉口两种情况，如图7.10和图7.11所示。

图中$S_{停}$是相交道路上同时到达交叉口的车辆在冲突点前能及时制动、避让冲突所需的停车视距。

1) 单向交通视距三角形表示法

在单向交通的道路交叉口，对从左侧进入交叉口车辆的视距线，应画在最靠近其右边的车道上；而对右侧进入交叉口的车辆，则应取最靠近其左边的车道，如图7.10所示。

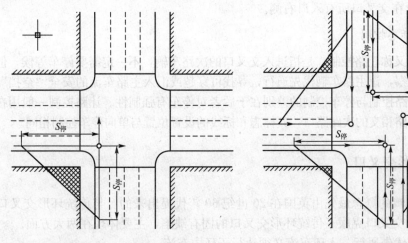

图 7.10 单向交通视距三角形　　　图 7.11 双向交通视距三角形

2) 双向交通视距三角形表示法

在双向交通的道路交叉口，对从左侧进入交叉口车辆的视距线，应画在最靠近人行道的车道上；而对于从右侧进入交叉口的车辆，则应取最靠近路中线的车道，如图 7.11 所示。

7.4.3 主路优先控制交叉口

无控制交叉口的延误是较小的，即使流量增加，延误增加也有限，理论和实测都表明了这一点。但鉴于安全性考虑，使得无控制交叉口在低流量时就要求加以管制，由无控制变为信号灯控制，交叉口延误将明显增加，这就应综合考虑种种因素，权衡利弊后做出决定。较好的措施是在这两种控制方式之间，考虑一种过渡形式的控制，既能解决安全问题，又不至于使延误增加太多，主路优先控制就能满足这种要求。主路优先控制分为停车让行标志控制和减速让行标志控制。

1. 停车让行标志控制

相交的两条道路中，常将交通量大的道路称主路或干路，交通量小的道路称次路或支路。规定主路车辆通过交叉口有优先通行权，次路车辆必须让主路车辆先行，这种控制方式称为主路优先控制。停车让行标志控制也称停车控制，指的是进入交叉口的次路车辆必须在停车线外停车观察，确认安全后，才准许通行。停车让行标志控制按相交道路条件的不同分单向停车控制和多向停车控制。

1) 单向停车控制

单向停车控制简称单向停车或两路停车。这种控制在次路进口处画有明显的停车交通标志，相应的在次路进口右侧设有停车交通标志，同时次要道路进口处路面上写有非常明显的"停"字。

2) 多向停车控制

多向停车控制又称多路停车，各路车辆进入交叉口均需先停车后通过，其中四路停车较多。停车标志设在交叉口所有入口右侧。

2. 减速让行标志控制

减速让行控制又称让路控制,是指进入交叉口的次路车辆,不一定需要停车等候,但必须放慢车速瞭望观察,让主路车辆优先通行,寻找可穿越或汇入主路车流的安全"空挡"机会通过交叉口。让路控制与停车控制的差别在于后者对停车有强制性。让路控制一般用在交通量不太大的主次路相交的次路路口,其标志和标线的设置位置与单向停车控制相同。

7.4.4 现代环形交叉口

现代环形交叉口的概念最先由英国在20世纪60年代提出来的。与传统环形交叉口不同的是,现代环形交叉口克服了传统环形交叉口的固有缺陷,主要体现在两大方面。

(1) 环内车流优先通行,入环车流必须让行于环内车流。

(2) 交叉口进行渠化。

现代环形交叉口是把传统环形交叉口允许车辆在环道内的自由交织运行改为要求车辆相对有组织的运行,这不仅减少了车流进行交织,而且可以通过增加进口道的车道数来提高交叉口的通行能力。

7.5 道路交通信号控制

7.5.1 交通信号控制基本概念

1. 交通信号和交通信号灯

凡在道路上用来传递具有法定意义并且能指挥交通流通行或停止的光、声、手势等,都是交通信号。在道路交通信号控制中,常用的交通信号主要有灯光信号和手势信号。灯光信号用交通信号灯的灯色来指挥交通,手势信号则由交通管理人员通过法定的手臂动作姿势或指挥棒的指向来指挥交通。手势信号现在仅在交通信号灯出现故障时或在无信号灯的地方使用。

交通信号是在道路空间上无法实现分离原则的地方,主要是在平面交叉口上,用来在时间上给交通流分配通行权的一种交通指挥措施。交通信号灯通过轮流显示不同的灯色来指挥交通的通行或停止。世界各国对交通信号灯各种灯色的含义都有明确规定,其规定基本相同。我国对交通信号灯的具体规定如下。

1) 对于指挥灯信号

(1) 绿灯亮时,准许车辆、行人通行,但转弯车辆不准妨碍直行的车辆和被放行的行人通行。

(2) 黄灯亮时,不准车辆、行人通行,但已越过停止线的车辆和已进入人行横道的行人,可以继续通行。

(3) 红灯亮时,不准车辆、行人通行。

（4）绿色箭头灯亮时，准许车辆按箭头所示方向通行。

（5）黄灯闪烁时，车辆、行人须在确保安全的原则下通行。

2）对于车道灯信号

（1）绿色箭头灯亮时，本车道准许车辆通行。

（2）红色叉形灯亮时，本车道不准车辆通行。

3）对于人行横道信号

（1）绿灯亮时，准许行人通过人行横道。

（2）绿灯闪烁时，不准行人进入人行横道，但已进入人行横道的行人，可以继续通行。

（3）红灯亮时，不准进入人行横道。

2. 交通信号灯的设置依据

设有停车或让路标志的交叉口的在交通量接近其通行能力时，车流就会不畅通而大大增加车辆的停车和延误，尤其是次要道路上的车辆。此时，设置交通信号灯，可改善次要道路上的通行，从而提高整个交叉口通行效率。另外设置交通信号灯还能够使不同方向的交通流在时间上分离，增强交叉口的安全性。

如果交通量未达到设置信号灯的标准时，不合理的改成信号灯控制就会适得其反。在设有停车或让路标志的交叉口，主路是畅通无阻的，因此，主路延误很少，如果流量很小的情况下改为信号灯，则要为少量的次要道路车辆放绿灯，势必给主路车辆增加很多不必要的红灯，从而产生大量的延误。而在次路上，由于车少，有时候亮着绿灯而无车通过，造成资源浪费。并且信号灯的设置不合理也会产生更多的交通事故。由于主路上驾驶员遇红灯而停车，但驾驶员在相当长时间内并未看到次要道路上有车通行，就往往无意或故意地闯红灯，容易造成交通事故。因此，应该合理设置交通信号灯，根据《道路交通信号灯安装规范》的规定，信号灯的安装依据如下。

（1）当进入统一交叉口高峰小时及12h交通量超过规范中所列数值，或有特别需要的路口可设置交通信号灯。

（2）设置机动车道信号灯的路口，当道路具有机动车、非机动车分道线且道路宽度大于15m时，应设置非机动车道信号灯。

（3）设置机动车信号灯的路口，当通过人行横道的行人高峰小时流量超过500人次时，应设置人行横道信号灯。

（4）实行分车道控制的路口应设置车道信号灯。

（5）当路口间距大于500m、高峰小时流量超过750辆及12h流量超过8000辆的路段上，当通过人行横道的行人高峰小时流量超过500人次时，可设置人行横道信号灯及相应的机动车信号灯。

（6）每年发生人身伤害事故5次以上的交叉口。

3. 信号控制类别

1）按控制范围分类

（1）单个交叉口控制。每个交叉口的交通控制信号按照交叉口的交通情况独立运行，不与其邻近交叉口控制信号有任何联系的，称为单个交叉口交通控制，又称单点信号控制，俗称"点控制"。这是交叉口交通信号控制的最基本形式。

(2) 干道交叉口信号联动控制。把干道上若干个交叉口的交通信号通过一定的方式联结起来，同时对各交叉口设计一种相互协调的配时方案，各交叉口的信号灯按此协调方案联合运行，使车辆通过这些交叉口时，不致经常遇上红灯，称为干道交叉口信号联动控制，又称"绿波"信号控制，俗称"线控制"。

(3) 区域交通信号控制系统。以某个区域中所有信号控制交叉口作为协调控制的对象，称为区域交通信号控制系统，俗称"面控制"。

2) 按控制方式分

(1) 定时控制。交叉口交通信号控制机按事先设定的配时方案运行，又称定周期控制。适用于流量变化很有规律的交叉口。一天流量变化非常规律，且波动不大，只用一种配时方案进行控制，称为单段式定时控制；一天内流量变化非常规律，且存在明显的早晚高峰，可以按不同时段的交通量采用几个配时方案，称为多段式定时控制。

(2) 感应控制。感应控制是在交叉口进口道上设置车辆检测器，信号灯配时方案由计算机或智能化信号控制机计算，可随检测器检测到的车流信息而随时改变的一种控制方式。随检测器安装位置不同，感应控制可以分为以下几个方面。

① 半感应控制：只在交叉口的部分路口设置检测器的感应控制。

② 全感应控制：在交叉口的所有路口都设置检测器的感应控制。

(3) 自适应控制。把交通系统作为一个不确定系统，能够连续测量其状态，如车流量、停车次数、延误时间等，逐渐了解和掌握对象，把它们与希望的动态特性进行比较，并利用差值以改变系统的可调参数或产生一个控制，从而保证不论环境如何变化，均可使控制效果达到最优或次最优的一种控制方式。

7.5.2 单个交叉口交通信号控制

1. 定时信号控制

1) 基本控制参数

(1) 信号相位和信号阶段。交通信号灯灯色的周期性变化，控制着路口各方向车辆的行或止。信号相位就是一股或多股交通流，在一个周期时间内不管任何瞬间都获得完全相同的信号灯色显示。信号相位是按路口车流获得信号显示的时序来划分的，有多少种不同显示时序排列就有多少个信号相位。

信号阶段则是根据路口通行权在一个周期内的变更次数来划分的，一个信号周期内通行权有几次更迭就有几个信号阶段。

图 7.12 所示为三岔路口有三个信号阶段构成一个信号周期，而相位则有四个相位。

一般路口可采用二相位，东西一个相位，南北一个相位，某些情况下也会采取三相位、四相位、甚至八相位。对于行车而言，相位越多越安全，但相位越多，周期越长，延误的时间也就越长，效率也就越低。相反，相位少，交叉口车流虽然较乱，但通行效率反而高。在选用时应根据道路交通实况具体分析，综合优化。

(2) 主要信号参数：

① 周期时间。周期时间就是红绿灯信号显示一个周期所需的时间，为信号阶段的一个完整的系列。

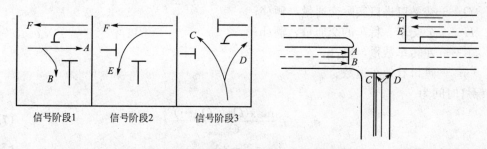

图 7.12　信号相位和信号阶段示意图

② 绿信比。绿信比是评价交通控制效率的一个指标，是指有效绿灯时间与周期的比值。

2）配时设计

(1) 英国方法。韦伯斯特提出了使车辆延误最小的最佳周期公式为

$$T = \frac{1.5L + 5}{1 - Y} \tag{7.1}$$

$$L = \sum_k (L_s + I - A)$$

$$Y = \sum_{j=1}^{j} \max(y_j, y_j' \cdots) = \sum_{j=1}^{j} \max\left[\left(\frac{q_d}{s_d}\right)_j, \left(\frac{q_d}{s_d}\right)_j' \cdots\right] \tag{7.2}$$

式中：L——一个周期内总的损失时间，s；

　　　L_s——启动损失时间，s；

　　　I——绿灯间隔时间，s；

　　　A——黄灯时间，可定为 3s；

　　　k——一个周期内的绿灯间隔数；

　　　Y——各相位最大流量比之和；

　　　q_d——设计交通量，pcu/h；

　　　s_d——设计饱和流量，pcu/h。

总的有效绿灯时间为

$$G_e = T - L \tag{7.3}$$

各相位有效绿灯时间为

$$g_{ej} = G_e \frac{\max(y_j, y_j' \cdots)}{Y} \tag{7.4}$$

各相位绿信比为

$$g_j = g_{ej} - A_j + I_j \tag{7.5}$$

(2) 美国方法。信号灯配时所采用的周期为

$$T = \frac{13330P}{1333 - Q_{e,\max}} \tag{7.6}$$

式中：P——相位个数；

　　　$Q_{e,\max}$——各个相位最大等效交通量之和。

等效交通量表达式为

$$Q_e = \frac{Q + 0.5H + 0.6L}{n} \tag{7.7}$$

式中：Q——交叉口进口实际交通量，辆/h；
　　　H——公交车、货车的交通量，辆/h；
　　　L——左转车数量，辆/h；
　　　n——进口有效车道数。

绿灯时间为

$$g_{ej} = G_e \frac{\max(Q_{ej}, Q'_{ej}\cdots)}{Q_{e,\max}} \tag{7.8}$$

$$G_e = T - 2A \tag{7.9}$$

按照式(7.9)确定的绿灯时间是否满足车辆通行的要求，可通过下式来检验，即

$$g_{ej} = 2.1x + 3.7 \tag{7.10}$$

式中：x——周期内的来车数，假设服从泊松分布，可查阅表7-1。

表7-1　泊松流平均到达率 m、置信度、周期来车数 x 关系表

m			X/veh
置信度95%	置信度90%	置信度75%	
	0.0~0.1	0.0~0.2	0
0.0~0.3	0.2~0.5	0.3~0.9	1
0.4~0.8	0.6~1.1	1.0~1.7	2
0.9~1.3	1.2~1.7	1.8~2.5	3
1.4~1.9	1.8~2.4	2.6~3.3	4
2.0~2.6	2.5~3.1	3.4~4.2	5
2.7~3.2	3.2~3.8	4.3~5.0	6
3.3~3.9	3.9~4.6	5.1~1.9	7
4.0~4.6	4.7~5.4	6.0~6.8	8
4.7~5.4	5.5~6.2	6.9~7.7	9
5.5~6.1	6.3~7.0	7.8~8.6	10
6.2~6.9	7.1~7.8	8.7~9.5	11
7.0~7.7	7.9~8.6	9.6~10.4	12
7.8~8.4	8.7~9.4	10.5~11.3	13
8.5~9.2	9.5~10.3	11.4~12.2	14
9.2~10.0	10.4~11.1	12.3~13.1	15
10.1~10.8	11.2~11.9	13.2~14.0	16
10.9~11.5	12.0~12.8	14.1~14.9	17
11.7~12.4	12.9~13.6	15.0~15.8	18

2. 感应式信号控制

1) 控制原理

感应式信号控制没有固定的周期长度，其工作原理为：在交叉口进口车道安装车辆检

测器检测车辆的到达情况，在感应信号控制器内设置一个"初始绿灯时间"，到初始绿灯时间结束的时候，如果在一个预设时间间隔内没有后续车辆到达，则变换相位；如果有后续车辆到达，则绿灯延长一个预设的"单位绿灯延长时间"，只要不断有车辆到达，绿灯时间可以继续延长，直到预设的"最长绿灯时间"时变换相位。

2) 控制参数

（1）初始绿灯时间 G_0：给每个相位预先设置的最短绿灯时间，在此时间内，不管是否有车辆进入进口车道，必须为绿灯时间，初始绿灯时间的长短取决于检测器的位置和检测器到停车线可停放的车辆数。

（2）单位绿灯延长时间 G_u：它是初始绿灯时间结束后，在一定的时间间隔内测得有后续车辆时所延长的绿灯时间。

（3）最长绿灯时间 G_1：它是为了保障交叉口信号灯具有较好的绿信比，而设置的某相位无论车辆到达情况如何的最大绿灯时间，一般为 30~60s。当某个相位的初始绿灯时间加上后来增加的多个单位绿灯时间达到最长绿灯时间时，信号控制会改变相位，使另一相位的信号灯设置为绿灯，该方向的车辆获得通行权。

7.5.3 线、面控制系统

本书限于篇幅，对于线控和面控制交通系统，仅做简短的介绍，至于其理论和方法的进一步研究，将在后续课程《交通控制与管理》中介绍。

1. 线控系统

线控系统是将主要干道上多个相邻的交通信号联动起来，进行集中控制，以提高整个干道的通行能力。

1) 控制参数

（1）周期长度。在线控系统中，为了使各交叉口的信号能取得协调，各个交通信号的周期必须是统一的。先按单点配时方法，算出每个交叉口的周期时长，取最大的周期时长作为这个系统的周期时长。

（2）绿信比。线控系统中，各个交叉口的绿信比可根据交叉口的交通量来确定。

（3）相位差。相位差是线控系统的关键参数，通常的相位差有两种：绝对相位差和相对相位差。绝对相位差是指各个交叉口的绿灯时间或红灯时间起点相对于某一标准交叉口的绿灯或红灯起点的时间差。相对相位差是指相邻两个交叉口信号的绿灯或红灯起点的时间差。

2) 配时设计方法

（1）时间-距离图。线控制系统配时方案通常可用时间-距离图来描述，如图 7.13 所示。图中以时间（即信号配时）为纵坐标，干道上交叉口间距为横坐标。

图中所绘一对平行斜线所标定的时间范围称为通过带，其宽度就是通过带宽，简称带宽。它确定干道上交通流所能利用的通车时间，以秒或周期时长的百分数计。

平行线的斜率的倒数就是车辆沿干道可连续通行的车速，

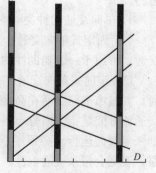

图 7.13 时间-距离图

称为通过带速度,简称带速。

(2) 计算周期。先按单点配时方法确定每个交叉口周期,选最大的周期作为线控系统周期。

(3) 计算绿灯时间。以交叉口周期时长并根据主次流量比,确定绿灯时间。

(4) 计算时差。有两种方法:图解法和数解法。在后续课程中详细介绍。

2. 面控制系统

面控制系统是把城区内的全部交通信号的监控,作为一个指挥控制中心管理下的一部整体的控制系统,是单点信号、干线信号系统和网络信号系统的综合控制系统。它是随着交通控制理论的不断发展,及通信、检测、计算机技术在交通控制领域的广泛应用而发展起来的。现代的交通控制系统是多种技术的综合体,它包括车辆检测、数据采集与传输、信息处理与显示、信号控制与最优化、电视监控、交通管理与决策等多个组成部分。

7.6 城市道路交通组织管理

7.6.1 车道管理

行车道交通管理是交通系统管理中线路交通管理的最基本、最简单形式,行车道交通管理包括:单向交通管理、变向交通管理、专用车道管理和禁行交通管理几种形式。

1. 单向交通管理

单向交通又称单行线,是指道路上的车辆在一定的时段内只能按一个方向行驶。国内外的实践均表明:单向交通有利于提高通行能力和行车速度,降低交通事故。

当道路上的交通量超出其自身的通行能力时,将造成交通拥塞、延误及交通事故增多等问题。此时,在道路交通系统中,若对某条道路或几条道路,甚至对某些路面较宽的巷、里弄,考虑组织单向交通,则将会使上述交通问题明显地得到缓解和改善。故单向交通是在道路交通系统中,解决交通拥挤,充分利用现有道路网容量的一种经济、有效的交通管制措施。

应该强调指出,在旧城区街道狭窄、道路网密度大,便于画出一组平行的单向交通道路。

1) 单向交通的种类

(1) 固定式单向交通。对道路上的车辆在全部时间内都实行单向交通称为固定式单向交通。常用于一般辅助性的道路上,如立体交叉桥上的匝道交通多是固定式单向交通。

(2) 定时式单向交通。对道路上的车辆在部分时间内实行单向交通称为定时式单向交通。如城市道路交通在高峰时间内,规定道路上的车辆只能按重交通流方向单向行驶(重交通流方向是指方向分布系数 $K_D > 2/3$ 的车流方向,$K_D = \times 100\%$),而在非高峰时间内,则恢复双向运行。必须注意,实行定时式单向交通,应给非重交通流方向的车流安排出路,否则会带来交通混乱。

(3) 可逆性单向交通。可逆性单向交通是指道路上的车辆在一部分时间内按一个方向行驶，而在另一部分时间内按相反方向行驶的交通，例如上下班高峰期。这种可逆性单向交通常用于车流流向具有明显不均匀性的道路上。其实施时间应根据全天的车流量及方向分布系数确定，一般当 $K_D>3/4$ 时，即可实行可逆性单向交通。同样，应注意给非重交通流方向的车流以出路。

（4）车种性单向交通。车种性单向交通是指仅对某一类型的车辆实行单向交通的交通组织。这种单向交通常应用于具有明显的方向性及对社会秩序、人民生活影响不大的车种，如货车。实行这类单向交通的同时，仍可对公共汽车和自行车维持双向通行，目的是充分利用现有道路的通行能力。

（5）混合型单向交通。在实际交通管理中，可以根据道路以及车流特点，一条道路上可以同时实行几种行驶的单向交通，如一条南北向的城市道路上，上午 7：00～9：00 只允许社会车辆由南向北单向通行，公交车辆双向通行，大型货车禁止通行；晚上 5：00～7：00 只允许社会车辆由北向南单向通行，公交车辆双向通行，大型货车禁止通行；其他时间社会车辆双向和公交车辆双向通行，货车由南向北单行。上述通行方式包括了定时式、车种性、可逆性几种单行方式，是一种混合型单向交通方式。

2）单向交通的优点

单向交通在路段上减少了与对向行车的可能冲突，在交叉口上大量减少了冲突点，故单向交通在改善交通方面具有以下较为突出的优点。

（1）提高道路通行能力。由于单向交通减少了与对向行车的可能冲突及减轻了快慢车之间的干扰，故道路通行能力将会明显提高。根据有关统计资料表明，国外单行道可提高通行能力达 20%～80%，国内单行道提高通行能力也可达 15%～50%。

（2）减少交叉口的冲突点。实施单向交通后，可以大大减少在交叉口的冲突点数和交织点数。如两条双向两车道的交叉口，实行单向交通后其冲突点数从 16 个降低到 4 个，仅为双向时的 25%；机动车与机动车、机动车与非机动车之间的干扰也明显减少。

（3）提高行车安全性，减少道路交通事故。冲突点是导致交通事故的重要因素。由于单向交通能大量减少冲突点数目，因此行车的安全性将会明显提高。单向交通所发生的事故多为追尾事故，故恶性事故率也将下降。此外，双向交通改成单向交通后，可消除对向车辆的眩光影响，行人过街只需注意一个方向，事故率也会有所下降。

（4）提高了车辆的行车速度，减少了延误。单行线上车辆只能按规定路线行驶，没有左转弯和对向行驶车辆的干扰，所以冲突点和交叉口的延误时间减少，车速得到提高，交织和超车也比较容易。实行单向交通还能提高行车速度均匀性和稳定性，当双向交通改为单向交通后，由于方向一致，车流波动小，行车速度较为稳定。如英国伦敦的一些街道实行单向交通后，平均行驶车速从 13～16km/h 提高到了 26～32km/h；苏联 20 个城市的单向交通调查资料表明，实行单向交通后，车速提高了 10%～20%。

（5）其他优点。单向交通有利于路边停车规划和公交专用道规划，例如双向通行的狭窄道路，如有车辆因故障等原因停车，就会引起交通阻塞，若将其改为单向交通，则能有效地解决交通拥塞及停车困难等问题。单向交通还有利于信号灯配置和管理，单向交通采用线控具有优越条件，其绿灯利用率比双向交通可提高 50%。此外，单向交通可充分利用狭窄的街巷，弱化主干道上的交通负荷，在一定程度上避免了旧城道路的改建，能带来较大的经济效益。

3) 单向交通的缺点

(1) 增加了车辆绕道行驶的距离和时间,给驾驶员增加了工作量。
(2) 由于车辆绕行,增加了路网上无效的交通量。
(3) 给公交车辆乘客带来不便,增加步行距离。
(4) 容易导致迷路,特别是对不熟悉情况的外地驾驶员。
(5) 增加了为单向管制所需的道路公用设施。
(6) 给道路两侧商业活动带来影响,人们不便去单行道两侧进行商业活动,从而影响商家的经济效益。

2. 变向交通管理

变向交通(又称潮汐交通)是指在不同的时段内,变换某些车道上行车的方向性或种类型的交通。变向交通按其作用可以分为方向性变向交通和非方向性变向交通。

方向性变向交通指在不同时间内,变换某些车道上行车方向的交通。方向性变向交通可以使车流量方向性分布不均匀现象得以缓解,从而提高道路的利用率。它适用于车流方向在不同时段分布不均匀的情况,如早高峰时一条道路上所有车道均为城市外围进入中心区方向通行,晚高峰时所有车道为中心区向城市外围方向通行。

非方向性变向交通指在不同时间内,变换某些车道上行车种类的交通。非方向性变向交通对缓解各种不同类型的交通在时间分布上的不均匀性矛盾有较好的效果。它可分为车辆与行人、机动车与非机动车之间相互变换使用的变向车道。例如在早晨自行车高峰时间,变换机动车外侧车道为自行车道,到了机动车高峰时间,则变换非机动车道为机动车道。另外,在中心商业区变换车行道为人行道及设置定时步行街等,这些都是非方向性的变向交通。

变向交通的缺点是增加了交通管制的工作量和相应的设施,且要求驾驶员有较好的素质,集中注意力,特别是在过渡地段。

3. 专用车道管理

规划设计专用车道是缓解城市交通问题的途径之一,它主要是指公共交通车辆专用车道和自行车专用车道。

1) 公共交通车辆专用车道

公共交通车辆是指公共汽车、电车、轻轨、地铁及城市铁路列车等。此外,出租车也属于公共交通车辆。公共交通车辆载客量大,人均占用道路面积小,且可有效地利用道路,故可采用公共交通车辆专用车道来提高公共车辆的服务水平,吸引公众,达到减少小汽车交通量的目的,使整个城市的交通服务质量得到改善,带来较大的社会经济效益。例如开辟公交专用车道、公交专用街,投资发展轻轨和地铁等。

公交专用车道的开辟,可在双向六车道及其以上道路上画出一条车道,用路面标示或交通岛同其他车道分隔,专供公交车辆通行,这可避免公交车辆同其他车辆的相互干扰。或者,在单向交通的多车道街道上,若车道有余时,可画出一条靠边车道,专供对向公交车辆行驶,称为逆向公交专用车道,即在单向交通街道上,只允许公交车辆双向通行。

公交专用街是只允许公交车辆和行人通行的街道。对于较宽的街道上也可允许自行车通行。

城市的中心商业区或只有两条车道而又必须行驶公交车辆的窄街道,特别适宜划为公交专用街。通过设置公交专用车道和公交专用街可以提高公交车辆的运行效率和服务质量，达到减少城市交通总量的目的，改善整个城市的交通服务质量。

2) 自行车专用道

根据自行车交通早高峰流量最大的特点，将自行车和公共流量大的路线、路段开辟成自行车和公共汽车专用线路段，定时将自行车与公共汽车及其他车辆分开，还可以开辟某些街巷作为自行车专用道。

7.6.2 禁行交通管理

为了均衡道路上的交通负荷，根据道路条件和交通条件，将一部分交通流量分配到负荷较低的道路上去，或机动车和非机动车实行某种限制性管理，称为禁行管理。禁行管理通常有以下几种情况。

1. 时段禁行

根据机动车和非机动车的不同高峰时段，安排不同的通行时间，如上午9点至下午5点禁止自行车进入规定的主要道路。

2. 错日禁行

在某些主要道路上规定某些车辆单日通行，某些车辆双日通行；或规定牌照号为单数的货车单日通行，双数的双日通行。

3. 车种禁行

禁止某几种车（载货汽车和各类拖拉机）进入某些道路。

4. 转弯禁行

在某些交通拥挤的交叉口，禁止机动车和非机动车左(右)转弯，或禁止自行车左转弯。应注意在禁止左转弯交叉口的邻近路口必须允许左转弯。

5. 超限禁行

禁止机动车和非机动车超吨位（高度、速度）通行。

7.7 快速道路的交通控制

为了使在快速道路上的车流能畅通流动，充分发挥投资昂贵的快速道路系统的功能，有必要且必须对快速道路实行交通控制。快速道路的控制系统分为三个部分：主线控制系统，入口匝道控制系统，出口匝道控制系统。

7.7.1 主线控制系统

1. 主线控制的作用

快速道路主线控制的作用有以下几方面。

(1) 取得最佳均匀车速，从而使瓶颈路段的通行能力达到最大。
(2) 一旦因车速或车流密度发生变化而产生冲击波时，可防止汽车追尾冲撞。
(3) 当出现事故或因维修而使主线通行能力受到限制时，可提高快速道路的使用效率。

2. 几种控制方法

1) 可变限速控制方法

在快速道路上设置可变限速标志，指示随交通状况变化的限制车速。其作用是向驾驶员预告前方交通拥塞或将要通过瓶颈路段，驾驶员应按指示的限速行驶，以使车流平稳，车速均匀，从而提高通过瓶颈路段的通行能力。

2) 车道封闭控制法

美国底特律已试用在车道封闭标志来提高快速道路的使用效率。这些标志通常在各车道上用垂直绿箭头表示。如果某车道由于养护作业而需要提前封闭时，这时，该车道上面的绿箭头标志就改变为红叉标志。这种标志的效果与交通量有关。当交通量小于快速道路的通行能力时，则车辆会服从红叉标志的指示，并在车道封闭前比平常更早地离开已封闭的车道；当交通量大于快速道路的通行能力时，即较早地离开已封闭车道，在瓶颈路段的通过量也不会有所提高。因而在高峰期间封闭某个车道，不能期望它将会带来较大的收效。

3) 可逆车道控制法

快速道路在高峰期间，交通量将会出现较大的方向不平衡，这种不平衡在将来若干年仍会存在，较为合理的解决办法是设计可逆车道。为一条新的快速道路设计可逆车道时，为安全起见，最好将可逆车道与一般车道分开，形成第三车道。在匝道与可逆车道连接处，可用水平移动的剪刀式栅栏或垂直吊动的栅栏和可变情报标志加以控制。可变情报标志通告驾驶员该走哪一个车道。

7.7.2 入口匝道控制

1. 入口匝道控制的作用

入口匝道控制，一般被认为是快速道路的主要交通控制措施，它的作用有以下几方面。
(1) 减少整个快速道路系统内车辆的行程时间。
(2) 使交通流量均匀平滑。
(3) 消除或减少交汇中的冲突和事故。
(4) 由于交通流量均匀平滑，车流状况得到改善，因此减少了不舒适感和环境的干扰。

2. 入口匝道控制的条件

要实现上述匝道控制目标，给快速道路提供一种更高的预测性和更好的服务水平，则入口匝道要满足以下条件。
(1) 在通道上应该有可供使用的额外容量。
(2) 在进口匝道上应有足够的停车空间。

(3) 交通模式(即主车道流量与快速路段该路段流量)必须合适。

3. 入口匝道控制法

1) 封闭匝道法

在以下情况下考虑匝道封闭。

(1) 互通式立交非常接近，交织问题十分严重的地方。

(2) 有较多车辆要在匝道上排队，但没有足够长度容纳排队车辆的匝道。

(3) 附近有良好的道路可供绕道行驶。

封闭的方法有：人工设置栅栏、自动弹起式栅栏、采用"不准驶入匝道"标志。

2) 匝道调节

匝道调节是利用交通信号灯来限制进入快速道路的交通流量，从而改善快速道路的交通状况或提高车流汇合时的安全性。

(1) 定时调节。定时调节是指限流率按照不同的周期以及每天的不同时段预先加以固定的控制方法。

(2) 感应调节。感应调节是指在快速道路上和匝道上都装有检测器，以取得交通信息。根据不同的控制方案，通过就地控制器或中心计算机，实施限流控制，限流率可依据交通信息做相应的调整。

3) 匝道控制系统

将一系列匝道集中起来作为一个整体统一考虑交通控制的系统，称为匝道系统控制。其限流率根据整个系统的交通量与通行能力之差确定。它与独立的限流控制相比，匝道系统控制的优点是能够兼顾整个系统。

整体车辆感应下限流控制能适应交通量变化的要求，是整个系统的车流保持最佳化。若快速路某段发生交通事故，这种控制就显得特别有效。此时，发生事故的下游匝道，其限流率会自动增加，而上游匝道的限流率会自动减少。

7.7.3 出口匝道控制

就理论上讲，出口匝道控制可采用如下两种方法。

(1) 调节驶离快速道路的车辆数。

(2) 封闭出口匝道。

第一种控制方法不是一种有效的方法，唯一有利之处乃是缓解了接近快速道路交叉口的交通拥挤程度。不过，这将意味着要承担一些交通事故的风险，因为在信号灯前停车，车辆急剧减速又发生滑行，有造成追尾的危险，且使等待驶离快速道路之车辆排队从信号灯向后延伸到快速道路上。

第二种控制方法可以大大减少车辆在出口的交织及随之而带来的交通安全问题。特别是一个出口匝道连接着一个大型互通式立交的沿街道路或者近郊道路的距离较短时(小于0.8km)，封闭匝道是一种很实用的解决办法。

封闭出口匝道的缺点有以下几点。

(1) 大大增加驾驶员的行车时间及距离。

(2) 若使用人工控制的栅栏，或某种形式的自动门，则在高峰期间封闭匝道，其费用很高。

(3) 由于限制了出口,将会激起公众强烈的反对。

(4) 追尾事故的可能性大大增加。

7.7.4 快速道路控制管理系统

快速道路控制管理系统(见图 7.14)主要包括以下几点。

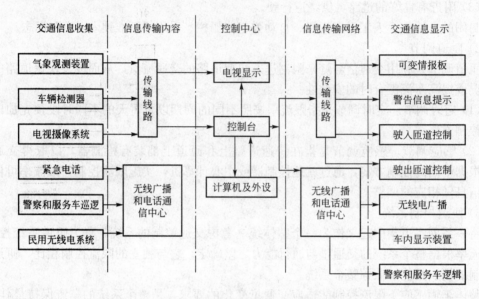

图 7.14 快速道路控制管理系统

(1) 情报收集系统。主要是为驾驶员和交通控制提供必要的信息,包括车辆检测器、紧急电话和航空监视等。

(2) 信息传输系统。主要是收集交通情报和发送控制指令的信息通道,包括直达电缆、电话线、无线电和微波传输等。

(3) 控制中心。控制中心一般有地图显示系统、中心计算机和控制台,这里是控制管理的神经中枢。

(4) 信息提供。交通信息部分可以提供文字、图像、声音等多种信息,还有可以对普通电话进行自动接受应答的"自动电话导向"等服务。在当今先进的快速道路交通控制系统中还有可以提供行驶时间等信息的功能。

设置快速道路交通控制管理系统的主要目的是为了从整体上协调控制路网交通流的运行。

小 结

交通标志标线是道路上的交通语言,是向道路使用者传递交通信息的设施,掌握其设计原则及设置方法,合理的进行设计是保证交通顺畅的条件之一。平面交叉口是道路网络的瓶颈，对交叉口实施有效的管理措施显得至关重要，交叉口交通信号控制是利用信号装置对交通进行诱导，以实现人车分离，交通畅通，本章重点介绍了单点定时信号配时方法。本章还介绍了交通组织管理方法和快速路的交通控制策略。

课 后 习 题

思考题：
1. 交通标志有哪些种类？各有何用途？设置道路交通标志需考虑哪些因素？
2. 平面交叉口的交通管制有哪几种类型？如何选择？
3. 组织单向交通的优缺点是什么？基本条件是什么？
4. 解决我国城市混合交通问题的主要途径有哪些？

习题：

1. 在城市路网的一个信号控制交叉口，若采用两相位信号控制，各入口为两车道，各方向车辆到达率为：北方向700辆/h，南方向850辆/h，东方向800辆/h，西方向1250辆/h，绿灯间隔时间为7s，黄灯时间为3s，启动损失时间为3s，每车道饱和流量$S=1950$辆/h。试计算该路口信号控制的有关配时参数。

2. 某市区一平面交叉口为主、次干路相交，并均为双车队进口，主干路两个方向的高峰小时交通量分别为723辆/h及650辆/h，次干路两个方向高峰小时交通流量分别为180辆/h和160辆/h，若采用二相位信号机控制，主次干路在进口处均有8%的左转车、5%的货车及5%的公共汽车，试设计该信号交叉口的周期，主次干路绿灯时间及绿信比。

第 8 章 交通安全

教学提示：本章主要从交通事故的调查、事故成因分析，事故预防及安全评价以及事故预防等几个方面展开讨论。

学习要求：通过本章的学习，学生应该熟悉交通事故的基本概念，掌握交通事故的调查方法，理解交通事故的成因，了解交通事故预防及安全评价。

引例

自1886年第一辆汽车问世以来，全球约有4亿人死于交通事故，远远超过两次世界大战死亡人数的总和。20世纪80年代以来，全球每年约有50万人死于交通事故，有1000万人因交通事故而受伤。据最新数据统计，每年死于交通事故人数：日本大约有1万人，美国大约有4万人，欧盟15国大约有4万多人，而中国则超过10万人。道路交通事故将成为世界头号杀手之一。

8.1 概 述

8.1.1 交通事故的定义

1. 定义

由于国情不同，世界各国的交通规则和交通管理规定也不同，对交通事故的定义也不尽相同。

中国对道路交通事故的定义是根据国情、民情和道路交通状况提出来的，即《中华人民共和国道路交通安全法》给出的定义：车辆在道路上因过错或者意外造成的人身伤亡或者财产损失的事件。它基本上适合中国道路、车辆和人员参与交通行为的状况，得到了国家和社会各方面的肯定。

美国国家安全委员会对道路交通事故的定义：在道路上所发生的意料不到的、有害的或危险的事件。这些有害的或危险的事件妨碍着交通行为的完成，常常是由于不安全的行动、不安全的因素或者二者的结合造成的。

日本对道路交通事故的定义为：由于车辆在交通中所引起的人的死伤或物的损坏，在道路交通中称为交通事故。

2. 构成要素

从以上对交通事故的定义中可以看出，构成道路交通事故应具备以下七个要素，缺一不可。

1) 车辆

交通事故各方当事人中，必须至少有一方使用车辆，包括机动车和非机动车。车辆是构成交通事故的前提条件，无车辆参与则不认为是交通事故。

2) 在道路上

这里的道路是指公用的道路，即《中华人民共和国道路交通安全法》规定的"公路、城市道路和所在单位管辖范围但允许社会机动车通行的地方，包括广场、公共停车场等用于公众通行的场所"。只供本单位车辆和行人通行的，交通管理部门没有义务对其进行管理的，不能属于道路。此外，还应以事态发生时车辆所在的位置，而不是事故发生后车辆所在的位置，来判断其是否在道路上。

3) 在运动中

在运动中是指在行驶或停放过程中。停放过程应理解为交通单元的停车过程，而交通单元处于静止状态停放时所发生的事故（如停车后装卸货物时发生的伤亡事故）不属于交通事故。停车后溜车所发生的事故，在公路上属于交通事故，在货场里则不属于交通事故。所以关键在于交通事故各当事方中，是否至少有一方车辆处于运动状态。例如，乘车人在车辆行驶时，由车上跳下造成的事故属于交通事故；停在路边的车辆，被过往车辆碰撞发生事故，由于对方车辆处在运动中，因而也是交通事故。

4) 发生事态

发生事态是指发生碰撞、碾压、刮擦、翻车、坠车、爆炸、失火等其中的一种或几种现象。若没有发生上述事态，而是行人或旅客因其他原因（如疾病）造成死亡的不属于交通事故。

5) 违章

当事人有违反《中华人民共和国道路交通安全法》和其他道路交通管理法规、规章的行为，这是依法追究其肇事责任，以责论处，予以处罚的必要条件。没有违章行为而出现损害后果的事故不属于交通事故；有违章行为，但违章与损害后果无因果关系的也不属于交通事故。

6) 过失

过失是当事人因疏忽大意没有预见到应该预见的后果或已经预见而轻率地自信可以避免，以致发生的损害后果，即造成事态的原因是人为的，而不是因为人力无法抗拒的自然原因，如地震、台风、山崩、泥石流、雪崩等造成的事故。行人自杀或利用交通工具进行其他犯罪，以及精神病患者在发作期间行为不能自控而发生的事故，均不属于交通事故。

7) 有后果

交通事故必定有损害后果，即人、畜伤亡或车、物损坏，这是构成交通事故的本质特征。因当事人违章行为造成了损害后果，才属于交通事故；如果只有违章而没有损害后果则不属于交通事故。

以上七种要素可以作为鉴别道路交通事故的依据和必要条件，在实际工作中加以运用。

3. 现象

交通事故现象，又称交通事故的形式，即交通参与者之间发生冲突或自身失控造成肇事所表现出来的具体形态，基本上可分为碰撞、碾压、刮擦、翻车、坠车、爆炸和失火等七种。

8.1.2 交通事故的分类

1. 按事故责任分类

根据交通事故的主要责任方所涉及的车种和人员，在统计工作中可将交通事故分为机动车事故、非机动车事故和行人事故三种。

2. 按事故后果分类

根据人身伤亡或者财产损失的程度或数额，交通事故可分为轻微事故、一般事故、重大事故和特大事故。

3. 按事故原因分类

从原因上可以把交通事故分为主观原因造成的事故和客观原因造成的事故两类。

4. 按事故的对象分类

按事故的对象可将交通事故分为车辆间的交通事故、车辆与行人的交通事故、机动车对非机动车的交通事故、车辆自身事故、车辆对固定物的事故五种类型。

5. 按事故发生地点分类

交通事故发生地点一般是指哪一级道路，在我国，公路可分为高速公路、一、二、三、四级公路五个等级；城市道路可分为快速路、主干路、次干路、支路四个等级。另外，还可按在道路交叉口和路段所发生的交通事故来分类。

8.1.3 交通事故特点

交通事故具有如下特点：随机性、突发性、频发性、社会性及不可逆性。

1. 随机性

交通工具本身是一个系统，当它在交通系统中运行时则牵涉到一个更大的系统。在交通系统这样的动态大系统中，某个失误就可能引起一系列其他失误，从而引发危及整个系统的大事故，而这些失误绝大多数是随机的，即是纯粹的随机事件。

道路交通事故往往是多种因素共同作用或互相引发的结果，其中有许多因素本身就是随机的（如气候因素），而多种因素正好凑在一起或互相引发，则具有更大的随机性，因此道路交通事故的发生必定带有极大随机性。

2. 突发性

道路交通事故的发生通常并没有任何先兆，即具有突发性。驾驶员从感知到危险至交通事故发生这段时间极为短暂，往往短于驾驶员的反应时间与采取相应措施所需的时间之和。或者即使事故发生前驾驶员有足够的反应时间，但由于驾驶员反应不正确、不准确而操作错误或不适宜，从而导致交通事故。

3. 频发性

由于汽车工业的高速发展，车辆急剧增加，交通量增大，造成车辆与道路比例的严重失调，加之交通管理不善等原因，造成道路交通事故频繁，伤亡人数增多，道路交通事故已成为世界性的一大公害。许多国家因道路交通事故造成的经济损失约为其国民生产总值的 1%。因此，人们称道路交通事故是"无休止的交通战争"。

4. 社会性

道路交通是随着社会和经济的发展而发展的客观社会现象，是人们客观需要的一种社会活动，这种活动是人们日常生活和工作必不可少的。在目前现代化的城市中，由于大生产带来的社会分工越来越细，人际间的协作和交往也越来越密切，使人们在道路上的活动日趋频繁，成为一种社会的客观需求。

道路交通事故是伴随着道路交通的发展而产生的一种现象，无论何时，只要人参与交通，就存在涉及交通事故的危险性。道路交通随着社会的发展不断地进行演变，从步行到马车再到今天的汽车，以至形成今天的规模。这个过程不仅表明人们对道路交通的追求意识和发展意识，也证明了道路交通事故是随着社会发展和经济发展而发展的客观存在的社会现象，即道路交通事故具有社会性。

5. 不可逆性

道路交通事故的不可逆性是指其不可重现性。事故是人、车、路组成的系统内部发展的产物，与该系统的变量有关，并受一些外部因素的影响。尽管事故是人类行为的结果，但却不是人类行为的期望结果。

从行为科学的观点看，社会上没有哪种行为与事故发生时的行为相类似，无论如何研究事故发生的机理和防治措施，也不能预测何时何地何人发生何种事故。因此，道路交通事故是不可重现的，其过程是不可逆的。

8.2 交通事故的调查与处理

事故调查主要是指对交通事故现场的调查。事故调查是分析与处理事故的起点，由现场勘查获得的事故原始资料是开展后续工作的基础。

事故处理是指对一起具体交通事故的结案过程。正确处理交通事故可以保护国家利益和公民的正当权益。此外，正确处理交通事故也是维护法律尊严、整顿交通秩序、促进交通安全的重要手段。

8.2.1 交通事故调查的内容和方法

1. 调查内容

道路交通事故调查按照调查的先后顺序可分为事故现场勘查和事后调查。事故调查的主要内容如下。

（1）事故相关人员调查：包括事故当事人的年龄、性别、家庭、工作、驾驶证、驾龄、心理生理状况等。

（2）事故相关车辆调查：包括车辆的类型、出厂日期、荷载、车辆的技术参数、车身上的碰撞点位置、车身破损变形。

（3）事故发生道路调查：包括道路的线形、几何尺寸、路面（沥青、水泥、土、沙石等材料状况，雨雪等湿滑状况）。

（4）事故发生的环境调查：包括天气（风、雪、雨、雾、阴、晴等对视线的影响）、交通流、现场周围建筑、交通管理和控制方式等。

（5）事故现场痕迹调查：路面痕迹（拖印、凿印、挫印、划痕）、散落物位置、人车损伤痕迹等。

（6）事故发生过程调查：主要对车辆和行人在整个事故过程中的运动状态进行调查，包括速度大小、速度方向、加速度及在路面上的行驶轨迹、路面碰撞点。

（7）事故发生原因调查：包括主观原因（人的违法行为或故意行为）和客观原因（道路原因、车辆原因、自然原因等）调查。

（8）事故后果调查：包括人员伤亡和财产损失调查。

（9）其他调查：除了上述调查内容之外，还有事故发生的时间、地点、当地民俗以及事故目击者、证人等的调查。

2. 调查方法

道路交通事故的调查涉及很多内容，不同内容的调查方法也多种多样，总体来说可以分为以下几类。

（1）人工方法：是通过事故调查人员的观察、询问、讯问、人工测量等进行的。

（2）仪器方法：是利用各种仪器进行的调查。

（3）鉴定方法：是鉴定人员运用自己的专门知识和技术，对案件中需要解决的专门性问题作出结论性判断的方法，具有客观性和科学性的特点。

（4）试验方法：多在事故现场进行，例如现场制动试验就可以在相同的车辆、道路和环境下进行，测试车辆的制动性能或者事发前的车速。

（5）录像方法：是一种事前使用的仪器法，某些交通事故的交叉口或者路段安装有摄像机，因而能够拍摄下事故发生的全过程，这也是一种非常有效的事故调查手段。

8.2.2 事故的处理

道路交通事故处理，是指公安机关交通管理部门依据《中华人民共和国道路交通安全法》及有关行政法规、规章的规定，对发生的交通事故勘查现场、搜集证据、认定交通事故、处罚责任人、对损害赔偿进行调解的过程。

1. 事故处理程序

交通事故处理程序是指公安交通管理机关在处理交通事故中必须遵守的法定程序和制度，即处理交通事故的操作规程。交通事故处理程序一般包括从立案、事故调查到善后处理的各个主要环节，具体如下：立案—事故调查—事故认定—处罚执行—损害赔偿调解。此外，针对人员伤亡和财产损失很小的交通事故，公安部提出了应用"简易程序"的处理方法，可以提高事故处理效率、减少交通拥堵、减小公安交警人员的工作量。

2. 事故责任认定

交通事故责任认定就是对当事人有无违章行为，违章行为与事故后果之间有无因果关系，以及违章行为在事故中的作用所进行的一种定性、定量的描述。责任认定是否准确，直接关系到整个事故处理工作的成败。

1）交通事故责任认定的原则

在查清了事故发生的真实情况后，便可运用交通法规去衡量当事人的行为，进而确定其是否应承担事故责任以及责任的大小。

(1) 交通事故责任认定定性的原则。

① 当事人无交通违章行为，不应负事故责任。

② 当事人有交通违章行为但与事故发生无因果关系，不应负事故责任。

③ 当事人有违章行为且与事故发生有因果关系，应负事故责任。

(2) 交通事故责任认定定量的原则。

① 违章行为扰乱了正常道路交通秩序，破坏了交通法规中有关各行其道和让行的原则，在引发事故方面起着主导的作用，即违章行为是交通事故的主要的直接的原因时，这个当事人的责任相对要大于对方当事人。

② 违章行为在事故的发生中只是促成因素并且起着被动的、或只起加重后果的作用，即违章行为是交通事故次要的、间接的原因时，这个当事人的责任就要小于对方当事人。

2）交通事故责任分类

根据我国《道路交通事故处理办法》规定，交通事故责任分为全部责任、主要责任、同等责任和次要责任四种。

(1) 全部责任。交通事故完全是由一方当事人的违章行为所造成，另一方当事人无任何违章行为，或者也有违章行为，但和事故没有因果关系，则应由导致事故发生的一方当事人承担该起事故的全部责任，另一方当事人不负事故责任。

(2) 主要责任和次要责任。在交通事故中，双方当事人都有违反交通法规的行为存在，违章行为和交通事故的发生都有因果关系，但程度有区别、情节有轻重，有的违章是造成事故的主要原因，有的违章是造成事故的次要原因。那么，应由违章情节较重、是造成交通事故发生主要原因的一方当事人负该起事故的主要责任，另一方当事人负事故的次要责任。

(3) 同等责任。交通事故的双方当事人都有违反交通法规的行为存在，这些违章行为和交通事故的发生都有直接的因果关系，且违章情节轻重一样，很难分清主次，则由双方当事人负该起交通事故的同等责任。

在交通事故中，如当事人有三方及三方以上的，则可根据各方当事人的行为与交通事故的关系,参照上述责任种类进行认定各方分担事故的责任。

3. 对当事人的处罚

1) 对当事人刑事责任的追究

对造成交通事故构成交通肇事罪的当事人,应依法追究其刑事责任。我国《刑法》第113条明确规定:"从事交通运输的人员违反规章制度,因而发生重大事故,致人重伤、死亡或者是公私财产受重大损失,处三年以下有期徒刑或者拘役;情节特别恶劣的,处三年以上七年以下有期徒刑,非交通运输人员犯前款罪的,依照前款规定处罚。"

2) 对当事人民事责任的追究

交通事故实际上是由于肇事者的侵权行为,而致使他人(包括国家和集体)的财产遭受损失的事件。因此,肇事者应承担侵权行为的民事责任,即交通事故责任者应按照所负交通事故责任承担相应的事故损害赔偿。

3) 对当事人行政责任的追究

行政责任中的行政处分由当事人所在单位主管部门予以追究,不在本书讨论范围;行政责任中的行政处罚是由公安交通管理机关做出的,适用于造成交通事故尚不够刑事处罚的事故当事人。行政处罚的方式有警告、罚款、吊扣驾驶证、吊销驾驶证及行政拘留等。

4. 事故损害赔偿调解

交通事故引起的人员伤亡和公私财产的损失,称为交通事故损害。事故损害赔偿是指事故责任者对事故损害后果应承担的赔偿责任。

损害赔偿的总数额除交通事故造成的直接财产损失折款外,还包括医疗费、误工费、住院伙食补助费、护理费、残疾者生活补助费、残疾用具费、丧葬费、死亡补偿费、被抚养人生活费、交通费及住宿费等。

交通事故的调节作为解决交通事故损害赔偿的形式,不同于法律上的经济赔偿判决。它可以通过会议形式进行,也可以个别协商,取得一致意见,对经济责任及有关事宜达成协议后,形成调解协议书,当事各方签字后生效。

8.3 交通事故分析

8.3.1 交通事故统计分析

1. 交通事故统计调查

交通事故统计调查是收集事故及相关资料的过程,对整个统计分析具有重要意义。如果调查获得的资料不准确、不全面,即使后面的工作做得再好,也不可能得出正确结论。因此,在进行事故统计调查时,一定要确保资料的准确、全面和及时。

交通事故统计资料的汇总,广泛应用的是分类统计方法,有四种常见的分类形式。

1) 按地区分类

按地区分类即按交通事故的发生地区进行分组统计和汇总,全国性的统计资料多按省、市分组；省一级按市(地)、县分组；国际性统计资料则按国别分组。

2) 按时间分类

按时间分类即按交通事故的发生时间进行分组统计和汇总，从按时间分类的统计结果中可明显看到交通事故随时间而变化的情况，所以统计结果具有动态性质。

3) 按质别分类

按质别分类即按交通事故统计对象的属性不同进行分组统计和汇总，如按车辆类型、事故原因、伤亡人员类型、道路状况、天气条件、事故形态等分组统计和汇总。

4) 按量别分类

按量别分类即按统计对象的数值大小进行分组统计和汇总，如按事故直接经济损失的数额、肇事驾驶员的年龄、车速、道路坡度等分组。

2. 交通事故统计分析指标

1) 绝对指标

绝对指标是用来反映事故总体规模和水平的绝对数量。我国目前在交通安全管理上常采用的绝对指标有交通事故次数、受伤人数、死亡人数和直接经济损失四项指标，即交通安全四项指标。

2) 相对指标

相对指标是通过事故总体中的有关指标进行对比而得到的。相对指标可分为结构相对数、比较相对数和强度相对数。

3) 平均指标

平均指标即平均数，是说明事故总体一般水平的统计指标，通常用以表明某地或某一时间段内的平均事故状况。

4) 动态指标

为进一步认识事故现象在时间上的发展变化规律，需要一些动态分析指标。在交通事故统计分析中，常采用的动态分析指标有动态绝对数、动态相对数和动态平均数。

5) 事故率

道路交通事故率是表示一定时期内，某一国家、某一地区或某一具体道路地点的事故次数、伤亡人数与其人口数、登记机动车辆数、运行里程的相对关系。事故率作为重要的强度相对指标，既可表示综合治理交通的水平，又是交通安全评价的基础指标，应用广泛。根据计算方法和用途的不同，可分为亿辆公里事故率、人口事故率、车辆事故率和综合事故率等，具体计算方法如下。

(1) 亿辆公里事故率为

$$R_V = \frac{D}{V} \times 10^8 \tag{8.1}$$

式中：R_V——1年间亿辆公里事故次数或伤、亡人数；

D——全年交通事故次数或伤、亡人数；

V——全年总计运行辆公里数。

(2) 百万辆车事故率为

$$R_M = \frac{D}{M} \times 10^6 \tag{8.2}$$

式中：R_M——1 年间百万辆车事故次数或伤、亡人数；
　　　D——全年交通事故次数或伤、亡人数；
　　　M——全年交通量或某一交叉口进入车辆总数。

（3）人口事故率为

$$R_P = \frac{D}{P} \times 10^6 \tag{8.3}$$

式中：R_P——每 100 万人的事故死亡率；
　　　D——全年或一定时期内的事故死亡人数；
　　　P——统计区域人口数。

（4）车辆事故率为

$$R_V = \frac{D}{V} \times 10^5 \tag{8.4}$$

式中：R_V——每 10 万辆机动车的事故死亡率；
　　　D——全年或一定期间内事故死亡人数；
　　　V——机动车保有量。

（5）综合事故率为

$$R = \frac{D}{\sqrt{VP}} \times 10^4 \tag{8.5}$$

式中：R——综合事故率，又称死亡系数，即一年间或一定时期内道路交通事故死亡率；
　　　D——全年或一定时期内事故死亡人数；
　　　V——机动车拥有量；
　　　P——人口数。

3. 统计分析方法

交通事故统计分析的方法主要有统计表法和统计图法。

1）统计表法

根据不同的分析目的，将统计分析的结果编成各种表格，即为统计表。其内容包括各种必要的绝对指标和相对指标，是交通事故统计中常用的一种方式。按照统计数字或统计指标的不同特点，统计表可分为静态统计表和动态统计表。

仅列出同一时期事故统计数的表格称为静态统计表。从时间状态上看，表中的统计数是静止的，从而便于对于不同地区或不同性质条件的事故现象进行相互对比。静态表中可同时列出相对数和绝对数。

将不同时间事故统计数字列成表格，就成为动态统计表，可用于反映交通事故随时间变化或分布的情况。

2）统计图法

统计图法是利用一些几何图形或象形图形等，将统计数字或计算出的统计指标形象化，从而反映事故现象的数量关系和发展变化趋势。统计图法的主要作用是：表明现象之间的对比关系；反映事故现象的发展变化趋势；表明事故总体的内部结构；表明事故的分布情况；揭示事故现象之间的相互依存关系等。作为数字的语言，统计图比统计表更鲜明、更直观、更生动有力。但图形只能起示意作用，数量之间的差距，往往又被抽象化了。因此，在实际工作中，统计图常常与统计表、文字分析结合应用。

常用的统计图有条形图（直方图）、圆形图（扇形图）、散布图、排列图和统计地图等。

8.3.2 交通事故成因分析

交通事故是在特定的交通环境下，由于人、车、路、环境诸要素配合失调而发生的，因此，分析交通事故的成因分布特点最主要的就是分析人、车、路、环境等因素对交通事故形成的影响程度。

国外大量的事故统计分析结果表明，在所有的道路交通事故中，直接因人的原因引发的交通事故约占事故总数的 90%，因道路和车辆原因引发的交通事故约占 10%。我国各地的交通事故统计结果也表明了这一点。

1. 人的原因

交通活动中的行为人主要有机动车驾驶员、骑车人、行人和车上乘员。据 1988~1992 年全国道路交通死亡事故的统计分析可知，因驾驶员过错造成的死亡人数占全部死亡人数的 60%以上，加上无证驾驶的约达到 70%。从造成事故的违章行为来看，由大到小依次是超速行驶、违章操作、违章超车、逆道行驶、违章装载和酒后驾车。每年非驾驶员开车肇事约占驾驶人员肇事的 10%。

自行车交通是我国道路交通的特色。据统计，我国现有非机动车为 3 亿多辆，在交通死亡事故中，因骑车人原因造成的死亡人数占全部死亡人数的 13%。骑车人引发交通事故的主要原因是违章在机动车道内行驶、猛拐和抢行。

据全国交通死亡事故情况分析显示，因行人过失造成的死亡人数约占全部死亡人数的 12%。行人违章发生交通事故主要表现在不走人行道、无视交通信号和交警指挥而横穿道路。乘车人违章导致交通事故主要表现为：将身体伸到车外以及在车辆还没有停稳就上、下车。另外，还可对事故责任者的年龄、驾龄、职业分布以及事故受害者的年龄、职业等进行更详细的统计研究。

2. 车辆的原因

车辆作为现代道路交通的主要运载工具，其性能的好坏，是影响道路交通安全的重要因素。虽然因车辆技术性能不良引起的交通事故比例并不大，但这类事故一旦发生，其后果一般是比较严重的。

由车辆原因造成的交通事故通常是制动失灵，灯光失效，零件损坏，车辆装载超高、超宽、超载以及货物绑扎不牢等原因所致。另外，由于车辆在行驶过程中，各种零件承受着反复交变荷载，当超过一定数量后也会突然发生疲劳而酿成交通事故。除此以外，一些单位维修制度不完善、不落实，车辆检验方法落后，致使一些车辆常常因带病行驶而肇事，这也是车辆本身造成事故的原因之一。据典型调查统计，现有运行车辆中，有 50%左右的车辆属于机构失调、带病运行，特别是个体车辆更为严重。

上述因车辆原因引发的交通事故，在排除责任事故后，其他的可统称为车辆机械事故。根据 1995 年我国道路交通事故的统计资料（见图 8.1）可知，车辆机械事故主要发生在车辆制动系统和转向系统，其中因制动方面故障而引发的交通事故约占机械故障事故总数的 70%。

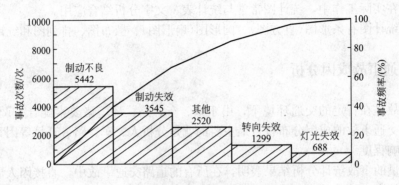

图 8.1　我国道路交通机械故障事故排列图

随着汽车技术的不断发展,因车辆机械故障导致的事故比例越来越小。据近年来统计,发达国家这类事故占事故总数的比例在 0.5% 以下。我国目前这类事故还比较多,占事故总数的 5% 左右。

3. 道路的原因

我国每年因道路原因造成的交通事故占事故总数的 3%～5%。从道路线形上看,死亡事故多发生在平直道路上(见图 8.2),这与道路里程中平直路段所占比重大有关。另外,平直路上车速快,也是事故多发的重要原因。急弯陡坡路段事故虽然不多,但是损失严重的群死群伤事故多发生在急弯陡坡路段。

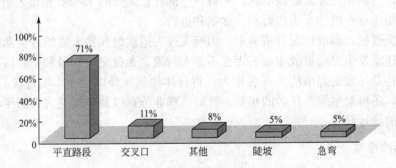

图 8.2　我国道路交通死亡事故的地点分布

4. 环境因素

道路周围的环境对交通事故有较大影响。一般来说,城市交通干道两侧商业化程度高的路段和公路通过村镇、街道化程度高路段的事故率高于其他路段。据美国加利福尼亚州交通事故死亡率调查发现,不同地区道路交通事故率的分布有较大差别,市区和野外的高速公路亿车公里事故率分别为 2.43 人/亿车公里和 1.35 人/亿车公里,后者仅为前者的 50%。城市不同区域内道路上的事故率也有较大差异,一般市区商业中心道路上的事故率最高,因此应加强交通复杂地区的交通管理和事故预防工作。

风、雨、雾和冰雪等恶劣天气,严重影响了驾驶员正常驾驶的条件,导致事故多发。尽管不良天气在一年当中所占比例不大,但在此期间的事故率却明显高于正常天气。根据 1988～1992 年全国事故统计资料,不良天气的死亡事故次数占总死亡事故次数的 23.5%,死亡人数占 24.3%,因此,应重视不良天气的事故预防工作。

8.4 交通事故预测与交通安全评价

8.4.1 事故预测的目的和意义

1. 预测的含义

交通事故预测是对未来有可能发生的事故做出估计和推测，它是通过对交通事故的过去和现在状态的系统探讨，并考虑其相关因素的变化，分析未来事故的危险程度和发展趋势，而做出对交通事故未来状态描述的过程，以便能及早采取措施进行防治。

2. 预测的特点

交通事故预测的特点主要有以下几点。

1) 预测的自负效应

交通事故预测属于警告性预测，它能引起社会、团体及某些人的自适应响应，及时采取相应对策，从而对预测结果施加影响。根据这种自负效应的特点，可用事故预测来唤醒人们的交通安全意识，取得预防事故的效果。

2) 预测的反复性

交通事故的初次预测有"起点"，但没有"终点"。初次预测模型需要随时间的推移，根据最新的信息不断地修改。特别是交通事故正处在不稳定的时期，更需要反复推测。初次预测应按全部预测程序进行，以后的各次预测，则只是对初次预测的修改或扩充。

3) 预测的组合性

交通事故预测的组合性特点是指建立多个模型进行预测，或者使用多种预测技术组合，建立一个组合模型进行预测。例如，时间序列-回归组合模型、加法型组合模型等。使用组合预测技术其目的是保证预测方法尽可能灵活，避免片面性，使预测模型能适应时间序列变化。

3. 交通事故预测的分类

交通事故预测按预测范围可分为宏观预测和微观预测；按预测的结果可分为定性预测和定量预测。

宏观预测是指对时间较长或区域较大的总体性能和趋势性的交通事故预测。微观预测是对时间较短或某一地点、路段交通事故变化情况的预测。

定性预测是运用定性预测技术，对交通事故未来情况作性质的预断。定量预测是运用定量分析技术，对交通事故未来状态做出数量的估计。定性预测除单独使用外，还常与定量预测结合使用，用作定量预测的先期分析和后期判断，这样有助于提高预测精度。

4. 预测的目的

交通事故预测的目的是为了掌握交通事故的未来状况，以便及时采取相应的对策，避免工作中的盲目性和被动性，有效地控制各影响因素，达到减少交通事故的目的。

5. 预测的作用

交通事故预测的作用主要有以下几点。

(1) 预测交通事故的发展趋势，为制定预防交通事故对策和交通安全宣传教育提供依据。

(2) 预测交通事故的变化特点，为制定针对性防范措施和交通法规提供依据。

(3) 预测交通事故的近期状态特征，为制定合理的交通安全管理目标提供依据。

(4) 预测控制条件下的交通事故状态，对交通安全措施的可行性和实施效果进行合理评价。

6. 预测的意义

预测是科学决策的重要前提，交通安全决策也不例外。我国的交通事故目前正处在多发的关键时期，交通事故在一段时间内，还将随着车辆保有量的迅速增加，呈增长的趋势。在道路交通规划、设计、管理、法规和教育等方面，交通安全的科学决策显得越来越重要，不仅在数量上越来越多，而且在时间和质量上要求也越来越高。因此，做好交通事故预测工作，对提高交通安全管理工作水平，具有十分重要的意义。

8.4.2 事故预测程序

交通事故预测一般分为三个阶段。

第一阶段是设计过程，从确定预计目标开始，经过收集、分析有关信息，到初步选定预测技术。

第二阶段是建模过程，建立预测模型并验证模型的合理性。

第三阶段是评价过程，进行预测并对预测值进行检验、评价。在此过程中，要综合分析各种因素的影响，采用多种方法研究和修正，通过科学的判断后，得到最后的预测结果。此后，要对预测结果继续跟踪检测，以证实它是否适用，并在必要时建议修正预测值。

交通事故预测的程序框图如图8.3所示，交通事故预测程序如下。

(1) 确定预测目标。交通事故预测目标是指预测的项目、类型、范围，以及预测精度要求等。预测目标应根据决策的要求确定。预测目标直接影响预测过程的具体要求和做法。

(2) 收集并分析有关信息。有关信息是指与交通事故预测相关的各种数据和资料，这是进行预测的基础。因此，应根据预测目标的具体要求，收集预测所需的各种数据和资料，同时对收集的各种信息进行分析、处理，整理出真实而可用的信息。交通事故预测的内在变量资料，主要通过交通事故档案和统计报表获得；其外在影响因素资料，主要从国家及有关管理部门统计资料或信息中心数据库获得。

(3) 选择预测模型。每项预测虽然可以使用多种预测技术，但是，由于预测目标的要求，预测条件和环境的限制，实际预测中，只能选择一种或几种预测技术。在选择预测技术过程中，包括选择的原则和比较分析。

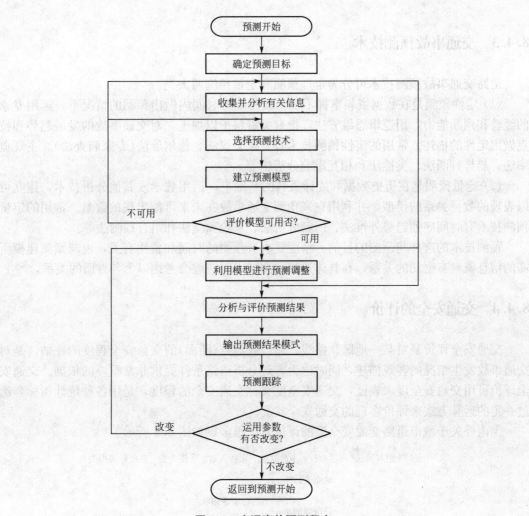

图 8.3 交通事故预测程序

（4）建立预测模型。选定了预测模型后，就要估计预测模型的参数，建立预测模型。然后，通过检查和评价，确定预测模型能否反映交通事故未来的发展规律。如果能，则说明该模型可用；如果不能或相差较大，则应舍弃该模型，重新建立模型。

（5）进行预测。根据收集并分析、处理的与预测相关的数据和资料，利用预测模型，进行预测计算或推测出预测结果。

（6）分析与评价预测结果。未来绝不会与过去完全一样，利用预测模型预测的结果，不一定与实际完全相符，因此，有必要对预测结果加以分析和评价。通常的做法如下。

① 根据经验检查、判断预测结果的合理性和真实性，并对预测结果加以修正。

② 可以采用多种方法进行预测，然后经过比较或综合，确定出最佳预测结果。

③ 通过对政策、重大事件及突变因素对交通事故产生影响的分析，对预测结果进行合理修正。

（7）预测结果跟踪。输出预测结果后，还需要对可能得到的实际数据进行跟踪，以便解释预测结果或必要时进行修正。并在预测过程中不断地修改完善预测模型，使之继续适用。预测跟踪的另一个作用是可以分析预测误差的主要原因。

8.4.3 交通事故预测技术

道路交通事故预测技术可分为定性预测和定量预测两大类。

(1) 定性预测是在数据资料掌握不多，或需要短时间内做出预测的情况下，运用专家的经验和判断能力，用逻辑思维方法，把有关资料予以加工，对交通事故的发展趋势和特点做出定性的描述。常用的定性预测技术有专家会议法、德尔菲法（专家调查法）、主观概率法、趋势判断法、类推法和相互影响分析法等。

(2) 定量预测是在历史数据和统计资料的基础上，运用数学或其他分析技术，建立可以表现的数量关系的模型，并利用它来预测交通事故在未来可能出现的数量。常用的定量预测技术有时间序列趋势外推法、回归分析法、灰色预测法和组合预测法等。

预测技术的选择与预测的目的、精度要求、预测的时间和费用有关，也与预测建模所需的信息资料有密切的关系，在具体选择预测技术时应综合考虑以上各方面的关系。

8.4.4 交通安全的评价

交通安全评价是对某一地区、路线、路段或地点（断面）的交通安全程度的评估，是对交通事故发生情况的客观描述，同时也为客观分析道路条件提供非常重要的依据。交通安全评价可用交通安全度来表征，交通安全度又称交通安全的程度，是用各种统计指标，通过一定的运算方式来评价客观的交通安全状况。

国内外关于城市道路交通安全度的评价方法很多，如图 8.4 所示。

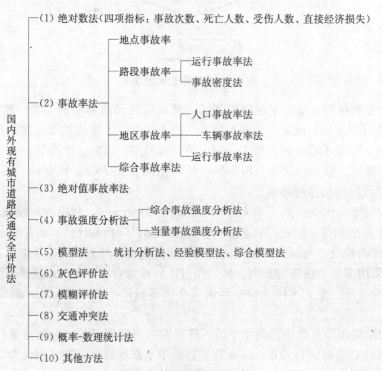

图 8.4 交通安全评价方法

1. 宏观评价

1) 绝对数法

用事故次数、死亡人数、受伤人数及直接经济损失四项绝对指标评价安全度,是目前我国用的最普遍的方法。它比较简单直观,但由于不涉及影响交通事故发生的主要因素的差异,而不能揭示交通安全的实质。

2) 事故率法

作为交通安全度的宏观评价方法,常用的有三种事故率法,即人口事故率法、车辆事故率法和运行事故率法。其中,人口事故率法和车辆事故率法能够反映交通安全的不同侧面,运行事故率法较为科学,但目前交通运营量难以及时掌握,一般采用估算值。

(1) 人口事故率为

$$R_p = (F/P) \times 10^5 \tag{8.6}$$

式中:R_p——道路交通事故 10 万人口死亡率,人/10 万人;
  F——道路交通事故死亡人数,人;
  P——统计区域的常住人口数,人。

(2) 车辆事故率为

$$R_v = (F/V) \times 10^4 \tag{8.7}$$

式中:R_v——道路交通事故万辆车死亡率,人/万辆;
  V——统计区域机动车保有量,辆。

(3) 运行事故率为

$$R_t = (F/T) \times 10^8 \tag{8.8}$$

式中:R_t——道路交通事故亿辆公里死亡率,人/亿辆公里;
  T——统计区域内总运行车辆千米数。

3) 模型法

现行模型法有两类,一类是统计分析模型,利用多元回归法建模;另一类是经验法建模。前者国外用得多,后者国内用得多。

(1) 统计分析模型。

① 斯密德(R. J. Smeed)模型为

$$D = 0.0003 \sqrt[3]{NP^2} \tag{8.9}$$

式中:D——交通事故死亡人数,人;
  N——机动车登记数,辆;
  P——人口数,人。

② 意大利特里波罗斯多元回归模型为

$$y = 58.770 + 30.322x_1 + 4.278x_2 - 0.107x_3 - 0.776x_4 - 2.87x_5 + 0.147x_6 \tag{8.10}$$

式中:y——人口事故率,人/10 万人;
  x_1——交通工具机动化程度,km/km²;
  x_2——平均每平方公里道路长度,km/km²;
  x_3——居住在大城市中的人口比例,%;
  x_4——19 岁以下青少年所占人口比例,%;
  x_5——65 岁以上的老年人口比例,%;

x_6——小客车与出租汽车在车辆中所占的比例，%。

(2) 经验法模型。经验法常用的安全度评价模式为

$$R=D_d/(365\times K_1\times 10^3) \tag{8.11}$$
$$D_d=D_1+a_1D_2+a_2D_3+a_3D_4$$

式中： D_1——交通事故直接死亡人数，人；
　　　D_2——交通事故轻伤人数，人；
　　　D_3——交通事故重伤人数，人；
　　　D_4——交通事故直接经济损失，万元；
　　　K_1——经换算后的辖区道路长度内车辆运行公里数，km；
a_1、a_2、a_2——轻伤人、重伤人、经济损失与死亡的当量系数。

4) 事故强度分析法

(1) 综合事故强度分析法。死亡强度指标为

$$K=\frac{M\times 10^4}{\sqrt{RCL}} \tag{8.12}$$

式中：K——死亡强度指标，K越小，安全度越高；
　　　M——当量死亡人数，M=死亡人数+0.33重伤人数+0.10轻伤人数+2直接经济损失(万元)；
　　　C——当量汽车数，C=汽车+0.4摩托车和三轮车+0.3自行车+0.2畜力车；
　　　R——人口数，$R=0.7$（P为人口总数）；
　　　L——不同道路条件下的修正系数，如表8-1所示。

表8-1　不同道路条件下的修正系数 L

公路等级 \ 里程/km	<50	50~500	500~2000	2000~10000	>10000
一	0.8	0.9	1.0	1.1	1.2
二	0.9	1.0	1.1	1.2	1.3
三	1.0	1.1	1.2	1.3	1.4
四	0.9	1.0	1.1	1.2	1.3
等外	0.8	0.9	1.0	1.1	1.2

(2) 当量事故强度分析法。当量综合死亡率为

$$K_d=10^3\times \frac{D_d}{\sqrt[3]{P\cdot N_d\cdot L}} \tag{8.13}$$

式中：K_d——当量综合死亡率，%；
　　　D_d——当量死亡人数，人；
　　　N_d——当量车辆数，辆；
　　　P——人口数，人；
　　　L——公路里程，km。

K_d采用了当量值，且考虑的因素全面，基本概括了人、车、路对交通事故的影响。但当量死亡人数、当量车辆数、道路里程的标准化问题尚需研究。

5) 四项指标相对数法

四项指标相对数法是把不同类型道路交通事故的四项指标的绝对数占总数的百分比作为一个相对指标，利用此相对指标可深入地认识各种道路类型交通事故的对比情况，判断各种道路类型交通事故发生的比例，计算公式为

$$\eta = \frac{A_i}{\sum A_i} \times 100\% \tag{8.14}$$

式中：η——指标的相对数；

A_i——不同道路类型的交通事故各项指标的绝对数；

$\sum A_i$——各种道路类型的交通事故各项指标总数。

应用四项指标相对数法可以从总体上对各种类型道路的交通事故情况进行分析，确定不同类型道路的交通事故分布比例。

2. 微观评价

将交通安全微观评价分为路段评价与交叉口评价两方面介绍。

1) 路段评价

(1) 绝对数-事故率法。绝对数-事故率是将绝对数法和事故率法结合起来评价交通安全度的方法。以事故绝对数为横坐标，以每公里事故率为纵坐标，按事故绝对数和事故率的一定值，将绝对数-事故率分析图划出不同的危险级别区，Ⅰ区、Ⅱ区、Ⅲ区分别代表不同的危险级别，Ⅰ区为最危险区，亦即是道路交通事故数和事故率均为最高的事故多发道路类型，据此，可以直观地判断不同路段的安全度。如图8.5所示。

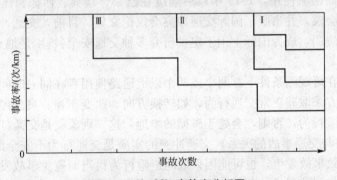

图 8.5　绝对数-事故率分析图

(2) 交通事故率法。路段交通事故率指标，以每亿辆公里交通事故次数表示，即

$$AH = \frac{N}{Q \cdot L} \times 10^8 \tag{8.15}$$

式中：AH——事故率，次/亿辆公里；

Q——路段年交通量，$Q = 365 \times AADT$（年平均日交通量）；

L——路段长度，km；

N——路段内发生的交通事故次数。

交通事故率表征了某一路段发生交通事故的危险程度。它与交通参与者遵章行驶的状态有关，与交通流量紧密相连，故而是值得推荐的较为科学的路段安全评价指标。

2) 交叉口评价

(1) 交通事故率法。交叉口事故率用每百万辆车发生交通事故的次数表示，即

$$A_1 = \frac{N}{M} \times 10^7 \tag{8.16}$$

式中：A_1——交叉口事故率，次/100万辆；

N——交叉口范围内发生的事故次数；

M——通过交叉口的车辆数，辆。

交叉口事故率是评价路口安全的综合指标。

(2) 速度比辅助法。速度比以通过交叉路口的机动车行驶速度与相应路段上的区间车速的比值表示，即

$$R_1 = v_1/v_H \tag{8.17}$$

式中：R_1——速度比；

v_1——路口速度，km/h；

v_H——区间车速，km/h。

一般在交叉路口冲突点多，行车干扰大，车速低，甚至往往造成行车拥堵。因此，速度比能够表征交叉口的行车秩序和交通管理状况。速度比是一项综合指标，而且是一个无量纲的值，它与交通事故率法结合使用，使之更具有可比性。

(3) 交通冲突法。

① 交通冲突技术基本概念。交通冲突技术自20世纪60年代在美国开始应用，它的最初目的是为了调查通用汽车公司的车辆在驾驶时是否与其他车辆一样，该法很快被一些交通安全组织应用于预测评价交叉口潜在事故数和鉴别系统缺陷中。1970年以后，该法被加拿大和一些欧洲国家使用，1979年以后陆续在巴黎、瑞典、西德、比利时等国家举办了国际冲突技术会议，并出版了国际交通冲突会议论文集。目前，交通冲突技术在世界许多国家得到广泛应用，成为国际上用于定量研究多种交通安全(特别是地点安全)问题及其对策的重要方法。

交通冲突是在可观测条件下，两个或两个以上道路使用者在同一时间、空间上相互接近，如果其中一方采取非正常交通行为，如转换方向、改变车速、突然停车等，除非另一方也相应采取避险行为，否则，会处于碰撞的境地，这一现象就是交叉口的交通冲突。

② 交通冲突与交通事故的关系。交通冲突的实质是交通行为不安全因素的表现形式，其发展既可能导致事故发生，也可能因采取的避险行为得当而避免事故发生，因而事故与冲突存在着极为相似的形式，两者的唯一差别在于是否发生了直接的损害性后果。事故与冲突的关系可用冲突的严重性程度进行描述，交通冲突研究的关键在于判定是否为严重冲突，以及确定严重冲突与事故的定量关系。

③ 交通冲突的测定。事故分析方法的研究表明，事故勘察测量主要根据 $T=S/V$(时间 T、距离 S、速度 V)的基本关系式，即分别采用 $V-S$，$T-V$ 或 $T-S$ 等三类测量参数来研究肇事责任者与事故接触点的关系。交通冲突作为未产生损害后果的"准事故"，测量参数可以作如下选择。

a. 冲突距离(TS)：指冲突当事者避险行为生效的瞬间位置距事故接触点的距离(m)。

- 由经过专门训练的冲突观测员根据定义进行现场测量。
- 由定点摄像-屏幕监控系统进行遥测记录。

b. 冲突速度(CS)：指冲突当事者避险行为生效时的瞬间速度(m/s)。

- 由经训练的冲突观测员用雷达测速仪进行现场测量。

- 由雷达测速仪-自动摄像-计算机接口监控系统进行测量记录。
- 由车载记录仪-计算机接口监控系统追踪测量记录。

c. 冲突时间(TA)：指冲突当事者避险行为生效的瞬间至事故接触点的时间过程（m）。
- 由冲突观测员根据目测的(T)值和(C)值，查标准表得到。
- 由中心监控室计算机编程输入处理。

根据对部分国家的交通冲突技术研究表明，如果选用现场人工观测，则应选择 TS、CS 作为测量参数，并以 TS、CS 观测值导出 TA 值作为冲突严重性判别参数较为合理。目前对冲突严重性的分类方法主要有两类。

方法一，选择距离作为度量参数，即空间距离法。该方法在实际应用中十分直观且合乎逻辑，冲突双方之间的距离越小，则相撞的可能性就越大，当趋于无穷小时，即发生事故。

方法二，选择时间作为度量参数，即时间距离法，它在一定程度上综合反映了道路使用者避让事故所需要的空间距离、速度、加速度以及转向能力。时间距离小可以反映出距相撞点距离很短或速度很高，或两者都有。这也正是部分国家建议采用时间距离法作为严重冲突度量参数的原因。

以上两种方法在安全评价中各有优缺点，针对具体情况，可选择不同的度量参数。但无论采用何种参数，其目的只有一个，即迅速准确地判定出严重冲突。

8.5 交通事故的预防

交通事故预防，是交通安全的主要任务之一，也是交通工程学研究的重要内容。从交通工程学的角度，认为预防交通事故应从法规、教育和工程三个方面着手；从构成道路交通四要素人、车、路、环境的角度，认为预防交通事故也应从这四要素着手。

8.5.1 健全交通法制

加强道路交通安全法规体系建设是改善道路交通安全整体水平直接、有效的措施。我国目前的道路交通安全法规体系的内容已涵盖在若干不同的法律、法规以及其他交通管理的规范性文件之中，并且在我国目前的道路交通运营实践中发挥着积极和重要的作用。随着时代的发展，法律体系也要相应的加以修正和调整。

8.5.2 加强交通安全教育

1. 开展交通安全宣传

交通安全宣传活动是宣传群众、教育群众的重要方法。进行宣传活动应重视取得实际的效果，要把交通安全和每个人的切身利益联系起来，引起人们对交通安全的关注。要采用群众喜闻乐见的宣传形式，寓教于人们日常工作生活之中，于文化娱乐之中。同时，宣传活动必须尽最大可能调动社会的力量，力求宣传的深度和广度，保证宣传质量。

2. 加强交通安全教育

交通安全教育应像其他文化知识一样,从幼儿开始就进行系统的教育。在高中以前的各个教育阶段都列为必修课,使学生从接受教育开始就不断地树立交通法制的观念、交通安全的观念、交通道德的观念和安全通行的观念。对社会面上的教育,要针对不同的对象,采取不同的方式、方法,有的放矢地进行。

8.5.3 提高车辆安全性能,保持良好车况

1. 主动安全措施

(1) 改善侧面和前部的视野,安装倒车灯和倒车警报器,以预防因盲区而引起的交通事故。

(2) 提高风窗玻璃的透视性能,以预防因雨雪和结霜而引起的交通事故。

(3) 采取防眩目的措施,提高前照灯的照度,以预防因眩目和前照灯照度不足而引起的交通事故。

(4) 在动力性方面,提高超车加速能力,安装驱动防滑系统。

(5) 在操稳性方面,提高操作稳定性和轻便性。

(6) 在制动性方面,安装辅助制动系统、ABS防抱死系统和缓速器、制动系统故障的报警系统,提高轮胎的防滑性能等措施,借以保障安全。

(7) 在车辆本身预防事故措施方面,还要提高车辆的被视认性能,包括后部、标志、行驶方向的被视认性,以预防事故的发生。

2. 被动安全措施

1) 车内措施

车内措施主要包括尽可能提高乘员空间,即车身的强度,以减小碰撞时的变形,采用钢化玻璃或隔层玻璃,以减轻发生事故时玻璃对乘员的伤害;加大转向盘的面积,使之具有一定的弹性;车内的开关、旋钮、把手等要尽量圆滑并柔软;车门和棚顶具有足够的强度,以保护乘员的安全和便于抢救。此外,预防火灾的性能和安全带、安全气囊对乘员安全的防护,均有重要的作用。

2) 车外措施

车外措施主要是指碰撞自行车和行人时尽可能地减轻伤害,如保险杠应尽可能的圆滑并有弹性,活动式的后视镜和挡泥板,与挂车连接部分的防护网等,对保护交通弱者都会收到一定的效果。

8.5.4 加强道路及其交通安全设施建设

1. 改善道路条件

从道路线形设计方面考虑,应严格按照设计道路的平曲线和竖曲线,使弯道、坡道符合公路工程技术标准。各种线形组合要充分考虑安全性。

2. 完善道路安全设施

道路安全设施主要包括分隔带、安全护栏、交通标志、标线、视线诱导设施和防眩设施等，对于城市交通还包括行人过街天桥、地下通道、交通安全岛等。

3. 实施交通控制

交通控制可以分为交通信号控制和交通法规控制。交通信号控制是指在道路入口和交叉口处设立交通信号灯，合理控制车辆的行驶。交通法规控制包括设立单向交通路段，变向车道、公交车专用车道等。

4. 建立交通信息系统

交通信息又称交通情报，公安与管理部门为保证行驶于汽车专用道或城市主干道上的车辆的安全、迅速，应及时向司机通报道路交通拥塞情况、天气情况、前方道路或临时交通管制的情况，以便驾驶员及时改变对策。

5. 建立事故紧急救援系统

监视预报体系，根据异常气象等条件估计可能出现事故区域，采取信息收集和联络体制，同时派专人负责监视与做好各项准备工作。事故发生时，应用先进的通信设备与手段，快速可靠的联系有关部门，及时有效地处理事故，确保道路安全畅通。

6. 改善道路交通环境

道路交通环境的改善主要从两方面入手：一方面改善道路环境，使驾驶员具有良好的行车视距和不断变化的视觉效果，改善使驾驶员产生疲劳、烦躁的单调环境；另一方面改善交通流环境，尽量保持良好的稠密程度，且尽量避免混合型交通流。

小　　结

随着社会的发展及汽车拥有量的增长，交通安全形势越发严峻，因此有必要收集交通事故资料，统计分析其形成原因，对交通事故进行预测，从而寻求交通事故的预防措施，保障交通参与者安全通行。本章主要对交通事故调查、统计分析、事故预测与交通安全评价进行了介绍，并且从四个方面阐述了交通事故预防措施。

课后习题

思考题：
1. 在交通事故原因分析中要考虑哪些因素？这些因素具体表现在哪些方面？
2. 衡量交通事故的指标有哪些？各有什么优缺点？
3. 交通安全管理措施有哪几种？对于我国目前的交通状况，你认为在道路工程、设施、管理、安全措施等方面应采取哪些必要措施？

第9章 城市公共交通规划

教学提示：本章首先介绍常规公共交通线网规划、场站规划和车辆发展规划的理论和方法，然后介绍城市轨道交通的线网规划和枢纽规划的理论与方法，最后介绍快速公交的线网和设施规划。

学习要求：通过本章学习，学生应掌握常规公共交通线网规划、场站规划的理论和方法，城市轨道交通的线网规划和枢纽规划的理论与方法，快速公交的线网和设施规划方法；了解常规公共交通车辆发展规划。

 引例

大武汉轨道交通将大调整，原先远期规划的7条、220km轨道，将扩容到12条、530km，建设规模将超过巴黎目前的500km地铁。按规划，主城区线网规模将达到333公里，共有7条长江通道，其中6条位于主城区，比原有方案增加3条，以缓解日益严峻的过江交通状况。规划3条轨道快线，在中心城区成环，连通分布在周边的六大新城组群，可实现1h穿城而过。加密主城轨道线网，平均步行600m就有地铁站，30min实现出城。

9.1 常规公共交通规划

城市公共交通，是指在城市行政辖区内，为本市居民和流动人口提供乘用的公共交通，包括定时定线行驶的公共汽车、无轨电车、有轨电车、中运量和大运量的快速轨道交通，以及小公共汽车、出租汽车、客轮渡、轨道缆车、索道缆车等交通工具及其配套设施。

城市公共交通是重要的城市基础设施，是关系国计民生的社会公益事业。作为城市客运交通的主体，城市公共交通应为城市居民和流动人口的工作、学习、生活提供安全、迅速、准点、方便、舒适的服务，最大限度地节约人们的出行时间，促进城市经济的发展，提高人民的生活质量。

城市常规公交系统规划的主要内容包括：公交线网规划、场站规划以及公交车辆发展规划。下面分别加以介绍。

9.1.1 公交线网规划

1. 公交线网布局原则

公交线网布局的原则有以下几点。

（1）城市公交线网必须综合规划，组成一个整体，体现和贯彻以人为本、服务为本的思想，体现合理性和可操作性相结合的原则。

（2）市区线路、郊区线路和对外交通线路应紧密衔接，并协调各线路网的集疏能力。

（3）要考虑公交发展历史和线路的延续性，兼顾和利用已有线路，综合协调新老线路之间的关系。

（4）公交线网还应对城市用地的发展具有较好的适应性，其布局应与城市用地布局相协调，与城市用地规划范围内主要客流的流向一致，促进城市发展。

（5）各主要客流集散点之间应有公共交通线路直接相连；主要客流的集散点应设置不同交通方式的换乘枢纽，方便乘客停车与换乘，以缩短乘客出行时间，扩大乘客活动可达范围。

2. 公交线网规划主要技术指标

1）线网密度

公交线网密度系指有公交服务的每平方公里的城市用地面积上，有公交线路经过的道路中心线长度，即

$$公交线网密度 = \frac{有公交线路的道路中心线总长度}{有公交服务的城市用地总面积}$$

该指标大小反映了居民接近公交线路的程度。城市公交线网规划的密度，在市中心区一般应达到 $3\sim4km/km^2$，城市边缘地区一般应达到 $2\sim2.5km/km^2$。根据调查，沿公共交通线路两侧各 300m 范围内的居民是愿意乘公共交通的，超出 500m 范围，绝大多数居民选择骑车，乘公共交通车的很少。因此，公共交通线路网的密度不能太小。

由于道路网是常规公交线网的载体，公交线网密度指标在很大程度上受制于城市道路网密度水平。为了扩大公交线网密度，公共交通线路可以在适宜的支路上设置。另一方面，从优化公交网络布设的角度，应对道路网规划建设提出反馈，突破传统的建立在既有道路网基础上的被动式的公交线网规划模式。为优化公交网络而改造相关道路的主动式公交线网规划，能使公交线网最大限度地满足公共客运交通需求，同时提高系统的运输效益。

2）公交线路重复系数

对全市或整个规划区而言，公交线路重复系数是指公共交通营业线路总长度与线路网长度（即有公交线路经过的道路中心线总长度）之比值，在公共交通发达的城市一般在 1.25～2.5 之间。对某一路段而言，公共交通线路重复系数是该路段上设置的公交线路条数，综合考虑公交线路的分布均匀性及站点停靠能力，一条道路上设置的公交线路条数不宜超过 3～5 条。

3）公交线路非直线系数

线路非直线系数是指公共交通线路首末站之间实地距离与空间直线距离之比。环形线的非直线系数是指主要集散点之间的实地距离与空间直线距离之比。

为保证公共交通的正常运营，提高公共交通服务水平，公共交通主要线路的长度宜控制在 8～12km，线路的非直线系数不宜过大，一般不应超过 1.4。线路过短，增加乘客换乘率；线路过长，车速不易稳定，行车难以准点，正常的行车间隔也难以保证；线路曲折，虽可扩大线路服务面，但也会使不少乘客增加额外的行程和出行时耗。

4) 乘客平均换乘系数或换乘率

乘客平均换乘系数是衡量乘客直达程度，反映乘车方便程度的指标，即

$$乘客平均换乘系数 = \frac{乘客出行人数 + 换乘人次}{乘客出行人次}$$

换乘率是指统计期内乘客一次出行，必须通过换乘才能到达目的地的人数与乘客总人数之比，即

$$换乘率 = \frac{有换乘的乘客人数}{乘客总人数} \times 100\%$$

5) 公交线路网站点覆盖率

公交线路网站点覆盖率，又称公交站点服务面积率，是公交站点服务面积占城市用地面积的百分比，是反映城市居民接近公交程度的又一重要指标，即

$$公交站点覆盖率 = 公交站点服务面积/城市用地面积 \times 100\%$$

一般公共交通线路的服务范围是距站点 300~500m 步行距离的城市用地。考虑自行车换乘的因素，在公共交通线网密度较小的地区，一般公共交通站点的服务半径可以扩大到 600m，轨道交通线路站点的服务半径可以扩大到 1000m。根据上述要求，可以按公交线路网的站点分布位置绘制出公交线路网服务范围图，计算公交线路网覆盖面积或服务人口，进而计算出公交线路网的服务面积率或服务人口率，作为评价公交线路网布局合理性的一项重要指标。

GB 50220—1995《城市道路交通规划设计规范》中对公共交通车站服务面积率的规定是：以 300m 半径计算，不得小于城市用地面积的 50%；以 500m 半径计算，不得小于 90%；城市出租汽车采用营业站定点服务时，营业站的服务半径不宜大于 1km。

如果进一步考虑每条公交线路的运载能力、运营时间、发车频率，并考虑线路的超载情况，分析各条公交线路对沿线地区居民的吸引力，可以对公共交通线路网的服务质量进行综合评价分析。

3. 公交线网规划方法和步骤

1) 公交线网规划方法

公交线网规划有两种基本思路：解优法和证优法。

（1）解优法，又称正推法，是根据对城市公共交通需求的预测，通过求特定目标函数的最优解，获得优化线网。目前国内外开发的城市公交线网优化布局方法很多，但大多数优化方法仅限于理论研究，很难在实际工程中操作。一种比较实用的方法是"逐条布线，优化成网"的方法。

（2）证优法，又称验算法，是对一个或几个线网备选方案进行分析评价，证实或选择较优方案。通常采用"理论与实践相结合"的方法进行公交线网规划方案设计与优化。根据城市交通发展战略、发展目标和公交出行需求预测，在充分分析掌握城市建设与发展、城市道路网规划建设条件的基础上，提出多个备选线网方案。

2) 公交线网规划的基本步骤

现状城区公交线网规划通常是在现有公共交通线路基础上，根据客流变化情况、道路建设及新客流吸引中心的需要，对原有线路的走向、站点设置、运营指标等进行调整或开辟新的公共交通线路。除非城市用地结构、城市干道网发生大的变动，如对外客运交通枢纽的迁建、新交通干道的开辟，或开通新的大运量快速轨道交通线路，一般不做大的

调整。

对于新建城市或规划期内将有大发展的城市，公交线网需要密切配合城市用地布局结构进行全面规划。通常按下列步骤进行。

(1) 根据城市性质、规模、总体规划的用地布局结构，确定公交线网的结构类型。

(2) 分析城市主要活动中心的空间分布及相互之间的关系。如居住区、小区中心，工业、办公等就业中心，商业服务中心、文娱体育中心、对外客运交通中心、公园等游憩中心，以及公共交通系统中可能的客运枢纽等，这些都是城市居民出行的主要发生点和吸引点。

(3) 在城市居民出行调查和交通规划的客运交通分配的基础上，分析城市主要客流吸引中心的客流吸引期望线及吸引量。

(4) 综合各城市活动中心客流相互流动的空间分布要求，初步确定在主要客流流向上满足客流量要求，并把各主要居民出行发生点和吸引点联系起来的公共交通线路网方案。

(5) 根据城市总客流量的要求及公共交通运营的要求，进行公交线网的优化设计。确定满足各项规划指标的公交线网规划方案。

(6) 随着城市的发展和逐步建成，逐条开辟公交线路，并不断根据客流的变化和需求进行调整。在实际工程中，公交线网规划方案的产生是一个操作性较强的交互式优化过程。其基本程序如图9.1所示。

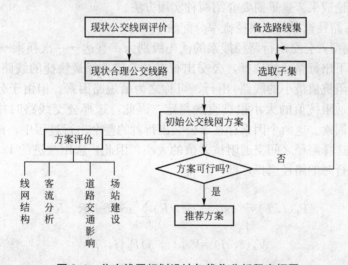

图 9.1　公交线网规划设计与优化分析程序框图

首先将原公交线网中合理的线路保留下来作为规划线网的一部分。这考虑到了居民公交出行及公交线网规划的连续性，原公交线网绝大部分合理而又具有较好的公交运营效益的线路是公交规划线网中的相对稳定的部分，这与城市绝大部分区域(特别是老城区)人口分布、用地情况相对稳定的特点是适应的。

然后，从备选线路集中选取不同的公交线路子集，与上述相对稳定的线路集一起构成一个公交线网规划初始方案。备选线路集的产生主要有两个途径。

一是结合预测的城市公交 OD 分布情况，通过逐步扫描法，得到 OD 量较大的 OD 点对之间的客流选择路径，作为备选线路集的一部分。

二是考虑实际公交客运特点，充分汲取公交运营企业的意见，将企业提出的公交线网新增、调整的某些线路纳入备选线路集。

对公交线网初始方案一般应从以下三个方面进行宏观总体的分析、评价与确认。

① 城市各片区的公交线网覆盖是否与其公交需求相适应。

② 城市公交线路各主要走向的组线分配是否与各方向上的客流量相匹配。

③ 城市公交线网密度是否达到规划目标。

最后，对公交线网初始方案进行评价分析和优化调整，特别是对各条备选线路进行综合效益分析。公交线路综合效益分析主要包括线路的社会效益、线路的营运效益、线路的预测客运总量以及线路的客运功能。经过分析评价，剔除不合理线路，从备选线路中集中选取新的公交线路，再次形成一个公交线网方案，得到下一次迭代的公交线网规划初始方案。调优过程如此迭代下去，直至组成备选线路集的各条线路的效益或评价值符合目标要求为止。必要时也可对方案作适当的局部性调整，最后得出公交线网规划推荐方案。

4. 公交线网客流分配方法

公交线网客流分配是公交线网规划中技术含量较高、难度较大的一个重要环节。通过公交线网的客流分配，获得不同线网布局方案下的线路客流量和站点流量，为线网和场站布局优化提供重要依据。

公交客流分配技术属于交通分配问题研究的范畴，国内外对此开展了大量的研究，并取得了较多的理论成果。这里简要介绍两种实用方法。

1) 公交出行路径选择的多路径概率分配法

(1) Logit 模型。公交出行路径搜索的优先级别为：直达→一次换乘→…→n 次换乘。对某一优先级别下出行路径的选择，公交出行者总希望选择最快捷的线路(或综合考虑时间、费用的交通阻抗值最小的线路)出行，可称之为最短路因素。但由于公交出行者对出行起讫点间的交通阻抗值的大小很难直观判定，因此，选择公交线路时往往带有不确定性，称之为随机因素。这两个因素存在于公交出行者的整个出行过程中，两者所处的主次地位取决于可供选择路径之间交通阻抗差值的大小。因此，选用改进的 Logit 路径选择模型来计算公交出行时的路径选择，即

$$P_k(i, k) = \exp(-\theta R_k/\overline{R}) \sum_{h=1}^{m} \exp(-\theta R_h/\overline{R}) \tag{9.1}$$

$$V_k(i, j) = V_{OD}(i, j) P_k(i, j) \tag{9.2}$$

式中：$P_k(i, k)$——公交 OD 量 $V_{OD}(i, j)$ 在第 k 条有效公交出行路线上的分配率；

R_k——第 k 条有效公交出行路线的交通阻抗值；

$\overline{R}$——所有供选择的有效公交出行路线的平均交通阻抗值；

θ——分配参数；

m——有效公交出行路线的条数；

$V_k(i, j)$——公交 OD 量 $V_{OD}(i, j)$ 在第 k 条有效出行路线上的分配量。

(2) 交通阻抗函数。公共交通线路交通阻抗值是指乘客在公共交通线路上出行的出行时间(含车外时间)、费用、方便性(如换乘)等综合费用指标，是乘客选择公交线路的依据。交通阻抗函数应能真实反映出公交出行的心理特性，综合考虑时间、费用因素，采用如下的函数式计算，并用"费用"表示，即

$$R_i = C_{mt}T_i + L_iP_j/100 \tag{9.3}$$

式中：R_i——交通阻抗值，元；

C_{mt}——时间价值，取相应年度的居民人均国民收入值，元/h；

T_i——公交出行时间，h；

L_i——公交出行距离，km；

P_j——公交票价，元/km。

根据居民公交出行全过程的分析，公交出行时间可采用如下的公式计算：

$$T_i = L_i/V + (T_w + T_j/2 + n_1T_h)/60 \tag{9.4}$$

式中：V——公交线路平均运行速度，km/h；

T_w——步行到站及步行离站的时间总和，min；

T_j——发车间隔，min；

n_1——换乘次数；

T_h——一次换乘时间，min；

其他参数意义同前。

2) 公交客流容量限制分配法

公交线网的客流分配采用容量限制法，比较符合公交实际运行情况：在实际公交网络经营中，由于公交线路的运力有限、站点停车容量有限及路段上其他车流的运行干扰因素，会出现公交留站客流，尤其在高峰小时。容量的限制使公交乘客无法选择那些直达但异常拥挤的线路，而不得不选择次优级别的线路或选择换乘线路。这些出行特性均能在容量限制分配方法上得到体现。

(1) 单条公交线路最大载客容量计算。单条线路的最大实际载客容量是考虑了站点停靠能力、重复线路相互影响下的基本载客容量，即

$$M_v = \gamma \cdot C_x \cdot f(X_c)/T_i \tag{9.5}$$

式中：C_x——不同车型的乘客容量，人；

T_i——线路的发车间隔，min；

γ——线路的客流满载率，一般高峰小时取 0.85，平峰时取 0.6，或根据城市的具体要求而定；

X_c——与某条线路重复的最大线路条数；

$f(X_c)$——线路重复影响系数，函数式如下：

$$f(X_c) = \begin{cases} 1 & (X_c = 0 \text{ 或 } 1) \\ 0.85 & (X_c = 2 \text{ 或 } 3) \\ 0.7 & (X_c \geq 4) \end{cases} \tag{9.6}$$

(2) 公交出行线路最短路距离计算。公交出行线路最短路距离 $b_s(i, j)$ 的计算建立在道路网络几何数据的基础上进行，具体的算法如下：

① 将道路网络的节点距离矩阵 $d_0(i_1, j_1)$ 转换成公交节点间的距离矩阵 $d_1(i, j)$。

② 给公交出行线路最短路距离 $b_s(i, j)$ 赋初值。

③ 任取一公交节点 k，判断 $b_s(i, k)(i = 1, \cdots, n)$ 的大小。若 $b_s(i, j) < M$，M 为一个足够大的正数，则转入下一步骤；否则，换取另一点 i。

④ 任取一公交节点 j，判断 $b_s(k, j)(j = 1, \cdots, n)$ 的大小。若 $b_s(k, j) < M$，M 为

一个足够大的正数,则转入下一点 $j+1$;否则,换取另一点 k。

⑤ $S=b_s(i, k)+b_s(k, j)$。

⑥ 若 $S<b_s(i, j)$,则 $b_s(i, j)=S$,否则继续选取。

⑦ 至 $k=n$ 结束。

(3) 公交换乘站点及距离计算。确定符合实际的公交换乘站点是公交客流分配工作的重要一环,直接影响客流分配结果的可信度。在实际公交出行过程中,乘客对换乘站点的选取有时是唯一的,有时有多种选择。据调查,乘客对换乘站点选取的依据是换乘方便和出行时间节约两个方面。一般而言,城市居民对换乘的线路、站点均比较熟悉,尤其是出行目的为上班、上学的出行者。因此,乘客在换乘站点的选取上随机性因素较小。在具体的客流分配时,以公交线网为基础,根据换乘次数的多少分别计算。

(4) 公交线路断面客流量计算的迭加算法。由于公交客流 OD 量分配是依 OD 点对的顺序依次进行的,每分配一次都要对相应的公交线路的客流量进行计算并检验,分析线路的负荷情况。每一次 OD 客流分配只涉及部分线路的部分断面,可采用以下的迭加算法。

$$V_1(k, i)=V_1'(k, i)+V_{OD}(k, i) \tag{9.7}$$

式中:$V_1(k, i)$——第 k 条线路第 i 断面的客流量,人次;

$V_1'(k, i)$——上一 OD 点对计算结束时第 k 线路第 i 断面的客流量,人次;

$V_{OD}(k, i)$——此次 OD 点对的出行路径在第 k 条线路第 i 断面的分配量,一般有

$$V_{OD}(k, j)=\begin{cases} V_{OD}(O, D) & (k, i) \in B_{sl}(O, D) \\ 0 & (k, i) \notin B_{sl}(O, D) \end{cases} \tag{9.8}$$

式中:$B_{sl}(O, D)$——从 O 到 D 的有效公交出行路径集;

$V_{OD}(O, D)$——从 O 到 D 的公交 OD 量。

(5) 线路客流 OD 量、线路断面客流不均衡系数的计算。线路客流 OD 量指的是线路上从上游某点 i 上车至下游某点 j 下车的公交客流量。根据公交线路的站点上下客流量,可依据下面公式计算线路客流 OD 量,即

$$\begin{cases} V_s(k, i, j) = D(k, j)Y(k, i, j)/N(k, j) \\ Y(k, i, j) = Y(k, i, j-1) - V_s(k, i, j-1) \\ D(k, j) = \sum_i V_s(k, i, j) \\ N(k, j) = \sum_i Y(k, i, j) \end{cases} \tag{9.9}$$

式中:$V_s(k, i, j)$——线路 k 上从站点 i 上车到站点 j 下车的客流量,人次;

$D(k, j)$——线路 j 上站的下客人数,人;

$Y(k, i, j)$——线路上 i 站点上车,在 j 站点前人留在车上的留车人数,人;

$N(k, j)$——线路 k 上在 j 站点前车内的人数,人。

(6) 路段及站点公交客流量的计算。路段及站点的公交客流量从总体上反映出公交客流在道路断面及节点上的分布状况,为制定相应的交通管制、实行公交优先通行等措施提供依据。在公交 OD 量分配完毕后,其计算就比较简单,将相应路段及站点的每条公交的断面客流量、上客流量或下客流量累加,就可得路段及站点的公交客流量。

9.1.2 公交场站规划

公共交通场站是城市公共交通的基础性设施。《建设部关于优先发展城市公共交通的意见》(建城〔2004〕38号)中明确提出：要按照"统一规划，统一管理，政府主导，市场运作"的方式，加大政府投资建设的力度，加强公共交通场站的建设。机场、火车站、客运码头、居住小区、开发区、大型公共活动场所等重大建设项目，应将公共交通场站建设作为项目的配套设施，同步设计、同步建设、同步竣工。已投入使用的公交场、站等设施，不得随意改变用途。要注重各种交通工具换乘枢纽的建设，以缩短不同交通方式之间的换乘距离和时间，方便乘客换乘。

城市公交站场有两类。

一类是担负公共交通线路分区、分类运营管理和车辆维修的公交车场。公交车场通常设置为综合性管理、车辆保养和停放的中心停车场，也有专为车辆保养设保养场和专为车辆大修设修理厂。

另一类是担负公共交通线路运营调度和换乘的各种车站，包括公交枢纽站、首末站、中途停靠站。

公交场站的分类及主要功能如表9-1所示。

表9-1 公交场站的分类与主要功能

分　类			主要功能
公交车站		公交修理厂	主要为公交车辆大修服务
		停车保养场	公交停车保养综合车场主要为公交车辆的停放、保养和维修服务，兼有管理指挥功能
公交车站	公交枢纽站	综合客运枢纽	是集多种交通工具和多种服务于一身的综合性、多功能客运站，是多种交通方式相互衔接所形成的大型客流集散换乘点，尤其是多种对外交通方式与市内公交衔接点
		大中型公交换乘枢纽	轨道交通线路间换乘；城市中心区客流集散；截流外围城镇、郊区、远郊区进入中心城区的小汽车、城乡公交车
		一般公交换乘枢纽	地面公交之间、地面公交与轨道间的一般换乘
公交车站	公交枢纽站	外围重点中心镇集散中心	主要是服务中心镇周围乡村公交与城乡公交的换乘功能，满足城乡居民日益频繁的交流需求
		特色枢纽-旅游交通集散中心	旅游交通集散中心是主要为游客提供公交旅游专线服务的大型枢纽
		首末站	公交始发车站，为城市各主要客流集散点服务
		中途停靠站	为公共交通线路沿途所经过的各主要客流集散点服务

城市公共交通站、场、厂的设计应结合城市规划合理布局，计划用地，做到保障城市公共交通畅通安全、使用方便、技术先进、经济合理。公共交通停车场、车辆保养场、整流站、公共交通车辆调度中心等的场站设施是城市公共交通系统的重要组成部分，应与城市公共交通发展规模相匹配，用地有保证。公共交通场站布局要根据公共交通的车种、车辆数、服务半径和所在地区的用地条件设置。

1. 公交停车场与保养场规划

停车场的主要功能是为线路营运车辆下班后提供合理的停放空间、场地和必要设施，并按规定对车辆进行低级保养和重点小修作业。在城市总体规划中应有计划地安排停车场用地，将停车场均匀地布置在各个区域性线网的重心处，使停车场与所辖线网内各线路的距离最短，其距离一般在 1~2km 以内。停车场距所在分区保养场的距离宜在 5km 以内，最大应不大于 10km。停车场正确选址的原则，要在车辆空驶里程最小的前提下，综合考虑以下条件。

（1）应远离居民生活区，避免公共汽车噪声、尾气污染对居民的直接影响。

（2）要避开城市主要交通干道和铁路线，避免与繁忙交通线交叉，以保证停车场出入口的顺畅。

（3）被选地段最好有两条以上的城市道路与其相通，保证在道路拥塞或其他意外事件发生的条件下，能使公交车进出公交场站和完成紧急疏散。

（4）被选地块的用地面积要为其后续发展留有余地，同时又不至于形成对附近街区未来发展的障碍。

保养场的功能主要是承担营运车辆的高级保养任务及相应的配件加工，修制和修车材料、燃料的储存、发放等。

保养场应建在城市每一个分区线网的重心处，使之距所属各条线路和该分区的各停车场最近，尽可能避开交通复杂的闹市区、居民小区和主干道。

公交车辆保养场是保证城市公共交通正常营运的重要后方设施，在城市规划上应有明确的地位，切实加以规划。一个城市建立保养场的数量应根据城市建设的总体规划、城市的发展规模以及公共交通发展规模而定。企业营运车保有量在 200 辆以下或 200 辆左右，可建一个小型保养场；保有量在 300~500 辆的企业，可建一个中型保养场；在车辆超过 500 辆以上的大型企业，可建保养中心，以便实行专业化保养，向现代化、高效率、大生产方向发展。公共交通车辆保养场的规划用地按所承担的保养车辆数计算，一般情况下每辆标准车用地 $200m^2$，具体用地面积指标如表 9-2 所示。

表 9-2 保养场用地面积指标

保养场规模 /辆	平均每辆车的保养场用地面积/(m^2/辆)		
	单节公共汽车和电车	铰接式公共汽车和电车	出租小汽车
50	220	280	44
100	210	270	42
200	200	260	40
300	190	250	38
400	180	230	36

确定停车场用地面积的前提是要保证公交车辆在停放饱和的情况下，每辆车还可自由出入而不受前后左右所停车辆的影响，对无轨电车而言，应保证顺序出车。停车场的规划用地一般按每辆标准车用地 $150m^2$ 计算，在用地特别紧张的大城市，公共交通首末站、停车场、保养场的用地按每辆标准车用地不小于 $200m^2$ 综合计算。

2. 公交枢纽站规划

城市公交客运系统的服务目标是力求为尽可能多的乘客提供直达、便捷的乘车条件。但是即使是最严谨的车次安排和线路规划，也无法避免部分乘客必须换乘的情况。公交枢纽站就是为公交线路之间、公共交通与其他交通方式之间客流转换衔接而设置的综合性客运服务设施。

衔接城市对外交通与市内交通间的客运枢纽，是实现交通方式转换、交通性质改变的场所，通过客运枢纽的合理布设，可节省乘客进、出城时间，保证交通持续；便捷地连接城市各功能分区的客运枢纽，可合理地组织城市交通、均衡客流分布。

将各种公共交通线路相衔接的城市综合客运交通枢纽，既有利于公交线路优化调整、增加公交运营线路的应变能力、提高公交运营效率，更可以方便乘客换乘，减少换乘次数，缩短出行时间，从而提高公共交通的竞争力，吸引客流，对充分发挥各种交通方式的优点、改善城市客运交通结构有重要的引导作用。

公交换乘枢纽规划应以尽量减少换乘给乘客带来的不便为前提，设置在乘客目的地或出发地集中的交通网络节点上，并且只要公交网络结构和场所允许，应该将尽量多的公交线路集中在少量的换乘站，以减少乘客的换乘次数。

客运换乘枢纽一般设置在城市对外客运交通枢纽、轨道交通线路中心站点、市区主要公交线路中心站点及市区与市郊公交线路交汇换乘站点，从客流性质上分，公交枢纽通常包括对外交通枢纽和市内交通枢纽两种。

对外交通换乘枢纽是市内公共交通与市际交通的联系点。它往往是一个城市十分重要的客流集散地，每天集散着大量的人流和车流。这类交通枢纽在城市中的位置相对比较确定，通常设置在铁路客运站、长途汽车站、轮渡港口、航空港口和城市出入口处。

市内交通枢纽一般是城市区域内的客流集散点，主要是公共交通之间或公共交通与其他交通方式之间的转换场所，如常规公交与快速轨道交通、自行车的换乘枢纽，多条公交线路汇聚的交点等。

市区、郊区公共交通线路和对外交通相互衔接的大型换乘枢纽站，大中城市宜分散设置在市中心区的边缘，小城市宜集中设置在市中心区或人流集散较多的地方。在大城市的大型交通枢纽之间，宜用快速交通工具直接相连，并在枢纽站上组织各种换乘的交通线路和交通工具。

3. 公交首末站规划

公共交通首末站作为公交线路的主要控制点和若干线路的可能交汇点，关系到乘客出行是否方便、公共客运的社会经济效益和线路调整等重要方面，在整个公交线路网络中具有举足轻重的地位。

对公共交通首末站的规划主要包括起、终点的位置选择，规模的确定以及出入口道路的设置等几方面内容。规划时应遵循以下原则。

(1) 公交首末站的设置应与城市道路网的建设及发展相协调，宜选择在紧靠客流集散点和道路客流主要方向的同侧，设置在城市道路以外的用地上。

(2) 公交首末站的选址宜靠近人口比较集中、客流集散量较大而且周围留有一定空地的位置，如居住区、火车站、码头、公园、文化体育中心，等等，使大部分乘客处在以该站点为中心的服务半径范围内(通常为350m)，最大距离不超过700~800m。

(3) 公交首末站的规模应按所服务的公交线路所配营运车辆的总数来确定。一般配车总数(折算为标准车)大于50辆的为大型站点；26~50辆的为中型站点；小于26辆的为小型站点。

(4) 与公交首末站相连的出入口道应设置在道路使用面积较为富裕、服务水平良好的道路上，尽量避免接近平面交叉口，必要时出入口可设置信号控制，以减少对周边道路交通的干扰。

公交枢纽站、首末站应根据其功能确定用地规模，取值可参考表9-3。

表9-3 公交枢纽站、首末站用地规模

分 类		用地规模/m²
公交枢纽	综合客运枢纽	6000~10000
	大中型公交换乘枢纽	4000~7000
	一般公交换乘枢纽	3000~4000
	外围重点中心镇集散中心	3000~4000
首末站		1500~3000

4. 中途停靠站规划

公交车辆的中途站点规划在公交车辆的起、终点及线路走向确定以后进行，规划时应遵循以下原则。

(1) 中途站点应设置在公共交通线路沿途所经过的各主要客流集散点上。

(2) 中途站点应沿街布置，站址宜选择在能按要求完成车辆的"停"和"行"两项任务的地方。

(3) 交叉口附近设置中途站点时，一般设在过交叉口50m以外处；在大城市车辆较多的主干道上，宜设在100m以外处。

(4) 中途站点的站距受到乘客出行需求、公交车辆的运营管理、道路系统、交叉口间距和安全等多种因素的影响，应合理选择。平均站距在500~600m之间，市中心区站距宜选择下限值，城市边缘地区和郊区的站距宜选择上限值。百万人口以上的特大城市，站距可大于上限值。

公交车辆中途停靠站的站距受交叉口间距和沿线客流集散点分布的影响，在整条线路上是不等的。市中心区客流密集、乘客乘距短，上下站频繁，站距宜小；城市边缘区，站距可大些；郊区线，乘客乘距长，站距可更大。设置公共交通停靠站的原则是方便乘客乘车，并节省乘客总的出行时间。

一般而言，较长的车站间距可提高公交车的平均运营速率，并减少乘客因停车造成的不适，但乘客从出行起点(终点)到上(下)车站的步行距离增大，并给换乘出行带来不便；

站间距缩短则反之，如图9.2所示。

9.1.3 公交车辆发展规划

公交车辆是承担城市公共交通运输任务的主体，城市公交车辆总规模和各条线路配车数的确定、各线路车型的选择和配备，直接关系到规划公交线网运能的发挥和线路的运输效率和经济效益，也是公交规划场、站、厂以及企业规模确定的依据。我国 GB 50220—

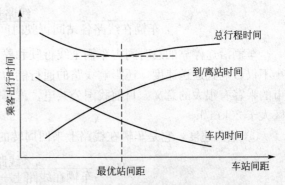

图 9.2 乘客出行时间与站距基本关系图

1995《城市道路交通规划设计规范》中规定，城市公共汽车和电车的规划拥有量，大城市应每 800～1000 人一辆标准车，中、小城市应每 1200～1500 人一辆标准车。城市出租汽车规划拥有量根据实际情况确定，大城市每千人不宜少于 2 辆；小城市每千人不宜少于 0.5 辆；中等城市可在其间取值。公共交通标准车以车身长度 7～10m 的 640 型单节公共汽车为标准车。其他各种型号的车辆，按其不同的车身长度，分别乘以相应的换算系数，折算成标准车辆数。

科学、合理地确定城市公交车辆的总体发展规模，是城市公共交通规划中的一项重要内容，应综合考虑城市人口规模、城市客运需求、道路环境条件、公交车辆的营运速度以及满载率等因素。

1. 公交车辆数的计算

1) 公交车辆数的计算参数

(1) 车辆的载客量与满载系数。公共交通车辆的种类和大小很多，其载客量主要决定于车辆的载质量、车厢内座位数和站立面积的大小。一般市内公共交通的乘客在车内的时间不长，而城市道路又较平坦，所以车辆内站立的人数能比坐的人多些，但对郊区线路和长途线路，坐的比例则应增加，甚至全坐。车辆满载系数(η)为实际载客量与额定载客量的比值，通常为 0.6～0.7。公交车辆的额定载客量，即车辆客位定员，包括车内座位数和有效站立面积上的站立人数，单位为人/辆。每平方米站立人数的定额，反映车辆的服务水平。在一般可接受状态下，每平方米站立人数为 5～6 人。随着城市经济的发展和人民收入水平的提高，该定额值应逐步降低，以增强公交服务的吸引力。

(2) 行车速度。公共交通车辆按固定线路行驶，沿途停靠站点，它的速度变化与街道上一般车辆不同。公共电、汽车在营业线路上的三种行车速度为：

① 行驶速度（又称技术速度），是两站之间的平均速度，通常所称的行驶速度按整条线路计算，即

$$V_{行} = \frac{线路长度}{车辆在线路各站间行驶时间的总和}$$

② 运送速度，它是公共交通运送乘客的速度，衡量乘客在旅途消耗时间多少的一个重要依据，即

$$V_{送} = \frac{线路长度}{车辆在线路各站间行驶时间与在各站上停靠时间总和}$$

车辆沿途停靠的总时间占车辆全线行驶和停站时间总和的25%~35%。这项时间的大小不仅影响到运送速度,还影响线路的通行能力。因此,缩短这个时间对乘客尤其是大城市的乘客有很大的意义。目前我国公共电、汽车的运送速度,在市区为5~16km/h,在郊区大于20km/h。

③ 运营速度,它是车辆在线路上来回周转的速度,即

$$V_{营} = \frac{2 \times 线路长度}{车辆在线路上一个来回的时间}$$

车辆在线路上一个来回的时间等于车辆在线路上来回行驶的时间、在中途各站停靠的时间以及在线路两端始末站停留时间的总和。运营速度高,车辆在线路上周转快,就完成更多的客运任务。所以,它是标志客运工作好坏的一项重要指标,也是计算公共交通车辆拥有量的一项重要指标。

(3) 平均运距。客运周转量与客运量之比,称为平均运距,单位为km,它表示乘客在一个运程中平均乘行的距离。平均运距可以分线路、分车行方向统计,也可以统计全市所有线路的平均运距(即公交企业不包括换乘的业务统计平均运距)。

(4) 客流量。客流量是与车行方向(上行、下行)和断面地点相关的,指一定时间内,沿同一方向通过线路上某路段的乘客人数。在计算客流量时必须标以单位时间和方向、断面地点。不同车向、不同断面、不同地点的客流量之和没有意义。

(5) 客流方向不均衡系数。一条线路双向客流量之平均值与最大方向客流值之比,称为方向不均衡系数。它表示一条线路在高峰小时内不同车行方向客流量的差异。方向不均衡系数一般按高峰小时最大断面客流量统计。在公共交通规划设计中,方向不均衡系数取值为1.2~1.4。

(6) 断面不均衡系数。一条线路上单向最大断面客流量与平均断面客流量之比,称为断面不均衡系数。它表示一条线路上客流量在各路段变化幅度的大小。如果不均衡系数较大,就要考虑调整线路或增加区间车。

(7) 季节不均衡系数。一条线路上的客流量或全市的客流量,在一年各季度中是有变化的。季节不均衡系数一般取值为1.1~1.2,以旅游为主的线路和城市变化较为突出者,应根据实际情况考虑。

2) 公交车辆拥有量计算方法

公交线路车辆的运营速度直接影响到公交乘客乘车时间和车辆运行效率,公交车辆的实载率直接影响到公交的舒适程度,进而影响到人们出行时对公共交通的选择。为了保证公交车辆的运营速度和一定的实载率水平,除了道路交通条件外,必须有相应的公交车辆配备。公交车辆拥有量计算方法步骤如下:

(1) 确定一辆车的生产率。它是指一辆车在单位时间内(1h、1天或1年)所能完成的额定客运周转量(人 km)。一辆车一小时的额定生产率计算公式为

$$ML/h_{额定} = mV_{营} \tag{9.10}$$

式中:$ML/h_{额定}$ ——1辆车1h的额定生产率,客位 km/h;

m ——额定载客量,客位定员人数;

$V_营$——运营速度，km/h。

实际上，公共交通车辆在线路运营时，不可能在整条线路上都满载，所以，它的小时有效生产率为

$$ML/h_{有效} = m\eta_线 v_营 \tag{9.11}$$

式中：$ML/h_{有效}$——公共交通车辆的小时有效生产率，客位 km/h；

$\eta_线$——线路平均满载系数；

其他参数同式(9.10)。

一辆车一天的有效生产效率为

$$ML/d = m\eta_日 v_营 h \tag{9.12}$$

式中：ML/d——1 辆车 1 天的有效生产率，客位 km/h；

h——为 1 辆车 1 天的营业小时数，通常为 12~16h。

其他参数同式(9.11)。

(2) 计算一条营业线路需要的运营车数。知道一条营业线路全日客运周转量(人 km)，即可估算完成这些客运任务所需运营车数($W_行$)为

$$W_行 = \frac{ML}{m \cdot \eta_日 \cdot v_营 \cdot h} \tag{9.13}$$

式中：$W_行$——所需运营车辆数，辆；

ML——全日客运周转量，人 km；

m——车辆平均定员；

$\eta_日$——一天的平均满载率；

$v_营$——运营速度，km/h；

h——1 辆车 1 天工作小时数。

知道一条营业线路高峰小时单向客流量，则需配车辆数为

$$W_行 = \frac{2l_线 \times 60}{v_营(60/h)} \tag{9.14}$$

式中：$l_线$——营业线路长度，km；

$v_营$——运营速度，km/h；

n——1h 需要发车次数(根据车型定员及小时单向客流量确定发车次数)。

从上述关系式中可以看出，提高公交车辆营运速度，将有效减少线路上所需的运营车辆数；或者配备同样多的营运车辆，则可以提供更优质的公交服务。提高公交车辆利用率则可以进一步减小公交车辆配备数，从而降低公交企业的经营成本，并减少公交车辆场站设施占地面积。

(3) 计算全市公共电、汽车运营车数。计算公式为

$$W_{运营} = \frac{M \cdot L \cdot P \cdot \beta \cdot \gamma}{365 \cdot m \cdot v \cdot K \cdot \eta} \tag{9.15}$$

式中：$W_{运营}$——全市公共电、汽车运营车数，辆；

M——公共电、汽车承担全年客运量，人次；

L——公共电、汽车平均运距，km；
P——高峰小时客运量占全日客运量比重，%；
β——客流方向不均衡系数；
γ——客流季节不均衡系数；
m——车辆平均定员，人；
v——平均运营速度，kn/h；
K——高峰小时运营速度修正系数；
η——高峰小时车辆平均满载系数。

(4) 计算在册车辆数，计算公式为

$$W_{在册} = \frac{W_{运营}}{\alpha} \tag{9.16}$$

式中：α——车辆利用率，通常在 90% 左右。

2. 公交车辆的配置

在确定公交车合理的总体规模基础上，还要进行车型构成的结构性优化。公交车车型选择应综合考虑城市的经济发展水平和居民的消费水平。应从量和质两方面，合理地配备车辆，保证公交规划线网整体运能的提高，以满足不同层次居民出行的要求，同时有利于公交企业提高公交服务质量和节约成本。

合理地进行公交线路的车型配置，不仅使居民出行尽可能地舒适便捷，提高公交运输的效率，而且可使公交线路的效益得到最好发挥。城市公交网络中各条公交线路的公交车型配置，必须综合考虑该线路的功能性质、所运输乘客的出行特点、运行道路的几何条件。

公交车辆的车型选择应遵循以下原则。

(1) 公交车辆的车型构成，应与高水平的小康社会发展要求相适应。近年来，我国城市居民物质和文化生活极大地丰富，生活水平的提高必然带来人们出行需求在量和质两方面的增加。作为城市大众运输的主要方式，常规公交也要体现"以人为本"，尽可能地节省人们出行时的体力，使居民感到出行舒适、便捷。

(2) 公交线路的车辆配置，应与公交线路服务功能相适应。城市公交车辆的车型配备应考虑城市道路条件，在城区道路车道宽度较窄、转弯半径小的路段运行的公交车辆应选用小型公交车，尤其在中心城区客流量较大但狭窄的街道上，或客流量不大、客流时段分布较均匀的线路，投入 8m 级城市公交车是比较合适的。在城区内运营的线路一般乘距较短、客流较大，应根据客流量的特点选用额定载客量大、座位数相对较少的城市公交车。市郊线路由于乘距较长，应选用座位数较多的公交车，如果客流有时间不均匀性，可以通过调整发车间隔以适应不同时段的客流特点。旅游线路应采用高档车型，外观有吸引力、车内设施完善、座位数多、乘坐舒适、视野开阔。

我国城市未来城市公交车的车型，可以按主要技术指标和设施配备分为 A 类(普及型)和 B 类(高档型)，A 类和 B 类分别按长度、容量分为 A1、A2、A3 和 B1、B2、B3。在《苏州市城市公共交通规划(2003～2020 年)》中，根据苏州市公交线网规划，规划期公交线网分为三个层次：干线、支线、辐射线。针对不同性质的线路，建议的车型发展规划方案如表 9-4 所示。

表 9-4　苏州市公交车车型发展规划一览表

公交线路类型		近　期	中　期
公交干线	车型规划	在初期可以采用现有车辆中额定载客数 80 人左右的公交车，逐步购置 B1，替代旧公交车。在 2005 年要求 B1 成为主力车型，以改善和提高城市形象和公交企业形象	达到全部采用 B1 型车的要求，使公交干线成为"窗口线路"
公交干线	车型比例（占本类型线路车辆总数的比例）	B1：30%～50%	B1：100%
公交干线	说明	B1 为 12m 级及其以上车型，单车座位数 5 个左右。B1 满足公交干线快速、大站运输的要求，其足够的座位数满足长距离乘客出行的要求	
公交支线	车型规划	在城市道路条件较好的路段采用 B2 和 A1，在部分经过古城区小街小巷，深入居民区，而且流量不大的公交线路采用 B3 和 A3	
公交支线	车型比例（占本类型线路车辆总数的比例）	B2：10%～30% A1：70%～90% B3：10%～30% A3：70%～90%	B2：30%～50% A1：50%～70% B3：30%～70% A3：50%～70%
公交支线	说明	B2 和 A1 均为 10m 级车型，单车座位数 25 个左右；B3 为 9m 级及其以下车型，单车座位数 15 个左右；A3 为 8m 级车型，单车座位数 20 个左右；B2 和 A1 座位数较少、载客人数较多的特点适合公交支线的短距离出行占相当比例的特点；在部分运营在古城区小街小巷的公交支线上，采用中型公交车 B2 和 A3，不仅与客流特征相符合，而且车型尺寸适应了道路几何条件的限制。	
公交辐射线	车型规划	逐步取缔中巴车运营的现状，根据客流的大小，采用 A2 型或 8m 级中型公交车	采用 A2 型或 8m 级中型公交车，增加空调车比例
公交辐射线	车型比例（占本类型线路车辆总数的比例）	A2 型或 8m 级中型：50%	A2 型或 8m 级中型：100%
公交辐射线	说明	采用座位数较多的肥型大型和 8m 中型公交车，适合辐射线路城区站距短、郊区站距长导致的乘客运距长的特点	

9.2　城市轨道交通规划

城市轨道交通具有大运量、高速度、独立专用轨道的特点，其建设属于百年大计，需要有长远的战略考虑。作为大城市公共交通系统的骨干运输方式，城市轨道交通线路的建设需要有强大的客流条件，设计上需要考虑与其他方式的接续运输。

9.2.1 城市轨道交通规划的意义和目标

1. 城市轨道交通规划的意义

对于发展中国家来说，城市轨道交通系统规划工作具有特殊意义，主要包括以下几方面。

1) 科学制订城市经济发展计划的需要

城市轨道交通耗资巨大，一条线的建设投入少则数十亿，多则上百亿，往往成为最大规模的基础设施建设项目。此外，城市轨道交通线网建设一般都是持续数十年甚至上百年的浩大工程，因此无论在强度还是时间方面都会对城市经济发展产生巨大的影响，没有一个稳定、合理的线网规划和修建计划，城市就无法科学制订经济发展计划，合理安排财政支出。

2) 制订城市各项设施建设计划的需要

城市轨道交通系统规划将解决在城市哪些地方修建城市轨道交通的问题，从而为城市各项设施，尤其是城市基础设施的建设奠定基础。凡在城市轨道交通沿线兴建城市建筑、道路立交桥及大型地下管线，只要与城市轨道交通工程在规划设计上进行协调配合，做到统一规划、综合设计、分步建设，就可以起到事半功倍的作用。这方面的例子很多，举例如下。

(1) 某市大型体育馆东北侧的溜冰训练馆在地铁规划控制走廊一侧，经设计配合后，采取了必要的措施，既保留地铁走廊，又使溜冰馆建立起来。

(2) 某市大型体育馆附近的两座特大型立交桥都建在地铁车站隧道上，经同步设计、同步施工后地铁与立交桥同时建成。

(3) 某市主干道建设时，为配合城市轨道交通线规划设计，在道路中央预留了12～16m宽的城市轨道交通线规划用地走廊。

(4) 某市建设长江公路桥时，结合轻轨线规划，在大桥设计时预留出轻轨走廊，为未来的轻轨交通工程建设创造了条件。

(5) 许多城市拟将城市轨道交通工程的车站土建工程交付房地产开发商进行开发，将来根据使用年限和投资回收情况，采用不同的方式收回。

总之，有了城市轨道交通线网规划，城市与城市轨道交通的建设就可以相互协调、有机配合、各得其利。

3) 控制城市轨道交通建设用地、降低工程造价的需要

城市轨道交通是系统的、大型的城市基础设施工程，对其用地范围有严格的技术要求，因此在实施过程中，最大的问题是工程用地困难，造成大量的拆迁工程。在工程总投资中，拆迁工程一般占10%～15%，其数额十分可观。

拆迁工程中，属于拓宽道路、城市改造规划中必拆的危旧房屋，尚属合理。但因城市轨道交通用地未得到配合和控制，因而把房子、桥梁、大型管道等建筑物建在城市轨道交通用地范围内，若对其搬迁改移，不但增加拆改费用，而且影响也不好；若采取各种措施

来保留现有建筑物不拆，结果又增加了工程造价，有时代价比重建还大。某城市曾遇到过类似的情况，因未对用地范围严格控制，造成地铁隧道必须从几栋楼下通过。施工中采取了楼基础托换技术，楼是保住了，可工程费用增加约 1000 万元。如果当时能控制用地或对楼房基础位置进行必要的改移和配合，就可能减少现在的施工难度，节约费用。由此可见，做好线网及其用地控制规划是一项十分重要的基础工作，其经济效益是无法估量的。

有了线网规划，才能知道对哪些路段及地块进行控制，因此线网研究的另一个目的，就是为城市规划部门控制城市轨道交通工程建设用地提供依据。

4) 城市轨道交通工程立项建设的依据

一条城市轨道交通线路的合理性和必要性，要从其在整个线网中的作用及地位来叙述。各线之间关系如何，换乘站分布、联络线分布、车辆段共用关系、线路走向是否合理，线路大概是何种规模等级，应该修建哪一条、哪一段，都必须以线网规划为依据。

城市轨道交通工程的立项报告，应当阐明立项的目的和依据，其中线网规划就是最重要的依据。因此，线网规划就是为城市轨道交通提出分期建设顺序，为工程立项做好必要的前期准备，也为各阶段设计研究工作提供最基础的依据。

以上分析说明，城市轨道交通系统规划是促进城市总体规划整体实施和城市环境改善的重要保证，与城市规划是相辅相成的。因此，城市轨道交通系统规划是城市总体规划中不可缺少的组成部分，对城市总体规划的实施具有重要的影响。

2. 规划的目标

城市轨道交通系统建设的主要目标包括以下几点。

1) 协调好交通需求与供给之间的关系

人们的交通行为，实际上是交通需求和交通供给这一对矛盾因素平衡下的状态。城市轨道交通作为城市交通的一种方式，同样是需求和供给平衡下的出行选择。城市轨道交通规划工作的意义，就是要科学回答"城市轨道交通需求"和"城市轨道交通供给"这两个方面的问题，以及两者间的动态影响关系和科学的平衡关系，从而阐明作为大城市客运骨干系统的发展方向，同时协调与城市其他要素之间的关系。

从"需求"方面来看，城市轨道交通系统规划主要满足以下要求：城市新城建设、旧城改造等土地发展要求；人口、就业变化下的出行要求；交通发展目标要求；城市重要建设项目的交通连接等。

从"供给"方面来说，城市轨道交通规划主要考虑：线网合理的规模；线网合理的构架；各条线路合理的运能规模和制式；正线、联络线、车站、车场的位置等。

2) 实现城市土地规划发展目标

交通是人类社会工作与生活最基本的需求，城市土地及功能发展则是城市总体规划的核心，因此交通功能是城市最基本、最重要的功能。城市轨道交通作为城市客运的骨干系统，其建设将影响城市土地发展的空间方向和功能水平，因此城市轨道交通系统对城市土地发展具有强大的刺激作用。为此，城市总体规划中的发展目标，需要城市轨道交通系统的规划支持。这些发展目标主要包括以下几点。

(1) 城市土地发展方向和结构形态。以广州市为例，城市规划是以旧城区为依托，以珠江河道和城市干道为轴线，建立多组团、半网络式的城市空间结构体系；以市北和市东南为发展方向，整个城市由三大组团构成，即中心区大组团、东翼大组团、北翼大组团，形成 L 形的城市结构形态。为此，必须建设城市轨道交通线以加强北、东两翼与中心区域的联系，缩短两翼组团与市中心之间的时空距离，使整个城市更具紧密性和整体性。

（2）城市功能的改进——旧城改造、新区发展。研究城市轨道交通线网时，必须重视旧城区与外围新开发的居住小区之间的沟通，促进城市功能的合理分布，利于旧城区改造和新区发展。

3) 实现交通战略目标

作为城市客运骨干系统，城市轨道交通将从根本上改变城市交通系统的格局和结构。城市轨道交通线网必须在布局、规模、能力上与城市综合交通体系相协调，在总体上符合城市交通发展战略，反之则会造成城市综合交通系统的失衡和无序发展。

9.2.2 城市轨道交通系统规划的主要内容

切合实际的、科学的规划与设计是未来城市轨道交通良好运营的基础。一般认为，城市轨道交通系统规划与设计的主要内容包括以下几方面。

1. 特定城市社会与经济环境下城市轨道交通系统的功能定位

主要包括城市经济地理特征分析、城市规划总体目标与城市交通结构的协调性分析、城市轨道交通的功能评估等。

2. 城市轨道交通线网规划

主要包括线网规模确定、线网构架方案选择和方案评估等，线网规划是城市轨道交通线路设计和建设的基础。

3. 城市轨道交通系统客流预测

在城市规划与综合交通规划基础上进行客流预测，是确定城市轨道交通网络及线路建设规模、能力水平的依据。

4. 城市轨道交通工程可实施规划

主要包括车站、车辆段、换乘点的选址与规模，线路敷设方式规划，线网建设顺序与运营以及城市轨道交通与地面交通的衔接设计等内容。

5. 城市轨道交通系统的线路和车站设计

包括线路的走向、线路平纵断面设计、车站的数量及分布、车站的站型设计以及换乘站的设计等。

6. 城市轨道交通的枢纽设计与规划

主要包括城市地区枢纽点规划、枢纽客流分析、枢纽换乘设计、枢纽用地分析、枢纽不同方式间的协调等。

7. 城市轨道交通系统与其他交通方式的链接设计

主要研究城市轨道交通系统与其他交通方式的衔接，包括地面交通、城市间交通等，具体包括车站周边其他交通方式站点布局及设计。

8. 城市轨道交通系统的安全防护设计

安全防护的内容包括地震防护、火灾防护、水灾防护以及杂散电流防护等设施的设计，需要考虑城市轨道交通运营中的安全对策与应急措施。

9. 城市轨道交通运营规划

从规划与设计阶段开始考虑运营问题是一条城市轨道交通线路建设成功与否的重要前提条件，直接关系到城市轨道交通系统建设目标的实现，这些内容也可以作为工程可实施规划的内容。

9.2.3 城市轨道交通线网规划

1. 轨道交通线网结构分析

伦敦、巴黎、柏林、东京、莫斯科等世界大城市的规划与建设经验表明，轨道交通作为一种大运量、迅速、舒适、现代化的客运交通方式，对城市空间结构的调整，及引导城市土地利用向合理的方向发展方面，起着重要的、积极的作用。城市空间结构和土地利用与轨道交通线网结构之间存在着相辅相成的互动关系。一方面轨道交通线网的布局结构必须以城市土地利用的空间结构为基本立足点；另一方面，轨道交通线网规划应与城市规划的空间结构相结合，充分发挥交通的先导作用。城市大中运量轨道交通系统的线网结构形式有放射式、网格式、放射＋环状结构等典型形式。

1) 放射式结构

放射状结构的路网由若干直径线组成，所有的线路都经过市中心向外呈放射状。一种是单中心向外放射，另一种是放射网状。前者由于所有的线路都交于一点，给换乘枢纽的设计和交通组织带来很大困难。目前采用较多的是后面一种形式，其优点是：郊区乘客可以直达市中心，从一条线路至另一条线路只需进行一次换乘；缺点是：增加了市中心的过境客流量和市中心的线路负荷，另外相邻郊区之间的乘客出行需绕行，增加了出行时耗。

放射式轨道交通线网布局模式适合于有明显市中心、城市规模中等且市郊周边方向客流量不大的城市。

2) 网格式结构

这种形式的轨道交通线网多是由于城市的道路网为棋盘形结构，如日本大阪和墨西哥城就是采用典型的网格形路网。由若干纵横线路构成的网络，布局均匀、换乘方便、连通性好，从而引导客流均衡分布、使换乘客流分散。缺点是对角线、平行线间乘客换乘次数较多。

网格式线网布局模式适合于人口分布比较均匀、没有明显的市中心或不适宜形成高密度的市中心的城市。

3) 放射＋环形结构

当放射状路网规模较大时往往在放射状路网的基础上增加1～2条环线。环线的基本作用是弥补放射形路网结构的不足，起到疏解市中心客流的作用，减轻市中心区线路的负荷，并提高环线方向乘客的直达性。莫斯科的轨道交通线网就是这种典型方式，环线一般应放在客流密度较大的区域，并要尽可能多地贯穿大的客流集散点。

放射＋环形结构的线网布局模式适合于城市具有较大空间规模且外围地区之间的交通联系强度足够大的城市。

西欧一些大城市具有悠久的历史，在 20 世纪初期城市表现为单中心圈层式向外扩展，为了改变这种城市土地利用发展模式，其做了大量的理论研究和尝试，最终选择沿交通轴向发展的城市空间布局模式，通过建设放射网状的轨道交通线网支持城市轴向发展结构，引导城市在市中心进行高密度的线状开发，在市郊进行高密度的面状开发，形成一种形如掌状的轴向结构的城市（见图 9.3）。

轴向结构的城市采用放射网状结构的轨道线网，既能满足人多地少的客观需求，又能适应城市可持续发展的要求。轨道交通作为城市发展轴线的建设，大大加快了城市向外拓展的步伐，可以减少市中心区的人口密度，避免百万人口的大城市"摊大饼"式地蔓延。

放射＋环形结构的城市快速轨道交通线网通常与采用组团式结构的特大城市相匹配。组团式结构的城市一般规模很大，并具有一个强大的市中心，建成区半径可达 10～15km，规划区半径达 50～60km，围绕市中心区范围内，分布着城市的边缘集团，离市中心更远的区域是城市的卫星城镇（见图 9.4）。

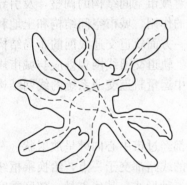

图 9.3　轴向结构的城市空间布局
与轨道线网结构示意图

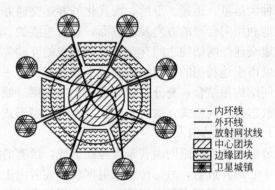

图 9.4　组团式结构的城市空间布局
与轨道线网结构示意图

2. 轨道交通线网规划原则与方法

1) 轨道交通线网规划原则

城市轨道交通线网规划应综合考虑城市的社会经济发展水平、人口和用地规模的现状及发展、城市形态以及地形、地质条件等。客流量的调查和需求分析预测是重要的因素。通常，客流量越大，轨道交通的社会效益和经济效益越好。

(1) 轨道交通线网规划应与城市总体规划配合协同发展。大中运量快速轨道交通对引导城市土地利用优化调整有重要的、积极的作用，因此进行轨道交通线网规划时应贯彻城市总体规划的基本战略及用地发展方向，深入了解城市的结构形态演化过程和趋势，以及城市地理、地形、地质等因素的作用。不同的城市空间结构形态需要有相应的、不同的轨道交通线网结构形式与之相适应。

(2) 轨道交通线网规模应与城市的经济承受能力相适应。线网规模是进行轨道交通线网规划时面临的首要问题，影响城市轨道交通线网合理规模的因素是多方面的，其中，城市的经济实力是一项关键因素。经济发达的大城市常采用高密度、相对低负荷强度的轨道线网，而经济实力较弱的大城市采用的多是低密度、高负荷强度的轨道线网。

从直观角度来分析，城市轨道线网长度应是城市人口和用地面积的函数。对世界上32个轨道交通系统较为完善的大城市有关指标(见表9-5)进行二元线性回归分析，结果表明，城市轨道交通线路网总长度与城市人口和城市面积的函数关系如式(9.17)所示，其相关系数$R=0.8347$。

表 9 - 5　世界大城市轨道交通网指标

城市	市区面积 /km²	市区人口 /万人	地铁线总长度 /km	线网密度 /(km/km²)	线网密度 /(km/10⁶ 人)
伦敦	1580	671.3	420	0.27	62.6
巴黎	1696	600	579	0.34	96.5
柏林	833	312	165.5	0.2	53
汉堡	753	157.1	101	0.13	64.3
法兰克福	249	59.2	47	0.19	79.4
慕尼黑	311	127.4	74.6	0.24	58.6
马德里	607	315.9	122	0.2	38.6
莫斯科	878.7	867.5	255	0.29	29.4
圣彼得堡	570	499.5	91.7	0.16	18.3
斯德哥尔摩	211.3	65.1	110	0.52	168.9
基辅	782	257.7	43.5	0.06	169
奥斯陆	435	45	100	0.23	222
鹿特丹	208	68.2	43.5	0.21	63.8
布拉格	496	120.3	47.6	0.1	39.6
布宜诺斯艾利斯	200	292.2	68.6	0.343	23.5
纽约	946	728.4	432.4	0.46	59.4
芝加哥	500.5	301.8	168	0.34	55.7
波士顿	121.7	57.5	75	0.62	130.4
费城	352	168.8	41	0.12	24.3
克利夫兰	169.8	58.4	64	0.38	109.6
圣弗朗西斯科	119	76.7	115	0.97	150
华盛顿	174	62.2	144	0.83	231.5
亚特兰大	339	42.9	73.5	0.22	171
东京	575	835.5	229.3	0.4	27.4
大阪	212	264.8	100.7	0.475	38
名古屋	327.9	214.2	76	0.23	35.5
汉城	627	963.7	133	0.21	138

(续)

城市	市区面积/km²	市区人口/万人	地铁线总长度/km	线网密度/(km/km²)	线网密度/(km/10⁶人)
香港	172	444	43.2	0.25	9.73
新加坡	98	264.1	67	0.68	25.4
多伦多	97	59.9	60.8	0.63	101.5
蒙特利尔	160	98	61	0.38	62.2
圣保罗	162.4	1010	47.7	0.03	4.7

$$L = 2.8018 \cdot S^{0.5012} \cdot P^{0.1191} \tag{9.17}$$

式中：L——城市轨道交通线路网总长度，km；

S——城市用地面积，km²；

P——城市人口，万人。

（3）轨道交通线路走向应与城市客运交通走廊相一致。将客流量尽可能地转入轨道交通系统，降低地面道路交通流量，既是城市客运交通系统建设的总体目标，也是轨道交通自身的需要。轨道交通客流量越大，其运输效率越高，也保证了营运收入，如达不到最低的临界客运量标准，则必然严重亏损。实践证明，轨道交通线路走向与居民的主要出行方向和出行路径一致，线网布局合理、规模大、线路长、交叉换乘点多，吸引客流量就大，轨道交通在客运交通系统中的分担率也高。

（4）轨道交通线网规划应充分考虑运行上的配合。首先是轨道交通换乘站的设置，应保证两条以上线路吸引客流量所需的用地与场站设施容量规模；其次应考虑轨道交通与其他交通方式的配合。任何大城市的城市客运交通都不可能是单一的交通方式，而是多元化、多层次的交通结构，既有大中运量的快速轨道交通，又有常规的公共汽车、电车，还有其他私人交通工具。在我国，城市轨道交通建设既和常规公交网络有关，又和自行车交通网络有关，从长远来看，还与小汽车交通发展息息相关。因此，必须从客运交通系统出发，综合考虑各种交通方式协调发展的过程。此外，应考虑城市轨道交通与城市对外交通设施的贯通衔接，如地铁站直接与火车站、轻轨高架与航空港连在一起。瑞士建立高速城市交通系统，将地铁与欧洲高速铁路相连，在旅行时间、运输量、费用和安全方面均取得了最大的效益。

2）轨道交通线网规划方法

轨道交通线网规划涉及面广，工程约束因素多，因此从宏观上把握轨道线网结构形式以及每一条规划线路的走向尤为重要。一般来说，应在分析掌握了规划年份城市布局结构、土地利用及交通流的发生吸引及分布状况之后，确定城市客运交通流主流向，作为轨道交通线路布网的基础，在此基础上再对每条轨道交通线路的走向及其所经过的主要交通小区（或节点）进行优化确定。下面简要介绍进行轨道交通线网规划的点、线、面要素层次分析法。这种方法以城市结构形态和客流分布特征为基础来进行分类、分层的系统性研究。"点"、"线"、"面"既是三个不同类别，又是三个不同层次的研究要素。

（1）"面"，即整体研究。这既包含了对整个研究区域的整体性研究，也包括对规划区范围内的影响分析。"面"上的因素是控制线网构架模型和形态的决定性因素，这些因素包括城市地位、规模、形态、对外衔接、自然条件、土地利用格局以及线网作用和地位、交通需求、线网规模等特征。

(2)"线",即城市的主要交通走廊,是城市客流流经的主要路线,是串联"点"、构成"面"的途径。主要涉及以下内容:大型的交通发生、吸引点选择;城市客运交通走廊分布;交通走廊沿线的土地利用和客流发展;交通走廊敷设轨道交通的工程条件。

(3)"点",即局部研究,主要涉及以下内容:基本客流集散点的分布、需要轨道交通疏解的交通瓶颈、工程难点及具体工程实施方案。

城市轨道交通线网规划是一项涉及城市规划、交通工程、建筑工程及社会经济等多学科研究范畴的系统工程。以上"点"、"线"、"面"的关系,实际上就是整体和局部、宏观和微观、系统和个体之间的循环分析过程。规划过程中应以交通分析为主导,定性分析和定量分析相结合,静态和动态相结合,近期规划和远景方案相结合,要坚持以整体指导局部、以局部支持整体的思路。

9.2.4 城市轨道交通枢纽规划

1. 枢纽的界定

枢纽站是具有这样一种功能的场所,即当运输对象(旅客、货物)使用某种运输工具,沿特定路线运行到达枢纽站换乘时,该枢纽站能满足改用其他运输工具或使用其他路线运行。一般来说,两种以上运输方式或多条公交线路交汇的场所都可称之为枢纽站。

城市交通枢纽是指城市客货流集散、转运的地方,可以分为城市客运枢纽和城市货运枢纽。城市客运枢纽是乘客集散、转换交通方式和线路的场所,合理规划、设计城市客运枢纽,是改善公交系统,解决出行换乘,提高公交服务和运营效率的重要环节。

城市轨道交通枢纽作为城市客运枢纽的一种重要形式,是指集多条城市轨道交通线路、不同交通方式、具有必要服务功能和控制设备,为城市对内对外交通、私人交通与公共交通以及公共交通内部转换提供场所的综合性市政设施。因此,城市轨道交通枢纽是在各种交通方式并存条件下为方便乘客、平衡客流而建立的一种交通设施,它能提高整个城市的客运交通服务水平。由于城市规模的不断扩大,居民从起点到终点的一次出行,往往需要使用多种交通工具,把多种交通方式有机地结合起来。城市轨道交通枢纽把私人交通、常规公交和城市轨道交通三个独立的系统组合成一个有机的客运运输整体,给乘客带来极大的效益。

城市轨道交通枢纽的客流和车流来自多方向、多路径、多种目的、多种交通方式,客流方面具有到发量大而集中、多向集散和换乘、各小时段客流不均衡性等特征。因此必须做好客流组织和管理,将换乘客流和到发客流分开,将车流和人流分开,既能各行其道,又能相互贯通、相互转换,构筑为一体化的城市客运交通集散中心。

城市轨道交通枢纽是单一交通功能建筑或集交通功能和商业开发功能于一身的建筑综合体。它的交通功能主要体现为对客流的转移和疏散,它的商业开发功能则需根据具体的项目情况而定。在对城市轨道交通枢纽功能进行定位时应首先确保交通功能的实现。城市轨道交通枢纽由于其自身交通功能的完善和发展势必带来周边区域交通状况的改善,便捷的交通与大量的客流使城市轨道交通枢纽及其周边区域具有巨大的商业价值,往往随着城市轨道交通枢纽的设置，其周边区域内必然形成高密度的商业区、办公区等，这也是城市发展的一个必然规律。作为城市轨道交通枢纽功能的两个方面，其交通功能和开发功能同样也是相互制约的。

一个城市轨道交通枢纽的规模和形式限定了它所能承受的交通量。开发力度的加大必然影响到交通功能的发挥。两种功能之间是一种动态平衡的关系，但一个城市轨道交通枢纽往往达不到理想的平衡状态。所以在设计城市轨道交通枢纽的时候，一定要将它同周围区域的城市规划、交通规划联系在一起，以一种发展的眼光去看待它。作为一个运转良好、功能完备的城市轨道交通系统，其自身必然具备强大的适应能力和协调能力，这也是衡量一个城市轨道交通枢纽成败得失的关键。一些交通发达城市的经验告诉我们：只有交通规划与城市规划相吻合，一个城市轨道交通枢纽才能将其交通功能、商业功能和社会功能充分发挥。

城市轨道交通枢纽的主要功能就是对枢纽点的到、发客流，按不同的目的和方向，实现"换乘、停车、集散、引导"四项基本功能，核心的功能在于换乘。

（1）换乘——对于来自不同方向、路线、不同交通方式的乘客，需要转乘其他交通方式而发生的行为称为换乘。因为这些乘客属于中转客流，需要经过换乘才能到达最终目的地。

（2）停车——对于来自不同方向、路线、不同的车辆，提供固定的停车位置和上下乘客位置。并以不同性质的车辆分区停放，配置合理的道路和场地。

（3）集散——对于到达或出发的乘客和车辆，实现聚集会合和疏散分流，提供客流和车流组织的相关措施，保证畅通、安全。

（4）引导——对外来客车引导、截流、集中管理，尽量不进市区；引导市内公交车辆与其接驳换乘，向多层次、一体化发展，吸引个体交通向公共交通转移，并提供方便。在总体上改善市内车辆的运营环境，提高居民出行质量。

2. 枢纽的构成

城市轨道交通枢纽一般是由城市轨道交通、常规公交、换乘通道、站厅、停车场、服务设施六个子系统组成，如图 9.5 所示。各子系统作为城市轨道交通枢纽的有机组成部分，相互区别、相互联系、相互作用，为实现出行者换乘舒适、安全和换乘时间最短这一总体目标而服务。城市轨道交通和常规公交是城市公共交通体系中最主要的交通方式，枢纽内换乘通道如同一座桥梁将不同交通方式连接起来，出行者可以利用换乘通道，从一线转入另一线，或从一种交通方式转向另一种交通方式，完成出行过程。

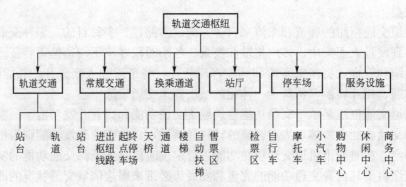

图 9.5　城市轨道交通枢纽系统构成

站厅的合理布设是减少换乘时间的关键之一，静态交通设施是吸引出行者由私人交通方式向公共交通方式转移，实现公交优先战略的重要手段。服务设施可以提高枢纽的开发强度，实现土地的综合利用，同时又可以使出行者在候车时间完成购物和商务等活动，从而减少单纯候车时间和出行次数。六个子系统相互制约、相互协调，充分发挥各自的功能和优势，促使系统达到整体功能的优化。

3. 枢纽规划与设计的内容

一个大型城市轨道交通枢纽的规划与设计一般包括以下内容。

1) 背景研究

背景研究是决定规划成果科学性的前提。背景研究分为现状背景和规划背景两个方面。现状背景研究着眼于对现状问题的分析和寻找造成问题的根源；规划背景研究着眼于领会高层次规划的意图，保证本项规划与设计的延续性。

2) 方法研究

方法研究主要研究具体的枢纽规划与设计项目中选用的方法及工作步骤等。

3) 交通需求预测

交通需求预测是交通规划与设计的基础。在城市轨道交通枢纽规划中进行交通需求预测，一定要考察在一定交通供给（以前期规划为基础）水平下的交通情况，如交通流量、流向、交通结构、转换关系、服务水平、交通敏感程度，等等。

4) 方案规划

方案规划是在参考交通需求预测结果之后，要进行包括设施配置、交通组织和实施计划等的方案设计。这部分研究主要采用多方案比选的方法进行，而且应当详略有别，对影响大的规划要点，其方案深度接近设计，使之相对稳定；对于影响稍次的远期项目，则只为下阶段设计提供明确的指导和灵活变化的空间。方案规划的结果还要经过方案评估检验，因此方案规划和方案评估是一个循环过程

5) 方案评估

方案评估实际上是一个定性分析和定量分析相结合的过程。由于方案规划阶段已经融会大量的定性分析，因此在方案评估阶段主要进行定量分析。方案评估最主要的手段是交通评估，其次是环境影响和社会经济分析。其中交通评估的基本手段是模型测试。

6) 规划与设计要点

规划与设计的最终目的，就是要对与此相关的下阶段规划设计工作提出明确的规划与设计指导性意见，即规划与设计要点。这部分实际是规划与设计的汇总提炼过程。

上述过程可用图 9.6 来描述。

4. 城市轨道交通枢纽建筑的规划与设计方法

1) 建筑布局

以常规公交与城市轨道交通的衔接方式来划分布局模式，可以分为以下三种。

（1）放射-集中布局模式。常规公交线网主要以城市轨道交通车站为中心呈树枝状向外辐射，两者线路重叠区间一般不超过城市轨道交通车站路段，并与车站邻接地区集中开发一块用地用作枢纽换乘站场，作为各条线路终到始发和客流集散的场所，即放射-集中布局模式。这种模式由于始发线路多，常规公交线网运输能力大，乘客换乘方便且步行距离较短，行人线路组织相对简单，对周围道路交通影响较小，但换乘枢纽站场用地较大，

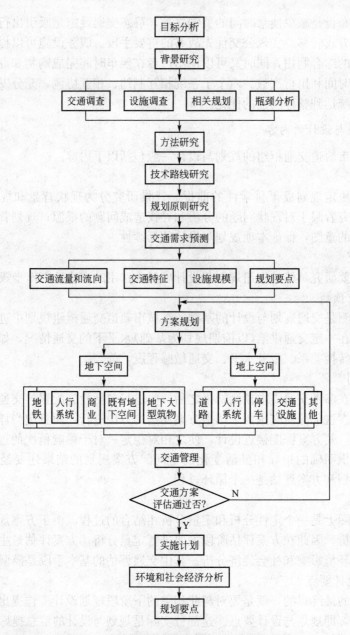

图 9.6 城市轨道交通枢纽规划与设计的过程

适合于换乘客流大或辐射吸引范围大的城市轨道交通车站。

(2) 途经-分散布局模式。常规公交线网由途经线路组成，换乘公交停靠站分散设置在城市轨道交通车站附近的道路上，即途经-分散布局模式。该布局模式不需要设置用地规模较大的换乘枢纽站场，但线网运输能力较小，部分乘客换乘步行距离较长，行人线路组织相对复杂，换乘客流较大时对周围道路交通有一定的影响，适合于换乘客流较小的城市轨道交通车站。

(3) 综合布局模式。上述两种布局模式的复合形式，即综合布局模式。线网由始发线路和途经线路共同组成，且集中布置一个换乘枢纽站和分散布置一些换乘停靠站。

表 9-6 所示是上述三种布局模式的一些具体实施措施。衔接换乘布局应以城市轨道交通车站为核心来组织，应从交通方式一体化的角度进行全面规划、综合实施。

表 9-6 衔接换乘布局的主要措施

布局模式	系统选择	具体措施	
		硬件措施	软件措施
放射-集中布局模式	换乘枢纽站的区位选择 始发线路的优化设计 运能的合理设置	换乘衔接通道的设置 换乘枢纽站的合理规模 换乘设施的布局	营运管理的一体化 联运措施的建立 联运票价的制定与通票的发行 联运利益合理分配方案
途经-分散布局模式	换乘停靠站的合理布局 行人线路的交通组织 途经线路条数及走向优化	港湾式停靠站的设置 换乘线路指示牌的设置	
综合布局模式	始发线路与途经线路优化选择和布局 换乘枢纽站与停靠站合理配置和布局 常规公交营运的优化组织	换乘衔接通道的设置 港湾式停靠站的设置 换乘枢纽站的合理规模	

2) 换乘组织

换乘是交通枢纽的核心问题。任何一座交通枢纽都不是独立存在的，它的存在依托于整个城市的交通网络系统，只有与城市的交通网络系统建立起紧密的联系，充分利用交通网络的优势去分散和疏解客流，才能保证交通枢纽自身的正常运转，因此，必须建立起一套便捷、有效的换乘体系，以便使交通枢纽内聚集的大量客流能够迅速地转移和疏散。在有多种交通工具、功能较为复杂的交通枢纽里单靠某一种换乘形式是无法解决问题的。这就需要根据具体情况灵活地使用多种换乘形式来达到方便乘客换乘的目的。

换乘距离并不单纯是一个数字的概念，确定一座交通枢纽内不同交通工具之间的换乘距离需要对交通枢纽的各构成要素进行综合分析。从乘客角度来讲，换乘距离越短越好，但是，换乘距离的确定首先是受交通工具运行需求的制约；其次，换乘距离过短，会造成客流在某一点上的瞬时大量堆积，反而会影响交通枢纽功能的正常运作。适当的拉长换乘距离实际上是增加了客流疏散的空间，由于人的个体差异性使集中的客流通过换乘距离的拉长形成较为分散的客流，从而在一定程度上避免了人流拥堵现象的发生。但是过长的换乘距离会增加乘客的疲劳感，降低换乘的便捷程度，直接影响到该种交通方式对乘客的吸引力。由此可以看出，换乘距离的确定需要在矛盾的两方面之间寻求一个平衡点。

换乘距离同换乘形式、建筑的空间形式、室内装饰等条件密切相关。不同的换乘形式、空间形式和室内装饰对乘客换乘时所产生的心理感受是不同的。单调、呆板的建筑空间容易使乘客产生疲劳感；而层次丰富，充满自然光线的空间则会削弱乘客的疲劳感。当客观条件决定换乘距离过长时可以通过建筑手段进行弥补。

3) 人流的引导方式

人流的引导是枢纽人流组织中一个非常重要的环节，合理、有效的人流引导可以合理分配人流，避免人流交叉干扰，提高枢纽空间使用效率。

(1) 标志引导。标志引导是最为直接、有效的人流引导方式，也是目前最常用、最主要的人流引导方式。交通枢纽内的标志一般包括识别标志、方向指示标志、信息标志、警示标志和广告等。这些标志同建筑紧密结合，不但强化了建筑空间的可识别性，而且还起到了点缀空间的作用，是交通枢纽建筑塑造空间的一个重要手段。

(2) 通过建筑空间的限定对人流进行引导。

① 通过连接不同功能空间的通道引导人流。这是在许多交通建筑中常用的一种人流引导方式，它具有目的性强、人流交叉干扰小等优点。一些地铁车站、飞机场航站楼在进行人流组织时常采用通道来引导换乘客流。

② 通过楼梯、自动扶梯、电梯等垂直交通空间对人流进行引导。通道往往是对人流进行水平方向的引导，而楼梯、电梯则是对人流进行垂直方向上的引导。这些垂直交通空间结合向导标志具有较强的指向性。

③ 通过共享空间来连接不同标高上的功能空间对客流进行引导。这是一些功能较为复杂的交通建筑常采用的人流引导方式，贯穿几层的共享空间可以使每一层的功能一目了然，空间具有较强的可识别性。

(3) 通过标志物（如进出站闸机、检票亭等）限定空间对人流进行引导。将这些标志物的功能同空间限定、人流引导功能结合起来是一种非常富有效率的人流引导方式，这也是一些地铁车站、机场航站楼较为常用的人流引导方式。

(4) 其他方式。除了以上几种人流引导方式外，还可根据不同情况通过多种手段达到引导人流的目的，如色彩、特定的空间造型及具有标志性的装饰物、灯饰、广告等。

这些引导人流的形式最终的目的是使建筑空间的可识别性增强，使空间内的人流具有明确的方向性，以便高效率地使用建筑空间，促成建筑物交通功能的实现。

4) 地下空间的利用

现代化城市交通枢纽一般都采用立体布局形式，尤其是地铁方式的引入和中心区土地价值的飞升，更加速了立体化进程。其中，地下空间开发利用是主要发展方向。一般来讲，由于地下空间建设工程难度很高，因此往往是在以工程原则为前提下进行方案设计，这样容易造成地下建设交通功能的欠缺。因此一个科学的地下空间开发建设方案应首先围绕以下内容进行。

(1) 针对站前地区特点，明确城市交通对地下空间开发建设的原则要求。

(2) 从交通需求研究成果入手，确定科学的地下空间开发规模。

(3) 规划不同层次的地下设施简略方案，使交通设施条件相对稳定，同时明确定空间使用功能，为下一步详细规划和工程设计提供具体的规划要点，并提供相对稳定的空间保证。

(4) 对地下空间施工期间的交通组织进行有重点的研究。

(5) 从交通需求角度合理规划地下空间的开发建设顺序。

对地下空间开发应从以下四个方面考虑。

(1) 体系。

① 地下空间开发的功能应符合地区土地利用性质。

② 地下空间开发的交通功能必须与地区的综合交通有机结合，是区域交通系统的有机组成部分，因此地下空间的交通定位要符合综合交通规划的要求。

③ 地下空间开发应避免单一功能，向多功能方向发展，同时将交通功能放在十分重

要的位置，使地下空间的交通既能自成体系，又与地面交通有机结合。

④ 地下空间开发的规模决策必须优先考虑对城市交通产生的影响，即对交通需求产生的刺激和交通设施的供给能力的提高。

(2) 实施。

① 既保证规划具有一定的超前性，又要研究效益和代价的平衡。

② 地下空间开发对交通的考虑应注重可持续发展，科学处理远景和近期的关系，规划方案要有足够的适应能力，原则上土建处理注重远景要求，设备配置注重逐步更新。

③ 地下空间开发必须考虑实施和建设过程中的交通疏解措施，减少对城市的干扰。

④ 根据多方面因素考虑地下建筑的施工方法，科学选择明挖、盖挖和暗挖工法。

(3) 功能。

① 将不同功能的地下空间相对集中布置，尤其是注意避免其他功能对交通功能空间的干扰。

② 地下空间开发必须考虑配套停车空间，停车规模既要满足开发引起的停车位的增加，同时在经济技术充分论证的基础上，又尽量弥补地上空间停车能力的缺口。

③ 地下空间开发应考虑残疾人通行需求，进行无障碍设计。

④ 地下空间开发应将交通管理组织放在十分重要的位置，用现代化的方法和设施对交通进行指挥和监控。

(4) 安全与环境。

① 地下空间开发必须考虑灾害状态下的交通疏散要求。

② 地下空间开发的交通空间必须注意环境处理，做到安全、卫生、舒适。

③ 科学研究地下空间构筑物（如风亭、出入口）对城市地面环境的影响。

5) 城市轨道交通枢纽的商业规划

由于市场运作的需求，城市轨道交通枢纽往往是集众多功能于一身的综合性建筑，甚至开发面积可能会远远多于其客运部分所需的面积。建筑的交通功能和开发功能相结合，不但能够满足市场运作的需求，同时也方便了乘客的使用。

城市轨道交通枢纽可以同多种开发功能相结合，如大型的商业设施、办公楼、酒店、文化娱乐设施等。城市轨道交通枢纽众多的开发功能之中，商业设施的设置对枢纽的交通功能影响是最大的。城市轨道交通枢纽的商业价值来自于便利的交通和大量的客流，它的交通功能和商业价值是相互制约的，商业面积的扩大和商业客流的增多在一定程度上会对枢纽交通功能的正常发挥产生一定的阻碍作用。因此，城市轨道交通枢纽内的商业设施应该遵循其特定的设计原则。

(1) 商业设施的设计原则。

① 商业设施的设置应以不对枢纽的交通功能产生负面影响为前提，商业设施的客流量和客流组织应满足交通功能的需求。

② 枢纽的商业功能应同交通功能相结合，充分利用其不同的人流特点使两方面的功能都得到充分的发挥。

③ 枢纽内的商业设施应同周边的城市商业设施相结合，使枢纽内的商业客流分散于周边的城市商业设施之中，以减轻对交通枢纽的压力。

④ 根据枢纽内商业设施的设置情况扩大交通枢纽的功能范围，使其同周边的城市交通网络产生紧密的联系，将大量的商业客流疏散到相邻的城市空间中去。

(2) 商业设施的设置方式。城市轨道交通枢纽的商业设施有多种设置方式，从商业设施在枢纽内的相对关系来看，分为集中设置的商业设施和分散设置的商业设施两类。

① 集中设置。集中设置的商业设施一般为大型超市、百货商店等。这些商业设施同枢纽的其他物业开发功能相结合，作为整体开发功能的组成部分，服务于整个枢纽及周边城市客流。在一般情况下，这种集中设置的商业设施规模较大，可以吸引大量枢纽周边的城市客流。因此，在这种情况下枢纽的交通功能同商业功能往往是各自独立的，以交通为目的的客流同以商业为目的的客流通过各种建筑手段被区分开，避免其相互影响。

② 分散设置。城市轨道交通枢纽的大量客流具有极大的潜在商业价值。一般来说，分散设置的商业设施主要是针对交通枢纽自身客流的商业需求而设置的。所以这部分商业设施往往结合枢纽的等候、换乘空间设置。从国外诸多类似的交通建筑的发展变化来看，城市轨道交通枢纽必须具备灵活应变的能力，而分散设置的商业面积为今后枢纽功能的调整提供了可能性，同时，分散设置的商业设施也是丰富交通枢纽空间形式，调整乘客空间感的重要手段。设置合理的商业设施不但不会影响枢纽交通功能的发挥，反而会促进交通功能的发挥，同交通功能相辅相成，相得益彰。

9.3　城市快速公交规划

快速公交（BRT，Bus Rapid Transit）是一种介于轨道交通与常规公交之间的新型运营系统，它利用现代公交技术配合智能交通的运营管理，使传统的公交系统基本达到轨道交通的服务水平，其投资及运营成本又较轨道交通低，与常规公交接近。BRT系统在技术上的最大突破就是吸收了轨道交通和常规公交的所有长处，同时摒弃了轨道交通和常规公交的缺点。在技术上兼收并蓄，创造了一种现代化、高等级、低费用的大容量运送系统。

9.3.1　BRT线网结构

BRT线网结构形式一般根据各城市的地形结构、土地利用情况、道路网布局和主客方向等因素确定。目前世界各国城市的BRT线网结构形式比较繁杂。当城市规模不大，城市的地理情况比较特殊，城市主客流方向集中单一时，BRT路网构架形式相对来说比较简单，即连接城市中心区与居住区之间。随着城市规模的增大，BRT线路长度和条数的增加，所构成的路网结构形式就越复杂。仅从几何图形上考虑，以下几种形式较为典型：

1. 放射状结构

放射形结构的路网由若干直径线组成，所有的线路都经过市中心向外呈放射状。一种是单中心向外放射（见图9.7），另一种是放射网状（见图9.8）。前者由于所有的线路都交于一点，换乘枢纽的设计和组织带来很大的困难，已很少使用，目前大部分城市BRT线网采用较多的是后面一种形式。

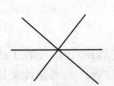
图 9.7　单中心向外放射结构

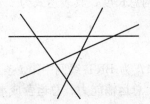
图 9.8　放射网状结构

2. 放射＋环状结构

当放射型路网规模较大时，往往在放射形路网的基础上增加一条环线，环线的基本作用是弥补放射形路网结构的不足。环线应放在客流密度较大的地方，并要尽量多贯穿大的客流集散点。图 9.9 所示就是典型的放射＋环形结构。

3. 棋盘形结构

由若干纵横线路组成路网，这种形式的路网主要是由于城市的道路呈棋盘形所决定的，如图 9.10 所示。

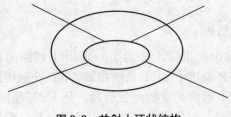
图 9.9　放射＋环状结构

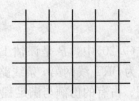
图 9.10　棋盘形结构

9.3.2　BRT 线网规模

如何确定合理的 BRT 线网规模是城市规划部门、政府部门及 BRT 运营公司共同关心的问题，合理的 BRT 线网规模不仅是线网规划的宏观控制量，而且是一项至关重要的投资依据，是向决策者提供决策的辅助依据。

1. BRT 线网合理规模的含义

BRT 在交通特性上与轨道交通有着许多相似之处，因此其合理规模可以借鉴轨道交通的定义，即规模是从交通系统供给的角度出发，从一个侧面体现系统所能提供的服务水平。它主要以线网密度和系统能力输出来反映，其中系统能力输出又与系统的运营管理密切相关。规模的合理性关系到建设投资、客流强度，也关系到理想的服务水平的设定、建设用地的长远控制。合理的规模是一个带有目标性质的量，它应该是权衡运营公司、决策部门和出行者之间各方利益的量值。这里的合理是一个相对概念，是在一定条件下达到预期目标的一种结果。

2. BRT 线网规模指标

BRT 线网规模总指标有以下三种。

(1) BRT 线网总长度。其表达式为

$$L = \sum_{i=1}^{n} l_i \tag{9.18}$$

式(9.18)中，l_i 为 BRT 线网中第 i 条走廊的长度(km)，L 反映了线网的规模，可以估算总投资规模、总运输能力、总运营成本、总体效益等，并可据此决定相应的管理体制与运作机制。

(2) BRT 线网密度。其表达式为

$$\sigma = L/S \text{ 或 } L/Q \tag{9.19}$$

式(9.19)中，σ 是指单位人口拥有的线路规模或单位面积上分布的线路规模，它是衡量城市 BRT 服务水平的一个主要因素［其中 S 为 BRT 线网规划区面积(km^2)］；Q 为 BRT 线网规划区的总人口(万人)。σ 只是一个总的 BRT 线网密度［(km/km^2)或(km/万人)］，实际中由于城市区域开发强度的不同，对交通的需求也不是相对均等的，往往是由市中心区向外围区呈现需求强度的逐步递减，因此线网密度也应相应递减。评价 BRT 线网规模的合理程度需按不同区域(城市中心区、城市边缘区、城市郊区)分别求取密度。

(3) BRT 线网日客运周转量(人·km/日)。其表达式为

$$P = \sum_{i=1}^{n} p_i l_i \tag{9.20}$$

式(9.20)中，P 是评估 BRT 系统能力输出的指标。p_i 为第 i 条 BRT 线路的日客运量，l_i 为 BRT 线网第 i 条线路的长度(km)。P 表达了 BRT 系统在城市客运交通中的地位与作用、占有的份额与满足程度。它涉及 BRT 运营企业的经营管理，是 BRT 线网长度、能源消耗、人力、BRT 专用道和车站设备维修及投资等生产投入因子的函数。所以，在一定程度上，BRT 线网的规模还可用能源总消耗量、产业总需求量、人力总需求量等反映生产投入规模的指标来表示，以上指标可根据需要选择使用。

3. 线网长度规模指标的确定

1) 服务水平法

服务水平法先将规划区分为几类，例如分为中心区、中心外围区及边缘区，然后或类比其他 BRT 系统发展比较成熟的城市的线网密度，或通过线网形状、吸引范围和线路间距确定线网密度，最后确定城市的线网规模，其技术路线如图 9.11 所示。后一类方法也可划归至吸引范围几何分析法，这是从服务水平着手的分析方法。高密度低运量与低密度大运量的选择决定了对服务水平的取舍，从现实的经济实力，倾向于投资较少的方案，同时必须考虑乘客要求不断提高服务水平的矛盾。这种方法的优点是借鉴了其他城市的经验，计算简单。但是却存在类比依据不足，让人难以信服的缺陷。因为目前各城市的 BRT 系统都处于发展阶段，并未形成一个完整的系统；同时影响一个城市的 BRT 线网规模的因素很多，要借鉴其他城市的网络密度来进行类比分析，只有两个城市中影响网络规模的许多因素至

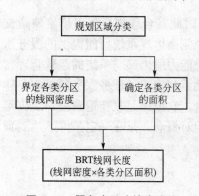

图 9.11 服务水平法技术路线

少基本相同才具有可比性。但在现实中,很难找到两个在多方面都相近的城市。即使有,也很难说就可以作为本城市设计网络规模的依据,因为被类比城市本身的网络规模就可能是不完善甚至是不合理的。因此,用这种方法很难得出一个令人信服的结果,只能作为参考。

2) 出行需求分析法

规模体现为实现交通供给,从供给满足需求的角度自然产生了出行需求法。因此,客运需求预测不仅成为布置站场及布设路线的依据,也成为确定 BRT 线网发展规模的重要依据。

按分析角度的不同出行需求分析法又可分为两种:一种是先预测规划年限的全方式出行总量,然后根据拟订的线路客运密度确定所需的 BRT 线网规模。这种方法是按 BRT 承担出行的比例来确定的,故通常又称分担率法。它遵从图 9.12 所示的技术路线。

另一种是先预测规划年限的全方式出行总量,然后对各路段的交通量进行分析,找出那些交通需求超出道路交通输送能力的路段,在这些路段上拟建 BRT,以此推算所需 BRT 网络的规模。这种方法以道路的输送能力为控制线网规模的关键,故又称容量控制法。

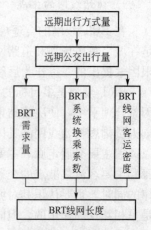

图 9.12 出行需求分担分析法技术路线

3) 吸引范围几何分析法

吸引范围几何分析法是根据 BRT 线路或车站的合理吸引范围,在不考虑 BRT 运量并保证合理吸引范围覆盖整个城市用地的前提下,利用几何方法来确定 BRT 线网规模的方法。它是在分析选择合适的 BRT 线网结构形态和线间距的基础上,将城市规划区简化为较为规则的图形或者规则图形组合,然后以合理吸引范围来确定线间距,最后在图形上按线间距布线再计算线网规模。这种方法的特点是根据城市用地规模和 BRT 服务水平来确定 BRT 线网规模,因此能够保证一定的服务水平,而且由于城市规模比交通流量容易控制,规划线网规模受不确定因素干扰少,可以用来确定规模范围。缺点是没有考虑 BRT 运量的限制,而且假定将合理吸引范围覆盖整个城市用地也会导致规划线网规模偏大,并有可能导致最后 BRT 线网客流偏低,效率低下。

4) 回归分析法

这种方法先找出影响城市 BRT 网络规模的主要因素(如人口、面积、GDP、人均交通工具拥有率等),然后利用其他 BRT 系统发展比较成熟的城市的有关资料,对线网规模及各主要影响因素进行数据拟合,从中找出线网规模与各主要相关因素的函数关系式,然后根据各相关因素在规划年限的预测值,利用此函数关系式确定本城市到规划年限所需的线网规模。这种方法有较强的理论根据,所得结果容易被大家所接受。但在具体应用由于现状各城市 BRT 数据和资料收集不全或未成系统,存在着难以寻找合适的拟合样本,导致其拟合精度较差等问题。

9.3.3 BRT 线网布局方法

目前进行 BRT 线网布局阶段的方法主要还是以四阶段法为主,通过对定量分析的改进，形成了以下基本思路。

(1) 拟订多个可行路网方案。

(2) 基于四阶段法进行客流预测。

(3) 方案评价择优。

1. 初始线网的生成

在 BRT 线网的合理规模确定后，既可进行线网的初始方案构架。BRT 的初始线网集是在城市总体规划和道路网规划的指导下，针对 BRT 系统规划的基本目标，考虑若干有限因素提出的，以作为后续客流测试及最终评价的基础。

BRT 规划是多目标的协调优化过程，是寻求所要解决的决策问题中技术因素和政策因素合理平衡，使决策结果建立在技术和政策两方面基础上的过程。尽管国内外各城市规划人员构思初始线网的具体思路、出发点不同，但线网组织的主要原则万变不离其宗，即以覆盖主要交通走廊和主要集散点为主旨。这恰恰印证了 BRT 重点解决的是重要交通走廊和主要客流集散点的交通出行问题这一思想。在线网规划要满足城市客流分布的内在规律的同时，也要认识其对城市发展的导向作用，因为交通运输方式、线路与城市用地布局是呈相互反馈作用的。但同时要避免过度的强调 BRT 对城市发展的引导作用。

1) 潜在交通出行走廊的识别

(1) 经验判断法——根据城市人口与岗位分布情况，设定影响范围，通过对线网覆盖率的判断来确定线路的走向。此法较为简单，只需将人口与岗位分摊到交通小区中并打印出相应的人口与岗位分布图，在此图上根据经验判断画出线路走向。这种方法目前使用较多，但仅考虑了人口密度的分布情况，忽视了人员出行行为的不同，因此在线网布设时可能与实际客流方向不完全吻合。

(2) 出行期望经路图法——规划年出行预测得到远期全人口、全方式 OD 矩阵；将远期 OD 矩阵按距离最短路分配到远期道路网上得到出行期望流量图；按出行期望流量图上的交通流量选线，产生初始线网。

(3) 两步聚类识别法——先通过动态聚类，将所有的交通流量对分类成 20～30 个聚类中心，而后通过模糊聚类法，以不同的 λ 截阵选择合适的分类，并进行聚类计算，最后可获得交通的主流向及流量并结合走廊布局原则及方法确定主要交通走廊。

(4) 期望线网法——这是由法国 SYSTRA 公司与上海规划设计院合作进行上海轨道交通规划时采纳的方法。此法借助于上海交通所开发的交通预测模型，又称蜘蛛网分配技术。这里的期望线有别于城市交通规划中通常使用的期望线，更多的考虑了小区之间的路径选择，期望线网可以清晰的表达交通分区较细情况下理想的交通分布状况。它是连接各交通小区的虚拟空间网络，在该网络上采用全有全无分配法将公交 OD 矩阵进行分配，从而识别客流主流向确定交通走廊。

2) 主要枢纽点的确定

确定 BRT 线网初始方案的走向之后，关键是确定 BRT 线网枢纽点的位置，这种由"枢纽到网络"的做法改变了传统由"网络到枢纽"规划方法，导致换乘不便造成的种种弊端，使产生的初始线网的站点与大型客流集散点有很好的衔接，有利于最大限度地吸引客流。城市客运枢纽点包括两大类：一类是确定型枢纽点，一类是待定型枢纽点。确定型枢纽点是由城市总体规划确定的大型客流集散点，待定型枢纽点是城市范围内换乘量大的地点。

(1) 确定型枢纽点选址方法。对于组团式结构的城市而言，确定型枢纽点主要包括以下五类。

① 行政中心点，如市中心、区中心。

② 交通枢纽点，如火车站、机场、客运港口、公交站场。

③ 文化商业点，如大型的公园广场、旅游点、体育场馆、大型商业中心、商业街等。

④ 大型企业点，如大型工矿企业和事业单位等。

⑤ 大型社区，如居住人口在 10 万人以上的居住中心等。

把上述五类确定型枢纽点分别列出，分析各客流枢纽点的相对重要度 K_i，排定确定型枢纽点在城市中的地位，从而确定 BRT 线网初始方案中枢纽站点的设置。确定型枢纽点的相对重要度指标 K_i 应体现现状的客流量、在城市中的重要性以及城市发展规划中的地位，因此确定型枢纽点相对重要度指标 K_i 可表示为

$$K_i = \alpha_i \cdot \beta_i \cdot V_i / \max^n(v_j) \tag{9.21}$$

式中：K_i——第 i 个客流枢纽点的相对重要度指标；

α_i——第 i 个客流枢纽点在城市中的区位系数；

β_i——第 i 个客流枢纽点在城市发展规划中的地位；

v_j——第 j 个客流枢纽点现状的日均客流量；

n——城市大型客流枢纽点的总数。

其中 α_i 和 β_i 由专家评判法综合确定，在 0~1 之间取值。由确定 K_i 的大小来确定客流纽点在城市中的重要性，对于 K_i 值大的客流枢纽点在确定 BRT 线网初始方案的枢纽站点时优先考虑。

(2) 待定型枢纽点选址方法。BRT 枢纽站点的设置除了应考虑城市确定型枢纽站点外，同时应考虑待定型枢纽站点。对于待定型枢纽点来说，BRT 枢纽站点设置的位置至少包括两个方向或两种方式的客运交通线路，通常位于道路网的节点附近，从某种程度上说，分析 BRT 待定型枢纽站点的选址问题就转变成选择道路网的节点问题。道路网节点既是道路的交叉点，同时也是该点周围用地交通生成量和吸引量的集中点。城市用地的交通生成量和吸引量，分摊到路网的各个节点上，各点都有交通需求。待定型枢纽点选址方法的基本思路是：在简化的城市道路网上，从 i 节点出发到 j 节点，按广义最短路径寻找最短路径和次短路径，记录下各路径的节点号，并累计记录各节点按最短路径和次短路径经过的次数 E，由此分析城市道路网络节点的重要度指标 A_1，A_2，按节点重要度由大到小排列道路网节点，结合城市用地规划综合决策 BRT 枢纽站点的设置。

① 城市道路网的简化。简化的道路网通常只包括城市快速路、主干道和次干道，对于组团式结构的城市而言，简化的路网应能反映组团式结构的城市的交通特征，因此简化的路网是由联系组团间出行的城市交通干道和各组团内的主要城市交通干道组成。

② 节点重要度指标 A_1，A_2 的确定，即

$$A_1, A_2 = [E_1(i) + E_2(i)] / 2N(N-1) \tag{9.22}$$

式中：A_1——规划枢纽入选指数，当 $A_1 > C$ 时入选；

A_2——现状枢纽入选指数，当 $A_2 > C$ 时入选；

$E_1(i)$——最短路途经节点 i 的次数之和；

$E_2(i)$——次短路途经节点 i 的次数之和；

C——枢纽入选指数标准，视具体城市而定，通常取 $C=0.2$；

N——整个路网节点数(计算 A_1)，出行量大的节点数(计算 A_2)。

由 A_1、A_2 来判别道路网节点是否入选，同时按 A_1、A_2 由大到小排定入选的道路网节点。

③ 综合决策待定型枢纽站点的设置。以 A_1 和 A_2 定量指标确定的枢纽地址，只是选定了枢纽地址的范围，不一定将枢纽设在该节点，同时考虑城市总体规划、城市公共交通发展规划和入选点附近的用地及其周围环境条件，进一步综合分析、判断，确定入选的待定型枢纽点。

在 BRT 线网规模和线网宏观结构的控制下，结合分析所得城市客运交通走廊和客运枢纽点，确定 BRT 线路具体走向和站点的设置，产生 BRT 线网的初始方案。

2. 具体走廊的选择

在 BRT 线网的初始线网确定后，需要确定具体的 BRT 走廊，而为了保证 BRT 运行的快速性，其所运行的走廊至少需要具备以下基本条件。

(1) 道路条件。BRT 走廊需要设置公交专用车道以提供专有路权，因此其单向应具备两条以上的机动车道，一条作为公交专用车道，其余的车道供其他机动车使用。若单向具备 3~4 条车道更佳。

(2) 交通条件。设置公交专用车道的道路，公交车流量应达到一定的标准(占总流量的比例大于 20%)，一方面可使专用车道绿灯信号能得到较为充分的利用；另一方面应保证公交车在交叉口前能消除两次排队现象。另外，对于公交客流量也应有一定的要求，其具体标准可以参考与我国城市发展水平比较接近的南美城市来确定。

表 9-7 南美城市 BRT 走廊全天与高峰小时运量

城市/BRT 系统	全天运量/人次	单向高峰小时	
		配车数/辆	运量/人次
厄瓜多尔，基多	170000	40	8000
哥伦比亚，波哥大	800000		27000
巴西，库里提巴	340000	40	11000
阿根廷，阿萨斯	290000	326	26100

由表 9-7 可知，南美城市绝大部分城市 BRT 走廊高峰小时运量都在 10000 人次以上，全天运量都在 10 万人次以上，因此对于 BRT 走廊其规划年高峰小时客流量应在 1 万人次以上，全天客流量应在 5 万人次以上。

9.3.4 BRT 系统设施规划

1. BRT 专用道

BRT 专用道就是整条道路在限定时段内只允许公交车辆通行，其他社会车辆禁止驶入的道路。一般在城市的商业街或人流比较集中的地段，为了保证行人的交通安全，又方便人流的集散，规定在某一时段除公交车外禁止机动车通行。这种 BRT 专用道是完全以人为本的。它的时效性很强,一般都在晚上施行,道路上不需要路面标线,而只用道路标志牌说明,配合一定的管理手段。

根据不同的设置位置,BRT 专用道又可划分为以下几点。

(1) 沿路外侧设置的 BRT 专用道。

(2) 沿路内侧设置的 BRT 专用道。

(3) 沿路中设置的 BRT 专用道。

1) 路外侧型 BRT 专用道

路外侧型 BRT 专用道设置在道路的外侧边缘,可以采用画线隔离,也可以物理隔离,是最普遍的一种专用道设置形式,如图 9.13 所示。

路外侧型 BRT 专用道的停靠站一般设置在人行道上或机非分隔带上,对乘客等候、上下车及出行都比较方便,不需要穿越马路,保障了乘客的出行安全,符合人们的出行心理且对路幅要求低,实施方便易行,投资少。专用道设置在路侧,更有条件设置港湾停靠站可以减少公交车辆的停车对社会车辆产生的干扰,以方便公交车辆超车。但是路外侧型 BRT 专用道如果不采用物理隔离,往往会受到社会车辆的干扰,特别是出租车辆的任意停靠,有时甚至还会被一些车辆的违章停车拥塞了车道,影响专用道的正常运营,同时路外侧型 BRT 专用道的设置也限制了其他社会车辆的路侧活动。

2) 路内侧型 BRT 专用道

路内侧型 BRT 专用道设置在与道路中央分隔带相邻的车道上,通过路面标线隔离,如图 9.14 所示。它一般适用于中心区以外,交叉口间距比较大,道路宽度条件较好的路段,道路中央要有分隔带,或设置在高架道路下面具有干线条件的路段上。路内侧型 BRT 专用道的公交停靠站一般设置在中央分隔带上,这样可以利用分隔带的宽度提供乘客候车所需要的空间。

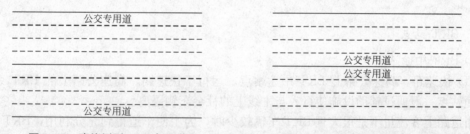

图 9.13　路外侧型 BRT 专用道　　　图 9.14　路内侧型 BRT 专用道

路内侧型 BRT 专用道可以减少公交车辆路侧所受的干扰,具体表现在:①不受路边停车影响;②没有混行车辆(机动车或非机动车)的影响;③不受沿街小路进出交通的影响。因此公交车辆可以畅通无阻,高速运行,确保公交系统的准时性,是一种比较彻底的 BRT 专用道模式。

但是车辆沿中央分隔带行驶,并且停靠,乘客上下车就要穿越道路,虽然对于从任意一点出发到返回该点的整个出行而言,公交乘客都必须跨越整条道路的宽度,但与路外侧 BRT 专用道相比,这种路内侧型 BRT 专用道乘客穿越道路的次数要多,路外侧 BRT 专用道乘客完成往返出行只需要穿越一次,如果不是往返出行还有可能不需要穿越道路,而路内侧型 BRT 专用道乘客每乘一次公交车都要穿越两次道路,安全性大大降低。且由于一般道路中央分隔带宽度有限,不方便设置人行天桥或地道,增设行人过街信号又将给正常的车流造成延误。

而且由于我国的交通规则是车辆靠右侧行驶,所以公交车辆的车门也都是开在右边,这种路内侧型 BRT 专用道不方便乘客上下车。如果要利用中央分隔带作停靠站,则车门就应该设计在左侧,但必须整条公交线路都设有这种类型的 BRT 专用道,或者说停靠站都在路的左侧,否则有某些站在路右侧,公交车同样不方便上下客。另外从车辆调度的角度来看,如果城市中这种左侧车门的公交车和普通公交车同时使用运营,则左侧车门的公交车只能行驶在固定线路上,不能随时调用到其他线路上,同时公交线路也不宜做变动。

总体来说,路内侧型 BRT 专用道由于受干扰比较少,大部分 BRT 系统都采用路内侧型 BRT 专用道。

3) 路中型 BRT 专用道

路中型 BRT 专用道设置在道路每个方向上的中间车道上,通过路面标线进行隔离,如图 9.15 所示。路中型 BRT 专用道由于车辆行驶时不受路边因素干扰,因此可以高速行驶,且路中型 BRT 专道可以一直延伸到交叉口,减少公交车与社会车辆的交织,也便于为公交车辆提供优先通行。但公交车在停靠时要到路边,需变换车道,对社会车辆的正常行驶将产生干扰,因此路中型 BRT 专用道最好设置在无停靠站的路段,如交叉口间距较短的路段或大站快车的路段。

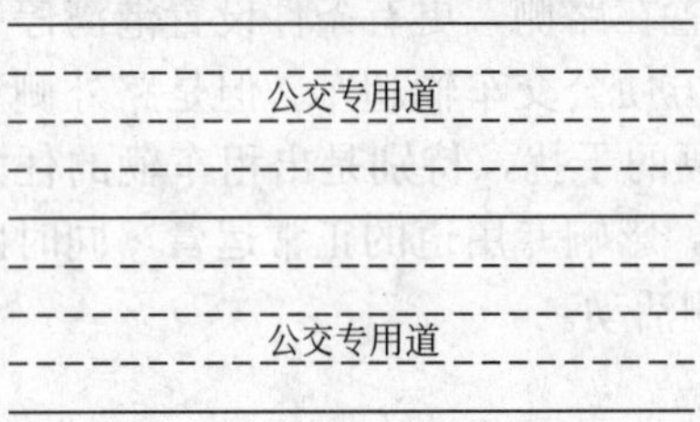

图 9.15 路中型 BRT 专用道

路中型 BRT 专用道对路幅的要求不高,投资少,实施方便,在合适的路段设置可以更好地体现公交优先,使公交系统高速、准时地运行。但缺点是对社会车辆的行驶造成一定的阻隔,使其不能随意变换车道,同时专用道也容易被社会车辆占用,且公交车停靠不方便。

2. BRT 站点

1) BRT 中途站点

(1) 快速路、高速公路上 BRT 中途站点。运行于快速路、高速公路上的 BRT 系统,其中途站点一般通过辅助设施使行人与主线上的社会车辆隔离。

当道路上客流量不是很大且 BRT 车辆较少时,为了使车道得到充分利用,BRT 车辆可以和其他车辆混行,当 BRT 车辆在快到达中途站点时进入 BRT 专用减速车道,减速停靠,离开停靠站后加速进入加速车道。其根据地面交通的特点可以分为处于路段和交叉口的布设两类。当沿线的客流量足够大时,可以在快速路或高速公路的中间设置公交专用道。

① 处于路段的布设,如图 9.16~图 9.18 所示。客流组织:从中途 BRT 站点出来的乘客可以通过扶梯上下人行天桥,通过人行天桥完成客流的疏散和换乘;同样也通过人行天桥来聚集路段上客流。

② 处于交叉口上方布置形式,如图 9.19 所示。高架车站可以建在交叉口的上方,充分利用交叉口的空间,减少道路两侧建筑物的影响。其客流的聚集和疏散是通过建设中层的 "口" 字型人行天桥来完成。而 "口" 字型人行天桥也具有一般交叉口的人行天桥功能。

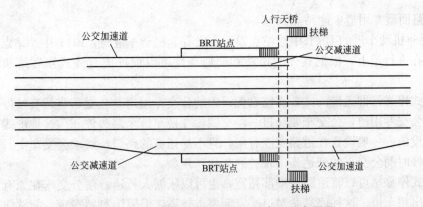

图 9.16　处于路段的 BRT 中途站点平面布置图

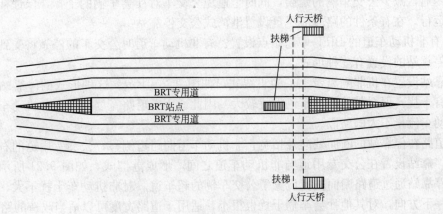

图 9.17　路中央 BRT 专用道中途站点平面布置图

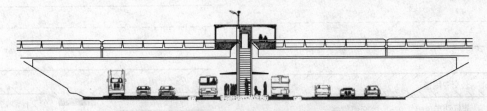

图 9.18　处于路段的 BRT 中途站点横断面示意图

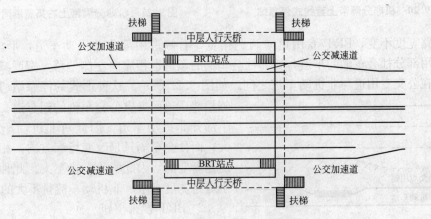

图 9.19　处于交叉口的 BRT 中途站点平面布置图

(2) 路面型专用道中途站点。

① 无非机动车道的 BRT 中途站点设置。没有非机动车道时，BRT 中途站点就可以沿路侧设置在人行道上，根据具体的道路和交通条件可以设计成直线式停靠站和港湾式停靠站。

直线式停靠站即无港湾式，靠路右侧设置的公交专用道，公交车直行直接停靠，沿路中设置的公交专用道，公交车要经过一段交织段变换车道至路边停靠。这种形式的停靠站没有超车设施，一般设置在道路宽度有限，且不易拓宽的路段，要求公交车上、下客流量较少，高峰时间公交车的到达不出现"列车化"现象。

港湾式停靠站可以将道路在局部拓宽，也可以压缩人行道，使公交车在原有车道外停靠，预留出超车道。这种停靠站对道路宽度要求较高，但因为有超车道，能够保证公交专用道的畅通，减少公交车辆的延误，同时也避免公交车对社会车辆的干扰，保证社会车辆的正常运行。在有条件的路段应尽量设置港湾式公交停靠站。

② 有非机动车道的 BRT 中途站点设置。有非机动车道时公交车的停靠将受到更多的干扰，停靠站的设置有三种形式。

停靠站设置在机非隔离带上，为直线式，如图 9.20 所示。这种形式的停靠站对非机动车没有干扰，但对其他社会车辆干扰较大。因此适用于道路宽度有限，非机动车流量较大，机动车流量不大的路段。

将道路在停靠站的断面处向外拓宽，非机动车道向路边侧移，公交专用道的右侧相应拓宽，停靠站设置在公交专用道与非机动车道之间，形成港湾式，如图 9.21 所示。这种形式的停靠站通过道路断面拓宽设置了公交车辆的超车道，对非机动车干扰不大，只是稍稍改变一下方向，对其他社会车辆干扰也很小，适用于道路宽度可以适当改造的路段。

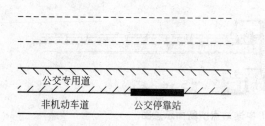

图 9.20　机非分隔带上直线式停靠站

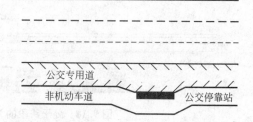

图 9.21　机非分隔带上右拓宽港湾式停靠站

道路宽度不变，BRT 专用道向两侧拓宽，右侧占用部分非机动车道，形成港湾式，左侧占用部分社会车辆的车道，相邻社会车辆的车道也相应向左侧偏移，宽度减小，停靠站设置在公交专用道与非机动车道之间，如图 9.22 所示。这种形式的停靠站通过占用两侧相邻车道而提供公交车辆的超车道。由于占用了部分非机动车道，因此对非机动车的干扰较大；而社会车辆只是改变行车方向，相邻车道宽度是渐变的，因此所受干扰不大。此种形式适用于道路宽度有限、非机动车流量不大的路段。

2) BRT 换乘枢纽

换乘枢纽是 BRT 系统中不可缺少的一部分，

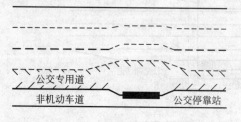

图 9.22　机非分隔带两侧拓宽港湾式停靠站

通过换乘枢纽可以实现 BRT 与接运线路之间的转化，并简化 BRT 和接运线路的营运模式。大型的换乘枢纽可以提供多种方式之间的换乘(如公交、地铁、轻轨、铁路)。然而，大多数 BRT 系统都需要规划路外换乘枢纽，其规模从小型枢纽的五个车位到综合换乘枢纽的数百个车位不等。

换乘枢纽一般设置在常规公交线路相交或接近 BRT 站点处，当存在多条接运线路时，应尽可能提供路外换乘设施。根据 BRT 走廊和接运线路的相交情况，有以下两种换乘枢纽平面布置示意图，如图 9.23 和图 9.24 所示。

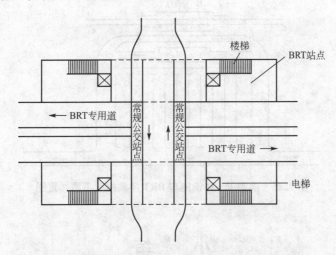

图 9.23　BRT 与接运线路相交时换乘枢纽平面布置图

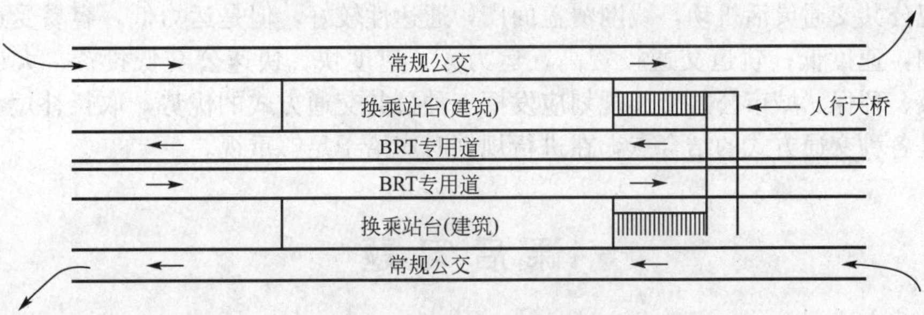

图 9.24　BRT 与接运线路平行时换乘枢纽平面布置图

(1) 适用于 BRT 与接运线路之间的换乘量不是很大时，可以设置于路边或路外乘客换乘，需要经过楼梯，增加了换乘距离。

(2) 适用与 BRT 与接运线路之间的换乘量较大时，通过 BRT 与接运线路之间的共享站台，可以快速地实现换乘，其换乘距离相对第一种布置要减少很多。

P＋R(停车换乘)设施一般设置在拥有大量乘客的区域，而且这些乘客居住的区域步行到 BRT 站点的距离太远，或者缺少有效的公交接运线路。通过 P＋R 设施的设置，可以节省 BRT 乘客的出行时间并扩大 BRT 站点的吸引范围，通过私家车的接运，可以实现：扩大 BRT 的市场；减少对于公交接运线路的需求。

为了使 P＋R 设施能运营成功，能与私人小汽车出行竞争，需要提供以下几方面的条件：①提供免费或者是低价的停车收费；②BRT 在高峰期间的发车间隔要尽可能短，一般不能超过 10min；③通过 BRT 出行，至少要比其他方式节省 5min 左右的时间。

P+R 设施一般设置在道路交通状况良好的路段附近，通过良好的可达性并预留未来扩容的余地。其规模主要根据 BRT 站点的运量来决定。根据国外轨道交通的 P+R 设施的设置经验，其轨道交通的运量经常受 P+R 设施的停车位的限制。一般来讲根据接运线路的数量不同，每 1.2～5 位乘客需要提供一个停车位，并额外提供 10%～15% 的停车位，来确保足够的空间。典型的 P+R 设施平面布置如图 9.25 所示。

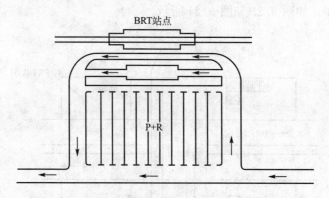

图 9.25　典型 P+R 设施与 BRT 换乘枢纽平面布置图

小　结

常规公共交通灵活机动，线网覆盖面广，通达性较好，但是运力低，容易受道路交通条件影响，速度低；轨道交通投资高，运力大，速度快。快速公交低投资、大运量、快速、高效、环保。城市公共交通规划应发挥三种公共交通方式的优势，取长补短。公共交通枢纽是各种交通方式的结合点，在进行规划时应给予足够重视。

课 后 习 题

思考题：
1. 结合自己乘坐公交的体验，分析影响公交方式吸引力和竞争力的主要因素。
2. 简述客运需求预测在城市公共交通规划中的地位和作用，并对现有客运需求预测技术进行评述。
3. 简述城市常规公交系统规划的主要内容和方法。
4. 简述城市轨道交通线网规划的基本原则和方法。
5. 简述城市轨道交通枢纽规划的原则。
6. 城市轨道交通枢纽内人流的引导主要有哪几种方式？
7. 对城市轨道交通枢纽地下空间开发应考虑哪几个方面的因素？
8. 简述城市轨道交通枢纽商业设施的主要设置方式。
9. 简述城市快速公交线网布局形式及适用条件。

第10章 停车场规划与设计

教学提示：本章主要从停车调查、车辆停放特性、停车需求预测及停车场规划与设计几个方面展开讨论。

学习要求：通过本章的学习，学生应该掌握停车调查方法，熟悉车辆停放特性，了解停车需求预测的方法，熟悉停车场规划与设计方法。

引例

目前，"停车难"、"行车难"已成为城市交通问题中的一对孪生兄弟，主要是由于停车设施总量缺乏，规划不合理，管理方法不当等因素造成的。立体停车场最大的优势就在于其能够充分利用城市空间，被称为城市空间的"节能者"。它主要是使用了一套机械式自动升降的停车设备。司机把车辆停放在钢板上，机器自动将车辆升至适当的层面，再将车辆和钢板移到层面处。取车时，只要将在设备上按车的卡位，再按启动，车就自动降到地面。

10.1 停车场分类

10.1.1 按停放车辆类型分

按停放车辆类型分为机动车停车场和非机动车停车场。机动车停车场主要为各类汽车和摩托车停放服务，非机动车停车场在城市中主要是自行车停车场，包括各类型的自行车停放处。

10.1.2 按停车场服务对象分

按停车场服务对象分为私用停车场和公共停车场。私用停车场指对一个特定的对象群体(如某公司职员，银行、公司的客户或来访者)提供停车服务的停车场，而公共停车场则是对不特定的对象提供停车服务的停车场。

10.1.3 按停车场地的使用性质分

按停车场的使用性质可以分为临时停车场和固定停车场。临时停车场是根据一些临时需要，临近划定一些停车场地，场地的使用性质随时可能发生变化。而固定停车场是指根据确定需要而固定设施的停车场地，场地的使用性质一般不易发生变化。

10.1.4 按停车用地性质分

按停车地点可以分为路内停车场和路外停车场。路内停车场是指在道路用地控制线（红线）以内划定的供车辆停放的场地。一般设置在街道较宽的路段，或利用高架路段、高架桥下的空间停车。而路外停车场是指在道路用地控制线（红线）以外专开辟的停放车辆的场地，包括地面停车场、停车楼、地下停车库等。

10.2 停车调查与车辆停放特征

10.2.1 停车调查

1. 停车调查内容

通常人们希望了解、掌握如下几个方面的状况。

(1) 停车供给情况。通常可以通过停车规划、设计图纸、住宅建筑图等图纸或地图来掌握停车场容量及停车设施的概况等。

(2) 停车利用实际状况。包括停车场及停车空间中的停车车辆数随时间的变化情况。它包括最大、最小及平均停车数等。

(3) 停车特性指标。包括停车时间、停车率、停车目的、停车位置到目的地的距离等。

(4) 停车意识及停车行为。停车者对于停车设施、停车费率及停车信息等的认知情况和反应。

(5) 其他和停车有关的交通现象。例如，路上停车行为对于行驶的机动车的影响，停车场进出口对附近道路交通的影响。

停车调查的主要项目如下。

(1) 不同时刻、不同车型、不同停车时间的停车数量。

(2) 现有停车设施的使用状况（如停车时间、停车目的）。

(3) 停车形式（如垂直式、平行式等）。

(4) 平均停车时间。

(5) 停车地点和目的地的关系（如位置、距离、步行时间）。

(6) 停车场的使用状况（如平均占有率、周转率、停车集中指数等）。

(7) 对停车设施及客货装卸设施的要求，对停车及客货乘降的限制等。

(8) 对停车场的位置规划。

(9) 停车场对地区交通流的影响。

(10) 停车场的经营情况等。

2. 停车指标及计算方法

1) 实际停车量 S

它是指调查期间内，调查区域内，总的实际停车数量。

2) 观测停车辆 S_1

各调查时段观测到的停车数量的总和。它和实际停车量的区别在于，累计观测停车量不考虑一辆车是否被多次观测，只是简单地将每次观测到的车辆数相加。而实际停车量则考虑某辆车是否上次被观测记录过，如果上次被记录过，这次则不再被记录。

3) 停车能力(停车场容量) C

调查区域内，可以同时合法停放的最大车辆数。通常，它用车位数量表示。

4) 停车需求量 N

顾名思义，它表示对停车空间的需求量。通常用车位数作为度量指标。

5) 周转率 α(平均周转率、周转次数)

它是衡量停车场每个车位在调查期间被使用次数的指标。是实际停车量与停车容量的比值，即

$$\alpha = S/C \tag{10.1}$$

显然，实际停车数量越多，每辆车停车时间越短，停车场的周转率越大。

6) 停车场利用率

它反映了单位停车位在一定时间内的使用效率，用所有停放车辆的总时间与停车场容量乘以时间所得积的比值来确定，即

$$\gamma = \frac{\sum_{i=1}^{s} t_i \cdot P_i}{T \times C} \tag{10.2}$$

式中：t_i——第 i 辆车停车时间，min；

P_i——停车时间为 t_i 的停车数量；

T——调查时间长度；

C——停车场的停车能力。

7) 平均停车时间 $\bar{t}$(min)

它是衡量停车场处交通负荷与周转效率的基本指标，计算公式如下

$$\bar{t} = \frac{\sum_{i=1}^{s} t_i}{S} \tag{10.3}$$

式中参数意义同前。

8) 停车集中指数 λ(停车指数)

它表示停车场在某一时刻的拥挤程度。它有高峰小时停车集中指数和平均停车集中指数之分。高峰小时停车集中指数计算式如下

$$\lambda = N_i/C \tag{10.4}$$

式中：N_i——某时刻 i(停车高峰小时)的停车数量。

由式(10.4)可以看出,停车集中指数在数值上等于某一时间断面的停车场的利用率。

对于多次的断续调查,平均停车集中指数可用下式计算

$$\lambda = S_1/(C \cdot X) \tag{10.5}$$

式中:X——观测次数。

3. 调查方法

1) 人工观测法

(1) 连续观测法。调查人员对于停放的车辆从停车开始到停车结束连续观测的方法。

(2) 断续观测法。该方法的做法是调查人员每隔一定的时间在调查区域巡回一次,对调查地区内停放的车辆进行登记检查。

2) 询问调查

为了了解停车目的、停车位置到目的地设施的距离、车辆的OD等信息,由停车者回答一些问题。可以直接找驾驶员或向驾驶员发放问卷、明信片的方式进行。

通常,几乎没有哪一种调查方法可以满足所有的调查目的。特别是路上停车调查时,由于停车特性区域的不同而不同,因此需要根据停车特性适当地选择调查方法。

10.2.2 车辆停放特征

根据对各种类型停车场供需情况进行调查与分析,可以掌握一个城市或城市不同区域的停车供需状况,停车时空分布特征及人们出行过程中停放车行为决策等特征。

1. 停车设施的分类特点

国外城市中心区有关停车统计资料表明,城市人口规模越大,路内停车车位比例和实际停放的比例越低。人口超过50万人的城市,路外车库的车位比重剧增,而路外地面停车场车位比重下降;从上午10点到下午6点每个车位平均停车数(周转率)来看,路内计时收费的车位周转率最高。表10-1、表10-2为美国某些城市市中心区的统计结果。

表 10-1 中心商业区各类停车设施的比例与接纳的停车者比例 %

城区人口 /万人	车位位置					
	路侧(内)		路外地面停车场		路外停车库	
	车位比例	停车比例	车位比例	停车比例	车位比例	停车比例
1~2.5	43	79	57	21	0	0
2.5~5	38	74	59	24	3	2
5~10	35	68	60	31	5	1
10~25	27	52	62	42	11	6
25~50	20	54	64	34	16	12
50~100	14	33	56	39	30	28
>100	14	30	55	54	31	16

表 10 - 2 中心商业区各类停车设施的周转率

单位：辆次/车位

城区人口 /万人	停车设施类型						
	路侧(内)				路外		
	计时收费	允许停车区	专用	平均	地面停车场	车库	平均
1~2.5	—	—	—	6.7	1.8	0.3	1.8
2.5~5	—	—	—	6.4	1.5	0.6	1.5
5~10	7.8	2.8	3.7	6.1	1.7	0.8	1.6
10~25	8.1	3.1	4.4	5.7	1.6	1	1.5
25~50	7.1	2.5	3.3	5.2	1.4	1.1	1.4
50~100	6.6	1.1	3.9	4.5	1.2	1.4	1.2
>100	5.5	3.6	2.9	3.8	1.1	1	1.1

2. 停放时间

车辆停放时间与各城市的生活节奏、土地使用、人口规模和出行目的等因素有关。城市规模大，则车辆平均停放时间长，而以工作出行停车时间最长。表 10-3 给出了停放时间的调查统计值。

3. 停车场服务半径

停车场服务半径是指从停车场到目的地的距离，通常该距离为停车者的步行距离，步行距离随城市规模增大而增加，工作出行步行距离最长，而路内停车比路外停车场(库)步行距离短。一般来说，停车时间长，所能忍受的步行距离也较长。表 10-4、表 10-5 为美国几个城市的调查结果。

表 10 - 3 中心商业区各类停车设施的周转率

单位：辆次/车位

城市人口 /万人	出行目的			各类停放时间的平均值
	购物	个人私事	工作	
1~2.5	0.5	0.4	3.5	1.3
2.5~5	0.6	0.5	3.7	1.2
5~10	0.6	0.8	3.3	1.2
10~25	1.3	0.9	4.3	2.1
25~50	1.3	1	5	2.7
50~100	1.5	1.7	5.9	3
>100	1.1	1.1	5.6	3

表 10-4　按出行目的分类的从停车点至出行终点的平均步行距离

单位：m

城市人口/万人	出行目的			
	购物	个人私事	工作	其他
1~2.5	60	60	82	60
2.5~5	85	72	120	64
5~10	107	88	121	79
10~25	143	119	152	104
25~50	174	137	204	116
50~100	171	180	198	152

表 10-5　按设施类型分类的从停车点至出行终点的平均步行距离

单位：m

城市人口/万人	停车设施类型			平均
	路内	路外		
		地面停车场	车库	
1~2.5	64	64	—	64
2.5~5	76	107	30	85
5~10	85	116	73	85
10~25	113	165	101	128
25~50	119	232	213	168

4. 停车行为

根据上海、台北进行的询问调查，对路边违章停车、路外停车及自行车停放都有一定代表性的决策行为特征，如表 10-6、表 10-7 所示。

表 10-6　路外停车场使用者特性反应表（台北）

	非常重要	重要	一般	不重要	加权	
	4	3	2	1	点数	比例/(%)
等待及找车位时间	38	26	29	5	2.99	19.0
高峰拥挤现象	61	25	11	1	3.49	22.5
停车方便性	30	34	25	9	2.87	18.5
停车舒适性	31	25	33	9	2.80	18.0
停车安全性	59	22	12	2	3.38	22.0

表 10-7 自行车停车行为决策排序表(上海)

	排 名 排 序				排序加权均值
	1	2	3	4	点数
步行距离合适	634(80.28%)	128(16.20%)	21(2.66%)	7(0.89%)	1.24
安全性	104(13.16%)	378(47.85%)	208(26.33%)	100(12.64%)	2.39
收费合适	25(3.16%)	265(33.54%)	327(41.40%)	173(21.87%)	2.82
寻找其他地点难	27(3.42%)	124(15.70%)	208(26.33%)	431(54.55%)	3.32

10.3 停车场的规划

10.3.1 停车需求预测

1. 停车需求影响因素

停车需求所涉及的因素和范围广泛而且复杂，概括起来主要包括以下几个方面。

(1) 规划区的人口、就业、机动车保有量水平及社会经济发展状况。

(2) 该地区的土地使用状况及发展。

(3) 城市交通体系构成及运行状况，包括出行 OD 分布、出行目的、交通方式选择、出行时间分布和分区内的道路系统容量等。

(4) 停车行为特性(停车目的，停车延时，停车设施的饱和度，周转率等)。

(5) 停车管理、交通整体规划及交通发展策略等。

2. 停车需求预测模型

停车需求预测在世界上许多大城市进行了研究，由于城市发展形态不同，经济增长不同，停车预测模型也不同。国内外广泛使用的停车需求分析与预测模型，主要有停车生成率模型，用地与交通影响分析模型，用地分析模型，交通量-停车需求模型，回归分析模型等。

1) 停车生成率模型

停车生成率模型基于一个最基本的假设，即停车需求与土地利用之间存在某种关系。该模型是将各种具有不同土地利用性质的用地看作停车发生、吸引源，通过确定规划区域内的不同土地利用性质的单位指标所吸引的停车需求量指标，然后将区域内的总停车需求量看作各单个地块的停车需求量的总和。其模型可以用下列表达式表示

$$P_{di} = \sum_{j=i}^{n} R_{dij} \cdot L_{di} \tag{10.6}$$

式中：P_{di}——第 d 年 i 区高峰时间停车需求量，车位；

R_{dij}——第 d 年 i 区 j 类土地使用单位停车需求产生率(见表 10-8)；

L_{di}——第 d 年 i 区 j 类土地使用量（面积或雇员数）。

表 10-8 上海市中心 R_{dij} 取值

单位：车位/10³m²

用地类型	住宅	工业	商业	宾馆	学校	办公	医院	娱乐	其他
机动车	—	1.44	8.69	2.81	—	1.06	3.24	7.66	1.71
自行车	2.43	—	9.47	6.02	1.41	1.97	6.93	0.26	—

该模型简单实用，但是，该模型所需要的 R_{dij} 必须依靠广泛的调查资料才能确定。同时，由于将各地块看作简单的单一用地性质，并将总停车需求看作各地块停车需求的简单相加，不能考虑各区域之间的差异。

2) 多元回归模型

多元回归模型主要认为，停车需求与城市经济活动、土地利用等许多因素存在某种关系，通过采用回归分析的方法，从历史资料中找寻存在的关系。根据美国道路研究委员会的研究报告，提出数学模型如下

$$P_{di} = K_0 + K_1(E_{di}) + K_2(O_{di}) + K_3(A_{di}) + K_4(D_{di}) + K_5(R_{di}) + K_6(S_{di}) + \cdots \quad (10.7)$$

式中：P_{di}——第 d 年 i 区高峰时间停车需求量，车位；

E_{di}——第 d 年 i 区就业岗位数；

O_{di}——第 d 年 i 区人口数；

A_{di}——第 d 年 i 区建筑面积；

D_{di}——第 d 年 i 区企业数；

R_{di}——第 d 年 i 区零售服务业数；

S_{di}——第 d 年 i 区小汽车保有量；

K_i——回归系数。

该模型最大特点是所利用的许多数据均为社会经济数据，能够比较容易获得。值得注意的是，在对未来进行预测时，需将模型中的系数做实时的修正，才能符合未来情况的变化。

3) 出行吸引模型

出行吸引模型认为，停车需求的生成与地区的社会经济强度有关，而社会经济强度又可用该地区吸引的出行车次来代表。该模型的基本原理是确定停车需求泊位数与区域机动车出行吸引量之间的关系。由于该类模型以车辆的雏形作为停车生成的基础，考虑了停车是源于交通出行的基本特性，因此在预测理论上比较合理。同时，正由于这一特点而决定利用该类模型时必须依靠拥有较为完整的 OD 交通基础数据。

10.3.2 停车场的布局原则

(1) 停车场的布局应与停车需求相适应。在商业、文化娱乐、交通集散中心地段，停车需求量大，必须配置足够的停车设施，否则将对交通产生十分不利的影响。

(2) 停车步行距离要适当。由于是步行，停车者期望这段距离越短越好，国内外研究表明，停车者的步行时间以 5~6min，距离为 200m 以内，最大以不超过 500m 为宜。

(3) 大城市的停车场分散布置比集中布置好。对于过境交通车辆,则应在市外环路附近(易于换乘地段)设置停车场。各种专用停车场应根据建筑类型按国家或地区规定的停车车位标准采用停车楼或地下车库等形式解决。

(4) 路外停车设施容量应占极大比重,应满足车辆拥有和车辆使用过程大部分停车需求,与美国、日本以及我国香港相比,内地百万人口以上大城市路外停车设施还相当落后。

10.3.3 近期停车设施规划的重点

针对我国各城市普遍存在的停车难问题,建议近期停车设施规划中宜把需求管理与执法管理结合起来,使市中心区停放车从放任自流的政策环境过渡到控制需求的政策环境。采取的主要措施如下。

(1) 拟定 CBD 内禁停、路内外限停的地段和时间。

(2) 对 CBD 采取规定时间控制某些车辆进入,鼓励换乘和合乘政策,达到控制停车需求的目的。

(3) 制定超时和违章罚款,吊扣执照直至传票,拖走和扣押车辆的条例;严格停车收费,强化管理执行与裁决机构。

(4) 针对我国大城市停车设施严重短缺的状况,近期要加强建筑物与住宅配建停车位的设置标准制定和政策落实工作,一方面要大力实行"拥车者自备车位"的政策,适应轿车普及的客观需求;另一方面要通过配建车位的审核评估、使用监督、违章处罚等措施,使城市不同区位的停车设施布局、规模、形式与动态交通协调一致,促进以需求为导向的规划向以资源为导向的规划机制的转变。

(5) 停车场(库)形式选择应因地制宜,在寸土寸金的都市中心区,应多推荐空间利用率高、占地面积小、存取方便、环境影响小、机电一体化的多层或高层机械立体车库,并与传统停车模式进行多方面比较论证。

10.4 停车场设计

10.4.1 机动车停车场设计

停车场设计主要是路外停车场设计,停车坪是停车场的主要组成部分,而停车坪又由停车带和通道组成,因此,设计路外停车场就归结为设计停车带和通道。

1. 确定设计车型

一般选用停车使用比重最大的车型作为设计标准。根据公安部、建设部组织制定的《停车场规划设计规则(试行)》将设计车型定位小型汽车,以它作为换算的标准。将其他各类车型按几何尺寸归并成微型、小型、中型、大型和铰接车共 5 类,具体尺寸和换算关系如表 10-9。

2. 车辆停放方式与停发方式

1) 停放方式

(1) 平行式停车［见图 10.1(a)］。这种方式占用的停车带较窄，车辆驶出方便、迅速，但单位长度内停放的车辆最少。

(2) 垂直式停车［见图 10.1(b)］。车辆垂直于通道方向停放，这种方式的特点是单位长度内停放车辆数较多，用地比较紧凑。

(3) 斜列式停车［见图 10.1(c)］。车辆与通道成一夹角停放，一般成 30°、45°、60° 三种，其特点是停车带随车身长度和停放角度而异，车辆进出、停发方便灵活，对其他车辆影响较少。但单位停车面积比垂直式多，尤其是 30° 停放，用地最不经济，适宜于停车场地的用地范围和地形条件受限制时用。

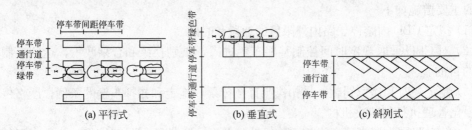

图 10.1 车辆停放方式示意图

表 10-9 停车场(库)设计车型外廓尺寸和换算系数表

车 型	外 廓 尺 寸	各类车型外廓尺寸/m			车辆换算系数
		总长度	总宽度	总高度	
机 动 车	微型汽车	3.2	1.60	1.80	0.70
	小型汽车	5.00	2.00	2.20	1.00
	中型汽车	8.70	2.50	4.00	2.00
	大型汽车	12.00	2.50	4.00	2.50
	铰接车	18.00	2.50	4.00	3.50
自 行 车		1.93	0.60	1.15	—

2) 停发方式

(1) 前进式停车、后退式发车如图 10.2(a)所示。

(2) 前进式停车、前进式发车如图 10.2(b)、(c)所示。

(3) 后退式停车、前进式发车如图 10.2(d)所示。

在这三种方式中，后退式停车、前进式发车由于发车迅速，占地不多，故多被采用。

3. 单位停车面积

单位停车面积是指设计车型一辆所占用地面积，其大小与车型、停放方式、通道条数等有关。我国拟定的机动车单位停车面积等有关设计参数如表 10-10 所示。

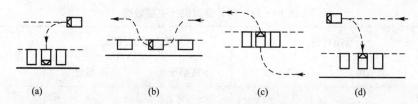

图 10.2 车辆停发方式示意图

表 10-10 机动车停车场设计参数

项目 车辆类型 停车方式		垂直通道方向的停车带宽度/m					平行通道方向的停车带宽度/m					通道宽度/m					单位停车面积/m²				
		Ⅰ	Ⅱ	Ⅲ	Ⅳ	Ⅴ	Ⅰ	Ⅱ	Ⅲ	Ⅳ	Ⅴ	Ⅰ	Ⅱ	Ⅲ	Ⅳ	Ⅴ	Ⅰ	Ⅱ	Ⅲ	Ⅳ	Ⅴ
平行式	前进停车	2.6	2.8	3.5	3.3	3.5	5.2	7.0	12.7	16.0	22.0	3.0	4.0	4.5	4.5	5.0	21.3	33.6	73.0	92.0	132.0
斜列式 30°	前进停车	3.2	4.2	6.4	8.0	11.0	5.2	5.6	7.0	7.0	7.0	3.0	4.0	5.0	5.8	6.0	24.4	34.7	62.3	76.1	78.0
斜列式 45°	前进停车	3.9	5.2	8.1	10.4	14.7	3.7	4.0	4.9	4.9	4.9	3.0	4.0	6.0	6.8	7.0	20.0	28.8	54.4	67.5	89.2
斜列式 60°	前进停车	4.3	5.9	9.3	12.1	17.3	3.0	3.3	4.0	4.0	4.0	4.0	5.0	8.0	9.5	10.0	18.9	26.9	53.2	67.4	89.2
斜列式 60°	后退停车	4.3	5.9	9.3	12.1	17.9	3.0	3.2	4.0	4.0	4.0	3.5	4.5	6.5	7.3	8.0	18.2	26.1	50.2	62.9	85.2
垂直式	前进停车	4.2	6.0	9.7	13.0	19.0	2.6	2.8	3.5	3.5	3.5	6.0	9.5	10.0	13.0	19.0	18.7	30.1	51.8	68.3	99.8
垂直式	后退停车	4.2	6.0	9.7	13.0	19.0	2.6	2.8	3.5	3.5	3.5	4.2	6.0	9.7	13.0	19.0	16.4	25.2	50.8	68.3	99.8

4. 通道、出入口设计

1) 通道

通道是停车场平面设计的重要内容,其形式和有关参数(宽度、最大纵坡、最小转弯半径等)宜结合实际情况正确选用。

我国目前设计采用的通道宽度垂直式取 10~12m,平行式取 4.5m 左右,这宽度尚显得不够。公安部、建设部拟定的标准(见表 10-10)已作改善,作为内部主要通道,车辆双向行驶,最小宽度不宜小于 6m。

通道有直坡道式、螺旋式、错位式、曲线匝道等,美国、日本两国通道设计常用数据(宽度、纵坡和最小转弯半径)如表 10-11 所示。

表 10 - 11　国外通道设计主要数据

国家	通道宽度/m		最大纵坡/(%)		最小半径/m
	单车道	双车道	宜小于	不超过	
美国	3.7	6.7	15	20	约11(卡车)
日本	3.5	>5.5	15	20	6~7(轿车)

我国公安部、建设部拟定的停车场(库)最大纵坡和最小转弯半径如表 10 - 12 所示。

2) 出入口

停车场(库)出入口设置，应按国家标准 GB J67—1984《汽车库设计防火规范》执行。停车车位数大于 50 辆时，应设置两个出口，大于 500 辆时应设置 3~4 个出口。出入口之间净距必须大于 10m。

车辆双向行驶出入口宽度不得小于 7m，单向行驶出入口宽度不得小于 5m，且具有良好的通视条件。停车库的出入口还应退后道路红线 10m 以外。

5. 停车场交通流组织

停车场内是车流和人流集中混杂的场所，停车场的设置对附近交通又有直接影响，因此，必须对停车场的交通组织进行详尽的设计。这里仅介绍一些交通组织的原则问题，具体设计应视停车场的规模、车流量、人流量和用地条件、地形等而定。

表 10 - 12　停车场(库)纵坡与转弯半径

车型	直线纵坡/(%)	曲线纵坡/(%)	最小转弯半径/m
铰接车	8	6	13.0
大型车	10	8	13.0
中型车	12	10	10.5
小型车	15	12	7.0
微型车	15	12	7.0

1) 停车场内各设施的关系

停车场内各设施原则上应使人和车分隔设置，不仅在平面上需要分隔，如有可能最好在空间上也布置不同的高度，避免人与车的流动交叉，保证行人安全。

2) 停车场内的交通线路与车辆排列方式

车辆布置方式与人流路线有很大关系，为了减少人与车的流动交叉，一般垂直式和平行式停车方式常按纵向排列，斜列式停车方式停车场按横向排列。场内交通路线一般应按单向行驶组织交通，车辆右转驶入并右转驶出，避免或尽量减少产生车辆的交叉冲突。入口处应设置明显的行驶方向标志和停车位置指示牌。场内路面应有明显的停车标志和行车方向标志，便于驾驶员自动入位，这些标志可用彩色混凝土块铺装，或在路面上用白漆或其他材料画线等。

10.4.2 自行车停车场设计

自行车占地小，机动灵活，使用方便，在我国已成为群众喜爱的交通工具，在停车规划中理应受到重视。

1. 自行车停车场地规划原则

（1）停车场应尽可能分散多处布置，方便停放，充分利用人流稀少的支路、街巷空地。

（2）应避免停放出入口对着交通干线。

（3）停车场内交通组织应明确，尽可能单向行驶。

（4）固定式停车场应有车辆车架、地面铺砌，半永久和临时停车场应树立标志或画线。

2. 停车方式

停车方式分垂直式和斜列式两种，如图10.3所示。

3. 单位停车带面积、停车带、通道设计

根据公安部、建设部组织的调查，自行车停车场的有关设计参数应不小于表 10-13 有关规定。

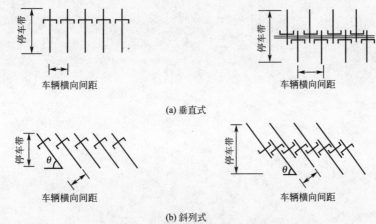

图 10.3 自行车停车场布置示意图

表 10-13 自行车停车场主要设计指标

停车方式		停车带宽度/m		车辆横向间距/m	过道宽度/m		单位停车面积/m²			
		单排	双排		单排	双排	单排一侧停车	单排两侧停车	双排一侧停车	双排两侧停车
斜列式	30°	1.00	1.60	0.50	1.20	2.0	2.20	2.00	2.00	1.80
	45°	1.40	2.26	0.50	1.20	2.0	1.84	1.70	1.65	1.51
	60°	1.70	2.77	0.50	1.50	2.6	1.85	1.73	1.67	1.55
垂直式		2.00	3.20	0.60	1.50	2.6	2.10	1.98	1.86	1.74

小　结

车辆有行必有停,当今世界的许多大中城市的停车难,已成为一个突出的交通问题。停车设施规划是综合交通规划不可分割的组成部分,本章重点介绍了停车调查的主要方法,停车指标和停车设施规划的基本要点及停车场设计工作步骤。

课后习题

思考题:
1. 为什么说停车问题是大城市交通中最棘手的问题之一?
2. 车辆停放场地有哪几种类型?在规划布置中应注意哪几点原则?
3. 简述自行车停车场规划的原则与布置方式?

第 11 章 城市交通系统

教学提示：城市交通系统是城市大系统中的一个重要的子系统，是由人和物在城市空间内以一定方式、在一定设施条件下的流动所构成，其功能是为城市居民的各种出行活动提供必要的条件。城市交通系统不仅是为城市提供服务，也是城市社会、经济、物质结构的基本组成部分。城市交通系统是一个动态而复杂的大系统，是城市社会活动、经济活动的纽带和动脉。对城市交通问题的研究，从运输对象的角度看来包括货运交通和客运交通。本章主要介绍几种主要的客运交通方式，包括行人交通、自行车交通、小汽车交通、公共交通等。

学习要求：通过本章的学习，学生应该了解各种客运交通方式的特点、适用性；了解轨道交通、快速公交等公交系统的发展优势和发展方向。

 引例

城市交通系统是社会经济的动脉，是推动经济发展的重要因素之一。如若交通出现问题，则会引发一系列的社会问题。

郑州出租车"集体休假"风波。从 2007 年 7 月 30 日至 8 月 1 日，为了维护自身合法权益，全城 10000 余辆出租车的"的哥的姐"们，集体停止运营，市内交通陷入有车不能坐的瘫痪状态。不仅带来了经济损失，同时给广大居民正常生活造成了极大影响，也给城市形象带来一定的负面影响。

11.1 概　述

城市的形成和演变取决于交通，城市的布局结构、规模大小、生活方式都需要城市交通系统支撑，城市的发展反过来又促进了交通的发展。随着人口的增长、国民经济的高速发展及城市化进程的推进，城市交通需求量急剧增长，交通日趋拥挤，事故频繁，城市交通问题已成为全球范围的问题。因此，把握城市交通的发展和演变的机理，缓解日趋严重的交通问题，对城市经济发展和人民生活水平的提高起着极其重要的作用。

11.1.1 城市客运交通

城市客运交通从交通方式的角度划分，可以分为行人交通、自行车交通、摩托车交通、小汽车交通、公共汽车交通、轨道交通、出租汽车交通以及作为公共交通补充的各类班车等，以上各种交通方式又可以概括成公共交通及私人交通两大体系。

1. 城市公共交通

公共交通体系指按规定路线、一定站距及一定发车频率行驶的公共汽车、无轨电车、有轨电车、地铁、轻轨交通等；也有按固定路线和不固定路线行驶、随上随下的小公共汽车及出租车交通等；有水域交通的城市，旅客轮渡与城市短程客航，也属于城市公共交通范畴。各种公共交通方式之间相互配合，为乘客在速度、价格、舒适程度等方面提供更多的选择，更好地满足城市社会经济活动的交通需求。

城市公共交通是城市客运交通系统的主体，沟通着社会生产的各个环节，它维系着千家万户的日常生活，担负着每日大量的上下班出行客流运送任务和生活游息出行的客运任务，给城市居民提供优质、高效的出行条件，是城市建设和发展的重要基础之一。政府在制定国民经济和城市建设发展规划时，都必须包括城市公共交通运输的发展规划，以便促进城市公共交通与城市建设同步、协调发展。

城市公共交通规划，应根据城市发展规模、用地布局和道路网规划，在客流预测的基础上，合理确定公共交通方式的地位、车辆数、线路网、换乘枢纽和场站设施用地等指标，并应使公共交通的客运能力满足高峰客流的需求。

2. 自行车交通

自行车交通属于个体交通。自行车交通的特点是行动灵活，路线可随个人意愿任意选择，平均出行距离不太大，按骑行时间来看以 20～30min 为宜，它的一般速度（在人的体力能胜任的条件下）为 10～18km/h。因为可以实现门到门服务，是一种比较理想的近距离的代步交通工具，或作为公共交通的辅助交通工具。在我国城市，大部分用作上下班出行工具或换乘工具，平时或假日也用作生活或游息出行活动的交通工具。

3. 小汽车交通

小汽车交通的优点是快速、舒适，是现代城市优越而能自由行动的一种交通手段。国外一些工业发达国家，尤其在美国以私人小汽车作为个体交通工具是极为普遍的。如果拿小汽车和我国的自行车交通相比，虽同属个体私人交通，但在速度、舒适性等方面则优于后者。但是在城市的有限空间内行驶这种无限增长着的个体交通工具，给城市带来的后果是严重的，主要表现在城市环境的污染、世界能源的消耗。再者小汽车的单位乘客占用车行道（即动态净空）面积多达 $25m^2$/人，也是极大的浪费，在节约城市空间上是低效的。因此，小汽车也只能是有控制的增长，并有规划地纳入以公共交通为主干的综合城市交通结构中去，以发挥它的优越性。

4. 行人交通

以下情况都属于个人交通：不具备私人交通工具（指小汽车、自行车）或无能力操纵交通工具、也不愿乘公共交通工具；出行目的地近；节假日购物出游无需也不愿乘公交车辆；乘坐公交车辆总行程两端的先导或后续行程（指家门至公交站点或下车后到达目的地的两段行程）长；换乘行程长等。

5. 社会客运交通

社会客运交通即厂矿、企业、机关学校等大、中、小型客车交通。有的是上述各单位的定时班车(一般为定时、定点、行驶间断),有的是厂矿企业在任务空闲时间以收费方式支援城市上、下班高峰客流的运送,也有节假日或旅游季节企业一部分客车以营业方式负担客运。所有这些对于协助城市公共交通解决上下班高峰的客流运送,还是起了一定作用。还有一些大城市(如北京)接运国内外大型参观团、代表团或全国性大型集会、体育运动集会的客流等都是社会客运交通。但其行驶路线相对固定,从交通流的角度来看,也增加了城市交通的负担。

11.1.2 城市客运交通结构类型

交通结构随着科技的进步而在不断地变化发展。交通工具从古代社会的马、马车到现代社会的公共汽车、各类电车、小汽车及采用双轨、独轨、导轨、磁悬浮轨道的各类列车,交通网络从地面道路网扩展到地下轨道网络、地上高架道路、高架轨道,形成了立体综合客运交通系统。不同城市的客运交通虽然各有不同,但均可概括为两大类型。

第一类是以运量大的公共交通作为主要客运交通工具的类型,公共交通在这类城市客运结构中处于主导地位,这里的公共交通包括公共汽车、无轨道电车、小型公共汽车、地铁、城市铁路、新交通系统等在内的综合客运公共交通系统。这一类型的城市一般都是城市建设密度较大的城市,如日本的八个主要城市的公交客运量占总客运量的 51.6%,而小汽车只占 12.3%。俄罗斯的莫斯科、新加坡及中国的香港地区,城市客运都是以公交为主体。

第二类是以私人小汽车作为城市主要客运交通工具的类型,这一类型的城市建设密度小,公交运营费用昂贵,效率很低。如美国的旧金山、洛杉矶、底特律、达拉斯、圣地亚哥等城市公交均不到 10%,而小汽车出行大多占总出行量的 70% 以上。旧金山市的客运交通结构中,小汽车占城市总出行量的 75%,公交则只占 8%,步行占 15%,其他占 2%。

我国是发展中国家,受国民经济基础的制约,城市建设尚在发展中,还没有形成合理的客运交通结构。近年来由于城市化发展进程的加快,人口加速向城市集中,客流量增长迅猛,交通设施明显不足,城市范围不断扩大,出行距离增长,时耗延长,公共交通主要以地面公共电汽车为主,受地面交通状况影响严重,难以满足居民的出行需求;而个体交通工具如自行车、轻骑、摩托车、私人小汽车,以及单位用车的数量快速增长,又使城市的交通更加拥挤,乘车难、开车难,交叉口排队长的情况日益加剧,道路与交通服务水平不断下降,多数城市公共交通出行率呈萎缩状态,供给与需求的矛盾日益加大。因此,不同城市应根据其自身特点,确定合理的城市客运交通结构,才能解决供需间的矛盾,促进城市的经济更好的发展。

我国人口众多,城市多数属于密集型,土地资源缺乏,客运交通结构应大力发展以公共交通为主,其他交通形式为辅的形式。不同城市的公共交通方式结构应根据城市规模、用地形状、客流流量和流向、各种公交方式的运载能力、建成区现状、土地利用规划及资金拥有状况,综合考虑社会、经济、交通、环境效益确定。对于中小城市,城市公共交通方式一般采用公共汽车、无轨电车。而对于大城市,特别是带状大城市、特大城市,其客流一般较大,而且集中,则应考虑采用轻轨、地铁等中运量、大运量公交方式。不同规模城市的主要公共交通方式可参考表 11-1。

表 11-1 不同规模城市的主要公共交通方式

城市规划与人口		主要公共交通方式
大城市	>200 万人	大、中运量快速轨道交通、公共汽车、电车
	100～200 万人	中运量快速轨道交通、公共汽车、电车
	<100 万人	公共汽车、电车
中等城市		公共汽车
小城市		公共汽车

近年来，北京、上海、广州等特大城市、大城市，已在加快进行地铁、轻轨等大运量快速交通系统的建设，但由于资金、技术的限制，建成合理的客运交通系统，尚需时日。

不同的公共交通方式有不同的运载能力，每条线路的公共交通方式应尽可能地考虑采用其运输能力与线路上的客流量相适应的方式。常用的公共交通方式单向客运能力如表 11-2 所示。

表 11-2 常用的公共交通方式单向客运能力

公共交通车种	运送速度/(km/h)	发车频率/(车次/h)	单向运载能力/(万人次/h)
公共汽车	16～25	60～90	0.8～1.2
无轨电车	15～20	50～60	0.8～1.0
有轨电车	14～18	40～60	1.0～1.5
轻轨	20～35	40～60	1.0～3.0
地铁	30～40	20～30	4.0～6.0

11.1.3 不同类型城市交通方式优先发展次序

因为不同规模城市居民的平均出行距离不同、平均出行时耗不同、客运交通需求量不同，对不同客运交通方式的需求有很大的差异，因此对各种交通方式的合理结构及优先发展次序自然有不同的要求和选择，在表 11-1 中列出了不同规模城市的主要客运方式，但相同规模城市也不一定有完全相同的客运结构。下面简要说明三类不同规模城市的客运交通优先发展次序。

1. 规模大于 200 万人以上的大城市

规模大于 200 万人以上的城市，应以大运量的轨道运输方式为骨干(包括地面快速轨道运输、地下轨道、高架道路与轻轨等)，同地面公共汽车、无轨电车、小公共汽车、出租汽车、小汽车及各类班车等组成高速的立体化的综合城市客运交通体系，对自行车出行要适当控制，使其逐步向机动化交通工具转变，同时也要做好步行与自行车交通的统筹规划，使它们能各用其长，各尽其能。在规划时，一般应使公交出行比重占总出行量 50% 以上，其中轨道客运量比重占总运量的30%以上，如暂时有困难无法实现时，应预留轨道线路或网络的用地并争取尽快建成。

2. 规模在50～200万人的大城市

规模在50～200万人的城市，应以大运量的轨道运输与地面公共汽车、无轨电车共同组成的公共交通系统为主干，同小公共汽车、出租汽车、小汽车、各类班车及自行车等共同组成城市快速方便的综合客运交通系统，以满足城市居民的出行需求。在规划时，公共交通系统的比重应占50%左右，并优先考虑大运量轨道客运系统，并使其客运量比重占20%左右，对于自行车交通方式既要适当控制，又要认真研究做出较长时期的全局规划。

3. 规模在20～50万人的中等城市

规模在20～50万人的中等城市，近期应充分发挥自行车交通的优势，与公共汽车、无轨电车、出租车、小汽车、各类班车等共同组成客运交通综合系统，以满足居民的各种出行需求。在规划时，尽可能使公共交通的客运量逐步增长，有条件的城市应使公交客运量的比重达到全市总客运量的20%左右，同时对于步行与自行车交通应做好预测和全面规划，既要不脱离近期的交通结构的实际状况，又要能满足远期居民更高的需求。

11.1.4 客运交通结构的影响因素

不同的城市客运交通结构因其交通政策、国民经济发展水平、城市用地布局、交通基础设施及城市自然条件等的影响而各不相同。

1. 交通政策

交通政策对城市客运交通结构有多方面的影响，主要包括国家宏观的交通政策、地方政府的交通政策和经济投资政策的影响。国家制定的交通政策，决定了城市客运交通结构的发展方向；地方政府依据实际的交通状况和经济发展方向所制定的本地区的交通建设发展战略，确保了城市客运交通结构的发展目标，如采取对公共交通的补贴或控制私人小汽车进入市区的收费等政策，以保证公共交通的比重等；政府对某种交通方式的工程建设的投资或贷款予以优惠或限制，会促进或抑制这种交通方式的发展。

2. 国民经济发展水平

建设现代化的城市交通系统，特别是地铁、轻轨等大运量快速交通系统，需要国家投入大量的财力、物力。另外，城市客运交通结构与交通建设投资比重也密切相关。发达国家每年用于道路交通建设的投资额很高，约占国民经济总产值的1%～3%，而我国用于发展道路交通建设的资金小于国民经济总产值的0.5%。资金不足，很难根据需要达到合理的客运交通结构。

3. 城市用地布局

城市用地规模、形态、功能与用地集中程度都影响着城市交通结构。规模方面，随着城市用地规模增大，居民平均出行距离拉长，必然使步行比重减少、公共交通出行比重增加。用地形态方面,我国城市多为单中心中央集团型布局,中心区公交线网密集,人流、车流多,成为交通最复杂、最繁忙的地带,城市中心区的交通量一般占全市总交通量 30%～35%;而多中心或带状城市中心区的交通量的比重则低得多。用地功能的划分,对出行量的大小,出行距离长短和空间分布也有明显影响,例如,购物中心与就业岗位集中区、居民居住区相距远近,不仅影响出行的平均距离,也影响到客运交通结构。在城市功能布局与规划时,如能减少上班、上学的距离,使其尽可能在步行范围之内,可大大减少交通量,减小道路及公共交通的负荷,因为工作出行和学生上学出行要占城市总出行的 80% 左右,特别是对早晚高峰的影响很大。城市用地集中程度高、人口密度高、房屋紧密、公交发达、出行方便等可以提高公交出行率,降低私人方式出行率。

4. 交通基础设施

轨道交通的有无、线路的多少、公共汽车线路数量、线网密度、人均公共汽车数量、覆盖率、换乘时间、发车频率、运行速度等,都影响公共交通分担的出行率。制定优先发展公共交通的政策,大力加强交通基础设施建设,可为公共汽车或其他大容量交通方式的发展创造良好的条件。

5. 城市自然条件

城市的地形、地势、地理环境、气候条件都对城市客运交通方式具有影响。天然阻隔,如海湾、河流、湖泊高山等限制城市的形态,阻断了交通线路或改变了网络形态,在一定程度上对客运交通结构产生不同程度的影响;丘陵山地地面坡度很大,不适于自行车运行;极为寒冷地区或海拔很高的高原城市,自行车交通就难以适应。

11.1.5 中国城市交通结构发展方向

我国城市居民的出行结构是多元化的。从居民出行要求分析,居民根据自己的经济情况、交通工具拥有情况、出行目的地的远近等各种条件和要求,从便捷性、快速性、舒适性、经济性、安全性等角度出发,选择合适的出行方式。但由于不同的出行方式有不同的道路利用效率,并产生不同的交通影响,因此各种交通方式的发展不是无限制的,应通过交通发展政策的引导,使交通结构朝着有利于充分利用道路交通设施运输能力的方向发展。我国城市交通结构的发展方向应顺应我国国情(人口大国),考虑交通基础设施的发展规模、土地利用及土地资源的约束、居民的承受能力等因素,使城市交通的发展符合可持续发展战略。

1. 公共交通占主导地位

城市公共交通是人均道路利用效率最高,消耗资源最少、环境污染程度最轻的大众交通方式。在城市交通系统中,公共交通应该得到优先发展。我国城市的结构多属于密集型,因此,以公共交通系统为主,其他交通形式为辅的形式是我国城市客运交通结构必然的发展方向。提高公共交通方式在交通结构中所占的比率,能提高运营效率、节约能源、减少道路与交叉口的交通负荷和车辆拥挤、改善环境和减少污染。

要保障公共交通的主导地位,必须首先从政策上给予保障,即优先发展公共交通的政策。公共交通优先发展的政策中,一是优先发展公共汽车交通,从方便、快捷、舒适、经济、安全的角度提高公共汽车综合服务水平，提高公共汽车交通的吸引力。在政策上采取灵活政策，建立多种服务与多种票价相结合的服务体制，采取增加公交路线，延长线路，缩短发车间隔等措施方便居民出行、提高可达性、减少换乘时间；采取增加各类空调车、小区间班车，提高舒适度与直达率。在技术上采取公交专用线、专用道、交叉口专用相位等措施，提高运行速度；通过优化公交网络、优化站点布设及优化车辆调度等提高效率，方便居民乘车等。

公共交通优先发展的中的另一重点是有计划地发展轨道交通，特大城市、大城市在条件允许情况下，应开辟大运量的轨道交通。轨道交通运量大，能较大节省土地资源，不产生环境污染，并且为乘客提供舒适、快速、准时的服务，是最优的公共交通方式，符合可持续发展战略。

2. 自行车交通占辅助地位

我国是发展中国家，且因人口众多，道路资源有限，虽然大城市私人小汽车的发展已呈快速增长趋势，但自行车仍是我国城市居民个体出行的主要交通工具，并且，我国在今后相当长时间内仍将保留自行车这一特色交通方式。但我国的许多城市自行车发展有些失控，自行车出行占总出行的50%以上，而公共交通大大萎缩，造成了道路交通紧张的局面。因此，引导自行车出行量向公共交通转移，能大大减轻城市道路交通压力。

3. 协调发展私人小汽车

进入21世纪，无论是从我国居民的购买能力还是从我国经济发展(特别是汽车工业的发展)的需要来看，私人小汽车进入寻常百姓家庭都是必然趋势。但我国是人口大国，不能像发达国家那样大规模地发展，我国的私人小汽车发展必须遵循协调发展原则。应做好以下几个方面的协调。

(1) 与道路交通基础设施建设水平相协调。根据各城市的道路交通设施水平，确定城市的机动车发展规模，避免出现道路交通拥挤及停车难问题。

(2) 与环境保护相协调。

(3) 与能源开发相协调。

(4) 与我国居民素质水平的提高相协调。

11.2 行人交通

11.2.1 概述

步行是人的一种活动方式，也是最古老、最基本的交通方式。在现代城市交通系统中，步行交通无论是作为一种独立的交通方式，还是作为其他各种交通方式的衔接，都是其他交通方式无法取代的辅助系统。

我国是一个人口大国，在我国居民出行中，步行出行和机动车出行一样占有很大的比例。已有的观测资料表明：我国步行交通占全市总出行量的比率为：在大城市约占40%，中等城市占50%以上,而小城市则可达到60%以上。然而,一直以来存在的重视车忽视人的思想使得许多城市不少街道没有合格的人行道。实际上,忽视步行交通,没有足够的人行道或人行道被占用,人们只得走上车行道,这是造成交通混乱与交通事故的重要因素之一。

因此,从以人为本的交通规划的基本出发点考虑,应该对步行交通给予充分的重视,其基本目标应该是保障行人的安全。从交通工程的观点看,还应考虑如何同其他的交通要求取得协调。

11.2.2 行人设施

1. 人行横道

人行横道作为一种过街设施,用来保证行人过街的安全,同时也减少行人过街对车流的干扰和减轻驾驶员的心理负担。实践证明,在人行横道处过街要比非人行横道处过街安全,人行过街管理设施越完善处相对越安全。重视人行横道的设置对于保障交通安全及改善交通秩序都有着重大的作用。

人行横道的设置既要保障行人过街的安全性和便捷性,又要尽量减少行人过街对车辆通行的干扰。一般在交叉口应设置人行横道,然后根据交叉口的间距、道路性质、车流量、沿路两侧大型集散点及公共交通停靠站的位置等情况,考虑路段中间是否必须且可能增设行人过街横道。为确保行人过街安全,以下地段不宜设置人行横道。

(1) 弯道或纵坡变化路段,视距不足的地方。
(2) 在转弯车辆较多而又不能禁行的地方。
(3) 瓶颈路段。

人行横道的最小宽度不宜小于3m,在此基础上,根据行人过街需求和行人过街横道通行能力适当增加,增加幅度以1m为单位。行人过街横道可能通行能力为2700人/(绿灯时间·m)。

2. 人行过街立交

人行过街立交包括人行天桥和人行地道,它的优点是可彻底实现人车分离,尽量减少行人对路段交通流的影响。然而人行立交的投资较大,行人过街必须上下天桥或进出地道,从而增加了许多不便,而且天桥对周围环境也会产生诸如不协调等影响。因此在确实需要设置的地方,才能设置并使投资见到交通效益,不然,反而会引起行人天桥或地道之前乱穿道路,诱发交通事故。设置依据如下。

(1) 在路段上具备以下情况之一者可修建人行天桥或人行地道。
① 过街行人密集、影响车辆交通、造成交通严重拥塞处。
② 车流量很大、车头间距不能满足过街行人安全穿行需要,或车辆严重危及过街行人安全的路段。
③ 人流集中、火车车次频繁的铁路道口、行人穿过铁路易发生事故处。
(2) 在交叉口处过街行人严重影响通行能力时,可根据实际交通情况修建人行天桥或人行地道。
(3) 结合其他地下设施的修建,考虑修建人行地道。

11.3 自行车交通

11.3.1 概述

1. 自行车分担比例

我国号称"自行车王国",自行车拥有量居世界首位,约5亿多辆,城市里几乎每个成年人都有一辆自行车。自行车交通是当前我国客运交通的重要组成部分、是近距离交通的有效方式,在城市客运出行结构中占有重要的地位。有关资料表明,自行车出行量占城市总出行量的比率约为36%,大大超过公交客运量;100～200万人的城市,自行车出行比率平均为40%左右,自行车与公交车出行量平均值之比为72:28;不足100万人的城市,自行车出行比率在40%～75%之间,平均为公共交通客运量的13倍。

2. 自行车交通特点

从城市可持续发展的角度来看,自行车交通是一种"绿色交通",具有诸多优点。

1) 灵活方便

在所有交通工具中,自行车是最简单灵活的。它服务于个人,属于个人交通,自主性强,能深入到城市的任何地方,可真正实现门到门的服务。尤其是在近距离交通中,由于在时间、空间上比公共交通更具灵活性,因而对市民的吸引力非常大。

2) 行驶和停放占用空间小

自行车是占用道路面积较小的交通工具。据研究,3.5m宽的行车道,机动车的通行能力约为1000辆/h,而自行车的通行量约为3000辆/h,大约为小汽车的3倍,停放一辆小汽车的用地可以停放约10辆自行车。表11-3所示是各种客运方式对道路资源的占用情况。

表11-3 不同客运方式人均占用道路面积(m^2/人)比较

客运方式	公共交通	小汽车	自行车
占用道路面积（动态）	1～2	15～20	6～10
占用停车面积（静态）	1.5～2	4～6	1～1.5

注：各种交通方式均以满载情况计算。

3) 绿色环保

自行车是一种对环境无污染的"绿色"交通工具,而机动车交通方式都不可避免地产生废气、噪声和振动,其中汽车尾气还是城市大气污染的主要来源之一。自行车基本上不带来任何污染,这是国外提倡自行车的重要原因,也是国内支持自行车继续发展的重要根据。

4) 低能耗性

自行车由人力驱动，不消耗任何非再生性能源，因此在城市交通系统中具有独特的优势。

5) 经济廉价

在目前城市交通中，经济性和快捷性是乘客选择出行交通工具的最主要因素。普通自行车一般价值几百元，能为广大普通市民、学生等阶层接受。不仅如此，自行车的维修费用和停车费用也要大大低于汽车相应的费用，而且自行车不需要燃料费，也不用向交通管理部门交纳费用。

6) 骑自行车有利于健康

正是自行车具有灵活、方便、经济、污染小等优点，我国作为"自行车王国"，具有发展自行车的良好基础，充分利用现有的这一交通资源，建立合理的自行车交通网络，对解决城市高速发展带来的交通拥挤和城市环境问题，具有重要的现实意义。但是，自行车交通也有不足之处。

(1) 自行车交通对时空的消耗远远大于公共交通。搭乘常规公交的出行者的时空消耗仅为自行车出行者的1/10。大容量快速轨道交通的乘客的时空消耗更小。自行车出行者在节约自身出行时间的同时，消耗了更多的公共资源。

(2) 自行车与机动车的混行，增加了环境污染，限制了公共交通的发展。由于道路上机动车和非机动车的混行，造成了路段上的交通拥挤和交叉口范围内的交织点和冲突点的增多。同时，由于非机动车的干扰，使得公交车辆运行车速降低，增加了汽车尾气的排放量和噪声的污染。

因此，我们要认清自行车交通的优势和劣势，以便更好的发展自行车交通，使之更好地为人们服务。

11.3.2 自行车交通发展策略

根据可持续发展的要求，结合自行车的交通特点，自行车应发挥其近距离出行优势，使之逐渐成为公共交通的补充，而不是主导出行方式，使自行车和公共交通有机结合，协调发展，重视在行驶过程中，是人和物的移动，而非车的移动，秉着"以人为本"的观点贯彻始终，更好地适应、支撑城市的发展。具体可以从以下几个方面来发展。

(1) 规划合理完善的自行车交通网络系统，设置自行车专用道，机动车和非机动车分离，提高行车安全。

(2) 在公共交通车站、商业娱乐中心，以及居住地和工作地设置完善的自行车停车设施。

(3) 加强自行车交通的管理，保障自行车交通的合理路权，在交叉口可以提供自行车专用相位，同时要严格执法，加强对自行车违章的处罚力度，保障交通安全。

(4) 完善自行车的车辆管理机制，加大对自行车盗窃团伙和销赃买赃的打击力度，给自行车的发展创造良好的社会环境。

(5) 提高社会的公德水准，增强市民的交通法制观念和交通安全意识，形成人人知法、守法的良好交通文化环境。

11.4 小汽车交通

11.4.1 概述

随着我国汽车工业的发展,全国机动车保有量以每年10%~15%的速度增长,特别是私人小汽车进入家庭的速度在逐渐加快。调查数据表明,当人均国内生产总值达到1000美元以上时,私人小汽车发展最快,按照我国城市经济发展趋势,私人小汽车将处于快速发展阶段。私人小汽车的出现是居民生活水平提高的标志,从一定程度上提高了人们的生活水平和质量。由于中国城市用地有限,过度发展私人机动车交通,给原本严重不足的城市交通设施雪上加霜,以致会带来一系列的城市交通问题。而小汽车交通是城市综合交通体系中不可缺少的组成部分,为了创造良好的生存环境,节约能源,应该合理发展小汽车交通。

11.4.2 小汽车发展的利与弊

小汽车的发展就像一把双刃剑,以其舒适、便捷、准时的运输方式受到了出行者的青睐。但是,它在给人们生活带来便利和促进经济发展的同时,也给城市交通和环境的发展带来各种各样的问题。下面分析一下发展小汽车的利与弊。

1. 发展小汽车的优点

1)小汽车的发展有利于构建合理的交通结构

随着人们出行需求的快速增长,多样化的交通方式是出行者的迫切需求。不同的城市居民出行的需求不同,出行的时间和空间也不相同,所以单一的交通方式不能满足日益增长的出行需求。由于小汽车可以实现门到门出行,能够满足不同地区不同出行者的需求。

2)小汽车的适当发展有利于构建合理的城市结构

拥有小汽车这样的便利交通工具,可以扩大居民的活动范围,使得居民的就业和居住不再受范围的限制,可以缓解因城市中心区开发密度过高,造成环境质量下降,用地紧张,交通拥挤等问题。有利于区域内城镇体系的合理规划和布局。

3)小汽车的发展能够促进相关工业的发展

汽车产品涉及众多的工业部门,如冶金、石油、化工、电子、建材等部门,此外,汽车工业的发展还会带动相关的服务业的迅速发展。汽车工业的发展对于调整产业结构、推动工业与国民经济的发展具有良好的作用。

2. 发展小汽车的弊端

1)道路负荷严重

小汽车的过度发展将加重城市道路网的负荷。小汽车的乘客量一般为2~4人,它的运输效率很低。如果对小汽车的发展不加以控制,将会造成路网严重饱和,产生交通拥挤堵塞，爆发严重的交通问题。

2) 交通事故增加

从宏观上看汽车保有量的大小对交通事故的多少有着决定性的影响。小汽车的过度发展，加重了道路的负担，使得产生交通事故的概率增大。

3) 环境污染严重

小汽车的过度发展将会使城市的环境质量急剧下降。小汽车排放的尾气含有大量的有毒气体，诱发呼吸道疾病。此外，小汽车的噪声对居民日常生活干扰也很严重。

4) 能源短缺

小汽车的出行要消耗大量的能源。从小汽车完成单位运输消耗的能源方面来看，应该对小汽车的发展加以控制。

11.4.3 小汽车发展策略

我国城市用地紧缺、能源短缺和环境容量对小汽车发展具有相当大的制约。为此，要制定合适的小汽车发展对策，既能充分发挥其优势，又能实现城市交通的可持续发展。

1. 适度限制小汽车拥有，而不影响汽车工业

随着经济的快速发展，小汽车进入家庭是难以避免的趋势，同时小汽车的发展，能够促进汽车工业的发展。建议城市应该制定适度限制小汽车拥有又不危及汽车工业的政策。从小汽车拥有方面限制主要有以下对策。

1) 车辆配额和拥有证制度

车辆配额就是政府通过收税来调控车辆拥有。根据这一原理，购买新车必须持有拥车证，而不同车辆的拥车证价格是由市场动态决定的。政府每年根据当前交通状况、能源供应、道路容量、环境容量公布本年度车辆增长率，即车辆配额。每年的年初，根据上年报废车辆的总量，来制定当年发放拥车证的总数。一个拥车证可以注册一辆新车，每个拥车证都有使用期限。当拥车证过了使用期限，车主如果要继续使用原来的汽车，必须根据最近几个月拥车证的平均价格购买下一个使用期限的拥车证。通过车辆配额制度可以适度地抑制长期范围内小汽车保有量的增加。

2) 增加小汽车购置税

研究表明，城市居民购买小汽车的需求与汽车价格成弹性关系，即汽车价格上升，居民购车需求下降，而居民收入增加，居民购车需求增加。通过增加小汽车购置税，可以适当抑制小汽车拥有量。

2. 合理引导小汽车的使用的限制措施

在适度限制小汽车拥有的同时，要进一步运用经济杠杆的调控作用来引导小汽车的合理使用。引导小汽车使用限制主要有以下对策。

1) 通过道路拥挤收费，来减少小汽车的使用

道路拥挤收费是指在特定时段和路段对车辆实行收费，从时间和空间上来调节交通量，减少繁忙时段和繁忙路段道路上的交通负荷，同时还将促使客流向高容量的公交系统转移，达到缓解交通拥挤的目的。换句话说，拥挤收费就是将由于交通拥挤而产生的外部负效应通过收费形式内部化，纠正过度地使用道路的状况。拥挤收费带来的财政收入还可

以作为交通基础设施建设的资金来源和改善公交系统的补助,使交通系统处于良性循环。

2) 提高小汽车的停车费,来减少小汽车的使用

小汽车的快速发展,使城市的停车设施规模相对短缺。对城区小汽车停车可以收取高的停车费,来控制城区小汽车的使用规模,使小汽车的使用适合城市道路交通设施的容量。

3) 征收燃油税,鼓励经济型小汽车的发展。

我国是一个能源消费大国,近几年来,经常有城市出现能源短缺现象。通过征收燃油税适当控制大功率小汽车使用,对于污染小、小排量、节能型小汽车应予以适当鼓励。因此,大力发展经济型小汽车。

4) 合理控制出租车数量,降低出租车空驶率

目前很多城市出租车空驶率高,大大增加了无效交通量。可以通过开发预约合用出租车,对相近地点要到达顺路线目的地的乘客可提供预约合用出租。

5) 适度限制公车的使用

目前,在城市小汽车中,公车占有很大的比例。据2003年10月《新闻周刊》报道,除出租车外,在北京市的行驶车辆中,公车与私车的比例是4∶1,占机动车总量36%的公车却占用了道路资源的80%,公车在市区交通中的利用率远高于私车,因此在交通拥堵中的"贡献"应远甚于私车。为此,政府有必要对公车的使用进行必要的改革,采取必要的限制措施。

3. 合理引导小汽车使用的鼓励措施

1) 鼓励"停车-换乘"

建立城市停车-换乘(Park-And-Ride)系统,引导来自中心区以外的小汽车交通转换为公共交通,在市中心区的路口及公共交通换乘枢纽修建收费较低的小汽车停车场,鼓励在郊区及市中心往来的小汽车乘客停车,换乘公共交通工具进入市区,减少对中心城区的交通压力。如在荷兰,上班族可将小汽车停放在城市边缘而转乘地铁,地铁票甚至是免费的。

2) 鼓励"合乘"

在私车拥有量较高的住宅区,鼓励社区组织自愿合乘车辆出行,在使用费、停车费等收费政策上结合乘车以优惠。鼓励小汽车乘满人数(4人),乘客少于3人的小汽车要受到交通限制。在美国,有许多地方鼓励多人合乘小汽车。他们规定道路最靠近中心分离线的车道只允许多人合乘的小汽车通行,在一些收费的桥梁和道路,多人合乘的小汽车可以免费通过。新加坡也实行鼓励多人乘车的政策。

11.5 城市公共交通

11.5.1 公共交通概述

城市公共交通是与人民群众生产生活息息相关的重要基础设施,是城市交通结构中的

重要组成部分，是改善投资环境，发挥城市功能的物质条件，也是城市社会和经济赖以生存、发展的基础。

改革开放以来，我国城市公共交通有了较快的发展，但随着经济社会发展和城镇化进程的加快，一些城市交通拥堵、群众出行不便等问题日益突出，严重影响了城市发展和人民群众生活水平的提高。而优先发展城市公共交通是提高交通资源利用率，缓解交通拥堵的重要手段，也是改善城市人居环境，促进城市可持续发展的必然要求。

1. 公交发展优势

(1) 运载量大，运送效率高，占地面积少。相对于私人交通工具而言，公共交通有着更高的效率。一辆4座小汽车，占用的道路空间相当于一辆乘坐40名乘客的公交车或者12辆自行车的道路面积；6节车厢组成的地铁，相当于10km长的小汽车的载客量。从占用道路空间资源的角度看，公共交通具有明显的优越性。

(2) 投资相对少，能源消耗低，运输成本低，尾气污染相对少。有资料证明，运载同样数量乘客，公共交通(包括公共汽电车、地铁、轻轨等)与私人小汽车相比，分别节省土地资源3/4、建筑材料4/5、投资5/6；私人小汽车产生的废气是公共汽车的10倍；耗油量是公共汽车的2~3倍。2007年9月16日至22日，110个城市共同开展了首届中国城市公共交通周及无车日活动。据测算，开展无车日活动一天，可节省燃油3300万升，减少有害气体排放约3000t。大力发展公共交通，有利于控制污染，改善城市环境，对提高能源利用也有较大作用。

(3) 公共交通有利于出行安全。公交车速相对慢，行驶平稳，一般不易发生交通事故，特别是重大事故更少。有资料表明，小汽车的交通事故率为公共汽车的7.3倍，地铁、轻轨等公共交通工具的事故率更低。所以，广大市民对公共交通的安全性是认可的。

(4) 交通方式灵活，适应性强。不同车型为不同地区、不同客流量服务的适应性很强。在客流量大的地方布置大型的公交车，而在客流量不能确定的地方则采用灵活的交通方式，如城市公共交通中的出租车可响应需求服务及自取自用。

(5) 能利用技术手段把公共交通资源进行较好配置，这是其他交通方式无法比拟的。

2. 我国公交发展的现状

改革开放特别是20世纪90年代以来，随着城市化进程的加快，我国城市交通建设尤其是城市公共交通建设取得了前所未有的成绩。但在许多大中城市，交通问题仍困扰着广大市民的工作和生活，已引起了社会各界的广泛关注。建设部的一组数据显示：目前我国公交出行的分担率不足10%，特大城市也仅有20%左右，公交车速已越来越低，高峰时平均车速只有10km/h左右，比自行车还慢……出行难、行路难、交通时间成本不断增加等成为各地政府不得不面对的问题。

1) 管理体制不合理，公共交通发展缺乏系统完善的政策支撑体系和法规保障

一是在市场化进程中，对公交企业还没有形成一套科学合理的财政补贴补偿机制，只注重经济效益，公共交通的公益性难以体现。在2006年调查的117家公交企业中，没有得到政府财政补贴的多达42家，占35.9%。据统计，我国大中城市政府对公交企业的财政补贴占其运营成本的比重不到10%，而在柏林，政府对公交企业的财政补贴占到其运营成本的57%、巴黎为57.5%、华盛顿为66.1%。

二是城市公交行业分属不同的政府部门，缺乏统一的规划协调，导致轨道交通、公共

汽电车、出租车等公共交通组成部分难以发挥城市公共交通系统的整体性。而在法律法规尚不健全的情况下，公共交通的发展在一定程度上仍依赖于政府行政手段的协调和干预。

三是政府对市场的监管缺乏必要的法律支持，主体不明，权责不清，行为不规范，监管不到位，无法可依的现象影响了城市公共交通事业的发展。

2) 投入普遍不足，公交优先战略落实不到位

来自建设部门的资料显示，在2006年调查的117个城市中，66个城市在公交场站建设以及车辆、设施装备和配置更新方面得不到政府资金支持，占被调查城市的56.4%。投资结构不合理，资金不足，已经成为阻碍城市公交发展的根本性问题。许多城市公交场地建设严重不足，公交停车场规模偏小，中途站和枢纽站没有系统的优化布设，公交专用道建设步伐缓慢，道路交通环境不良，缺乏广泛的公交优先通行保障措施。此外，大运量公交系统建设缓慢，公交运力结构失衡，没有真正发挥大运量城市公共交通方式在城市交通出行中的主力军作用。

3) 私家车增长迅猛，公共交通主导地位逐步丧失

近年来，小汽车进入家庭，居民机动车出行率不断提高，与此同时，公交分担率却维持不变。结果是形成以个体交通为主、公共交通为辅的低效率、低通行能力和低运作水平的道路交通综合体系。混合交通严重阻碍了公共交通的运行和发展，而公共交通的落后进一步刺激了个体交通的迅速膨胀，从而形成恶性循环。

4) 运营效率不高，公共交通服务水平日益低下

我国城市公共交通线路网布局不合理，公交车辆车况较差，营运速度过低，准点率不高，高峰时公交运力紧张，拥挤严重。等车时间长、站点不足、准点率差几乎是城市公共交通的通病，据调查，城市居民对公共交通服务的不满意率高达70%。上海公交在民意调查中，一直排在全市服务行业的倒数前列。此外，公交从业人员的素质、职业技能和服务意识等还没有得到很好的完善，服务内容和方式亟须创新，人们对公共交通服务水平的需求明显高于现有的服务水平。

5) 管理手段落后，公共交通调度方式滞后

公交线路网欠优化，运营调度管理水平落后，现行的调度是以人工管理为主，不能根据客流的变化进行动态的调整。公交的实时控制在路段上也无法进行，几乎对各个中途站点的情况不能得到及时的监控和统一的协调。这种缺乏信息化管理和应变能力的公交调度方式导致公交信誉降低，居民转而采用自我时间控制能力较强的私人交通。

3. 解决我国城市公共交通问题的对策

1) 全面落实公交优先发展政策

优先发展城市公共交通不仅包括路权的优先，还包括公共交通的政策优先、投资优先、规划用地优先、通行时间优先等。为此，要加大政府对公共交通的扶持力度：一是在财政、税收、贷款、价格等方面向公交倾斜，制定经济优惠政策；二是科学合理地设置公共交通优先车道、专用车道、专用街道等，保障公共交通车辆以必要的道路优先使用权；三是在城市规划中要体现优先发展公共交通的思想。路网的建设规划要与城市规划结合起来，根据城市具体情况，确定城市公共交通发展目标和战略。2007年4月11日，国务院法制办公室公布了《城市公共交通条例(草案)(征求意见稿)》，草案也进一步明确了"公交优先"的原则。

2) 构筑多元化的城市公共交通系统

公共汽(电)车承担着城市公共客运的主要任务,因此应在稳步增加线路、延长营运里程、扩大站点覆盖面的基础上,优化线网结构和运力配置,尽量向居住小区、商业区、学校聚集区等城市功能区延伸,达到公共汽(电)车运载能力的更优化。同时,经济条件较好,拥堵问题比较严重的大城市可以有序、健康地发展轨道交通。其最大运能可达单向5万人次/h,是常规公共汽(电)车的7~8倍。建设轨道交通有困难的城市可以结合城市道路网改造,因地制宜地发展投资少、见效快的大运量快速公共汽车系统(BRT)。总之,现代城市要形成一个以地铁、轻轨或者BRT系统为骨架,以普通线路为主体,以多种形式的特色线路为补充,辅以灵活的响应需求的城市交通模式(如出租车)的公共交通系统。

3) 优化公交线路网,改善公交环境,提高服务水平

城市公交线路网运输能力的配置应充分考虑公交流量的不均衡性,保证整体运输效能最优。可以在符合条件的地区修建换乘站或换乘枢纽,并在换乘枢纽修建自行车和轿车停车场,以便于自行车、轿车、公共汽(电)车和地铁等不同交通方式间的换乘,以及与对外交通之间的有效衔接,实现公共交通的网络化。近年来,在西欧、美国和日本,骑自行车换乘公共交通工具去上班的人越来越多,城市相关部门积极采取措施促进这两种交通方式的协调,这很值得我们借鉴。同时,加快公交车辆更新步伐,开展多层次服务,按不同群体的需要提供不同质量的服务。可以选用多种车型,实施切实可行而又有吸引力的票价政策,既能为低收入者提供稳定、可靠而便宜的服务,又可以向高薪阶层提供舒适豪华的服务,从而增加公交出行的吸引力。

4) 推进公交企业改革,提高信息化水平,实现管理的智能化

我国城市公共交通行业应该进一步打破垄断,开放市场,改革公交企业产权结构,促进行业合理竞争。广州市试行私人企业经营公共交通就取得了良好的效果。同时,为了统筹安排城市公共交通资源,需要公交企业不断提高科技管理水平。大力推进公共交通线路运行显示系统、车队管理系统、多媒体综合查询系统、乘客出行信息系统等先进的公共交通管理系统在城市公共交通领域的广泛应用,实现公交企业日常经营管理办公的自动化、现代化和智能化。

5) 完善公共交通法规,加强行业管理

政府职能部门应从实际出发,建立完善的法规体系和组织机构,制定和推行相关技术标准。世界上许多国家和城市均通过公交立法实践取得了成功的经验,如美国的《城市公共交通法》、法国的《公共交通法》等。我国首部《城市公共交通条例》有望在近期出台,这将为我国城市公共交通的发展带来更大的机遇。同时,加强组织领导,强化法规和标准的指导作用,推进城市公共交通行业的市场化进程,维护正常公共交通市场经营秩序,规范公共交通企业经营行为,监督检查企业服务质量,切实保证乘客利益,促进城市公共交通健康有序发展。

6) 重视公共交通文化建设,培养市民自觉遵守和维护交通法规的意识

一是从小培养交通意识,将城市交通教育融合到学校教学内容体系中。韩国汉城从幼儿园就开始对幼儿进行遵守交通规则的教育,让孩子们扮演交通警察指挥交通;在小学的课程中也设有交通常识科目。汉城还有一个"交通公园",里面设置了各种交通线路和交通信号,供学校组织学生到此学习和实习,以提高学生的交通意识。这些尝试值得我们

借鉴。

二是加强对城市居民交通知识的宣传教育，把文明交通作为市民生活规范的组成部分，依靠城市全体市民共同管理好城市交通，逐渐养成文明交通意识，形成公共交通文化。优先发展城市公共交通是建设资源节约型和环境友好型社会的重要途径。

优先发展城市公共交通，有助于引导私家车辆健康发展，合理利用土地，节约能源，减轻污染排放，促进城市交通和谐发展。

11.5.2 常规公交

1. 技术性能要求

公共汽车以内燃发动机为动力，与其他客运交通工具相比，在线路设置和车辆运行等方面具有高度的机动灵活性，这一点，使其具有不可替代的优越性，是任何种类的轨道交通所不能比拟的，即使是带有双电源、可脱线跨过路口的无轨电车也是力不能及。但是，公共汽车作为一种常规的街道内地面公共交通方式，不可避免地受到城市道路条件和道路上交通环境的影响，在我国城市机动车与自行车大量交叉混行的条件下更是如此。这一交通特性，恰恰是公共汽车和其他街道内地面公共交通方式的一大弱点，也是促成街道外快速公共客运系统发展的重要原因之一。

公共汽车是城市最常见的一种公共客运交通工具。对它的技术性能要求如下：

1) 加速性能好

由于公共交通在城市中时行时停，不可能高速行驶。提高车辆区间行驶速度的主要条件在于车辆的加速性能。公共汽车的加速性能一般用起步距离内的平均加速度来标志。公共汽车的加速性能主要依靠无级变速或挡位变速技术实现。目前，新型公共汽车的平均加速度可达 $12m/s$ 左右。

2) 机动性能好

公共汽车机动性能好，表现在转向灵活。目前，公共汽车向大型化发展，铰接型公共汽车采用三轴或四轴结构，有的车长达 $20m$。公共汽车在设计上采取了前后轴转向装置，机动性能好，意味着它可以随时超越前车行驶。

3) 操纵轻便

随着公共汽车大型化发展，驾驶员的劳动强度增大，为减轻驾驶员体力消耗，采取可调高度驾驶坐椅、转向器和制动器的加力装置。一些先进国家还在公共汽车上采用微型计算机以提高汽车驾驶的自动化程度等。

4) 乘坐舒适方便

随着城市公共交通客运的发展，为满足乘客对城市公共汽车乘坐舒适性和方便乘客上、下车的要求，采用独立悬架式的专用公共汽车底盘的低地板城市公共汽车，使公交车的踏板和通道的离地高度大大降低，极大地方便了乘客的上、下车，并满足了乘坐舒适的要求。

2. 公共交通特性

1) 适应性广

从公共交通设线的适宜断面客流量来看，其适应性很广。在轨道交通发达的地区，作为轨道交通客流的集散使用；在人口密度较低的大城市边缘地区或旧城区的支路上，或大、中型城市的新建居住区或小城市的客流主要方向，都可以优先考虑设置公共汽车线路。

2) 线路设置灵活

在公共交通运行空间所需条件方面，公共汽车、无轨电车和常规有轨电车这三种公共客运方式，虽然都属于街道内公共客运系统的范畴，而且它们设线的适宜断面客流量和设站条件也基本上相同或相似。但设置公共汽车线路时，不存在架设动力线和铺设轨道的问题，以及由此带来的线路固定化所出现的种种矛盾：如不能超车行驶，对路口信号灯配时和街道景观的影响等；车辆运行灵活自由，设线的适用范围最大，可包括旧城区狭窄街道所覆盖的街区。

3) 车站设置灵活

不同的公共交通在线路走向和设站要求确定之后，它们在设站所需空间、工程设施、乘客进出站时的空间联系和为其乘客服务的设施等方面所需要的条件及相应的资金投入量各不相同，而公共汽车和无轨电车车站的设置要求较低，可灵活设置。

4) 行车组织灵活

从营运组织上来看，它可以根据客流的变化和具体的营运条件及其他条件，安排不同车型的车辆和行车的组织方案：如在高峰小时客流集中的干线上用大容量的车辆组织大站距快车或区间车；在街道狭窄、转弯半径小而客流量又较大的旧城区使用短车身双层公共汽车等。定线和不定线行驶、招手上车和就近下车的小型公共汽车，既可以对常规的公共电汽车的乘客进行部分分流，为这部分乘客提供便捷、舒适的出行条件，又可以填补常规公共电汽车线路网难以覆盖的"空白区"。

总之，公共汽车所具有的适应性强、灵活性大的交通特性，是其他公共客运方式特别是轨道交通所不及的，这一点，是其经久不衰的生命力之所在。

3. 道路交通条件对公交的影响

由于大城市人口众多，当经济发展到一定的规模，而尚未建立街道外快速公共客运系统时，在交通量与日俱增的条件下，由交通密度不断增加而导致的道路拥挤和阻塞，将对地面常规公共电汽车交通的正常运行产生明显的不利影响。

影响地面公共交通车辆正常运行的因素，除了雨、雪天气等自然条件之外，主要还有如下因素。

(1) 在未设公共交通专用车道的道路上，公共汽车的运行效率，在很大程度上取决于其他机动车辆的数量、运行速度和自行车、过街行人的干扰程度，在交通密集的商业区更为明显。

(2) 在路口不实行公共汽车优先通过的情况下，公共汽车常常被抢先通过路口的自行车和加速性能好的小汽车所阻挡，而不能及时地通过路口。

(3) 在没有公共汽车专用道又无港湾式停靠站的情况下，公共汽车进入驶出停靠站时，一方面受到行驶中的其他机动车和自行车的干扰，同时在停靠、启动时也会影响到其他车辆。这些影响公共汽车正常和有效运行的因素共同作用的结果，集中表现在输送乘客的效率和正点率的降低。如北京、天津、广州三市在20世纪90年代末期的公共交通车辆的运行速度分别是16.5km/h、14.4km/h和13.3km/h，全日行车正点率分别为76%、83.9%和77.8%，比70年代中期的运行速度和正点率分别降低30%和15%~20%。

4. 改善公交的对策

为了发挥公共汽车高度机动灵活的优势，克服或者减少道路交通环境对其正常运行的不利影响，减少对环境的影响，需要采取政策、规划、工程技术和管理的综合对策。

1) 车辆技术的改进措施

在车辆底盘技术上，德国首先开发出低地板城市公共汽车。由于长期以来城市公共汽车都是在载重货运汽车底盘的基础上进行装配的，而没有自己的专用底盘。大部分的城市公共交通车辆(包括城市公共汽车、城市无轨电车、小城市公共汽车、双层城市公共汽车等)的乘客地板高度离地面距离比较高，通常地板高度为700～900mm，乘客感到上、下车很不方便，尤其是老年人、儿童、孕妇和残疾人。严重地制约了城市公共交通客运的发展，同时难以满足乘客对城市公共汽车乘坐舒适性和方便乘客上、下车的要求。低地板城市公共汽车采用独立悬架式的专用公共汽车底盘，使得城市公共汽车地板离地高度大大降低，保持在320～350mm，极大地满足了乘客方便的上、下车及乘坐舒适的要求。

在环保方面，德国又研制成功了低地板导向式轨道的城市公共大客车，瑞典沃尔沃客车公司研制成功了环保概念型低地板城市公共汽车，其动力为蓄电池和燃气轮机发电机组，以使城市客车乘客室内地板完全平坦又降至最低，地板离地高度仅为320mm，蓄电池放置在城市客车车顶。另外，以液化石油气(LPG)和天然气(CNG)为燃料的低地板城市公共汽车也投入了批量生产。

2) 公共汽车交通优先管理技术与策略

在交通管理上，在道路条件允许、断面客流量较大的线路，尽量修建港湾式公共汽车停靠站；在过街入流量大的商业街、路口和公共交通枢纽站等地修建行人过街桥或地道；在重要路段或交叉口实行公交优先管理。

城市道路网络由路段和交叉口组成，是公交车辆运行的载体。公交优先通行系统设计就是要在公交车经过的道路网上采取相应的措施，使公交车运行时少受干扰、优先通行。其基本出发点是将公共汽车与其他交通方式在时间或空间上相分隔。公交优先通行设计在欧洲国家十分普遍，常用的公交优先方式有两类：

(1) 路段优先。根据实际情况设置公共汽车专用车道或公交专用道路等。

(2) 交叉口优先。交叉口上的公交优先措施主要有设置专门的公交相位、设置专门的公交车入口车道，以及其他一些特殊的公交车优先排队与通行措施等。

11.5.3 轨道交通

1. 轨道交通介绍

轨道交通是一种运量大、快捷、安全、节能、舒适、低污染的城市公共客运方式。具有以下交通特点。

1) 运输能力

连续通行的城市快速路，每条车道每小时大约可通过1600辆小汽车，以每辆车1.5人计，则可运送2400人；在快速道路上开辟公交专用道，每小时运送4200人；地铁每小时单向可运送3～5万人，可见，它们的差异高达6～20倍。

2) 运送速度

地铁运送速度可达到35~40km/h，轻轨则为25~35km/h，而常规公交的运送速度仅为12~20km/h。

3) 能耗

按每单位运量(以人·km计)所消耗的能量作对比，轨道交通系统是小汽车的1/5，是公共汽车的1/2.5。

4) 污染

小汽车完成单位运量所产生的污染是最高的，公共汽车则要好很多，而地铁和轻轨除噪声及电磁污染之外，几乎对大气没有污染。据测算，中国的大城市轨道交通承担客运量的份额若达到50%左右，CO和NO_x排放量可分别降低92%和86%。

5) 占用空间

轨道交通与地面道路相比，完成相同运输量，前者占用土地面积仅仅为后者的1/8~1/3，而且采用电能驱动的地铁或轻轨可以完全不占用地上空间，而道路则很难完全布置在地下。

2. 轨道交通的分类

轨道交通基本类型：地铁系统、轻轨系统、市郊铁路、单轨系统、新交通系统、有轨电车。

1) 按交通容量分类

交通容量：即运送能力，指单方向每小时的断面乘客通过量。按不同的交通容量范围，轨道交通分为特大、大、中、小容量四种系统。

2) 按敷设方式分类

分为隧道(包括地下、水下)、高架和地面三种形式。特大、大容量轨道交通在交通较为繁忙的地区多采用隧道和高架形式，在市郊则可采用全封闭的地面形式；中容量也可兼有三种敷设形式，且通常不与机动车混行；小容量轨道交通系统一般采用地面形式，可与机动车混行，运输效率低，相对于普通公交优势并不明显。

3) 按路权分类

路权是指轨道交通系统运行线路与其他交通的隔离程度。以此为依据，轨道交通系统可分为A、B、C三种类型。

C类即开放式系统，代表地面混合交通，不具有实体分隔，轨道交通或与其他交通混合出行，在路口按照信号规定停驶，也可享有一定的优先权，诸如用道路标线或特殊信号等保留车道，有轨电车通常使用此形式。

B类即半封闭系统，沿行车方向采用缘石、隔离栅栏、高差等措施与其他交通实体隔离，但在交叉路口仍与横向的人车平交混行，受信号系统控制，一般用于1.6万人/h以下的中等容量轨道交通系统。

A类即全封闭系统，与其他交通完全隔离，不受平交道和人车的干扰，一般用于高、大容量及1.6万人/h以上的中等容量轨道交通系统。

4) 按导向方式分类

按导向方式分为轮轨导向及导向轮导向，一般钢轨钢轮系统(地铁、轻轨、有轨电车)属前一类型，启动较快；单轨及新交通系统等胶轮车辆属后一种类型。

5) 按轮轨支撑形式分类

轮轨支撑形式,即车辆与转移车重的行驶表面之间的垂直接触与运行方式,从这一标准出发,轨道交通可分为钢轮钢轨系统、胶轮混凝土轨系统以及特殊系统。钢轮钢轨系统包括市郊铁路、地铁、轻轨、有轨电车,胶轮混凝土轨系统主要指单轨及新交通系统,而特殊系统则包括支撑面置于车辆之上的悬挂式单轨系统、磁悬浮式轨道系统等。

3. 轨道交通的发展

1) 地铁

(1) 常规地铁。常规地铁多用于超大城市或特大城市市区内部高密度地区间的交通出行,车辆制式和线路特征依各国标准不同,运营速度一般为35~40km/h,而最大车速可达80km/h。就容量指标而言,单向高峰小时断面流量可达到4万人次以上,属于大容量快速轨道交通系统。

常规地铁高运量和快速准时的目标,要求其具有专用的运行空间,当地面交通较为繁忙时多采用地下交通,当条件许可时也可以采用路堤或高架路方式、实体隔离的平面式或露天置于地下的半降式,但在市区内部仍以地下线居多,如图11.1所示。

但是,地铁造价昂贵,建设周期长。在目前的情况下,地铁每公里造价高达7亿~9亿元,而建设周期长又导致了投资回收期长,更加重了投资者的疑虑,给建设筹资造成了很大的困难。

图 11.1 地铁

(2) 小型地铁。由于土木工程费用在快速轨道交通系统的建设费用中占75%~80%,其中隧道部分更是占了相当大的比例,而隧道工程费用大致与其断面积成正比,因此致力于达成最小的隧道直径成为工程设计的重点,而与牵引设施的相关性又导致了小型车厢的使用,于是便出现了小型地铁。

小型地铁初期建设费用较低,因此可用于经济条件不允许采用常规地铁的大城市或中等城市,以解决市区内部高密度地区间的交通出行,但由于车辆的轻型化,系统的容量也随之降低,从而限制了小型地铁的广泛使用。

小型地铁的车辆设备、线路特征、容量和车速与常规地铁存在着某些相同点和一定的差异,如表11-4、表11-5所示。

表 11-4 日本大阪常规地铁的车型特征及线路特征

	长度/m	宽度/m	高度/m	容量/人	最高速度/(km/h)	平均速度/(km/h)	牵引方式
车型特征	18	2.890	3.745	130~140	70	35~45	电力
线路特征	最小转弯半径/m		最大坡度/(%)		小时断面客流量/(人/h)		轨距/m
	正线	支线	正线	支线			
	120	55	3.5	4.5	33000~66000		1.435

表11-5 日本大阪小型地铁的车型特征及线路特征

车型特征	长度/m	宽度/m	高度/m	容量/人	最高速度/(km/h)	平均速度/(km/h)	牵引方式
	12	2.450	2.950	65~74	70	35~45	电力
线路特征	最小转弯半径/m		最大坡度/(%)		小时断面客流量/(人/h)		轨距/m
	正线	支线	正线	支线			
	120/55	55	3.5	4.5	12800~25600		1.435/1.067

2) 轻轨

城市轻轨的敷设方式有很大的弹性，可依据不同的城市环境和运营条件设计。当路面宽度较大时，在路段上可采用实体隔离的地面轨道，在路口可降至地下或升至空中，而在道路空间有限的条件下则可采用全程高架。并且相对于高架道路而言，高架轻轨占地面积仅为其1/3~1/2，宽度有限，更易敷设，如图11.2所示。

与常规地铁相比，轻轨造价低，工期短。从总投资指标来看，地面∶高架∶地下≈1∶3∶9，资金限制大大减少，使人口在50万人左右、交通压力不大的中等城市有能力采用；同时建设速度快，工期短，适应了城市发展的迫切需要，且交付运营后的资金回收期短，投资风险降低，筹资可能性更大。

从噪声、废气、城市景观三方面综合考虑，轻轨系统对环境影响较小。高架轻轨产生集中型噪声，由于客运量大，所以人均噪声小，而相同运量的道路交通由于产生分散型噪声，人均噪声大，且不易于治理。

此外，高架轻轨使用电能牵引，不会产生直接的废气污染，同时又吸引了大量的机动车客流，减少机动车废气排放，保护了城市大气环境。而且城市轻轨可采用钢结构，轻巧美观，影响城市景观程度小，可在不破坏原有风格的前提下大幅度提高交通能力。

3) 单轨系统

就技术上的定义而言，单轨系统是指以单一轨梁支撑车厢并提供导引作用而运行的轨道交通系统，如图11.3所示。

图11.2 高架轻轨

图11.3 单轨系统

依据支撑方式的不同，可以分为跨座式和悬挂式。

根据车型不同，单轨系统单方向小时运量可达5000~40000人，一般用于市区内高峰小时单向断面流量在此区间内的客流运送或作为市区通往机场、码头等大型对外交通枢纽的客运交通干线。

单轨系统一般利用城市道路中央隔离带设置结构墩柱,由于采用单一轨梁,相对于城市轻轨轨道所占的空间更小,对沿线城市景观的影响程度较轻微。以区间双线轨道结构宽度为代表指标,跨座式单轨约5m,悬挂式单轨约7m,而地铁和轻轨分别为8.5～9.0m和8.0～8.5m。

单轨系统作为专为高架类型所发展的快速轨道交通系统,土方工程量不大,建设成本较低。单轨交通的车辆和轨道容易检查和维修保养,轨道使用寿命又长,因此运营管理费用相对较低。而且,单轨交通轨道结构比较简单,标准轨道梁可在工厂预制,现场拼装,既保证了精度又便于施工,从而可缩短建设工期。

就环境影响而言,单轨车辆采用了橡胶轮胎和空气弹簧转向架,在运行中振动小、噪声低,而电力牵引方式则保证了没有污染空气的废气排出,因此有利于保持清洁安静的城市环境。

但是由于单轨系统属于胶轮胶轨体系,轮轨间摩擦较大,因此能源消耗要比地铁约高50%。此外单轨系统还存在着稳定性问题,跨座式单轨系统需设置辅助车轮,而悬挂式单轨的摆动则随车速的提高而加剧,目前还难以有效的解决,从而影响了其广泛应用。

4)市郊铁路

现代城市发展呈现聚散双向运动的特征,"散"表现在城市居住人口为了追求更好的生活环境向郊区扩散,"聚"表现在市中心集约开发和高强度利用,使城市工作人口向市中心凝聚,造成了大量人口在郊区居住,在市中心工作,产生流向集中且时间性差异明显的大量客流,于是运量大、速度快、污染轻的市郊铁路应运而生,把市区和郊区连成一体,提供郊区副中心与市区间、卫星城与城市间的通勤服务,如图11.4所示。

图11.4 市郊铁路

随着郊区副中心的形成和扩展,市郊铁路也可不限于市区、郊区的连接,而以市中心为核心,覆盖周围地区,承担市中心与郊区及郊区与郊区间长距离大运量的运输,成为城市快速铁路。

市郊铁路编组灵活,可适应通勤出行的时间集中性和方向性,根据客流大小,调整编车组数及发车间隔,有较高的加减性能和较好的运行秩序,能实现高效运输。在高峰期,市郊铁路可按10～12辆编组,单向每小时最大运送能力可达6～8万人,属于城市轨道交通中的高容量系统。

与地铁、轻轨等轨道交通形式相比,市郊铁路具有大站高速的特点,市区内站间距为1.5～3km,郊区站间距为5～10km,运营速度可达到80km/h以上,因而可大大缩短中、远途出行时间。

市郊铁路多采用电力机车牵引,轮轨导向,启动快,对环境没有毒废气排放,空气污染少,噪声小。同时市郊铁路的能耗也较低,与环境的协调性较好。

市郊铁路的车辆类型、线路特征均接近大铁路,往往与之有便利的联络线或设备共用。在郊区建设时还可以利用既有铁路设施稍加改造成为全封闭的地面轨道,同时站间距长,车站结构简单,因而投资少,工程费用仅为地铁工程费用的1/5或高架铁路费用的1/2。

此外，市郊铁路的建设对城市形态合理发展也具有良好的作用。一方面，市郊铁路运量大、运点长、准点率高，可有效缓解目前城区向外扩展过程中新开发居住区与市中心区的道路交通拥挤，解决卫星城居民的通勤通学问题，提高新开发居住区、工业区吸引力，刺激市郊进一步开发，有利于卫星城的形成。另一方面，市郊铁路的建设加快了城市中心区向新建城区和郊区疏散，减少市中心区人口，为旧城改造减少拆迁工作量，有利于中心区改建。

5) 新交通系统

都市新交通系统一般是指自动导轨运输系统（AGT），既已完全自动操作的车厢，沿着具有专用路权的固定轨道载运人员的快速轨道交通系统，固定轨道可能为地下或高架方式，也可以敷设于地面，但必须完全与街道中的车辆及人行交通隔离。AGT 车辆多采用电力驱动，污染较小。

根据服务容量及路径形式，AGT 可分为三类，即穿梭或环路交通系统、群体系统及个人系统。穿梭或环路交通系统在两地之间往返或沿环状路径绕圈行驶，除可作两点间直接运输外，还可中途设站停留，这一系统通常是用较大型车厢，单车容量可达 100 人。而群体系统主要服务于具有相同出发点及目的地的群体乘客，通常采用载客量为 12~70 人的中型车厢，故可视为一种自动形式的公共汽车。由于单车容量较小，因此除可以有较密的班次外，还可设置分岔路线，以便选择性地绕行主线，收集支线的乘客，而服务方式则可分定时排班或中途不停留的区间捷运。

但 AGT 系统轨路两侧需安装导轨以诱导车辆运行，并且车速调整、车门启闭、停靠站台等完全采用自动控制与侦测，技术含量较高，建设成本难以降低，同时 AGT 系统运量也不大。

11.5.4 快速公交

1. 快速公交内涵

1) 快速公交定义

BRT(Bus Rapid Transit，快速公交系统)是指利用改良型的公交车辆，运营在公共交通专用道路空间上，保持轨道交通特性且具备普通公交灵活性的一种便利、快速的公共交通方式；是一种高品质、高效率、低能耗、低污染、低成本的公共交通方式，充分体现了以人为本，构建和谐社会的发展理念。

2) 快速公交起源

快速公交系统起源于巴西的库里蒂巴市。在 20 世纪 70 年代，库里蒂巴市为缓解城市交通拥堵状况，在缺乏足够资金建设轨道交通的情况下，决策者及城市规划人员大胆开发并实施了一种新兴的公共交通方式。他们的措施就是用投入相当于地铁 1/10 的资金，来建设具有轨道交通运营特性的公共交通方式。

3) 快速公交的特征

(1) 快速公交的车辆运营在专用路权上，运营速度一般在 20~35km/h，接近轨道交通的运营速度。

(2) 一般可达到单向 1.5 万~2.5 万人次/h，与中运量轨道交通的运输能力相当。高标准的快速公交系统的运输能力可高达 4 万人次/h 以上，接近或超过大部分的轨道交通的运输能力。

（3）大多数系统采用 18~25m 长的新型铰接车，单车的载客人数可高达 200~250 人。

（4）快速公交的车辆一般采用色彩鲜艳标识统一的车辆，以体现其品牌效应。

2. 快速公交组成系统

1）快速公交系统运营的道路空间

快速公交系统的车辆运行在专设的公交专用车道或道路上，保持快速公交系统的运营速度不受机动车拥堵的影响，如图 11.5 所示。公交专用道路或车道的设置方式在很大程度上决定着快速公交系统的运送速度与运营能力。

图 11.5　快速公交专用道

2）快速公交系统的车站与枢纽

快速公交系统的站点通常设置有收费和公交运营信息管理系统；站台的高度设置为与车辆底板等高，以便乘客水平上下车；车站一般设计为具有明显特征的建筑，便于乘客辨认快速公交系统车站的位置，如图 11.6 所示。

3）快速公交的车辆

快速公交系统的车辆一般采用色彩鲜艳及统一的公交车辆，以体现其品牌效应；采用低地板的公交车，以方便乘客上下车；采用大型铰接车以提高系统的运输能力及减低平均运营成本；许多城市的快速公交系统采用对环境影响比较小的清洁公交车，如图 11.7 所示。

图 11.6　快速公交车站　　　　　　　　图 11.7　快速公交车辆

4）快速公交的线路

快速公交系统的线路可以采用与轨道交通类似的单一线路或是多条组合线路。快速公交线路的组成比轨道交通具有更多的灵活性,因为快速公交系统的线路可以在主干线上互相组合以及在主干线的起点或终端向外进一步延伸。

5) 快速公交的收费系统

快速公交系统包含与其运营管理体制相一致的收费系统,收费形式包括使用硬币、磁条、票据和智能卡四种。为保证快速公交车辆所有车门能够同时上、下乘客,减少上下乘客延误时间,进一步提高整个系统的运营能力与效率,收费往往采用与轨道交通相同理念,即在站点上完成。

6) 快速公交的运营保障体系

快速公交系统的运营保障体系包括运营组织机构和运营保障设施两方面。运营组织机构包含项目前期规划与实施的管理机构和快速公交系统运营期的管理与运营机构。运营保障设施主要是智能化的交通管理手段,如道路交叉口的交通信号灯系统、公交车辆全球定位系统和公交运营车站信息管理系统等。

3. 快速公交的发展优势

1) 最有效的利用道路资源

快速公交人均占用道路资源仅为小汽车的 1/20,如图 11.8 所示。

图 11.8 运送乘客 300 人所占用道路空间

2) 低廉的造价与运营费用

快速公交系统的建设、运营和维护成本很低,建设一个快速公交系统的成本仅相当于建设同样运输能力地铁的 1/10,如图 11.9 所示。

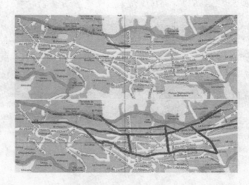

图 11.9 相同投资下地铁系统和快速公交系统建设范围

3) 低能耗和低污染

不同交通方式对环境的影响如图 11.10、表 11-6 所示。

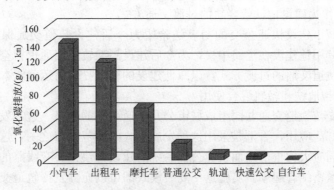

图 11.10 不同交通方式环境影响比较

表 11-6 不同运输方式每 100 万人·km 污染与耗能情况

方式污染物	私家车	出租车	普通公交	快速公交	轨道交通	摩托车
CO_2/t	140.2	116.9	19.8	4.7	7.5	62.0
NO_x/kg	746.0	662.0	168.4	42.0	17.5	90.0
油耗/t	49.2	41.0	6.9	1.6	2.6	21.8

4) 见效快、建设周期短

单条线路从立项到完工的时间：快速公交需要 1~2 年，轻轨系统需要 4~6 年，地铁系统需要 8~10 年。

5) 速度快、可靠性强

快速公交系统运营在公交专用道上，因此受其他交通方式的干扰较小，车辆速度高，易于和计划时间表保持一致。此外，水平上下车和车外售票系统使公交车辆在车站内的等待时间减少，行程时间缩短，车辆的平均速度得到进一步提高。

6) 有利于城市土地开发

快速公交系统可以促进以公交为轴心的城市土地发展模式(Transit Oriented Development)发展，在快速公交系统沿线修建高密度的建筑，可以缩短乘客步行至公交车站的距离，增加公交出行方式的吸引力，为快速公交系统提供充足的客源，形成土地发展和交通系统的良好结合。

4. 快速公交的发展形式

1) 快速公交成为整个公交的主体

这种公交发展模式是建立完整的快速公交网络，覆盖大部分的城市。快速公交网络包括公交专用道系统及公交换乘设施。同时，公交票价政策可采用与地铁类似的收费办法，即在整个系统中采用统一的收费标准。

2) 快速公交应用于地铁或轻轨的延伸

有些城市在建设轨道交通时盲目地将线路延伸到城市边缘，从城市用地、客流需求或是道路交通状况等方面看，建设轨道交通可能是不经济的。由于在城市边缘或者城市新开发区，建设快速公交所需要的道路条件较成熟，因此可以使用快速公交作为轨道交通的延伸来降低投资与公交运营成本。快速公交的终点与轨道交通的起点紧密地结合在一起。

3) 快速公交作为建设地铁或轻轨的过渡交通方式

巴西大多数城市建设快速公交的初衷是希望为今后建设轨道交通保留必要的道路用地。他们将公交专用道建设在道路中央，为今后建设高架轨道交通保留空间。选用地面快速公交作为建设轨道交通的过渡方式，以减低建设的初期投资与运营成本。

4) 快速公交与地铁和轻轨混合使用

地面快速公交与轨道交通共同组成城市公共交通系统的网络。这一发展战略已被世界上许多大型城市广泛应用，香港是采用这种发展模式的典范城市之一，这些城市在规划与建设轨道交通的同时大力推广地面快速公交系统的建设，快速公交线路的布置以及与轨道交通的换乘都是紧密结合起来。实施这一发展模式即可以充分发挥轨道交通的优势同时可以充分发挥地面快速公交的优势，并且可以减低建设公共交通系统的建设成本与运营维修费用。

5) 独立式的快速公交系统

独立式的快速公交系统指的是建设一条或多条互不关联的快速公交走廊。这种系统往往在快速公交建设初期被广泛使用，中国目前大部分的快速公交系统采用这种形式。随着快速公交系统的逐步发展与健全，独立式的快速公交可以改变成快速公交网络。

小　　结

随着社会的发展，人们出行多样化要求日益突出，因此需要建立多元化的交通结构体系来满足人们的日常出行。本章主要介绍了各种客运方式(步行、自行车、小汽车、公交)的交通特点，并且对其适用性进行了分析。步行和自行车交通是无污染、无能耗的绿色交通，适合短距离出行，可以作为公共交通的衔接之用。小汽车交通有着门对门的快捷方便的作用，但是对交通污染、能源消耗、道路资源占有也是最大的，对于小汽车交通应该给予合理引导。根据城市规模、形态、经济基础来选择合适的公交方式，引导城市健康发展。

课 后 习 题

思考题：
1. 快速公交的发展优势与发展方向如何？
2. 谈谈你对小汽车交通发展的想法。
3. 试分析各种公交方式的适用性。

第 12 章 交通系统仿真

教学提示：交通系统仿真是在数字计算机上进行交通实验的先进技术，是交通领域研究的一大热点。利用交通仿真模型，不仅可以动态地、逼真地仿真交通流和交通事故等各种交通现象，深入地分析车辆、驾驶员和行人、道路及交通流的交通特征，有效地进行交通规划、交通组织与管理，还能用于其他模型有效性的验证。本章简单介绍交通系统仿真的定义和作用，交通仿真的分类及几种常用的交通仿真软件。

学习要求：通过本章的学习，学生应该了解交通系统仿真的作用，了解常用的交通仿真软件。

引例

> 目前，网络版"虹桥枢纽交通仿真系统"已经对外开放，市民可以在网上体验上海虹桥枢纽"行驶"的感觉，提前掌握其特殊的"八进八出"通行模式，并及时发表意见和建议，以帮助政府部门进一步完善枢纽交通标志和标线的设置。打开页面后，系统提示选择枢纽"八进八出"中的一条，选择完成后，进入了第一人称视角的模拟界面。这一界面如同赛车游戏，营造出一个逼真的虚拟虹桥枢纽，体验者以驾驶员的视角，在语音的指引下行驶。在"行驶"过程中，所有标志标线一目了然，遇到限速标志，"车速"会随之放慢，模拟的行驶时间与真实时间一致，该系统不但完全模拟了道路，连沿路的风景也与现实无异，除了道路上有行驶的车辆，路边还有行人，背景里甚至可以看到飞机的起降。

12.1 概 述

12.1.1 交通系统仿真定义和作用

交通系统仿真是指用系统仿真技术来研究交通行为，它是一门对交通运动随时间和空间的变化进行跟踪描述的技术。从交通系统仿真所采用的技术手段以及所具有的本质特征来看，交通系统仿真是一门在数字计算机上进行交通实验的技术，它还有随机特性，可以是微观的，也可以是宏观的，并且涉及描述交通运输系统在一定期间实时运动的数学模型。通过对交通系统的仿真研究，可以得到交通流状态变量随时间与空间的变化、分布规律及其交通控制变量间的关系。因此，交通系统仿真在道路运输系统各组成部分的分析和评价中发挥着重要的作用。

交通仿真模型与其他交通分析技术（如需求分析、通行能力分析、交通流模型、排队论理论）结合在一起，可以用来对多种因素相互作用的交通设施或交通系统进行分析和评估。这些交通设施或交通系统可以是单个的信号灯控制或无信号控制的交叉口，也可以是居民区或城市中心区的密集道路网、线控或面控的交通信号系统、某条高速公路或高速公路网、双车道或多车道公路系统，等等。另外，交通系统仿真还可以用来分析和评价交通集散地（如停车场、中转站、机场等）的规划设计及运行状况。

12.1.2 交通系统仿真的分类

1. 仿真分类

交通系统仿真，根据仿真对象和仿真目的的不同，可分为微观仿真和宏观仿真。微观仿真以微观模型为基础，而宏观仿真则以宏观模型为基础。另外，还有一大类更大尺度的宏观仿真，如基于四阶段模型的区域交通规划仿真。

微观仿真通过考察单个驾驶员和车辆及其相互作用特征来描述系统的状态，而宏观仿真则是通过考察交通流特征，即车队的"平均"行为，来描述系统的状态。微观仿真和宏观仿真都可用来研究交通流的特征，如交通流量、交通密度、平均车速，等等。除此之外，微观仿真还可以用来研究每辆车的运动状态，这是宏观仿真所不能办到的。

一般说来，各种类型的交通系统仿真适用的情况为：

（1）微观仿真通常适用于动态交通现象，如交通波动分析、可接受空当分析、交织影响分析等，这些分析通常是在非稳定交通状态下进行的，使用宏观仿真不可能或很难获得结果。

（2）当交通流中的人-车单元是系统的主要考察对象时，就需要进行非常详细的微观仿真。例如，对不同交通规则影响效果的估计或某一地点交通控制方案的设计等。

（3）对瓶颈路段进行研究时，如果交通量变化非常大，或交通组成中大型车的比例较高，需要进行非常详细的微观仿真。

（4）对交叉口交通状况的研究，宏观仿真和微观仿真都适用。基于排队理论的宏观仿真适用于信号灯前排队长度的研究，而微观仿真更适合于研究信号设置对车辆油耗和交通噪声的影响。

（5）宏观仿真通常更适用于道路网交通状态的研究，也可以加入微观的仿真子模型去跟踪显示各个车辆以及它们在网络中的运行情况。

2. 微观仿真模型的基本要素

微观交通系统仿真模型通常由以下基本要素组成。

1）道路条件

道路条件通常包括道路几何参数、路面状况、交通标志和标线、交通信号等，根据仿真目的的不同，在仿真过程中，道路条件可以是一成不变的，如研究不同交通流量或交通组成的状况；也可以是不断变化的，如进行道路方案的优化和比选。

2）车辆到达

对于每一辆到达系统入口处的车辆，模型必须产生一个到达时间。根据仿真目的的需要，还应产生一些其他描述车辆特征的参量，如车辆类型等，必要时，还应包括出行目的地。

到达时间根据每一个入口处的车辆到达间隔分布计算出来。当入口为多车道时，还必须在其他的描述车辆特征的参量中给出车道选择。

某些情况下，系统入口处产生的参量仅仅是一个初始值，它们在仿真过程中，将根据道路几何参数或交通条件的变化而改变。

3) 车辆特征

驾驶员的行为受到交通规则和车辆动力性能的限制。描述车辆动力性能的最重要参数为最高车速及给定车速的加减速能力，当然，这些参数受车辆特征、道路条件和天气状况的影响。车辆特征通常用发动机功率、车辆容量及空气动力学特性来描述。车辆类型分布在仿真模型中一般采用经验分布。道路条件通过道路几何参数和路面状况来描述。

在微观仿真中，车辆的最高速度将限制车辆的期望速度，而车辆加减速能力参数则用于计算驾驶员决定的执行效果。在仿真模型中，还要对加减速能力充分发挥（如紧急制动或超车）的情况和未充分发挥（如减速停车或干道上逐渐加速）的情况加以区分。

4) 期望车速

车辆在道路上的运动主要受车辆期望速度的影响，当交通密度较高时，则主要受慢速行驶车辆的车速影响。

实际的期望车速是在低交通量的直线路段上观测出来的，随着交通量的增加，车流中自由行驶车辆的数量将会减少，期望车速的观测将变得越来越困难。在构造微观仿真模型时，通常假设期望车速与交通量无关，其分布服从正态分布，据此对小型车和大型车分别建立期望车速分布模型，近年来，则更多地以经验分布代替正态分布。在实际应用时，必须对上述关于期望车速的假设分地点、分车道进行认真的检验。

5) 车辆间的相互作用

在构造微观仿真模型时，要对两种不同类型的人-车单元运动加以区分。一种是运动只受车辆、道路条件和外部因素如天气状况或速度限制等的影响；另外一种是除上述影响因素外，还要受其他人-车单元的影响。

在车辆跟驰模型中，通过一个"感知界限"参量来区分两种类型的人-车单元运动，这一参量也被用于确定什么时候驾驶员将加速或减速，以便与前车保持适当的距离。

构造相互作用模型时，必须对"感知界限"进行观测，并分别计算出两种不同运动类型的加速度和减速度。此外，还要对每一种道路形式分别进行模型的设定。

6) 车道转换和超车

驾驶员对于来自其他车辆的干扰，一般通过调整自己的车速来体现，当条件允许时，转换车道或超车。

对于描述车道转换和超车的参数很难进行观测，这是因为需要同时记录下许多变量。因此，目前这方面的研究成果较少。定性分析表明，当驾驶员离开慢速车道进入超车道时，所能接受的临界空当比由超车道转入慢车道时要小得多。

对于单向行驶道路的车道转换和超车，目前的仿真模型多用"感知界限"或可接受空当出现的概率或两者结合来描述；对于双向行驶的道路，则要考虑必要的超车距离和对向交通流中产生的空当，有时还要加上视距条件和用于描述驾驶员冒险程度的参数。

3. 宏观仿真模型的基本要素

宏观仿真模型与微观仿真模型的区别主要表现在如下两个基本要素上。

1) 车辆到达

与微观仿真模型一样，在宏观仿真模型中，对于每一辆进入系统入口处的车辆，都要产生一个到达时间，以及相应的特征参量。所不同的是，由于宏观仿真通常都是用于道路网的交通状态研究，车辆特征参量往往要包括每辆车的出行目的和行驶路线。每辆车的出行目的可以从随时间变化的 $O-D$ 矩阵中获得，而行驶路线则可以通过最短路径法计算出来。

2) 相互影响模型

传统的宏观仿真模型应用速度-流量一般关系式来描述车辆在系统中的运动。当道路网系统能够划分为具有相同特征的几个子系统时，也可以将道路几何特征、速度限制和天气状况等因素引入宏观仿真模型。

施威尔德菲格(Schwerdfeger)在 1983 年提出了一个微观和宏观的混合仿真模型，其中既采用了速度-流量的一般关系式，也采用了期望车速来计算车辆的实际速度。为避免在相邻路段上出现不连续的情况，在该处采用了平均车速。

12.2 交通仿真的方法和一般步骤

交通系统仿真的对象是含有多种随机成分和各种逻辑关系的复杂的交通系统，因此，它本身就是一个复杂的系统工程。它包括问题分析、模型建立、数据采集、程序编制、仿真运行、输出结果处理等过程，必须按一定的程序和步骤进行。

图 12.1 所示为一般的交通系统仿真流程图，其中包括 11 个基本步骤，对此将在下面分别进行讨论。当然，由于所论问题的不同，研究者思维方式的差异，这 11 个基本步骤也不是一成不变的。

第一步：明确问题

交通系统仿真的第一个步骤是对拟要研究的问题进行详细的了解和描述，明确研究目的，划定系统的范围和边界，以便对各种交通分析技术的适应性做出判断。举例来说，此时要回答下列问题：

(1) 希望得到什么样的输出结果？什么样的输入将对输出结果产生影响？

(2) 所论问题的空间界限和时间界限是什么？

(3) 是否存在着重要的随机因素？

(4) 是否涉及排队现象？是否存在着相互影响的排队过程？

(5) 交通条件是否随时间变化？

(6) 车辆到达或离去是否服从经典的数

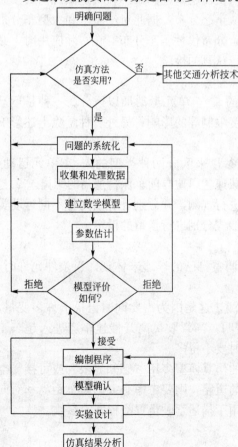

图 12.1 交通系统仿真流程图

学分布？

第二步：确定仿真方法的适用性

这一步工作的核心是确定在各种交通系统分析技术中，系统仿真对于所论问题是最适宜的方法。应当回答的问题有：

(1) 如果不用仿真方法，所论问题如何解决？
(2) 为什么仿真方法可以较好地解决所论的问题？
(3) 是否有仿真研究所需的足够的时间和物质支持？
(4) 所论问题是否真的可以解决？

第三步：问题的系统化

一旦确定系统仿真对于所论问题是最好的解决方法，就要着手构造一个仿真模型的第一级流程图，其中包括输入、处理、输出三个部分。特别要对输入和输出进行详尽的说明，以便下一步的数据收集和处理。一般说来，输入数据包括交通设施设计参数、交通需求方式、运行规则、控制类型、环境条件，等等。而输出数据则依赖于所论问题的类型，通常包括行程时间、延误时间、排队长度、停车次数、交通事故、燃油消耗、尾气污染、交通噪声等。

第四步：数据的收集和处理

这一步工作的主要内容是根据输入和输出要求收集和处理所需的数据。为此，应当制定观测计划，确保满足最小样本量要求，以便于模型进行标定和有效性检验。接下来是对所收集的数据进行处理，使之符合仿真模型的需要。数据处理通常包括计算均值和方差、确定分布形式和相互关系、进行回归分析和单位转移等。

第五步：建立数学模型

建立数学模型是系统仿真中最关键的一步，也是最消耗时间的一项工作。通常采用自上而下循序渐进的方法进行。从前面提到的第一级流程图出发，将注意力放在连接输入和输出的处理过程上，建立第二级流程图，确定构成处理过程的主要模块及其相互关系、每一模块的输入和输出。然后，建立第三级流程图，对每一个模块的功能进行详细的描述。

第六步：参数估计

模型中的参数有两种基本类型，即确定型和随机型。确定型参数可以是常数；也可以根据系统状态的不同，对应于一组常数中的某个值；或者是按某种回归规律在一定范围内连续变化的值。对于随机型参数，除给出它的均值和方差外，还要指出其分布形式。

第七步：模型评价

这一步工作的首要任务是对所建模型的各种可能情况进行手工计算，以确定流程中是否出现中断或回路、检验数据输入的适应性和取值范围、检验最终的和中间的输出结果的合理性。其次，还需要做出一些判断：如是否有必要增加、删除或改变一些变量；是否有必要修正一些确定型或随机型参数，是否有必要对模型的结构进行修改，等等。如果仅仅是需要修正某些变量或参数，则相对来说要简单，而一旦模型本身被拒绝，则需要返回前面的第三步或第五步，有时甚至返回第二步，以至于可能放弃系统仿真方法。

第八步：编制程序

一旦所建的模型被接受，便可着手编制计算机程序。编程工作量大小和难度取决于前面建立的流程图的质量。如果流程图考虑的很周到，模块设计很详细，则编程仅仅是简单劳动。这步工作中最重要的一点是对编程语言和计算机设备的选择。应考虑的因素有：开发人员对各种编程语言包括通用高级语言和专用仿真语言的熟悉程度、计算机编辑器的能力、模型的特征与仿真语言的相容性、仿真程度的可扩展性等。如果所编制的程序将推广应用，如作为商业软件出售，则要考虑留出修改和扩充的余地，同时还要加入必要的注释。

编制程序的最后一项工作是最消耗时间的程序调试工作，程序调试应注意以下几点。

（1）分别调试各子程序，然后再将它们链接起来进行统调。
（2）先采用确定型数据而不是随机型数据。
（3）采用手工计算结果进行检验。
（4）临时增加一些中间输出。
（5）每一次尽量查出多一些的程序错误，以减少调试次数。
（6）切记程序代码只是反应程序流程图，而非实际问题。

第九步：模型确认

模型确认包括三项内容，即模型校核、模型标定和有效性检验。

模型校核和程序调试相比，更加详尽也更加费力。其目的是确认程序代码所执行的正是流程图所规定的任务，此时的工作内容并不涉及到拟研究的实际问题。

模型标定是以现场观测数据作为输入，检验输出结果是否与实际的观测结果相吻合，检验的重点为输入变量。例如，输入随机分布参数，检验输出的分布形式是否与观测结果一致，如果不一致，则需进行调整，直至与实际情况相吻合。需要指出的是，模型标定时只使用一部分观测数据，必须留下一些观测数据用于有效性检验。模型标定的难度取决于现场观测的质量、计算模型的综合能力和所论问题的复杂程度。

有效性检验是将其余未使用的现场观测数据输入仿真程序，并将计算结果与相应的观测结果进行比较。这时，不能再对模型参数进行调整，输出结果与实际观测之间的差异表明了整个仿真程序在所检验条件下的误差。如果这一误差可以接受，说明仿真程序是可用的，否则就要重新进行标定和有效性检验。

第十步：实验设计

一旦仿真程序通过了有效性检验，便可用来进行仿真实验，在此之前，实验设计是不可忽视的一个步骤。所谓实验设计指的是制订一个详细的实验方案，通常包括如下内容。

（1）选择控制变量。
（2）确定每个控制变量的限制条件或边界条件。
（3）确定每个控制变量的步长。
（4）确定控制变量的层次结构，可考虑先改变初级控制变量，而保持次级变量为常数。
（5）如何通过仿真程序中的循环语句自动改变初级控制变量的取值。
（6）如何通过仿真程序中的搜索子程序自动确定最佳条件。

实验设计的难度取决于仿真程序的规模和灵活性，以及所论问题的复杂性和状态变化程度。在实验设计时对于随机变量要给以充分的注意，每个随机变量都要经历多次反复实验。为此，一是应当确定重复实验的次数；二是每个随机变量都应由独立的随机数发生器产生自己的随机数序列；三是，在选择随机数的初始值时要采用灵活多变的方法，以保证其随机性。

第十一步：仿真结果分析

这一步骤包括三项工作内容，即仿真运行、结果分析和形成文档。

仿真运行过程应当有详细的记录,一般说来,仿真程序自身应当对输出结果加以辨识标记,以便于对其进行分析。

在仿真结果分析时,有可能发现仿真程序中的缺陷,这时应当对其进行修改完善。根据需要,可能还要借助辅助程序输出图形,对仿真结果进行统计检验,或生成文本文件。

应当对文档工作给予充分的重视。一个完善的仿真软件,应当具备齐全的文档,包括用户使用手册和技术文档。用户使用手册是为除开发者以外的其他使用人员准备的。而技术文档应包括所有变量的定义、三级流程图、输出和输入的例题等,必要时,还应包括程序清单。

以上介绍了开发交通系统仿真程序的一般步骤,当然,这十一个步骤并不是一成不变的,根据开发者风格的不同、问题的复杂程度和软件应用范围的大小,可能会增加或减少一些步骤,要根据情况灵活掌握。

12.3 交通仿真软件简介

12.3.1 常用软件简介

到目前为止,国内外已经推出了几百种交通仿真软件,比较流行的也不下几十种。本节简单介绍几种已经商业化的常用交通仿真软件,包括 SATURN、CONTRAM、MICSTRAN、MACSTRAN、TRANSYT、TRAF-NET SIM、VISSIM 等。

1. SATURN 模型

全名为 Simulation and Assignment of Traffic in Urban Road Network,它是英国利兹大学于 1976 年为平面交叉口交通信号控制、评价禁止左右转等交通管理措施所产生的影响而开发的一个仿真模型。该模型最大的特色是考虑了出行者的路径选择行为,其中,路径选择模型决定车的路径,仿真模型则根据路径选择模型提供的路径使得交通在路网上"流动"起来,两个模型相互作用,再现了动态用户均衡交通状况。

2. CONTRAM 模型

全名为 Continuous Traffic Assignment Model,1978 年由英国的 TRRL(现在的 TRL:Transport Research Laboratory)提出,与 SATURN 一样,都是为评价交通运用对策而开发的、考虑了驾驶员路径选择模型的交通仿真模型。在 CONTRAM 模型中,10 辆车左右作为一个单位,称为一个 Packet,每当一个 Packet 进入路网时,就由路径选择模型决定下一个 Packet 的行走路径,使 Packet 顺次流动下去,以再现动态的用户均衡交通状况。

3. MICSTRAN 模型

全名为 Microscopic Simulation of Traffic Network,是以日本科学警察研究所为中心于 1974 年提出的第一个微观模型的课题,主要研究左右转车辆与横穿马路的步行者之间的相互影响,以及车道变更的动机及判断其可能性的方法。本模型是一个时间扫描(Time Scanning)方式的微观模型,即以一个扫描周期(通常是 1s)为最小单位进行仿真,更新车辆的位置。

4. MACSTRAN 模型

全名为 Macroscopic Simulation of Traffic Network，是以日本科学警察研究所为中心、以 TRANS(由美国 Planning Research Corporation 开发)为素材于 1974 年开发的一个交通路网仿真模型。为了给道路网交通流一个整体的评价，模型对交叉口间的现象进行了最大可能的简化处理，取而代之的是把重点放在了再现交叉口内的瓶颈现象。车辆的行为分为以一定的速度行驶和停车两种，交通流的表现是通过以扫描周期为最小单位进行仿真实现的。

5. TRANSYT 模型

TRANSYT 是英国的 TRRL 为确定道路网信号控制参数于 1967 年开发的一个道路交通流仿真模型，经过不断修正改进，在世界上得到广泛应用。TRANSYT 将道路网中的交通流的车群作为仿真对象，计算出在信号交叉路口发生的延误与停止时间，并可根据给定的周期长对相位差和绿信比进行优化。优化的过程是，将延误量和停车次数作为参数，利用爬山法使评价函数(PI, Performance Index)取得最小值。

6. TRAF‑NET SIM 模型

全名为 Traffic Simulation System in Network Simulation Model。该模型是为分析由于信号控制、行人、公共汽车、停车、工程施工等因素所导致的交通阻塞现象由 FHWA (Federal Highway Administration)所开发的一个微观仿真模型，在美国及其他众多国家得到了广泛的应用。该模型在经过几次升级后，至 20 世纪 80 年代初已成为能对平面道路和高速道路进行微观及宏观分析的综合交通仿真系统 TRAF 的重要组成部分。该模型试图再现行驶在城市道路网络中的车辆的微观的、具体的运动形态，在每一个扫描周期(1s)内都要决定车辆的运动状态。

7. VISSIM 模型

VISSIM 是德国 PTV 公司的产品，它是一个离散的、随机的、以 1/10s 为时间步长的微观仿真模型。车辆的纵向运动采用了心理-生理跟车模型，横向运动(车道变换)采用了基于规则(rule-based)的算法。不同驾驶员行为模拟分为保守型和冒险型，车辆沿用户定义的或从 VISUM 输入的数据移动。VISSIM 提供了图形化的界面，用 2D 或 3D 动画向用户直观显示车辆运动，运用动态交通分配进行路径选择。

VISSIM 能够模拟许多城市内和非城市内的交通状况，特别适合模拟各种城市交通控制系统。主要应用：①由车辆激发(vehicle-actuated)信号控制的设计、检验、评价；②公交优先方案的通行能力分析和检验；③收费设施的分析；④匝道控制运营分析；⑤路径诱导和可变信息标志的影响分析等。

12.3.2 VISSIM 仿真软件

1. VISSIM 软件交通模型

VISSIM 由交通仿真器和信号状态产生器两部分组成，它们之间通过接口交换检测器数据和信号状态信息。VISSIM 既可以在线生成可视化的交通运行状况，也可以离线输出各种统计数据，如行程时间、排队长度等。

交通仿真器是一个微观交通仿真模型，它包括跟车模型和车道变换模型。信号状态产生器是一个信号控制软件，基于一个微小时间间隔(0.1s)从交通仿真器中提取检测器数据，用以确定下一仿真秒的信号状态。同时，将信号状态信息回传给交通仿真器。

交通仿真模型的精确性主要取决于车辆模型的质量，如路网车辆行驶理论。与其他不太复杂的模型采用连续速度和确定的跟车模型不同，VISSIM采用的跟车模型是Wiedemann于1974年建立的生理-心理驾驶行为模型。该模型的基本思路是：一旦后车驾驶员认为他与前车之间的距离小于其心理(安全)距离时，后车驾驶员开始减速。由于后车驾驶员无法准确判断前车车速，后车车速会在一段时间内低于前车车速，直到前后车间的距离达到另一个心理(安全)距离时，后车驾驶员开始缓慢地加速，由此周而复始，形成一个加速、减速的迭代过程。车速和空间阈值的随机分布能够体现出驾驶员的个体驾驶行为特性。

德国Karlsruhe工业大学进行了多次实地测试以校准该模型的参数。定期进行的现场测试和模型参数更新，能够保证驾驶行为的变化和车辆性能的改善在该模型中得到充分地反映。

在多车道路段上，VISSIM允许驾驶员超越本车道车辆(默认为2辆)，也允许其超越邻近车道的两辆车。此外，在距离交叉口停车线100m处，驾驶员警惕性会提高。

VISSIM通过在路网中移动"驾驶员-车辆-单元"来模拟交通流。具有特定驾驶行为的驾驶员被分配到特定的车辆，驾驶员的驾驶行为与车辆的技术性能一一对应。VISSIM采取三种方式描述"驾驶员-车辆-单元"的特征属性。

(1) 车辆的技术参数，如车辆长度、最大车速、可能的加速度、路网中所处位置、实际车速和加速度。

(2) "驾驶员-车辆-单元"的行为：驾驶员的生理-心理反应(判断能力和行动能力)阈值、驾驶员的记忆力、基于当前车速和驾驶员期望车速的加速度。

(3) "驾驶员-车辆-单元"的内在联系、本车道和邻近车道的前车和后车、当前车辆所在路段和下一个交叉口、下一个交通信号。

2. VISSIM软件仿真步骤

图12.2所示为VISSIM软件的图形用户操作界面。

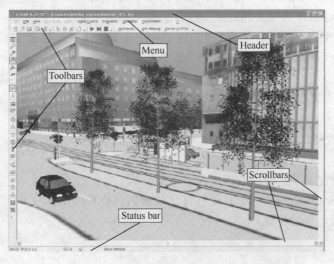

图12.2　VISSIM软件的图形用户界面

VISSIM 进行交通仿真步骤简单概括起来如下。

(1) 根据实测的几何数据画出路网图,包括车道(link)、接头(connector)等组成元素。

(2) 根据与交叉口连接道路车辆的行车要求(如直行、转向等)添加或编辑行车路线(define routing),必要情况下定义方向选择(direction decision)。但路径选择比方向选择更为有效。

(3) 添加或编辑车辆类型(vehicle types),相当于定义车辆功能的物理性能,包括车型、选定车型几何尺寸、颜色、期望速度及加减速性能等,期望速度可以在交通组合中编辑。

(4) 添加或编辑车辆类别(vehicle class),一种或几种车辆类型可组成一个车辆类别,速度、评价、路径选择行为和其他交通网络元素都是直接针对车辆类别而言的。默认情况下,一个车辆类别指向同名的一种车辆类型。多种车辆类型只要当它们具有相似驾驶行为仅仅是特性不同才能组成同一个车辆类别,例如 BUS 因为其有不同的长度因而将它们分为不同的类型,但因为其有相同的驾驶行为而组成一个车辆类别。

(5) 定义交通流组成(traffic composition),它定义每一进入交通网络的交通流的车辆组成(类别及混合比或流量),值得注意的是,公交车辆的流量将在公交车路径里单独定义而不能包括在此流量中。

(6) 定义进入交通网络的交通流量,交通流量可因路段或时间段的不同而不同。

(7) 建立信号控制(signal controller)和信号组(signal groups),并在同交叉口相连接的车道上(lane)设立交通控制灯(signal head);

(8) 选定要输出的统计文件(如记录排队长度及延误的文件),并调整有关模拟参数对整个交通网络进行仿真模拟。

小　　结

由于道路交通的复杂性,以及解析和经验模型的局限性,为了更全面地了解交通运行情况,更准确地评价改善方案的效果,通常将模拟运用于交通分析。本章介绍了交通系统仿真的定义及作用,总结了交通系统仿真的一般步骤;简要介绍了几种常见交通仿真软件,重点说明了 VISSIM 仿真软件的交通模型及操作方法。

课 后 习 题

思考题:
1. 谈谈你对交通系统仿真的作用及发展的认识。
2. 谈谈 VISSIM 仿真软件与其他软件比较有何优势和不足。
3. 简述交通仿真的步骤。

第13章 智能交通系统

教学提示：本章主要介绍了智能交通系统的含义、发展过程、体系结构、关键技术及应用系统。

学习要求：通过本章学习，学生应掌握智能交通系统的含义、体系结构和应用系统，了解智能交通系统的发展过程和关键技术。

下一辆车何时到站？几分钟后能到站？离这站还有多少米？车上是空还是挤？相信大家都有过这样的焦虑。今后市民乘坐公交车将逐步做到"心中有数"。现在全国多个城市正在推进智能电子公交站牌的应用，能让等车市民很清楚地知道相关公交信息。这种智能化电子站牌，依靠的是各辆公交车上的 GPS 接收器，卫星系统获取公交车载 GPS 系统的实时位置，再通过无线网络将数据传到车站的电子牌上显示出来。

13.1 智能交通系统简介

13.1.1 智能交通系统的含义

智能交通系统的英文为 Intelligent Transportation System，缩写为 ITS。智能交通系统是近 20 年发展起来的新型交通理念，迄今为止，国际上没有公认的定义：在第一届 ITS 世界大会上，大会主席对 ITS 做了如下描述："智能交通系统是较完善的道路基础设施之一，将先进的信息技术、通信技术、控制技术、传感器技术以及系统综合技术有效地集成并应用于地面交通系统，从而建立起大范围内发挥作用的、实时、准确、高效的地面交通系统"。又有专家给出过解释，其一为"智能交通系统是为出行安全方便和提高交通资源的效率，运用实时监测、信息技术、通信技术、计算机控制等技术创造的具有人类智慧特征的交通系统"。其二为"智能交通系统是随着情报通信技术的发展，灵活运用信息通信及控制技术，使人、车、路融为一体，提高交通设施的利用率，削减交通出行，从而达到建立安全、高效、快速、舒适,并有利于环境的交通运输系统"。

从对智能交通系统的描述看,推进智能交通系统的目的是为出行安全、方便和提高交通资源的利用效率,应当着眼于系统,强调系统具有人类智慧特征:智能交通系统在传统交通系统基础上发展起来的,具有新理念,在处理交通问题时,探索采用高新技术来改造现有道路系统和交通管理体系,充分挖掘现有路网潜力,尽量提高交通资源的利用效率,降低能耗,减少交通环境污染,在促进交通发展的同时做到保护环境。在进行交通管理时,更强调服务的理念,将管理与服务相结合,以服务促进管理,向用路人提供广泛的信息交换,使之有选择的可能。

ITS强调系统,强调众多组织协调,共同研究、开发、调控,各子系统间实现有效的信息交换和共享,研究开发智能化、集成化的技术与方法,才有发展的可能。

13.1.2 智能交通系统的发展

智能交通系统的发展,最早可以追溯到20世纪70~80年代的一系列车辆道路系统新技术开发与应用。在美国,由政府、企业、学术机构等参与,共同酝酿提出智能车路系统(IVHS,Intelligent Vehicle Highway System)。1991年美国国会通过"地面交通效率法"(ISTEA,Intermodal Surface Transportation Efficiency),俗称"冰茶法案",从此美国的IVHS研究开始进入宏观运作阶段。1994年美国将IVHS更名为ITS,目前已成立三个ITS研究中新,编写了ITS体系框架,报告达5000余页。

在欧洲,有关车辆和道路的研究,最早是分别按PROMETHEUS(Program for European Traffics with Highest Efficiency Unprecedented Safety)计划和DRIVE计划(Dedicated Road Infrastructure for Vehicle Safety in Europe)进行的。前者面向汽车技术,利用先进的信息、通信技术与汽车技术结合,重点放在车辆的改进上;后者面向道路和交通控制技术,这一计划的第一阶段是致力于研究、规划、试验,尝试将人工智能技术应用公路系统,第二阶段的DRIVE II继续了第一阶段的工作,主要致力于运行测试与评价研究。到1991年,成立了欧洲道路交通通信协作组织ERTICO(European Road Transport Telemetric Implementation Coordination Organization),该组织的成立使欧洲也将车辆和道路的研究结合为一体,开始了欧盟的ITS研究与开发的进程。

20世纪70年代,日本开始车载动态路线指示系统的研究;80年代开始有关道路、通信系统的研究,以及移动交通通信系统的研究;1990年开始研究开发车辆信息与通信系统(VICS),1994年成立了道路交通车辆智能化推进协会VERIS(Vehicle,Road and Traffic Intelligence),以期求得各方合作,共同推进日本的研究进程。

我国学者从20世纪90年代初开始关注国际上ITS的发展。交通部从1996年开始,安排落实了一系列的研究项目和示范工程项目,如进行了公路智能交通系统发展战略研究。同时建立ITS实验室及开展测试基地建设、网络环境下不停车收费系统示范工程等。1999年11月正式组建国家智能交通系统工程技术研究中心,主要工作包括推进交通领域ITS的工程应用,协助国家制定ITS领域的标准和规范,研究和开发ITS领域的新技术、新产品,并促进ITS的产业化发展。2000年2月,成立了全国智能交通系统(ITS)协调指导小组及办公室,标志着我国政府正式介入ITS的建设,我国ITS建设步入统一协调、规范发展的阶段。2000年7月公布了《中国智能交通系统体系框架》。近些年组织了一系列国内和国际的学术、技术、产品交流活动。

1994年在巴黎召开了第一次ITS世界大会，欧洲各国、日本、美国都参加了此次大会，发表论文500多篇，以后每年都将在不同国家召开ITS世界大会。在北京，1999年由科技部、公安部和交通部共同主办了"1999国际智能交通(ITS)技术交流和产品展示会"；2000年7月，又由亚太地区智能交通系统协会主办，中国科技部、中国智能交通系统协调指导小组共同承办了第四届亚太地区智能交通系统年会暨技术产品展示会。

13.2 智能交通系统体系结构

美国首先进行了ITS体系结构的研究，并不断调整更新，随后欧洲、日本、澳大利亚、加拿大、芬兰等国家都陆续完成了各自的体系结构研究，我国也建立了国家ITS体系结构。那么体系结构究竟起什么作用呢？体系结构是一种规格说明，它决定系统如何构成，确定功能模块以及模块间进行通信和协同的协议和接口。

ITS是大范围内多系统协调运作的大系统，为了充分利用技术的潜能，系统接口必须兼容，以便分享数据，可以调整跨地区运作，支持通用设备和恰当的通用服务。所以ITS体系框架是为了提供全面的引导以确保系统、产品和服务的互换性和通用性。与此同时，ITS体系框对设计者的选择没有任何限制，使不同类型的技术可以提供交通运输用户的各种不同服务需求，在体系结构下通用性可确保这些技术互不干扰。由此可以了解ITS体系结构是为智能交通系统提供指导性的结构标准，定义通用的结构，提供模块化的系统结构，而不是实际的系统设计。

在ITS体系结构中，提供了几个方面的定义，主要包括以下几点。

(1) 实现一个给定用户服务的功能(如收集交通信息)。

(2) 实现该功能的物理实体和子系统(如道路、车辆)。

(3) 物理子系统间的界面和信息流，信息流的通信需求(有线和无线)。

(4) 确定标准(国家和地区通用，适应经济和发展规模的产品标准)。

在按照体系结构进行系统配置时，一个子系统如何配置将由其选择的特定设备包决定，可以是单一的或集成的配置。体系结构保证支持多种通信形式和技术的选择。

为保证更广泛的系统兼容性，智能交通系统体系结构应与国际化标准组织和国际电信组织的有关内容相一致；为考虑相关领域、相关技术的发展对智能交通系统的促进，体系结构还应具有可扩展性。

在智能交通系统体系结构中，主要包括服务领域，逻辑框架，物理框架，ITS评价，ITS标准等几个主要文件，下面就分别叙述。

在ITS体系结构中相关的几个名词解释。

(1) 用户服务：在体系结构中，某一层向接近于最终用户的相邻层提供的(服务)功能。

(2) 用户主体：指服务面对的主要用户，反过来也是在某服务领域指定需求的主体。

(3) 服务主体(服务提供商)：指服务的提供者，和用户主体是服务与被服务的关系。

(4) 系统功能：ITS为完成用户服务必须具有的处理能力。

(5) 逻辑框架：定义了为提供各项ITS用户服务，ITS必须拥有的功能和必须遵从的(技术)规范，以及各功能之间交换的信息和数据流。

(6) 物理框架：将逻辑框架中的功能实体化，模型化，把功能结构相近的实体（物理模型）归结成直观的系统和子系统。

(7) 设施：在ITS中除了人和信息之外的所有实体，包括移动的设施和固定的设施。

13.2.1 服务领域

智能交通系统主要目标即是为用户提供良好高效的服务，所以体系结构中一个重要的组成部分就是服务领域，确定能为用户提供哪几大类服务。

在体系结构中，通过分析用户需求来确定服务领域，因为主要有公众和系统管理者两类用户，分别对应着系统层次的需求和普通用户需求。

我国的ITS体系结构中，共分为八大服务领域，其中包含34项服务功能，又被细划为137个子服务功能。其中，八个服务领域包括：①交通管理与规划；②电子收费；③出行者信息；④车辆安全与辅助驾驶；⑤紧急事件和安全；⑥运营管理；⑦综合运输；⑧自动公路。

美国ITS的九个服务领域包括：①智能化的交通信号控制系统；②高速公路管理系统；③公共交通管理系统；④事件和事故管理系统；⑤收费系统；⑥电子支付系统；⑦铁路平交路口系统；⑧商用车辆管理系统；⑨出行信息服务系统。

日本智能交通系统的服务领域包括：①先进的导航系统；②电子收费系统；③安全驾驶辅助；④道路交通的优化管理；⑤提高道路管理的效率；⑥公共交通支持；⑦提高商用车辆运营效益；⑧行人援助；⑨紧急车辆运营。

欧洲智能交通系统的主要研究领域包括：①需求管理；②交通和旅行信息系统；③城市综合交通管理；④城市间综合交通管理；⑤辅助驾驶；⑥货运和车队管理。

13.2.2 逻辑框架

逻辑框架用来描述用户服务，系统功能和信息流程，用结构化数据流图表和过程规范组织这些功能间的逻辑关系。

逻辑框架中包含的相关文件有功能层次表（功能域、功能、过程划分），功能规范文件（功能域、功能、过程描述），数据流图文件（描述各功能域、功能、过程间的逻辑关系）。

1. 逻辑框架顶层结构简图

逻辑框架顶层结构主要描述ITS各系统之间的逻辑关系（System Contest Diagram），如图13.1所示。

2. 数据流图

数据流图（Data Flow Diagram）描述子系统（或功能模块）存储信息和在子系统（或功能模块）之间传输的信息或数据流，

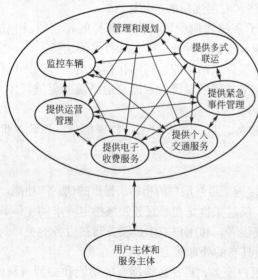

图13.1 逻辑框架顶层结构简图

图 13.2 所示为"紧急车辆管理"功能的数据流图。

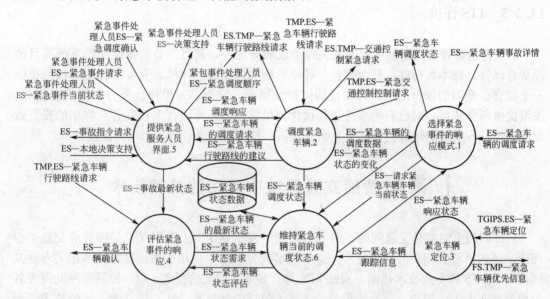

图 13.2 "紧急车辆管理"功能的数据流图

3. 功能规范文件

功能规范文件是指子系统内的功能模块的功能说明(P-spec, Process Specification)，描述将输入信息转换为所希望的输出信息的过程。

13.2.3 物理框架

物理框架是将逻辑框架中的功能实体化，模型化，把功能结构相近的实体（物理模型）确定为可以设计的物理系统和物理子系统。基本过程即是将功能分配到物理子系统中，然后确定实现功能的物理实体或结构，最后确定子系统的输入、输出终端。

物理框架中包含的相关文件有物理系统层次表，系统、子系统、系统模块描述文件，物理框架流图文件。

13.2.4 ITS 标准

目前，关于智能交通系统的专用标准正在研究过程中。由于 ITS 设计的技术和专业领域繁多，相关的专业技术应遵循相应的技术标准。国际标准化组织(ISO)成立了一个专门技术委员会 TC-204，以促进交通系统标准化进程。该技术委员会有 16 个工作组，很早就开始致力于交通信息和控制系统标准化的工作。我国也正在开展智能交通系统有关标准的研究工作。我国的 ITS 体系结构中主要考虑了四部分内容：ITS 综合性标准，包括 ITS 术语、结构、数据单元词典；标准明细表，包括标准名称、标准简要描述、宜定级别、采用标准程度或相应的国际发展情况等；标准要求包括：给出每个接口间传输的信息流、完成某项功能所必须交换的数据以及该接口适用的通信技术类别；关键标准明细表。

13.2.5 ITS 评价

ITS 评价是智能交通系统框架的关键组成部分之一,其目的是对智能交通系统项目的经济合理性、技术可行性、社会效益、环境影响和风险做出评价,为实际的 ITS 项目提供一个综合、全面的评价结果,为项目的可行性研究、实施、效果评价及方案比选和优化、决策提供科学依据,对已有的系统运作优化提供依据,还可以帮助投资者对将来的投资做出决定。ITS 项目的评价包括五个方面:经济、技术、社会、环境影响和风险。

13.3 智能交通系统中应用的关键技术

ITS 的研究对象是交通问题,但 ITS 研究开发所利用的工具不仅仅是传统的交通工程理论,还包括所有相关的高新技术。这些技术成为 ITS 中应用的关键技术。各相关专业共同构成了 ITS 的专业技术基础,因此 ITS 具有多学科交叉的特点,ITS 的研究开发需要各个相关专业人士的加盟,涉及的相关专业技术包括信息技术、计算机技术、通信技术、多媒体技术、自形控制技术等。

1. 计算机技术在 ITS 中的应用

智能交通系统可以有效运行的关键因素之一即是实现广泛的信息交换与共享,信息需要采集、传输、处理、存储和发布,而计算机在信息存储、信息处理等方面起着重要作用。利用计算机数据库技术可以建立有关领域的数据库、知识库和方法库,利用计算机数据处理软件处理各类信息,进而建立各类信息系统。ITS 中大量的信息、交换需要依靠计算机网络加以实施。目前,在智能交通系统广泛应用的管理信息系统(MIS)、决策支持系统(DSS)、地理信息系统(GIS)等无一不是以计算机技术为基础的。

2. 通信技术在 ITS 中的应用

在 ITS 中,通信技术是极其重要的共用技术,是信息传输的媒介。它能保证在信息采集、信息加工处理、信息反馈、信息发布的一系列环节中准确快速地传递信息。因此,多种通信方式、通信技术都可以应用于智能交通系统。

在 ITS 中主要应用无线通信和有线通信两种方式,应用的无线通信技术主要有全球移动通信系统(GSM, Global System For Mobile Communication)、码分多址技术(CDMA, Code Division Multiple Access)、蜂窝式数字分组数据(CDPD, Cellular Digital Packet Date)等陆基移动通信技术及卫星通信技术;有线通信技术有 Internet、综合业务数字网(ISDN, Integrated Services digital Network)、异步传输模式(ATM, Asynchronous Time division multiplexing)、光纤分布式数据接口(FDDI, Fiber Distributed Data Interface)等。

3. 信息技术在 ITS 中的应用

研究信息提取、信息变换、信息存储的理论称为信息论。信息需要通过载体才可以真正实现信息流动,而对各类信息进行加工处理后才能应用于各个领域。ITS 的核心是交通的信息化,在智能交通系统中各类信息系统的重要作用不可言喻。例如,利用管理信息系统(MIS)对道路信息、交通状态信息、交通管制信息和交通事故信息加以管理和控制；应用决策支持系统(DSS)，利用各种城市路网信息、地名信息、公安业务信息等静态信息和报警信息、交通路况信息、超前控制的决策信息等动态信息，对城市道路交通实施超前计划与控制。

其他应用还有全球定位系统(GPS)和地理信息系统(GIS)。GPS主要应用于车辆调度、目标跟踪、车辆导航和动态交通流数据的采集(装有GPS的车辆进行跟车法调查，可得到交通流速、流向等时空信息)等领域。GIS可以应用于交通地理信息的可视化管理，交通地理信息的动态显示等，还可以用来开发用于车辆定位与导航系统，交通监控系统，交通控制指挥系统，公交智能化调度系统和综合物流系统等系统的专用电子地图。

4. 多媒体技术在ITS中的应用

多媒体技术是通过计算机、电视、通信等技术结合实现的，它将信息、以文字、声音、图像等多种方式呈现出来。与ITS相关的多媒体技术主要有多媒体图像采集技术、多媒体图像数据压缩技术、多媒体通信技术等，广泛应用于ITS中的现代交通监控系统、智能化的电子收费系统、违章识别管理系统、车型分类、车牌号识别等多个领域中。

5. 传感器与控制技术

交通检测、监视和控制是提高交通运输系统运行效率，提高交通安全水平的有效手段。能有效、准确检测实时交通状态的各类传感器是检测与监控的前提。在ITS中广泛应用高灵敏度、高精度的智能化、集成化的新型传感器，可以改善交通检测与监控的有效程度，提高运行效率。ITS还将广泛应用变结构控制、模糊控制、神经元网络控制等自动控制新技术进行交通管理与控制，采用动态实时控制，与交通量动态预报相结合，更加有效地提高道路通行能力和服务水平。建立分布式集散控制系统对高速公路实施以匝道控制、主线控制、走廊控制和网络控制的多种方式的集成控制策略，对城市道路实施绿波或区域性优化控制，以改善高速公路和城市道路的交通状况，减少拥堵，降低事故发生率。

13.4　ITS实用系统

13.4.1　交通信息系统

交通信息系统的主要研究内容有出行者信息系统、车载路径诱导系统、停车场停车引导系统及交通地理信息系统(核心是数字地图数据库)。其中，数字地图数据库是出行者信息系统和车载路线诱导系统的研究应用基础。

1. 系统的服务功能

1) 出行前信息服务

出行者在出行前可以利用有线和无线电话网，INTERNET网络，在任意地点访问信息服务系统，以获取出行路径、方式、时间、当前道路交通状态及公共交通等相关信息，以便决定出发时间、选择出行工具及出行路线。

2) 行驶中驾驶员信息服务

通过车载设备提供文字、图像或声音向驾驶员提供关于动态优化的出行路线选择、车辆运行状态以及道路状况、交通管制等信息，提供路线诱导服务，还可以向不熟悉地形的驾驶员提供向导的功能。

3) 途中公共交通信息服务

通过可变信息情报板、广播、路边公用电话、公用计算机网络终端，使已在途中的公交用户在路边、公交车站或站台上及公交车辆上，获取实时公交出行服务信息，如出行路线指引，提供替代路线，以便乘客在出行中能够根据当前交通状况对其出行路线、方式做出适当调整。

4) 个性化信息服务

通过多种媒体及个人便携装置接收和访问个性化信息服务系统，以获取与出行有关的社会综合服务及设施的信息，此类信息包括餐饮服务、停车场、汽车修理厂、医院、警察局等的地址、营业或办公时间等。

2. 系统功能与构成

为了实现系统所提供的各项信息服务，从信息结构的角度，系统应该具有信息采集、信息处理、信息存储和信息发布的功能。因此，交通信息系统应由交通信息中心、车载路线诱导、信息服务和通信网络四个功能单元构成。

3. 系统设计的关键技术

1) 路网数字地图数据库的研究

为了将数字地图直接用于路线诱导，如何表达道路属性信息（路段长度、行车道数、道路级别、是否收费）和交通管制信息（单行线、路口禁转），从而全面地表达路网，是需要重点研究的基础内容。此外，应设计一个结构合理的属性数据库存储道路属性信息和交通管制信息，以便在交通领域中应用。

2) 出行者行为模型研究

需要进一步深入研究出行者的交通特性，以建立有效的动态路径选择模型和动态行程时间预测模型。

3) 有效的通信技术研究

可靠的信息编码和纠错技术，传输的抗干扰性等技术的研究。

4. 已有应用

伦敦高森伯格(Gothenburg)和德国南部海森(Hessen)州地区实施的CIziLTES(system of NluhrRadio ForTrdficEfficiency andhlety)是欧洲集成道路交通环境计划的一个双向通信部分，应用于 GSM 系统，主要具有以下智能交通功能。

（1）动态导航：提供动态路网信息和实时交通信息；实施先进的交通流控制。

（2）车队管理：给出车队实时的所在位置及道路状况警告。

（3）停车场管理及信息系统：从各停车场获得信息并及时通知相关车辆，以便缩短找车位的时间，找到最佳的停车位置。

(4) 公共交通管理与信息系统：含公共车辆动态调度表、旅客信息系统和公共交通车队信息。

(5) 危险状态报：给驾驶员提供前方发生交通事故或者大雾、冰雪预报，紧急救援。

(6) 旅游信息：提供旅馆位置、状态、加油站等出行路线上相关地点的相关信息等；提供交通管理的其他信息和咨询功能。

目前，开发成功的还有美国的 Pathfinder、Travtek，德国的 Ali－Scout 和日本的 AMTICS 等系统。

13.4.2 交通管理系统

交通管理系统(ATMS，Advanced Traffic Management System)的主要研究内容有城市道路交通信号控制系统、高速公路管理系统、事故管理系统、车辆排放监测和管理系统。

1. 系统功能

系统主要功能如下。
(1) 交通网络监视和检测，实时提供道路和交通状况数据。
(2) 交通流量分析和预测，交通流量的模型识别，预报与分析，优化交通组织。
(3) 城市交通控制的优化，中心管理的动态控制策略，交叉口自适应控制，建立行人、车辆和非机动车控制的模型。
(4) 高速公路出入口匝道控制，城市出入口的监控。
(5) 交通流量的控制，提高公共交通的效率，协调多种交通方式。
(6) 通过可变信息情报板，交通信息广播提供最优路线引导等交通信息服务。
(7) 事故监测与管理，建立快速反应的紧急救援系统。
(8) 环境的监测和控制。

2. 系统结构

1) 信息采集系统

(1) 车辆检测器：检测交通量、车道占有率和车速等交通流参数，设置在城市道路的交叉口附近和高速公路的出入口及主线上。常用的检测器有环形检测线圈、磁性检测器、雷达检测器、超声波检测器等。

(2) 紧急电话：设置在高速公路两侧路肩上，为车辆在发生紧急事件时提供紧急救援呼叫，以便与控制中心联系。

(3) 交通探测车：报告实时的路网交通状况、路段通行时间、车辆位置、事故和道路损坏状况。

(4) 视频监测系统：在城市道路路段和交叉口、高速公路特殊地段和事故易发地段安装视频监视设备，如闭路电视，加上图形处理设备，即可以对该区域交通状况、事故或车辆故障情况进行监视，还可以通过图形处理获得交通量等交通特性参数。

(5) 气象检测器：检测气象状况，如雾、冰冻、风力风向、雨量、路面积雪程度等。

(6) 电子收费系统：用于高速公路收费，还可以起到车辆防盗、车流量计数等功能。

2) 信息传输系统

实现各子系统之间的数据、语音和图像的传输，主要包括综合业务交换（专用程控交换机及外围设备，支持紧急电话、调度电话和业务电话等）、通信传输（普通程控电话电缆传输、数字微波中继传输、数字光纤传输）、PCM 数字基群（复接设备）、移动通信（CSM、CDMA 等）几部分。

3) 信息处理系统

核心是交通控制中心，既完成信息处理功能，又实施交通管理和控制功能。主要包括实时自适应控制，根据交通需求和交通状态来优化交叉口和匝道入口交通信号灯的绿信比，平衡道路网的交通分配，同时实现各种交通管理功能，如在交通事故、道路维修、危险状况等情况下能够提供丰富信息。上述功能实现的基础是构建交通信息数据库，通过收集来自各种交通检测器的数据，并将交通拥堵、行程时间及控制效果等信息存储在数据库中，并随时更新，以便及时调整控制策略，并与系统的其他组成部分交换信息。

4) 信息提供系统

通过可变情报板、可变限速标志、交通广播和路侧广播、信号灯、公共信息查询，道路模拟屏、信号灯系统、公共查询系统、网络信息中心终端等设备向出行者和管理者提供交通信息、发布命令与建议，促使出行者选择合理的出行方式和路线、使道路交通量均匀分布达到交通管理与控制的目的。

可以看出交通管理系统有一部分是与交通信息系统共用信息采集、处理和传输。例如，交通信息中心通过交通管理系统的环形检测器、路口摄像机和交通检测车采集数据，来自于交通警察和交通信息提供者的关于当前交通事件、事故、拥塞等的定性交通信息、路段行程时间，交通流量和车道占用率等实时交通状况信息。还可考虑交通信息中心和交通控制中心建立在一个共用的交通信息平台（共用的地理信息数据库、交通运行数据库、公共运输信息数据库和道路信息数据库）之上。

3. 系统设计的关键技术

(1) 视频系统的图像数字化、压缩、传输和模型识别技术。

(2) 动态交通预测，包括动态交通分配与模拟、动态 $O-D$ 估计与预测；实时交通控制算法及模型等。

(3) 高速公路通道集成交通模型；可调信号系统的仿真研究。

(4) 主要路段和高速公路上的事故识别与管理

4. 已有的应用

美国底特律的智能交通中心在系统中使用了 148 个电视监控镜头、54 幅可变交通信息情报板、2419 个检测线圈、2070 个不同类型的信号控制机及 9 座通信塔及 64mile（1mile＝1609.344m）的高速光纤，可以实时监控高速公路的运行状况。事故管理支持系统可以提醒监控人员潜在的事故并能够提供一系列的处理方案。

英国的 SCOOT 系统被称为 Spilt Cycle Offset Optimization Technique，即绿信比相位差优化技术，意大利的 UTOPIA 系统，法国的 PRUDYN 系统及德国的 MOTION 系统，都表明可使车辆平均速度提高 10%～29%，旅行时间减少 10%～20%。由于城市交通控制系统(UTC)和车辆管理系统(VMS)使汽车降低了 26%～30%有害气体(CO、NO_x、HC)的排放，城市的环境得以改善。

13.4.3 其他几个系统

1. 公共交通系统

公共交通系统(APTS)的主要功能是改善公共交通工具(包括公共汽车、地铁、轻轨列车、城郊铁路和城市间的长途汽车等)的运行效率，运用高新技术使公共交通和合乘车辆更有效和更可靠，使公共交通更便捷、更经济、运量更大。

其主要功能如下。

(1) 公共交通辅助管理。实施公交系统规划、运营、管理的自动化和智能化；利用计算机对公交车辆及公共设施的技术状况和服务水平实时分析，非定线或准定线公共运输，为调度人员和驾驶员提供解决方案，与交通管理系统结合，采取公交优先策略。

(2) 提供公共交通信息。为利用不同公共交通方式出行的出行者提供实时准确的车载中转换乘信息。

(3) 公共运输安全。为公共汽车站、停车场、客运站及行驶途中的公共交通车辆提供行驶或工作环境的安全监测。

2. 车辆辅助控制系统

车辆辅助控制系统(APTS)还处于研究试验阶段，从当前的发展看，可以分为两个层次：一是车辆辅助安全驾驶系统，系统由车载传感器(微波雷达、激光雷达、摄像机、其他形式的传感器等)、车载计算机和控制执行机构等组成，行进中的车辆通过车载传感器测定出与前车、周围车辆以及与道路设施的距离，系统会及时向驾驶员发出警报，在紧急情况下强制车辆制动。

二是自动驾驶系统，装备了这种系统的汽车也称智能汽车，它在行驶中可以自动导向，自动检测和回避障碍物。在智能公路上，能够在较高的速度下自动保持与前车的距离。

3. 货运管理系统

该系统是以高速道路网和信息、管理系统为基础，利用物流理论进行管理的智能化的物流管理系统。它综合利用卫星定位、地理信息系统、物流信息及网络技术有效组织货物运输，提高货运效率。

小 结

智能交通系统是包含诸多学科和领域的综合系统，学习前需要有一定的计算机、通信、信息和控制方面的知识储备。交通信息与管理系统、公共交通系统、车辆辅助控制系统等智能交通应用系统正在飞速发展，给交通运输带来了革命性的变化。

课后习题

思考题：
1. 什么是智能交通系统？其服务领域包括哪些内容？
2. 请简述交通管理系统的结构和主要功能。
3. 请简述公共交通系统的结构和主要功能。
4. 请简述车辆导航系统的结构和主要功能。

参 考 文 献

[1] 王炜. 交通工程学 [M]. 南京：东南大学出版社，2000.
[2] 徐吉谦. 交通工程总论 [M]. 北京：人民交通出版社，2008.
[3] 中国公路学会《交通工程手册》编委会. 交通工程手册 [M]. 北京：人民交通出版社，1998.
[4] 王建军，严宝杰. 交通调查与分析 [M]. 北京：人民交通出版社，2007.
[5] [日] 渡边新三，佐佐木纲，毛利正光. 交通工程 [M]. 赵恩棠，张文魁，译. 北京：人民交通出版社，1980.
[6] [美] 丹尼尔 L·鸠洛夫，马休丁·休伯. 交通流理论 [M]. 蒋璜，任福田，肖秋生，译. 北京：人民交通出版社，1983.
[7] 王殿海. 交通流理论 [M]. 北京：人民交通出版社，2002.
[8] 交通部公路科学研究所. 公路通行能力研究报告 [R]. 2000.
[9] 张起森，张亚平. 道路通行能力分析 [M]. 北京：人民交通出版社，2002.
[10] 王炜，邓卫. 公路通行能力研究——交叉口通行能力研究分报告 [R]，2000.
[11] 王炜. 交通规划 [M]. 北京：人民交通出版社，2007.
[12] 肖秋生，徐尉慈. 城市交通规划 [M]. 北京：人民交通出版社，1990.
[13] 杨晓光. 城市交通设计指南 [M]. 北京：人民交通出版社，2003.
[14] 刘灿齐. 现代交通规划学 [M]. 北京：人民交通出版社，2001.
[15] 吴兵. 交通管理与控制 [M]. 北京：人民交通出版社，2005.
[16] 尹红宾. 道路交通控制技术 [M]. 广州：华南理工大学出版社，2000.
[17] 何勇. 道路交通安全技术 [M]. 北京：人民交通出版社，2008.
[18] 许洪国. 道路交通事故分析与处理 [M]. 北京：人民交通出版社，2004.
[19] 毛保华，姜帆，刘迁. 城市轨道交通 [M]. 北京：科学出版社，2001.
[20] 孙章，何宗华，徐金祥. 城市轨道交通概论 [M]. 北京：中国铁道出版社，1998.
[21] 过秀成. 城市停车场规划与设计 [M]. 北京：中国铁道出版社，2008.
[22] 王元庆. 停车设施规划 [M]. 北京：人民交通出版社，2003.
[23] 李峻利. 交通工程设施设计 [M]. 北京：人民交通出版社，2001.
[24] 陆锡明. 快速公交系统 [M]. 上海：同济大学出版社，2005.
[25] 中国土木工程学会城市轨道交通技术推广委员会. 中国城市轨道交通新技术 [C]. 北京：中国科学技术出版社，2007.
[26] 陈小鸿. 城市客运交通系统 [M]. 上海：同济大学出版社，2008.
[27] 刘运通. 交通系统仿真技术 [M]. 北京：人民交通出版社，2002.
[28] 吴娇蓉. 交通系统仿真及应用 [M]. 上海：同济大学出版社，2004.
[29] 陆化普. 智能运输系统 [M]. 北京：人民交通出版社，2002.

北京大学出版社土木建筑系列教材(已出版)

序号	书名	主编	定价	序号	书名	主编	定价
1	建筑设备	刘源全 张国军	35.00	35	高层建筑结构设计	张仲先 王海波	23.00
2	土木工程测量	陈久强 刘文生	35.00	36	工程事故分析与工程安全	谢征勋 罗 章	22.00
3	土木工程材料	柯国军	35.00	37	砌体结构	何培玲	20.00
4	土木工程计算机绘图	袁 果 张渝生	28.00	38	荷载与结构设计方法	许成祥 何培玲	20.00
5	工程地质	何培玲 张 婷	20.00	39	工程结构检测	周 详 刘益虹	20.00
6	建设工程监理概论(第2版)	巩天真 张泽平	30.00	40	土木工程课程设计指南	许 明 孟苗超	25.00
7	工程经济学	冯为民 付晓灵	34.00	41	桥梁工程	周先雁 王解军	52.00
8	工程项目管理	仲景冰 王红兵	32.00	42	房屋建筑学(上:民用建筑)	钱 坤 王若竹	32.00
9	工程造价管理	车春鹂 杜春艳	24.00	43	房屋建筑学(下:工业建筑)	钱 坤 吴 歌	26.00
10	工程招标投标管理	刘昌明 宋会莲	20.00	44	工程管理专业英语	王竹芳	24.00
11	工程合同管理	方 俊 胡向真	23.00	45	建筑结构CAD教程	崔钦淑	36.00
12	建筑工程施工组织与管理	余群舟	20.00	46	建设工程招投标与合同管理实务	崔东红	38.00
13	建设法规	胡向真 肖 铭	20.00	47	工程地质	倪宏革 时向东	25.00
14	建设项目评估	王 华	35.00	48	工程经济学	张厚均	36.00
15	工程量清单的编制与投标报价	刘富勤 陈德方	25.00	49	工程财务管理	张学英	38.00
16	土木工程概预算与投标报价	叶 良 刘 薇	28.00	50	土木工程施工	石海均 马 哲	40.00
17	室内装饰工程预算	陈祖建	30.00	51	土木工程制图	张会平	34.00
18	力学与结构	徐吉恩 唐小弟	42.00	52	土木工程制图习题集	张会平	22.00
19	理论力学	张俊彦 黄宁宁	26.00	53	土木工程材料	王春阳 裴 锐	40.00
20	材料力学	金康宁 谢群丹	27.00	54	结构抗震设计	祝英杰	30.00
21	结构力学简明教程	张系斌	20.00	55	土木工程专业英语	霍俊芳 姜丽云	35.00
22	流体力学	刘建军 章宝华	20.00	56	混凝土结构设计原理	邵永健	40.00
23	弹性力学	薛 强	22.00	57	土木工程计量与计价	王翠琴 李春燕	36.00
24	工程力学	罗迎社 喻小明	30.00	58	房地产开发与管理	刘 薇	38.00
25	土力学	肖仁成 俞 晓	18.00	59	土力学	高向阳	32.00
26	基础工程	王协群 章宝华	32.00	60	建筑表现技法	冯 柯	42.00
27	有限单元法	丁 科 陈月顺	17.00	61	工程招投标与合同管理	吴 芳 冯 宁	39.00
28	土木工程施工	邓寿昌 李晓目	42.00	62	工程施工组织	周国恩	28.00
29	房屋建筑学	聂洪达 郄恩田	36.00	63	建筑力学	邹建奇	34.00
30	混凝土结构设计原理	许成祥 何培玲	28.00	64	土力学学习指导与考题精解	高向阳	26.00
31	混凝土结构设计	彭 刚 蔡江勇	28.00	65	建筑概论	钱 坤	28.00
32	钢结构设计原理	石建军 姜 袁	32.00	66	岩石力学	高 玮	35.00
33	结构抗震设计	马成松 苏 原	25.00	67	交通工程学	李 杰 王 富	39.00
34	高层建筑施工	张厚先 陈德方	32.00				

电子书(PDF版)、电子课件和相关教学资源下载地址:http://www.pup6.com/ebook.htm,欢迎下载。
欢迎免费索取样书,请填写并通过E-mail提交教师调查表,下载地址:http://www.pup6.com/down/教师信息调查表excel版.xls,欢迎订购。
联系方式:010-62750667,wudi1979@163.com,linzhangbo@126.com,欢迎来电来信。